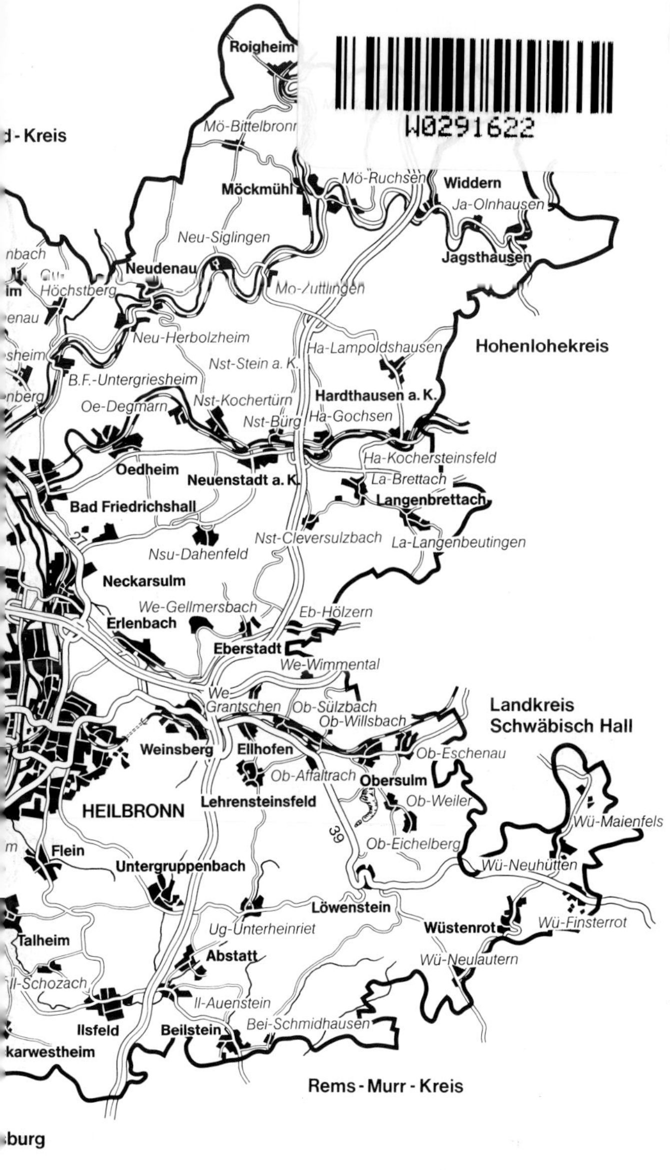
Roigheim
Mö-Bittelbronn
Möckmühl
Mö-Ruchsen
Widdern
Ja-Olnhausen
Neu-Siglingen
Jagsthausen
Neudenau
Höchstberg
Mö-Züttlingen
Neu-Herbolzheim
Ha-Lampoldshausen
Hohenlohekreis
Nst-Stein a. K.
B.F.-Untergriesheim
Hardthausen a. K.
Oe-Degmarn
Nst-Kochertürn
Nst-Bürg
Ha-Gochsen
Ha-Kochersteinsfeld
Oedheim
Neuenstadt a. K.
La-Brettach
Bad Friedrichshall
Langenbrettach
27
Nst-Cleversulzbach
La-Langenbeutingen
Nsu-Dahenfeld
Neckarsulm
We-Gellmersbach
Eb-Hölzern
Erlenbach
Eberstadt
We-Wimmental
We-Grantschen
Ob-Sülzbach
Ob-Willsbach
Landkreis
Schwäbisch Hall
Weinsberg
Ellhofen
Ob-Eschenau
Ob-Affaltrach
Obersulm
HEILBRONN
Lehrensteinsfeld
Ob-Weiler
Wü-Maienfels
39
Ob-Eichelberg
Flein
Untergruppenbach
Wü-Neuhütten
Löwenstein
Talheim
Wüstenrot
Wü-Finsterrot
Ug-Unterheinriet
Abstatt
Wü-Neulautern
Il-Auenstein
Ilsfeld
Beilstein
Bei-Schmidhausen
Rems-Murr-Kreis

Kunst- und Kulturdenkmale in Stadt und Landkreis Heilbronn

Julius Fekete

Kunst- und Kulturdenkmale in Stadt und Landkreis Heilbronn

Fotos von Rose Hajdu

THEISS

Gefördert von der
Sparkassen-Stiftung
Heilbronn

Die Deutsche Bibliothek – CIP-Einheitsaufnahme

Ein Titeldatensatz für diese Publikation ist bei
Der Deutschen Bibliothek erhältlich.

Umschlaggestaltung: Finken & Bumiller, Stuttgart, unter Verwendung einer Aufnahme von Rose Hajdu (Burg Stettenfels bei Untergruppenbach).

Lektorat: Barbara Locher, extratour, Neuenbürg
Satz und Produktion: Die Herstellung, Stuttgart
Lithografie: Repro Schmid, Stuttgart
Druck und Bindung: Druckerei Uhl, Radolfzell

ISBN 3-8062-1662-2

GELEITWORT DES LANDRATS

Selten zeigt eine Landschaft so vielfältige Bilder wie das Gebiet um Heilbronn. Dem pulsierenden Leben in der Neckarachse stehen ruhige, fast verträumte Bauerndörfer im Kocher- und Jagsttal, im Zabergäu oder im südöstlichen Kraichgau gegenüber.

Selten wurde aber auch eine Landschaft durch so vielfältige historische Mächte geprägt. In fränkischer Zeit bildeten Königshöfe wie Lauffen und Heilbronn Eckpfeiler der königlichen Macht, und Klöster wie Fulda, Weißenburg und insbesondere Lorsch erwarben umfangreiche Besitzungen. Seit dem 12. Jahrhundert, vor allem seit dem Sieg Konrads III. über Welf VI. bei Weinsberg 1140, spielten die Staufer eine bedeutende Rolle und errichteten in Wimpfen die räumlich größte ihrer Pfalzanlagen. Das Jahrhundert der Staufer war zugleich die Zeit des großen Burgenbaus und der Anlage von Städten. Nach ihrem Niedergang rangen Baden, die Pfalz und Württemberg um Einfluss am mittleren Neckar. Während Baden sich schon um die Mitte des 14. Jahrhunderts in das Rheingebiet zurückzog, drängte Württemberg allmählich über das Zabergäu bis nach Neuenstadt und Möckmühl vor und beschränkte den pfälzischen Einfluss auf das Gebiet um Eppingen. Neben der Pfalz und Württemberg behaupteten sich zahlreiche reichsritterschaftliche Herrschaften sowie der Deutsche Orden, der um Neckarsulm und Gundelsheim zu einer ansehnlichen Herrschaft gelangte. Beseitigt wurde diese Vielfalt erst infolge der politischen Veränderungen zu Beginn des 19. Jahrhunderts. Im Gebiet des heutigen Landkreises Heilbronn blieben mit Württemberg und Baden nur zwei größere Staaten bestehen. Wimpfen, ein Sonderfall, wurde hessisch.

Dieser reichen politischen Vergangenheit verdankt der Landkreis Heilbronn eine Vielzahl beachtenswerter Kulturdenkmale wie Kirchen, Burgen, Schlösser und stattliche Fachwerkbauten. Es ist daher verdienstvoll, dass nunmehr schon in zweiter und im Textteil ergänzter Auflage ein Kunst- und Kulturdenkmalführer vorgelegt wird, in dem alle Kulturdenkmale von besonderer Bedeutung, aber auch einfache für die historische Substanz der Gemeinden wichtige Denkmale beschrieben werden. Die von Rose Hajdu aktualisierten Fotos ergänzen die von Dr. Julius Fekete verfassten Texte, mit denen nicht nur Kunsthistoriker, sondern vor allem die breite Öffentlichkeit und insbesondere Besucher von Heilbronn und Umgebung angesprochen werden sollen.

Mit diesem Führer zu den kunsthistorischen Sehenswürdigkeiten aus dem Gebiet der Stadt und des Landkreises Heilbronn leistet der Konrad Theiss Ver-

lag einen wertvollen Beitrag zur Beschreibung unserer Heimat und zur Bewahrung der Zeugen unserer Geschichte.
Mein Dank gilt allen, die am Zustandekommen dieses Werkes Anteil haben.

Klaus Czernuska
Landrat

GELEITWORT DES OBERBÜRGERMEISTERS

Für den Stadt- und Landkreis Heilbronn liegt nun Dr. Julius Feketes Kunst- und Kulturdenkmale-Führer in zweiter Auflage vor. Der handliche Band – erstmals mit farbigen Abbildungen – erscheint zu einer Zeit, in der sich das städtebauliche Erscheinungsbild des Oberzentrums der Region deutlich wandelt. Denn Heilbronn erlebt gegenwärtig eine Phase großer Umgestaltungen.

Nach den Anstrengungen, die der Ausbau der Stadt zum Oberzentrum der Region Heilbronn-Franken in den 1970er Jahren mit sich brachte, stehen heute wieder eine Vielzahl von Aktivitäten auf der Tagesordnung: Seit der zweiten Hälfte der 1990er Jahre macht die „Gestaltungsoffensive Innenstadt" das Zentrum fit für das 21. Jahrhundert. Seit September 1999 ist Heilbronn an die Stadtbahn angeschlossen und seit Juli 2001 pendeln die gelben Wagen gar zwischen Baden-Baden, Karlsruhe, Eppingen und der „Harmonie". Die Kaiserstraße wurde zur Fußgängerzone umgestaltet, die „Harmonie" für rund 36 Millionen Mark modernisiert und zum Konzert- und Kongresszentrum erweitert. Den Marktplatz ziert seit Februar 2002 die Bronzeskulptur „Große Dreifigurengruppe für Agora" von Joannis Avramidis. Außerdem hat der Platz ein faszinierendes Lichtsystem erhalten. Mit Eintritt der Dunkelheit entsteht dort ein völlig neuer Eindruck der gesamten Anlage vor dem historischen Rathaus und dem restaurierten Käthchenhaus. Die neu gestalteten, kinderfreundlichen Fußgängerzonen in der Sülmer City und zwischen Kiliansplatz und Fleiner Tor laden zum Flanieren und Bummeln ein.

Mit zum Teil erheblichen Investitionen konnten in den letzten Jahren Baulücken, die der Krieg gerissen hatte, geschlossen werden. Neben der Architektur des Wiederaufbaus der 1950er Jahre setzen diese Neubauten weitere Akzente. Besonders die Innenstadt profitiert davon. Nahe dem 1982 eingeweihten Theater ist mit dem Theaterforum K3 am Berliner Platz ein weiterer „Kulturbau" entstanden. Er schließt nicht nur eine Baulücke, sondern sorgt für eine spürbare Belebung der nördlichen Innenstadt, denn das K3 beherbergt unter anderem mit Stadtbibliothek, Komödienhaus und städtischer Musikschule große Publikumsmagneten. Jenseits der Friedrich-Ebert-Brücke ragt seit kurzem der Neckarturm am Kurt-Schumacher-Platz empor. Das Parkhaus am Bollwerksturm mit seiner lichten Holzfassade ist mit dem Hugo-Häring-Preis, einer renommierten Architektur-Auszeichnung, bedacht worden. Ein gelungenes Beispiel für die Renovierung und Nutzung denkmalgeschützter Bauwerke ist die ehemalige Villa des Zuckerfabrikanten Andreas Faißt. Das architektonische Kleinod aus dem Jahre 1873 in der Cäcilienstraße beherbergt seit Februar 2000 die Wein Villa. Außerdem sind aus früheren Liegenschaften

der US-Army anspruchsvolle Wohngebiete, neue Gewerbeflächen oder wie im Falle der „Waldheide“ reizvolle Naherholungsgebiete entstanden.
Selbstverständlich besteht Heilbronn jedoch nicht nur aus der Kernstadt. Biberach, Böckingen, Frankenbach, Horkheim, Kirchhausen, Klingenberg, Neckargartach und Sontheim sind Teil der knapp 120 000 Einwohner zählenden Großstadt. Im Oberzentrum längst integriert, haben die Stadtteile viele neue Einwohner hinzugewonnen und zugleich ihre Identität bewahrt. Neue Wohnsiedlungen sind entstanden, Industrie- und Gewerbeflächen geschaffen worden. Doch es bleibt noch einiges zu tun. Ortskern- und Stadtteilsanierungen stehen an, ein neuer Technologiepark wird seinen Betrieb aufnehmen, die Eislaufhalle an der Mannheimer Straße wird derzeit modernisiert und erweitert, der Neckarpark nimmt erste Konturen an und vieles mehr. Kurzum: Heilbronn erhält ein neues Gesicht.
Wir wollen uns den Forderungen der Zeit stellen und eine moderne, zukunftsorientierte und zukunftsfähige Stadt gestalten. Dazu brauchen wir weiterhin die Unterstützung von Privatinvestoren. Es muss auch von privater Seite der Wille und die Entschlossenheit vorhanden sein, Zeichen zu setzen. Der Stadt und ihrer Bevölkerung wurden im Dezember 1944, sozusagen über Nacht, wesentliche Zeugnisse ihrer lange anhaltenden Blütezeit genommen. Doch Mut und Bereitschaft, Neues zu wagen und zu bauen, bedürfen der Förderung. Was uns heute gefällt und historisch wertvoll erscheint, war – dies wird auch beim Studium des vorliegenden Werkes deutlich – nicht immer einfach zu erreichen. So galt es immer wieder, heftige Widerstände zu überwinden. Diese Erkenntnis kann uns nur Ansporn sein, solche Erschwernisse auszuhalten, wenn wir entsprechende Projekte planen.
Der vorliegende Führer soll nicht nur Nachschlagewerk sein und den aktuellen Forschungsstand zu einzelnen Objekten zusammenfassen, er soll auch die Bereitschaft für modernes Bauen und Gestalten anregen und fördern. Er kann unseren Blick schärfen für die Dinge, die es zu bewahren lohnt. Was gut war, wollen wir fortführen und verbessern. Da ist es hilfreich, dieses Werk zur Hand zu haben. Möge der Blick auf die Leistungen vergangener Generationen uns beflügeln und uns Ansporn für neue Wagnisse sein.

Helmut Himmelsbach
Oberbürgermeister

INHALT

DIE KUNST IN DER STADT UND IM LANDKREIS HEILBRONN

Die Stadt wie auch der Landkreis Heilbronn zählen zu den kunsthistorisch interessantesten, denkmalreichsten Regionen Württembergs. Die Kulturlandschaft des Stadt- und insbesondere des Landkreises ist von einer Vielfalt gekennzeichnet, die ihre Erklärung in der Mannigfaltigkeit der Territorialherrschaften findet. Blickt man etwa auf eine Karte des Landkreises aus der Zeit um 1800, so stellt man fest, dass hier sowohl katholische als auch protestantische, sowohl geistliche als auch weltliche Herrschaftsgebiete in mehreren Varianten das Unterland unter sich aufteilten: Der Norden war stark durch die Territorialherrschaft des katholischen Deutschen Ordens geprägt, die westlichen kurpfälzischen Gebiete standen lange unter badischem Einfluss, im Süden dominierte die Herrschaft des protestantischen Herzogtums Württemberg, die mit dem Zentrum Neuenstadt a. K. auch den Nordosten des Territoriums ihr Eigen nannte. Reichsritterschaften, das Haus Hohenlohe, der Johanniterorden, das Kloster Schöntal und das Erzbistum Mainz sind ebenfalls zu nennen. Und schließlich besaß in der Mitte die Reichsstadt Heilbronn ein ausgedehntes Gebiet von kaum zu überschätzendem kulturellem Einfluss, auf dem katholische und protestantische Geisteshaltung einträchtig neben- und miteinander wirken konnten. So vielfältig diese Herrschaftsgebiete waren, so mannigfaltig gestaltete sich auch die Kulturlandschaft, die noch heute an den zahlreichen Kunst- und Kulturdenkmalen der Stadt und des Landkreises Heilbronn ablesbar ist.

Romanik

Auch die Kunstdenkmale der Romanik lassen die zahlreichen kleineren und größeren Herrschaften erkennen: Die Burgen des Landkreises zählen mit zu den wichtigsten Zeugnissen romanischer Kunst. Das bedeutendste profane Baudenkmal des Landkreises aus dieser Zeit ist natürlich die Kaiserpfalz in Bad Wimpfen, eine Anlage der Zeit um 1200, mit kunstreicher Ausbildung der Architekturdetails an der Arkadenreihe des Saalbaus. Dieses Bauwerk zeigt, dass erst ab der späteren Stauferzeit hier architektonisch anspruchsvollere Profanbaukunst entstand. Die eindrucksvollen Reste der Löwensteiner Burg, der Burg Ehrenberg über Heinsheim, der seltene Kamin und die zwei Bergfriede in der Burg Neipperg, das Steinhaus der Burg Magenheim in Cleebronn, aber auch die Bergfriede in Lauffen, Liebenstein u. a. repräsentieren die Romanik im Kreis Heilbronn. Ebenfalls in Bad Wimpfen befand sich das bedeutendste Denkmal der romanischen Sakralbaukunst: die ab dem 10. Jh. errichtete

Stiftskirche im Tal, inspiriert von der Heiliggrabkapelle und von Aachen. Die Romanik ist hier heute noch in eindrucksvollen Resten präsent.
Auf dem Lande sind die für das Gebiet typischen kleinen Chorturmkirchen wehrhaften Charakters die wichtigsten Zeugnisse romanischer Sakralbaukunst, sie sind jedoch meistens nur noch in Gestalt der Chortürme überliefert. Typisch ist auch die Lage inmitten des Kirchhofes wie in Meimsheim oder hoch gelegen auf einem Berg wie auf dem Michaelsberg bei Gundelsheim – hier trifft man auch Belegstücke für die Übernahme der Heiligtümer der Römer bzw. ihrer steinernen Zeugnisse durch das Christentum an. Der schönste romanische Chorturm ist sicherlich in Langenbeutingen überliefert, die qualitätvollste Wandmalerei dieser Zeit im Chor der Kirche in Lampoldshausen. Wie wertvoll diese romanischen Chortürme für die nachfolgenden Generationen waren, zeigt z. B. die romanische Kapelle der Deutschordenskirche in Heilbronn, wo trotz der unzähligen Veränderungen fast aller Kunstepochen die Romanik präsent geblieben ist – nachdrücklich unterstrichen durch den schönen, ebenfalls noch dort stehenden romanischen Altartisch.

Gotik

Den Übergang von der Romanik zur Gotik kann man sehr gut an zwei Sakralbauten nachvollziehen: in den Turmchören der Kirche in Lampoldshausen, wo an derselben Wand Wandmalereien beider Epochen übereinander betrachtet werden können, und der Kirche in Frauenzimmern mit ihrem bemalten Kreuzrippengewölbe. Spätestens in der Gotik hat eine einheitliche Kunstlandschaft aufgehört zu existieren. Die Bischofsstädte bildeten sich als kulturelle Zentren heraus und strahlten über Besitztümer und Klöster hinaus auch in die entfernteren ländlichen Gebiete. Über Straßburg wurde die französische Kathedralgotik rezipiert und in bescheideneren Formen der weitaus einfacheren Pfarr- oder Stiftskirche zu Eigen gemacht. Der Ende des 13. Jhs. begonnene Neubau der Stiftskirche in Bad Wimpfen im Tal, angeblich Erwin Steinbachs Werk, besaß weit über die Grenzen des Unterlandes hinaus richtungweisende Bedeutung. Die französischen Einflüsse sind hier sogar in quellenmäßiger Form verbürgt.
Wandmalereien der Gotik sind bereits zahlreicher überliefert, sie belegen die lange Zeit verkannte Farben- und Erzählfreude des Mittelalters: u. a. in der kath. Pfarrkirche in Eppingen und in der ev. Pfarrkirche in Talheim gibt es Beispiele aus dem 14. Jh. Die in der Heiligkreuzkapelle in Duttenberg aufgedeckte Wandmalerei wartet mit der bei uns seltenen Legende des Hl. Kreuzes auf.

Aus dem 13. und 14. Jh. stammen die ältesten bisher überlieferten Dokumente alemannischer Fachwerkarchitektur, auch hier besitzt Bad Wimpfen gegenwärtig den ersten Rang, was die damalige Bedeutung der Stadt als kulturelles Zentrum zusätzlich unterstreicht. Doch weitere, bisher noch unentdeckte Beispiele dieser Epoche stehen vermutlich noch in Eppingen und anderen Städten, aber auch in den ländlichen Orten des Landkreises – das aus dem frühen 15. Jh. stammende Fachwerkhaus in Kleingartach oder die dortige Kelter weisen darauf hin. Die Fachwerkbauten des 15. Jhs. zeigen die Ablösung des Ständerbaus durch die Stockwerkbauweise, die größere statische Stabilität und mehr Freiheiten in der Grundrissgestaltung mit sich brachte.

Das 15. Jh. ist auf dem Gebiet der Sakralbaukunst durch den Übergang zu den Hallenkirchen der Spätgotik gekennzeichnet. Ab Ende des Jahrhunderts entsteht der Hallenchor der Kilianskirche in Heilbronn und weist mit seiner Verwandtschaft zur Wiener Bauhütte auf die Herausbildung neuer europäischer Kunstzentren hin. Auf dem Lande lebte dagegen die traditionsreichere Chorturmkirche fort und zwar bis ins 16. Jh. hinein. Die 1505 von Hans Wunderer in Zaberfeld erweiterte ev. Kirche sei stellvertretend genannt. Den Unterschied zwischen Stadt und Land macht die ein Jahrzehnt später in reifer Spätgotik von B. Sporer erbaute Stadtkirche in Schwaigern deutlich. H. Wunderer fand mit seiner Sakristei an der ev. Kirche in Pfaffenhofen 1515 bzw. mit dem Bildstock in Eppingen-Mühlbach schnell Anschluss an die Spätgotik.

Aus der Zeit um 1500 sind im Landkreis auch zahlreiche Flügelaltäre überliefert. Von großer Ausstrahlung war der 1498 von H. Seyffer geschaffene Hauptaltar der Kilianskirche in Heilbronn, von dem viele ländliche Altäre profitierten. Leider nur fragmentarisch erhalten ist der ebenfalls von Seyffer geschaffene Ölberg von 1507 an der Regiswindiskirche in Lauffen. Seyffers Einfluss belegt der um 1515 entstandene Schreinaltar in Ellhofen. Bad Wimpfen war ebenfalls ein wichtiges Kunstzentrum, wie die Arbeiten von O. Bocksdorfer und B. Sporer in der Stadtkirche bzw. von M. Erhart in der Dominikanerkirche sowie H. Backoffens Kreuzigungsgruppe bezeugen. Von J. Kugler, einem ebenfalls wichtigen Vertreter der Spätgotik im Raum Heilbronn, stammt der Fleiner (1517) und der Stockheimer Altar (1530), von J. Ratgeb der Barbara-Altar von 1510 in Schwaigern. Weitere qualitätvolle Altarfiguren der Zeit um 1500 findet man z. B. in der kath. Kirche in Gundelsheim. Wegen der umfangreichen Ausstattung mit Altären, Wandmalerei etc. muss die Gangolfskapelle in Neudenau genannt werden. Wichtiges Ausstattungsstück der Spätgotik sind die Tabernakel, hier wirkte das 1483-86 für St. Dionys in Esslingen von L. Lechler Geschaffene beispielgebend: In Heilbronn entstand nach 1487 für die Kilianskirche ein Nachfolger, der die durch H. Spryss vertretene Richtung (1476 in Zaberfeld) ablöste.

Renaissance

Die Renaissance hielt in den ländlichen Bereichen des Unterlandes verhältnismäßig spät Einzug, während sie in den Städten z. T. überregional bedeutende Frühwerke schuf. An erster Stelle ist der bahnbrechende Turm der Kilianskirche in Heilbronn zu nennen, mit dem ab 1513 H. Schweiner die Gotik überwand. Ebenso den Übergang zur Renaissance markiert der Marienaltar von J. Kugler in der Schwaigerner Stadtkirche, u. a. nach einer Vorlage Albrecht Dürers 1523 entstanden. Die Kanzeln in den Kirchen in Zaberfeld-Ochsenburg und in Stockheim (um 1590) sind aufschlussreiche Zeugnisse des späten Übergangsstils im ländlichen Raum. Und schließlich führt die um 1600 entstandene Schlosskapelle in Liebenstein vor, dass die hier durch J. Müller vertretene Bildhauerei Heilbronns längst die noch gotische Architekturauffassung des Landes – die sich hier an der Chorausbildung manifestiert – überholt hat.
Bedingt war diese Phasenverschiebung u. a. durch den Bauernkrieg und die Wirren der Reformation. Die Städte, Ortsherren aus bedeutenden auswärtigen Kunstzentren und das Herzogtum Württemberg waren es, die zuerst die neue Kunst praktizierten. Von den Städten wurde Heilbronn schon angesprochen, die 1579-82 erfolgte Rathauserweiterung schulte dort A. Wagner und J. Müller, die dann für die Residenzen des Landadels im Stil der neuen Kunstauffassung arbeiteten. Insbesondere J. Müller stieg zu einem der führenden Bildhauer der Renaissance in Württemberg auf, mit Werken von Heidelberg bis Oppenweiler im Rems-Murr-Kreis, vom südlichen Odenwald bis in die Nähe Stuttgarts. Die aus Augsburg gekommenen Fugger bauten Stettenfels 1576 unter der Leitung von W. Dietrich im neuen Stil. Der aus Böhmen stammende H. Chanovsky erbaute in Brettach ein Schloss. Mit dem Haus Württemberg ist das Schloss in Brackenheim in Verbindung zu bringen, das ab 1556 M. Berwart schuf. H. Schickhardt, der 1592 in herzoglich württembergische Dienste genommen wurde und seit 1608 Landbaumeister war, hat mehrere bisher kaum bekannte Werke im Landkreis Heilbronn hinterlassen: in der 2. Hälfte des 16. Jhs. Arbeiten im Kloster Lichtenstern, 1571 das Schloss in Löwenstein, 1610 den Umbau der Kirche in Horkheim, 1610-12 den der Kirche in Pfaffenhofen mit dem daneben stehenden Pfarrhaus. Auch der Deutsche Orden hat gewichtige Beiträge zur Baukunst der Renaissance geliefert, wie z. B. das Zehnthaus des Ordens von 1604 in Stockheim bezeugt. Die Neuausstattung der mittelalterlichen Kirchen im Stil der Renaissance zählt zu den auffallenden Qualitäten der Kunstdenkmäler des Unterlandes. Die Kanzeln in den Kirchen in Neipperg und Willsbach, die Wandmalerei von 1601 in Gochsen, G. Kerns Kirchenschiff in Langenbeutingen, S. Schlörs

Grabmal in Talheim und als Höhepunkt die 1619 erfolgte Neugestaltung der Kirche von Sülzbach durch F. Fischlin sind zu nennen. Diese Beispiele zeigen, wie spät die Renaissance im ländlichen Raum Einzug hielt. Aber auch in Städten wie Heilbronn waren kurz vor 1600 noch traditionsgebundene Arbeiten möglich, wie das 1590 vollendete Cäcilienbrunnenhaus H. Stefans mit dem gotischem Gewölbe zeigt. Ein Jahrzehnt später vollzog dieser mit dem sog. Fleischhaus in Heilbronn jedoch den Anschluss an die Renaissance.
Die Wasserburgen waren ebenfalls ein typisches Produkt der Renaissance im Kreis Heilbronn, Th. Knolls Deutschordensschloss in Kirchhausen, die Schlösser Presteneck oder Gemmingen sind anschauliche Beispiele.
Ebenso charakteristisch ist, dass die reichsten Fachwerkbauten der Region dem Zeitalter der Renaissance zuzuordnen sind: das Baumannsche Haus von 1582/83 in Eppingen, das gleichzeitige Eppinger Haus in der Mühlbacher Schalksgasse, der Weiler Klosterhof von 1592 in Dürrenzimmern, das 1593 erbaute Nordheimer Rathaus und das Witwenhaus in Oedheim sind hier zu nennen. Ein anderes Kennzeichen der Fachwerkbaukunst dieser Zeit ist die Ablösung der statisch problematischeren Verblattung durch die sog. Verzapfung, sanktioniert durch die Württembergische Bauordnung von 1568.

Barock

Die Kunst des Barock hat vor allem die katholischen Orte der Region wesentlich geprägt, insbesondere die Territorien des Deutschen Ordens. Ab der Mitte des 18. Jhs. entstanden nach Entwürfen der viel beschäftigten Architekten Fr. Häffele, J. M. Keller, G. Ph. Wenger und J. Hornstein u. a. Kirchen, Pfarrhäuser und Kapellen, die zusammen mit den zahlreichen Wegkreuzen und Bildstöcken auf den ersten Blick die katholischen Orte erkennen lassen. Wichtigste sakrale Gesamtkunstwerke des Barock im Unterland befinden sich z. B. in Erlenbach mit der 1753-60 entstandenen kath. Pfarrkirche und ihrer Ausstattung, mit dem 1781 erbauten Pfarrhaus und zahlreichen Weg- und Flurdenkmalen. Qualitätvolle barocke Ensembles stehen auch in Bonfeld, Dahenfeld und Gundelsheim, bedeutende Leistungen waren – bis zu ihrer Zerstörung im letzten Weltkrieg – auch in Heilbronn vorhanden (z. B. die Barockisierung der Deutschordenskirche durch J. M. Keller und A. Colomba). Auffallend ist das umfangreiche Wirken des Prager Malers J. Stiegler, der vor allem die barocke Neuausstattung einiger evangelischer Kirchen besorgte: z. B. 1750 in Obereisesheim und Willsbach, 1767 in Pfaffenhofen-Weiler. Besonders reiche Formensprache entfalten die monumentalen Grabdenkmäler des Barock, die in herausragender Qualität vor allem von

N. Ritter geschaffen wurden (z. B. in Talheim und Heilbronn-Böckingen), oder die besonders zahlreich auf dem Heilbronner Alten Friedhof stehen. Bedeutende Einzelstücke sind die Altäre in Massenbachhausen (1741) und Grombach (1757 von G. Günther aus Worms) oder auch der Taufstein in Eschenau. Bereits den Übergang zum Klassizismus lassen die Innenräume der katholischen Pfarrkirchen in Binswangen (1788-1818 von J. M. Keller und J. Hallischek) und Eppingen-Rohrbach (Altäre 1790 von T. Günther) erkennen.
Die Südfassade am Schloss Lehrensteinsfeld aus der Zeit um 1770 gehört zu der nicht minder bedeutenden und umfangreichen Profanbaukunst des Übergangs vom Barock zum Klassizismus französischer Prägung. Zu den besten Arbeiten zählen die Barockisierungen der alten Schlösser wie z. B. 1724–28 in Gundelsheim durch Franz Keller, in Heuchlingen in der 2. Hälfte des Jahrhunderts durch J. Hornstein und vor allem in Eschenau 1745 durch L. Retti. Zu den Hauptwerken der barocken Profanbaukunst in Stadt- und Landkreis zählen die Neubauten des Reichstädtischen Archivs (1765) und des Schießhauses (1769-71) in Heilbronn, beide von J. Ch. Keller, das Rathaus in Brackenheim (1774-76 von J. A. Groß d. J.) sowie das Amts- und Pfarrhaus in Nordheim (1763). Erneute Einflüsse des Prager Barock sind mit dem 1769 erbauten Schloss Assumstadt nachvollziehbar.
Für die Kulturlandschaft des Unterlandes wichtige Denkmale sind jedoch auch die qualitätvollen kunsthandwerklichen Arbeiten in Gestalt der Barockportale wie z. B. am 1766 erbauten ehemaligen Schultheißen-Wohnhaus in Auenstein, der reich geschnitzten Türen wie am Schlössle in Zaberfeld-Michelbach (1711) oder auch des Zierfachwerks an Bürger- und Bauernhäusern wie in besonders reicher Form in Obersulm-Sülzbach, Erlenbach und Lehrensteinsfeld um 1700.
Das frühe 18. Jh. war bis zum ausgehenden 19. Jh. die letzte Phase des dekorativen Sichtfachwerks, das barocke Fachwerk wird dann von der Symmetrie geprägt und schließlich ab der Mitte des Jahrhunderts verputzt (Verbot des Sichtfachwerks durch die Württ. Bauordnung von 1758). Für den Westteil des Landkreises sind ab dem 18. Jh. die von Th. Lefebvre aus Karlsruhe entwickelten Modellhäuser landschaftsprägender Bestandteil der früher badischen Territorien geworden.

Klassizismus

Der Klassizismus des 19. Jhs. begann mit den Innenausstattungen. Der erste eigenständige klassizistische Sakralbau des Kreises ist die 1830-34 nach Entwürfen von K. A. Schwarz erbaute ev. Kirche in Adelshofen. Auf dem Gebiet des Profanbaus war dagegen Heilbronn führend. Bereits zu Beginn des 19. Jhs. dokumentierten mehrere herrschaftliche Wohnbauten die wirtschaftliche Prosperität der Stadt, so z. B. das 1804-07 am Marktplatz nach Entwürfen des Pariser Architekten N. A. de Salins de Montfort gebaute Rauchsche Palais oder die beiden von E. Etzel entworfenen Villen Mertz und v. Rauch. Das Rauchsche Palais war eines der ersten bedeutenden Gesamtkunstwerke des Klassizismus in Württemberg, den Innenausbau von 1807 führte G. G. Barth aus. Von ihm stammte auch das 1829 erbaute Hallgebäude. Beide sind leider zerstört.

Dass auch der Landadel bald Anschluss an die neue Stilauffassung fand, belegen das klassizistische Schloss Schomberg in Stebbach (1822 fertig) und die Schlosserweiterung in Obersulm-Weiler mit einem Park des Stuttgarter Hofgärtners Bosch. Das am besten erhaltene klassizistische Ensemble sind die 1823 entstandenen Salinenbauten in Bad Rappenau. Auch die die Kulturlandschaft entscheidend mitprägenden kleinen Gemeindebackhäuser aus der ersten Hälfte des 19. Jhs. sind größtenteils dem Klassizismus zuzuordnen. Ihre Entstehung verdanken sie der württembergischen Verordnung des Jahres 1804, mit der die Erbauung von öffentlichen Gemeindebackhäusern zur Pflicht gemacht wurde, um der Feuergefahr in den Privathäusern zu begegnen. Das weit über die Region hinaus originellste Backhaus ist der 1840 errichtete oktogonale Bau in Stockheim.

Vom Klassizismus zum Historismus leitete der sog. Rundbogenstil über, der neuromanische und klassizistische Elemente zu einem harmonischen Ganzen verband. Hierzu zählt die 1844 von L. F. v. Gaab entworfene ev. Kirche in Neckarwestheim, der Wiederaufbau Güglingens um 1850, auch die 1851 fertig gestellte Synagoge in Affaltrach, die ab 1856 nach Entwürfen des Heilbronner Stadtbaumeisters Louis De Millas erbaute Kirche in Züttlingen und – verspätet – auch das Rathaus von 1879 in Rohrbach.

Historismus

Der Historismus des 19. Jhs. ist im Unterland auch dadurch gekennzeichnet, dass mit bedeutenden Aufträgen prominente auswärtige Künstler bedacht wurden. Der bereits genannte Stuttgarter G. G. Barth entwarf 1808 den ersten Stadterweiterungsplan Heilbronns, 1829 K. von Zanth daselbst das Hauptzollamt, 1834 liefert Barth erneut einen Stadterweiterungsplan. 1835 wurde versucht, den prominenten Architekten Gaab für die Stelle des Stadtbaumeisters zu gewinnen, gleichzeitig baut von Zanth das Goppeltsche Haus in der Fleinerstraße mit Malereien im pompejanischen Stil. Obwohl die Anstellung nicht zustande kam, gelang es dann Mitte des Jahrhunderts trotzdem, Gaab mit der Ausführung des Postneubaus zu betrauen. Ab der Gründerzeit beschäftigte Heilbronn noch zahlreiche prominente auswärtige Künstler, die qualitativ hochstehende Werke schufen: Der Stuttgarter R. von Reinhardt entwarf in den siebziger Jahren die Harmonie und mehrere Villen, der Stuttgarter Stadtbaumeister A. Wolff baute ab 1877 die Synagoge, der in Heilbronn gebürtige Th. von Landauer entwarf in seiner Heimatstadt das Gefängnis, die Berliner H. Jassoy und J. Vollmer leiteten ab 1897 die Renovierung des Rathauses, den Neubau einer Kirche und den Bau der Villa Knorr, die ebenfalls aus Berlin stammenden Kayser und v. Grossheim entwarfen gleichzeitig die erste Villa von Schliz. Im selben Jahr fand in der Stadt die große Württembergische Industrie- und Kunstausstellung statt. Die Villen Brüggemann, Göbel und Hagenbucher wurden durch die Kgl. Württ. Hof-Dekorationsmaler Sachse und Rothmann ausgemalt, der Stuttgarter Hofdekorationsmaler E. Bader malte die Villa Faißt aus, H. Eberhardt aus Frankfurt/Main führte mit seinen Villen Plappert, Berberich und Pielenz die englische Landhausarchitektur in Heilbronn ein.

Im ländlichen und kleinstädtischen Bereich sind ebenfalls überörtlich bedeutende Beiträge zum Historismus des 19. Jhs. zu verzeichnen. Der Heilbronner Bezirksbauinspektor Albert Barth und der Ludwigsburger Abel zählten zu den bisher zu Unrecht kaum bekannten, viel beschäftigten Architekten des Sakralbaus im Landkreis: Abel z. B. entwarf den schon genannten Wiederaufbau Güglingens einschließlich der neuen Kirche, 1841 das neuromanische Langhaus der Kirche in Flein, Barth die Kirchen in Neuhütten und Neulautern. Ein bedeutendes Phänomen der Sakralbaukunst des Historismus waren auch die Regotisierungen, die hier von Ch. Leins (z. B. 1878 in Gochsen), W. Bäumer (1869/70 in Ilsfeld) und K. F. Beisbarth (1863 in Brackenheim) geleitet wurden. Bisher wenig bekannt ist auch das umfangreiche Wirken der Stuttgarter U. Pohlhammer (1892 Renovierung der Kapuzinerkirche in Neckarsulm, Neubauten 1904/05 in Sontheim und Massenbachhausen), R. Raisch (z. B. in Heilbronn-Böckingen), G. v. Morlok (z. B. die kath. Kirche in Talheim) und Böklen und Feil (z. B. Schlosskapelle Maienfels, Kirche in Babstadt), wogegen H. Dolmetsch als Restaurator der Kirchen auch in unserem Landkreis zu den maßgeblichen Baukünstlern gezählt wird. In den badischen Landesteilen wirkten naturgemäß badische Architekten wie z. B. H. Behaghel, J. Schroth, im hessischen Wimpfen A. Zeller. Auch der Schlossbau des Historismus war fest in der Hand prominenter Stuttgarter Baukünstler, wie die Bauten in Babstadt von C. Weigle, in Schwaigern von Ch. F. Leins und G. G. Barth sowie in Jagsthausen von A. von Beyer dokumentieren. Lehrensteinsfeld dagegen baute der Karlsruher E. Bischoff um – eine Ausnahmeerscheinung. Ein bedeutendes

Gesamtkunstwerk der Jahrhundertwende war der Wiederaufbau Ilsfelds durch P. Schmohl, Bihl und Wolz sowie J. Zeitler. Zu Beginn des 20. Jhs. baute M. Elsässer an den Kirchen in Großgartach, Pfaffenhofen und Massenbach im Geiste der Stilbewegung mit ihrer zwischen Jugendstil und schlichtem Neobarock lavierenden Formensprache, wie er sie mit der Gaisburger Kirche in Stuttgart mustergültig verwirklicht hat.

Moderne

Der wie Elsässer zu der Stuttgarter Schule Theodor Fischers (der übrigens mit dem leider zerstörten Theater in Heilbronn ein bedeutendes architektonisches Werk geschaffen hatte) zu zählende P. Bonatz verwirklichte mit den Staustufen am Neckar oder dem neu gestalteten Hafenmarktturm in Heilbronn die moderne Architektur des Funktionalismus. Auf Arbeiten dieser Architekten basierte der Fabrikbau von Kaiser's Kaffeegeschäft, den K. Elsässer in den dreißiger Jahren entwarf. Der Expressionismus wäre durch die kath. Augustinuskirche H. Herkommers in Heilbronn vertreten, wenn diese nicht dem letzten Weltkrieg zum Opfer gefallen wäre.

Den Wiederaufbau der fünfziger Jahre an der Augustinuskirche leitete Herkommer selbst – das Ergebnis zeigt die für diese Zeit typische gewollte Loslösung von der Tradition und die Suche nach neuem Formempfinden. Das organische Bauen der zwanziger Jahre mit seinen bewegten und farbenbejahenden Mustern ist für die qualitätvollen Bauten der fünfziger Jahre in der Region (Rathauserweiterung Heilbronn mit Farbmosaiken des an der Stuttgarter Liederhalle wirkenden Blasius Spreng als Beispiel) ebenso kennzeichnend gewesen wie das Nachleben der konservativen Tradition des Heimatstils der dreißiger Jahre (Schmitthenners Bank in Heilbronn). Die Sakralbauten des Landkreises sind noch immer häufig durch die Farbfenster der fünfziger Jahre wesentlich mitbestimmt, die an die Farbenfreude des Mittelalters anzuknüpfen scheinen. Die besten Arbeiten schufen A. Klaiber, R. Yelin, W. Geyer und Prof. Ch. Crodel. Zahlreich sind die Wiederherstellungsarbeiten, die der in Heilbronn und Stuttgart wirkende H. Mayer leitete und im Wesentlichen durch den traditionellen Heimatstil bestimmen ließ. Mit den Rathausbauten R. Ostertags und den Kurhausbauten von R. und I. Geier wurde in den sechziger Jahren erneut der moderne Funktionalismus eingeläutet.

FÜHRER ZU DEN KUNSTHISTORISCHEN SEHENSWÜRDIGKEITEN

HEILBRONN

Die im fränkischen Teil Württembergs am Mittellauf des Neckars liegende Stadt zählte zu den bedeutendsten Reichsstädten des Landes. In verkehrsgünstiger Lage (Neckarfurten, Neckarschifffahrt, Alte Hällische Straße) entstanden auf der Gemarkung der Stadt bereits in vorrömischer Zeit die ersten Siedlungen, die Römer errichteten um 85/90 bei Böckingen ein Kastell im Zuge des Neckarlimes. Gegenüber, östlich des Neckars, wird für die Zeit nach 260 ein alamannischer Fürstensitz angenommen. Nach der im 6./7. Jh. erfolgten Einbeziehung in das Fränkische Reich wurde die 741 urkundlich bezeugte Siedlung wohl im 7./8. Jh. Königshof bzw. 841 königliche Pfalz. Wohl im 11. Jh. entstand hier eine stadtähnliche Marktsiedlung mit Münze und Hafen, die noch vor 1220 Stadtrecht erhielt und bereits vor 1146 befestigt wurde. 1225 wurde Heilbronn als „oppidum" bezeichnet, 1281 wurde der Stadt durch Rudolf I. die Selbstverwaltung, 1288 das Marktprivileg zugestanden. Mit dem Privileg der Neckarnutzung von 1333 entwickelte sich auch eine blühende Mühlenindustrie, die bis ins 19. Jh. hineinwirkend die Gewerbetätigkeit in der Stadt und damit deren Wohlstand mitbegründete. Im 14.-15. Jh. sind bedeutende Territorialerwerbungen (Böckingen, Neckargartach, Frankenbach und Flein) zu belegen. Mit dem 1371 durch Kaiser Karl IV. erlassenen Stadtrecht wurde Heilbronn Reichsstadt. Im 15. und 16. Jh. ist bedeutende Bautätigkeit nachweisbar (u. a. Umbau der Kilianskirche mit dem ersten Renaissanceturm nördlich der Alpen, Rathaus und Kunstuhr, Trappensee-Schloss etc.), begleitet von wirtschaftlichem Aufschwung (1515 Hafenausbau mit Radkran). Nach dem Niedergang im 30-jährigen Krieg dauerte es bis zur Mitte des 18. Jhs., bis die Stadt ihren Haushalt konsolidieren konnte. In der 2. Hälfte des 18. Jhs. setzte erneute kulturelle und wirtschaftliche Blüte ein (hochkarätige Neubauten mit dem Stadtarchiv, dem Schießhaus, dem Wartberg-Gasthaus, dem Deutschhof, dem Hafenmarktturm etc.; der Maler und spätere Wiener Akademiedirektor Heinrich Fr. Füger wurde 1751 hier geboren, 1793 weilte Schiller in der Stadt, 1797 feierte Goethe hier seinen Geburtstag, Senator Friedrich K. Lang förderte mit seinem Kunstverlag die Maler Karl Rahl, Wilhelm von Kobell und Kellerhoven und versuchte hier eine Art Kunstakademie zu gründen; Heilbronn war Hauptstapelplatz für den Handel zwischen dem Rhein- und dem Donaugebiet). Auch nach dem Verlust der Selbständigkeit und Territorialeinbußen (1803 musste Heilbronn die Orte Böckingen, Flein, Frankenbach und Neckargartach abgeben) sowie dem Übergang an Württemberg 1802/03 folgte ein kontinuierlicher Aufschwung mit weiterer Industrialisierung, gefördert

u. a. durch die 1803 erfolgte Erhebung in den Rang eines Oberamtssitzes, durch die 1821 erfolgte Eröffnung des Wilhelmskanals (entworfen von dem Stuttgarter Baudirektor von Duttenhofer) und den Bau der Eisenbahn in den vierziger Jahren. Mit dem 1839/40 von dem Stadtbaumeister Louis De Millas aufgestellten Bebauungsplan wurde die Anlage der Vorstädte eingeleitet. Bis 1900 entwickelte sich Heilbronn zu einer der bedeutendsten Industrie- und Handelsstädte Württembergs. Erst nach der Jahrhundertwende kam die Aufwärtsentwicklung zum Stillstand, bedingt durch die Konzentration in der Landeshauptstadt Stuttgart. Theodor Fischers 1913 eröffnetes Theaterhaus ist einer der letzten qualitativ überregionalen Bauten, auf die erst 1926 mit der Augustinuskirche von Herkommer eine adäquate Fortsetzung folgt. Mit dem Ausbau des Neckars in den zwanziger und dreißiger Jahren wurde erneut eine größere Bedeutung als Handelsplatz erreicht, Kaiser's Kaffeegeschäft von Karl Elsässer aus dem Jahre 1938 ist ein baulicher Beleg. In den Jahren 1933 bzw. 1938 wurden Böckingen, Neckargartach und Sontheim eingemeindet.
Die Zerstörungen des 2. Weltkriegs haben das Gesicht der Stadt nachhaltig verändert – so dass Heilbronn heute, insbesondere im Kernbereich, als eine Stadt des Nachkriegswiederaufbaus bezeichnet werden muss. Der gesamte Bestand an qualitativ hochstehenden historischen Wohnbauten der Innenstadt (Zierfachwerkhäuser, das Rauchsche Palais) sowie an öffentlichen Profanbauten im Randbereich (Theater von Theodor Fischer, Harmonie von Robert von Reinhardt, unzählige hochkarätige Villen etc.) sind verloren gegangen. Der Nachkriegswiederaufbau begann mit Beteiligung prominenter Stuttgarter Architekten (Hannes Mayer, Hans Volkart, Karl Gonser u. a.), die den Bebauungsplan der Altstadt und (gemeinsam mit einheimischen und anderen Architekten) einige Wohn- bzw. Geschäfts- und Schulhäuser entwarfen, so z. B. die Wichernkirche 1948 von Otto Bartning, die Wohnbauten an der Oberen Neckarstraße 1949 von Werner Gabriel, die Apotheke, Kaiserstr. 32, 1950 von Brielke, die Dresdner Bank, Kaiserstr. 37, 1952-54 von Paul Schmitthenner, das ehemalige Möbelhaus Kost, Karlstr. 29, 1950 von Hans P. Schmohl, das Theodor-Heuss-Gymnasium 1956-58 von Peter Salzbrenner, gleichzeitig den Hauptbahnhof unter der Leitung von Hellmut Kasel, die Aukirche 1957 von G. Kistenmacher, das ehem. Autohaus Assenheimer und die ehem. Handels- und Gewerbebank 1959 bzw. 1953 von Julius Hoffmann, den Schulpavillon der Berufsschule, Frankfurter Str. 63, 1958 von Erich K. Hess. Die Fenster des Gewerkschaftshauses in der Gartenstraße schuf 1949 Albert Klaiber.

Obwohl im 2. Weltkrieg die gesamte Altstadt Heilbronns zerstört wurde, sind ihre historischen Grenzen und die wichtigsten Sakral- bzw. Profanbauten noch ablesbar oder in bedeutenden Teilen überliefert. Trotz der Kriegszerstörung

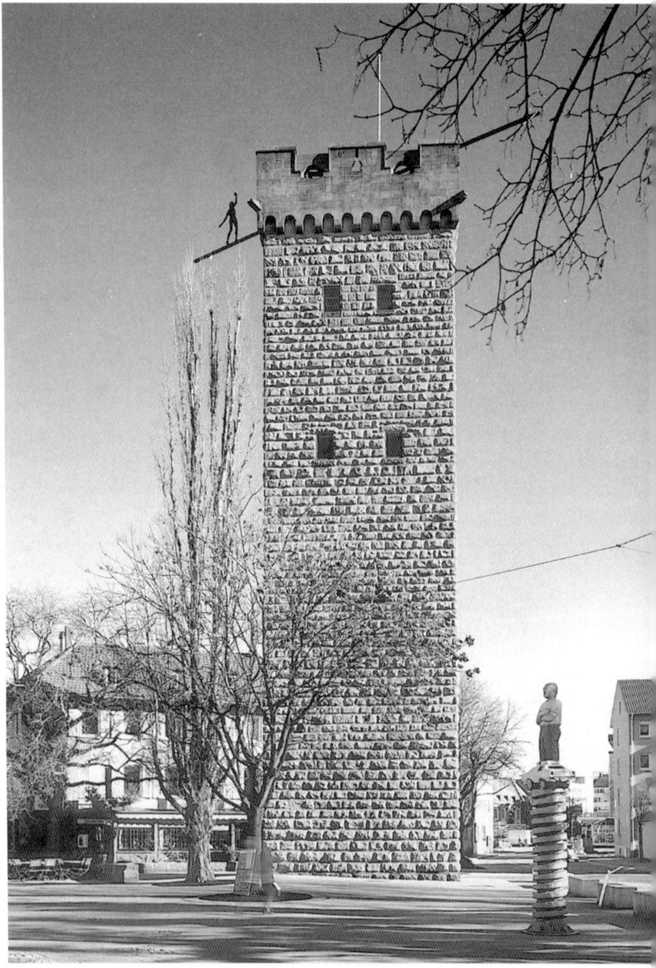

Heilbronn.
Der mittelalterliche Götzenturm,
flankiert von moderner Kunst

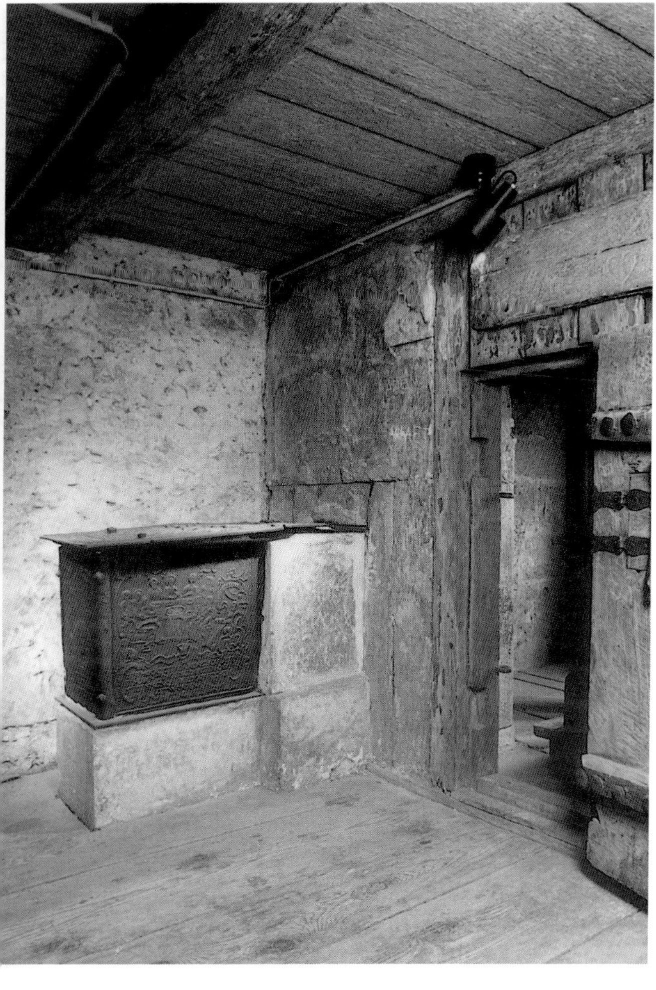

Heilbronn.
Götzenturm, das ehem. Gefängnis
mit reich dekoriertem Ofen

blieben die wichtigsten Sakral- und Profanbauten der Altstadt zumindest in ihren Umfassungsmauern stehen und wurden insbesondere im Innern modern neu aufgebaut. Die Allee im Osten, der Neckar im Westen, die Götzenturmstraße im Süden und die Turmstraße im Norden markieren in etwa die Altstadtgrenzen. Von der mittelalterlichen Stadtbefestigung ist wenig übrig geblieben: der Götzenturm an der Südwestecke und der *Bollwerksturm* an der Nordwestecke, beide im Zusammenhang mit der im 13. Jh. erfolgten Ummauerung entstanden, beide in ihrem gegenwärtigen Erscheinungsbild durch die Renovierungen des späten 19. Jhs., insbesondere die Zinnen am Bollwerksturm 1884, geprägt. Der *Götzenturm* wurde offenbar erst 1392 vollendet oder umgestaltet, wie eine Steintafel überliefert. Eine andere Überlieferung besagt, dass er mit den Steinen der 1361 zerstörten Raubritterburg Klingenberg gebaut wurde. Namensgebend für den Turm ist die fälschlicherweise hier angenommene Einkerkerung Götz von Berlichingens zu Pfingsten 1519 in einem (noch erhaltenen) Verlies des Turmes.
Heilbronns Name wird von einem Heiligen Brunnen in der Nähe der Kilianskirche abgeleitet – an den Brunnen erinnert der *Kirchbrunnen* südlich der Kirche, laut Überlieferung unter dem Chor der Kilianskirche entspringend, einer ehemals heidnischen Opferstätte, die durch Karl d. Gr. entdeckt und mit der Christianisierung übernommen worden sei. Die älteste urkundliche Nachricht über einen Stadtbrunnen stammt aus den Jahren 1318 und 1364/65, über Baumaßnahmen an der Quellfassung wird 1541 berichtet, als Balthasar Wolff einen Brunnenoberbau errichtete. 1809 beschädigt und 1868 aufgelassen, ist der Brunnen 1904 nach einem Entwurf des Stuttgarter Architekten Loesti als Rekonstruktionsversuch der Anlage von 1541 an seiner heutigen Stelle (ehem. weiter westlich) neu entstanden, geschmückt mit bildhauerischem Schmuck von dem Ulmer Hofbildhauer Karl Federlin, u. a. Porträtmedaillons des Hausmeiers Karlmann und des Kaisers Karl IV. Die Medaillons erinnern an die im Jahre 741 erfolgte Übertragung des Vorgängerbaus der Kilianskirche an das 741 von Bonifatius gegründete Bistum Würzburg unter Karlmann sowie an das 1349 von Karl IV. bestätigte Patronat Würzburgs über die Kirche.
Die nördlich des Brunnens sich erhebende *Kilianskirche* wurde bei dem verheerenden Bombenangriff auf Heilbronn am 4. Dezember 1944 zwar schwer beschädigt, aber nicht vernichtet. Die Identität der im Jahr 741 erstmals greifbaren Michaelsbasilika mit der Kirche konnte urkundlich nachgewiesen werden. Sie ist wahrscheinlich im 7. Jh. als königliche Eigenkirche erbaut worden, Fundamentreste des romanischen Vorgängerbaus sind zwischen den Osttürmen ergraben worden. Die erste Baunachricht über den Nachfolgebau, die Kilianskirche, stammt von 1250 bzw. 1278, erst 1297 wird sie in einem Ablassbrief Kilianskirche genannt. 1270 bzw. 1278 wurden dann der ursprünglich

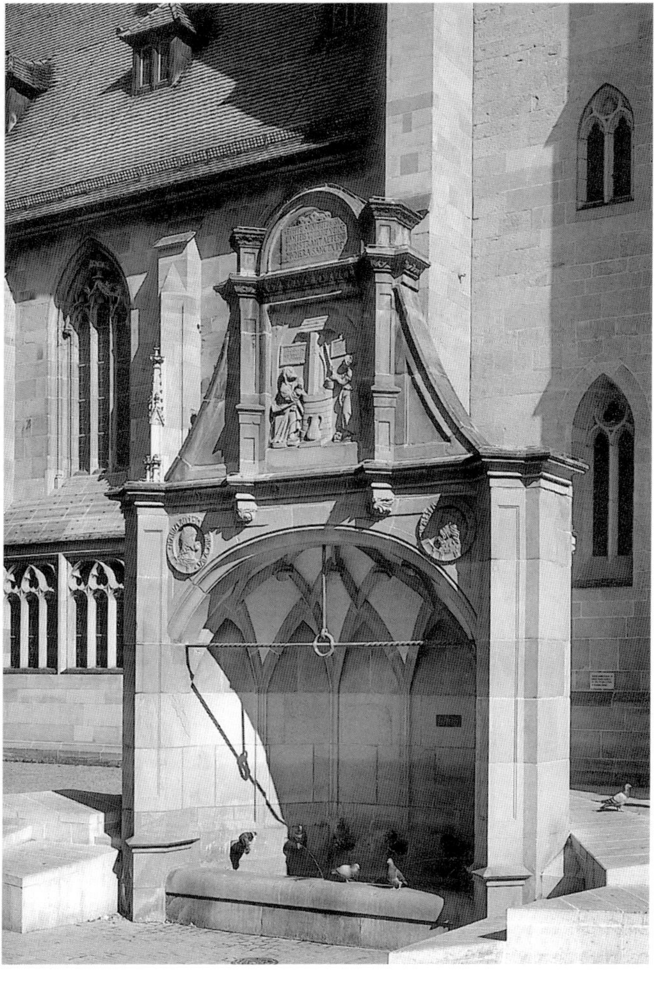

Heilbronn.
Kirchbrunnen vor der Kilianskirche

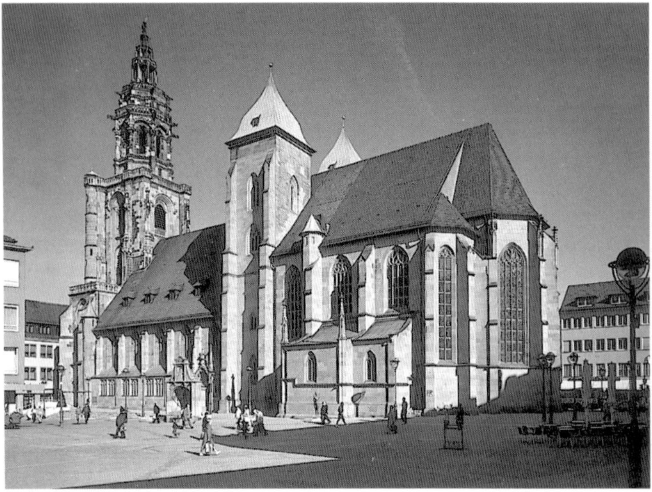

Heilbronn.
Ev. Kilianskirche

dreischiffigen Säulenbasilika mit einschiffigem Chor im Osten nach dem Vorbild der Stadtkirche in Esslingen zwei Chortürme vor die Abschlüsse der Seitenschiffe gesetzt, die bis heute erhalten sind. Der Südturm war um 1270, der Nordturm zwischen 1275 und 1280 vollendet. Um nicht hinter anderen Reichsstädten zurückzustehen, wurde Mitte des 15. Jhs. Hans von Mingolsheim beauftragt, den Umbau zu einer gotischen Hallenkirche vorzunehmen, der 1447-55 auch tatsächlich erfolgte. Aberlin Jörg, nach anderen Angaben Anton Pilgram, schuf dann 1480-87 den dreischiffigen Hallenchor, der in seiner Höhe und weiten Spannung völlig neu in Schwaben und Franken war. Der Baumeister hat sich als Träger einer Wendeltreppe am Sakramentshäuschen selbst abgebildet.

Der 1508-29 unter der Leitung von Hans Schweiner erbaute 62 m hohe Hauptturm ist das erste bedeutende sakrale Renaissancebauwerk in Deutschland. Dieser West- bzw. Kiliansturm sollte besonders repräsentativ werden, weshalb Schweiner 1507 beauftragt wurde, die beiden Turmstümpfe aus dem 14. Jh. so zu verstärken, dass sie in den neuen Turm einbezogen werden konnten. Gegen die Gotik gerichtet war die Betonung der Horizontalen durch den

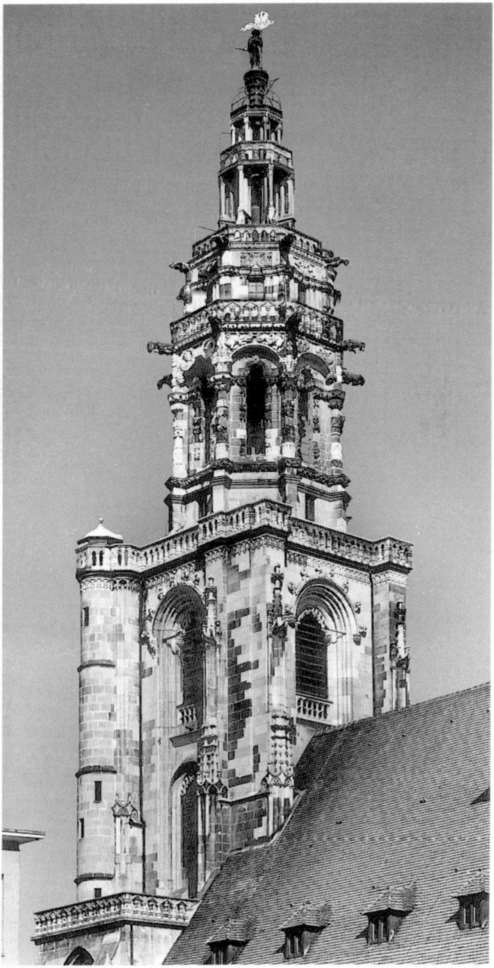

Heilbronn.
Kilianskirche, Turm von Südosten

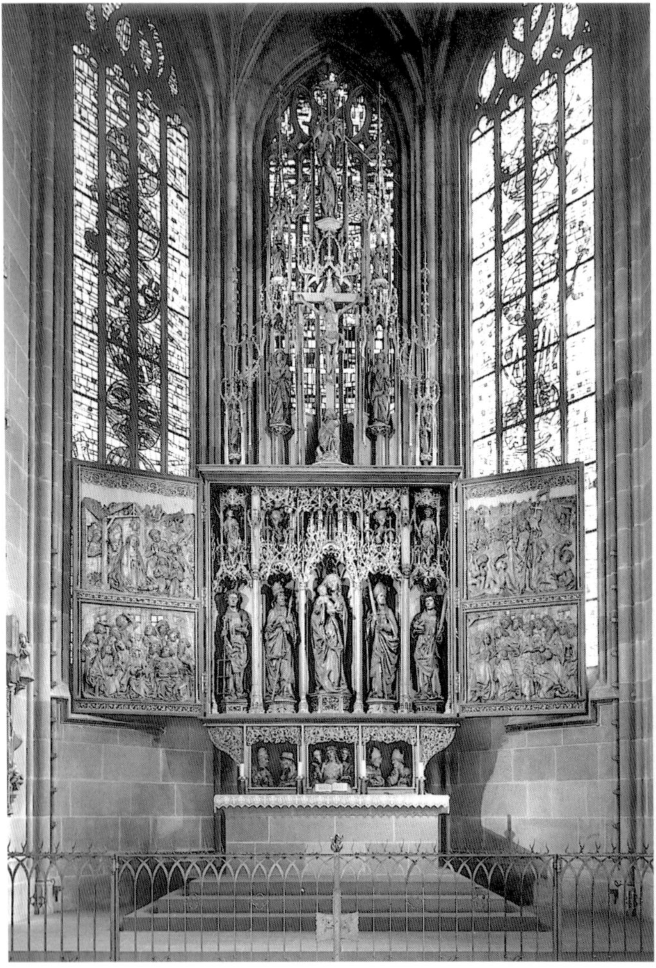

Heilbronn.
Kilianskirche, Hochaltar

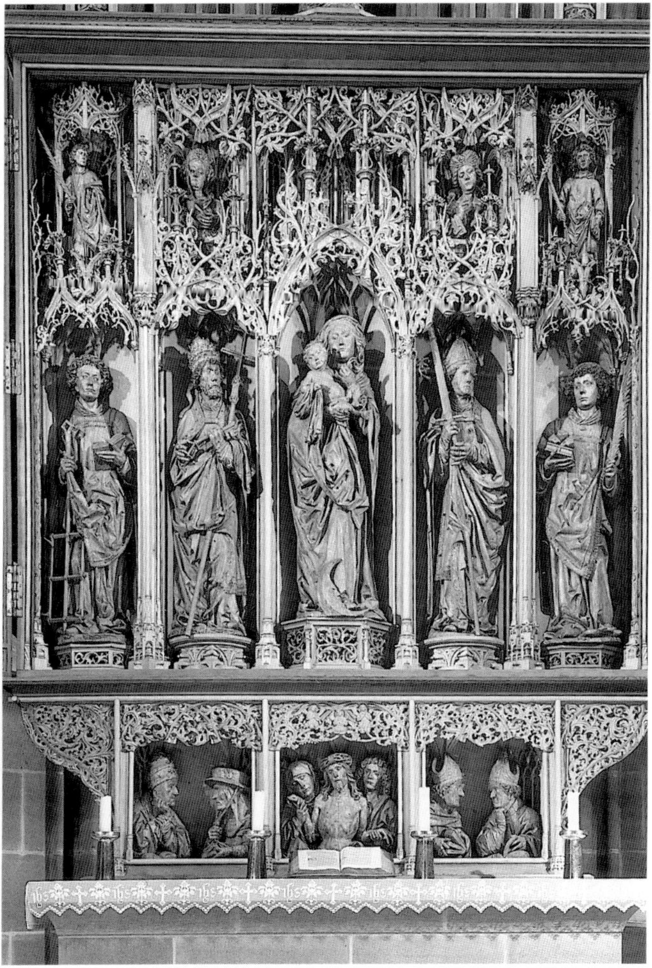

Heilbronn.
Kilianskirche, Hochaltar, Detail

Einbau von Galerien, ganz neu ist die Schmuckfülle, die den Turm überzieht: Als Wasserspeier sieht man z. B. einen Affen in Mönchskutte, Mönch und Nonne mit Vogelleibern, Bischöfe mit Spechtzungen, Domherr mit seiner Buhlerin (geschaffen im Zeitalter der Bauernkriege als massive Verhöhnung der geistlichen Orden!), ein geflügeltes Untier mit der „armen Seele" etc. Oben auf der Turmspitze steht bezeichnenderweise auch nicht mehr der hl. Kilian, sondern der Bannerträger der Reichsstadt.
1579-81 wurden dann durch den Leonberger Konrad Wagner das dichte Netzgewölbe aus Stuckgips im Mittelschiff und Kapitelle an den Langhauspfeilern nachgetragen. Im nach dem Krieg sorgfältig wiederaufgebauten Chor tragen die Schlusssteine des Netzgewölbes die Symbole Christi, der vier Evangelisten, der Kirche, der Auferstehung, des Paradiesvogels und die Krone des ewigen Lebens – moderne Arbeiten von Gottfried Gruner.
Beim Nachkriegswiederaufbau von 1945 bis 1964 versuchte man die zwischenzeitlich 1886-94 unter der Leitung des Ulmer Münsterbaumeisters August von Beyer erfolgte neugotische Umgestaltung zu negieren und den mittelalterlichen Charakter wiederherzustellen.
Ausstattung: Der Hauptaltar – ein Marienaltar, den der Heilbronner Hans Seyffer 1498 vollendete – wird neben die bedeutenden Leistungen der Zeitgenossen Riemenschneider und Veit Stoß gestellt. Der zweiflügelige (neue) Schrein sitzt auf einer Predella, in deren Mitte der Schmerzensmann, Maria und Johannes zu einer Gruppe verschmolzen sind. Links davon erkennt man die Kirchenväter Gregor und Hieronymus, rechts stehen die Büsten von Augustinus und Ambrosius. Im Zentrum des Schreins darüber erblickt man Maria mit dem Jesuskind, auf der Mondsichel stehend, begleitet links von Petrus und dem Märtyrer Laurentius, rechts von Kilian und Stephanus. Getrennt sind die Figuren durch schlanke Säulchen, aus denen über den Häuptern ein Baldachin aus reichem Blattwerk sprießt. In den Nischen dieses Baldachins stehen außen die Statuen der Kiliansbegleiter Kolonat und Totnan, innen die Büsten von Apollonia und Margarete. Auf dem linken Altarflügel findet man die Flachreliefs mit der Geburt Christi und der Ausgießung des Heiligen Geistes, auf dem rechten die Auferstehung Jesu und Marias Tod. Im luftigen Gesprenge stehen Maria und Johannes zu Seiten des Kruzifixus, darüber nochmals eine Madonna mit dem Kind. Die Anordnung der Figuren entspricht freilich nicht ganz dem historischen Zustand vor dem 2. Weltkrieg. Die hohen Farbfenster des Hauptchores hat Charles Crodel 1965-68 geschaffen, links mit der Erschaffung der Erde, rechts mit ihrem Ende nach der Offenbarung Johannes. Im nördlichen Seitenchor sind u. a. die Reste der spätgotischen Chorverglasung, in der Apsis ein Steinrelief der Zeit um 1500 mit Christus am Ölberg aus dem Umkreis Hans Seyffers erhalten. Der moderne

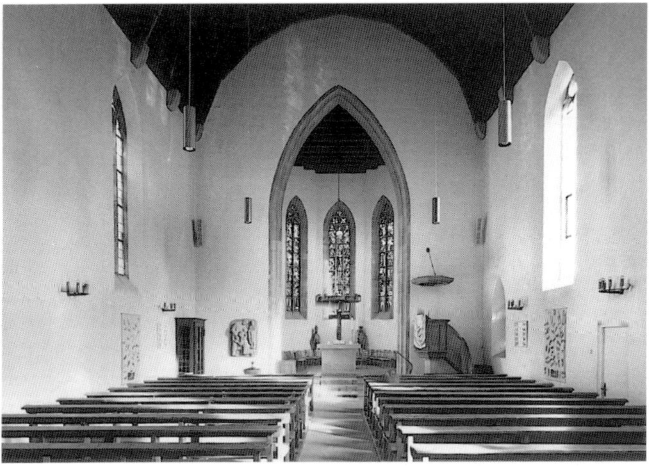

Heilbronn.
Nikolaikirche, Blick zum Chor

Zwischenaltar am Ende des Mittelganges ist aus zwölf Steinen zusammengesetzt, als Hinweis auf die zwölf Stämme Israels und die zwölf Apostel. Das nach Entwürfen des prominenten Bildhauers Ulrich Henn aus einem Stück gegossene Bronzekreuz auf dem Altar nimmt das Motiv des Weinstocks auf – Sinnbild für Christus und zugleich Erinnerung an den Patron der Heilbronner Weingärtner. Auf dem Kreuz werden Szenen aus der Passion Christi dargestellt. Auch die Kirchenportale schuf Henn: Das Nordportal zeigt in Bronzereliefs den Einzug Jesu in Jerusalem und die Verleugnung durch die Jünger, das Südportal die Aussendung der Apostel und die brennende Stadt Sodom als Hinweis auf das göttliche Gericht. Aus den 1990er Jahren stammen die Turmportale. In der Vorhalle der Kirche fanden Steinepitaphe und Originalplastiken vom Turm Aufstellung.

Am Nordrand der ehemaligen Altstadt steht die *ev. Nikolaikirche*, im Kern um 1350 als Kapelle neben dem späteren Karmeliterkonventshaus erbaut, ein gotischer Saalbau mit eingezogenem polygonalem Chor und Dachreiter, bis 1644 von einem Kirchhof umgeben. Ab der Reformation, seit 1620, wurde die Kirche Zeughaus – obwohl 1706 neu geweiht, ist sie 1804 erneut profaniert und als Militärspital, Zeughaus, Holzmagazin und Turnhalle genutzt worden. Erst 1851 ist sie nach der Wiederherstellung durch den Stadtbaumeister Louis De Millas dem Gottesdienst erneut zugeführt, 1899 dann von den Berliner Architekten Heinrich Jassoy und Johannes Vollmer, 1932 von dem Stuttgarter Hans Seytter erneuert worden. Nach den Schäden im 2. Weltkrieg erfolgte der Wiederaufbau 1950-51 unter der Leitung von Hannes Mayer, der auch wichtige Teile der Innenausstattung und die Türen entwarf. Die Chorfenster schuf 1959 Wolf-Dieter Kohler. 1971 sind die gotischen Portalskulpturen im Westen durch Kopien ersetzt, die Originale des 14. Jhs. im Chor aufgestellt worden.

Ein weiteres bedeutendes Sakralbauwerk befand sich zwischen der Nikolaikirche und der Kilianskirche in der Sülmerstraße, daran erinnert heute nur noch der *sog. Hafenmarktturm*. Er gehörte – wie auch die gotischen Fensterfragmente dahinter – zum 1272 hier gegründeten Franziskanerkloster, dem ältesten Kloster der Stadt. Die Franziskanerkirche wurde 1290-1314 erbaut und den Heiligen Maria und Franziskus geweiht, 1544 profaniert, 1566-1688 als evangelische Kirche genutzt, 1688 durch Brand zerstört. Der frühere Kirchturm wurde 1698-1727 von J. G. Meyer aus Straßburg über den gotischen Teilen barock wiederaufgebaut. Er diente ab 1800 als Schrotturm dem Esslinger Kaufmann Marchthaler zur Fabrikation von Schrotkugeln. 1929-36 wurde der Turm zur Gedenkstätte für die Gefallenen des 1. Weltkrieges nach Entwürfen von Paul Bonatz mit bildhauerischen Arbeiten von Erwin Scheerer (Tympanon des gotischen Portals), Wilhelm Schäffler und Karl Dübbers umgestaltet. 1952 und 1963 nach Kriegsschäden erneut umgestaltet (Turmspitze und Durchgang, Baurat Heinrich Röhm). Seit 1955 steht neben dem Turm der *St. Georg* bzw. *Hafenmarkt-Brunnen* des Stuttgarter Bildhauers Ernst Yelin.

Unweit der Kilianskirche und unmittelbar südlich des historischen Standorts des Kirchbrunnens erstreckt sich der Baukomplex der *ehem. Deutschordenskommende* mit ihrer Kirche, auch *Deutschhof* genannt. Der Deutsche Orden errichtete seine Kommende hier ab 1225/30 auf historisch bedeutendem Boden: Zwar ist die durch die Historiografen lange Zeit hier angenommene königliche Pfalz weiter nördlich zu suchen, doch ist frühmittelalterliche Bebauung an dieser Stelle unzweifelhaft. Die ältesten überlieferten Bauteile finden sich im Turmbereich der *kath. Pfarrkirche St. Peter und Paul*, der früheren Ordenskirche, die als Marien-Kapelle bald nach 1230 errichtet wurde. Der heutige Turm stammt im Kern noch immer aus dem 13. Jh., ebenso der romanische Altartisch (um 1250) in der kreuzgewölbten Turmkapelle. Um 1340/50 wurde die Kapelle umgebaut, um 1400 wurde nördlich dieser das

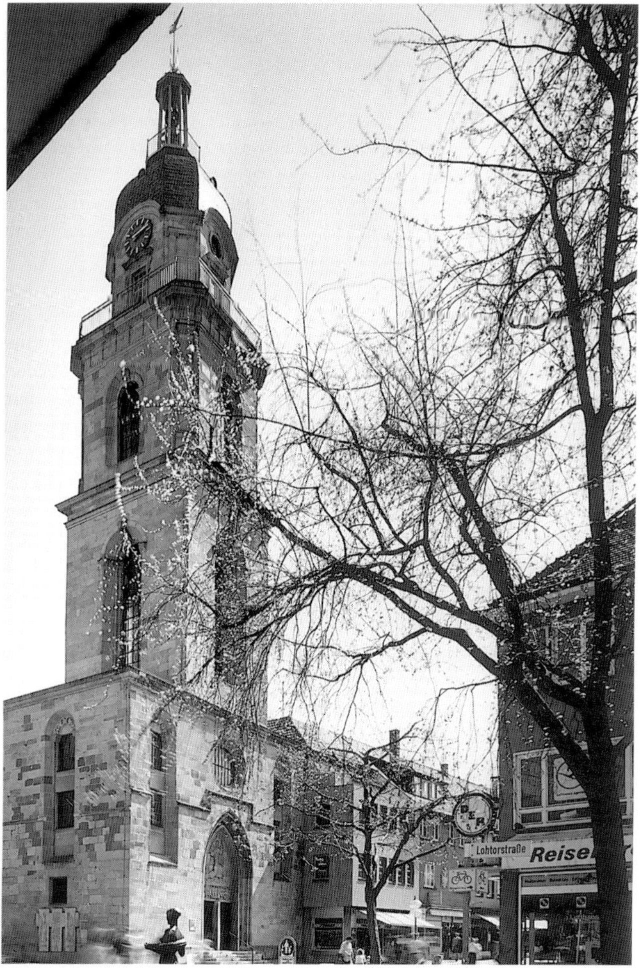

Heilbronn.
Der Hafenmarktturm

neue heutige Langhaus mit einem neuen Chor angefügt, beides erfuhr bereits um 1490/1510 durch Hans von Karstädt u. a. eine Erweiterung. Über dem Chorbogen ist ein Fresko aus dieser Zeit sichtbar, an weiteren Ausstattungsstücken des 15. und 16. Jhs. sind darüber hinaus heute nur noch die Eleusische Madonna der Zeit um 1450 in der Turmkapelle und eine Pieta der Zeit um 1550 (aus dem ehem. Karmeliterkloster ?) zu nennen. Im Norden ist um 1484 als Folge der Speidelschen Stiftung eine Gruft-Kapelle angebaut worden; an den Stifter erinnert auch die noch erhaltene metallene Grabplatte im romanischen Turmchor. Wahrscheinlich von Jakob Müller wurde 1602 am Wendeltreppen-Turm zwischen der romanischen Kapelle und dem Langhaus das Wappen des Komturs A. von Klingenbach angefertigt.
Mit dem Chorumbau von 1696 begann die Barockisierung der Kirche, die 1718-25 unter der Leitung von Franz und Johann Michael Keller mit dem Langhaus und dem Turmobergeschoss vollendet wurde. Damals entstanden auch die – leider nicht mehr überlieferten – Deckengemälde Antonio Colombas. Mehrere Komturgrabsteine im Chor, das Portal an der Chorsüdseite und nicht zuletzt das äußere Erscheinungsbild der Kirche sowie die (neuerdings wiederhergestellte) Speidelsche Kapelle erinnern heute an diese durchgreifende Barockisierung. Mit dem Umbau ging ein Patrozinienwechsel von Maria zu Peter und Paul einher.
Nach der Zerstörung im 2. Weltkrieg wurde der Bau zunächst 1949-54 unter der Leitung von Rudolf Gabel wiederaufgebaut, 1968 dann durch Hans Georg Reuter renoviert. Heute dominiert die Neuausstattung von 1968 und die Renovierung der 1990er Jahre – ein Hauptwerk der Denkmalpflege jener Zeit in Heilbronn – das Kircheninnere: Chorfenster von Wilhelm Geyer von 1968, Kreuzweg-Mosaiken von Karl Blau aus Stuttgart, Emporen- und Kapellenfenster von Prof. Ludwig Schaffrath aus Aachen (1968), die Fenster Thomas Bischoffs und die neuen liturgischen Orte von Rudolf Kurz aus den 1990er Jahren prägen heute die Kirche.
Unmittelbar mit der Kirche verbunden ist die einstige Trappanei des Ordens, auch Stein-Kallenfelsischer Bau genannt, um 1600 ohne eigene Wand an die Südseite der Kirche angebaut, an der Westseite mit den Resten der Deutschhofmauer mit Schießscharten (heute kath. Pfarrhaus). Dieser Bau war Teil bzw. krönender Abschluss einer im 16. Jh. begonnenen umfangreichen Neugestaltung des Deutschordenshofes. Den Auftakt bildete der 1512-50 erfolgte Neubau des Komtur-Wohnhauses, diesen Bau verbindet hofbildend noch heute eine balustergerahmte Brücke im Obergeschoss mit der ehem. Trappanei, eine gebrochene Freitreppe führt in das frühere Wohngeschoss des Komturs (im 19. Jh. zeitweilig Synagoge). Östlich der Freitreppe wurde 1546-50 der Steinbau angefügt, der u. a. den großen Weinkeller des Ordens beher-

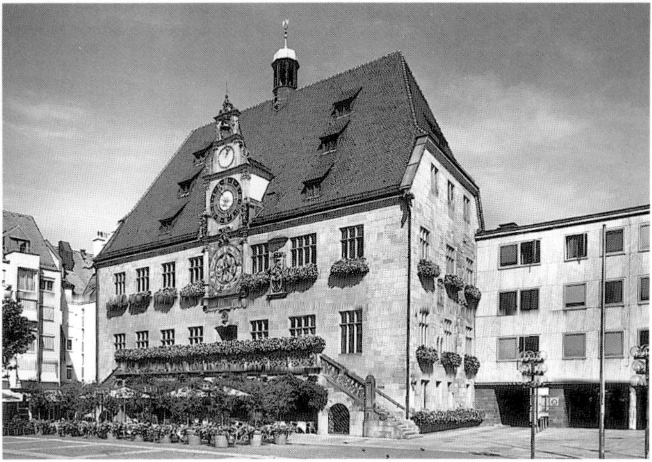

Heilbronn.
Das Rathaus mit dem rechts anschließenden Flügel der 1950er Jahre

bergte. Nördlich schloss das 1566 erbaute Ritter- und Küchengebäude an. Im 18. Jh. erhielt dann der Ordenshof seine heutige Ausdehnung, entlang der Deutschhofstraße entstand der barocke Neue Bau 1711-18 nach Entwürfen von Wilhelm H. Beringer.
Die Zerstörungen des 2. Weltkriegs trafen vor allem das Innere der Gebäude, wesentliche Teile der Umfassungswände blieben intakt. Die Renaissancebauten sind 1958/59 nach Entwürfen von Richard Scheffler – das kath. Pfarrhaus durch Noble aus Stuttgart – in ihrem äußeren Erscheinungsbild rekonstruiert und zum Kulturzentrum der Stadt innen neu gestaltet worden, die z. T. qualitätvolle Innenausstattung (ehem. Stadtbücherei) übernahmen bekannte Heilbronner Künstler (Walter Maisak, Erich Geßmann, Maria Fitzen-Wohnsiedler).

Schräg gegenüber der Kilianskirche steht am Marktplatz das *Rathaus,* im Kern aus dem 13. Jh. (Steinhaus kurz nach 1281) und von 1417 (Umbau), 1579-82 von Hans Kurz und Adam Wagner mit Jakob Müller umgestaltet: dem gotischen Rathausbau sollte eine Hauptfront in den modernen Formen der Renaissance angefügt werden. Von dem gotischen Bau wurde – neben Mauerresten des Steinhauses – u. a. das Stadtwappen mit dem Reichsadler auf goldenem Grund übernommen und pietätvoll rechts von der neuen astronomischen Kunstuhr eingelassen. Dieses von den Zeitgenossen viel bewunderte Uhrwerk (heute Rekonstruktion) fertigte 1580 Isaac Habrecht aus Schaffhausen, der auch die zweite astronomische Uhr im Straßburger Münster baute. Das rahmende bildhauerische Werk schuf Jakob Müller, die Malerei Peter Eberlin. Unterhalb des Uhrengiebels trägt die auf ionischen Säulen ruhende Freitreppe die allegorischen Figuren der Liebe, Wohltätigkeit, Gerechtigkeit, Friede, Stärke und des Glaubens. Im gotischen Bogengang ist rechts vom Ratskellereingang das Originalrelief vom Kirchenbrunnen mit Jesus und der Samariterin angebracht. Unter dem Relief wurde 1583 eine 6,5 m lange Sitzbank aufgestellt. Links vom Ratskellereingang steht das Original des Bannerträgers von der Turmspitze der Kilianskirche. Im großen Sitzungssaal befindet sich das reichsstädtische Stadtwappen von 1593, eine aufwendige figürliche Arbeit der Renaissance. 1897 wurde das Rathaus nach Entwürfen von Heinrich Jassoy und Johannes Vollmer renoviert bzw. innen neu ausgestattet.

Hinter dem Rathaus steht im Innenhof der (im Krieg schwer beschädigte) Rokokobau des reichsstädtischen *Stadtarchivs*, 1765 von Johann Christoph Keller entworfen, 1788 fertig gestellt, einst ein Hauptwerk der Bauaufgabe im 18. Jh. in Württemberg.
Nach den Zerstörungen im 2. Weltkrieg ist das Rathaus im Innern durch Heinrich Röhm modern neu gestaltet worden. In die Ruine des Archivs wurde 1963 von Karl Knappe aus München und Rudolf Gabel eine Ehrenhalle für die Opfer des „Dritten Reiches“ und die Toten des 2. Weltkriegs eingerichtet. Gabel entwarf auch die 1957-62 erfolgte Rathauserweiterung, den rückwärtigen Flügel des Erweiterungsbaus ziert die Bronzeplastik des „Amtsschimmels“ von Blasius Spreng aus dem Jahre 1963, die Fassade zum Marktplatz die Adlerplastik von Fritz Melis. Spreng schuf auch die farbigen Mosaikflächen des Innenhofes und der Säulen, er konnte sich hierbei auf seine Arbeiten an der Stuttgarter Liederhalle stützen. Vor die Marktplatzfassade der Rathauserweiterung ist Ende 1990 die 1892 nach Entwürfen der Stuttgarter Architekten Ludwig Eisenlohr und Carl Weigle sowie des Münchener Bildhauers Wilhelm von Rümann geschaffene monumentale Sitzplastik des Robert-Mayer-Denkmals zurückgekehrt (ursprünglich inmitten des Platzes).

An der südwestlichen Marktplatzecke steht ein Steinhaus aus dem 14. Jh., das unter dem Namen „Käthchenhaus“ bekannt ist. In der nördlichen Hausseite befand sich eine 1525 belegte Kapelle. Den Renaissanceerker von 1534 zieren

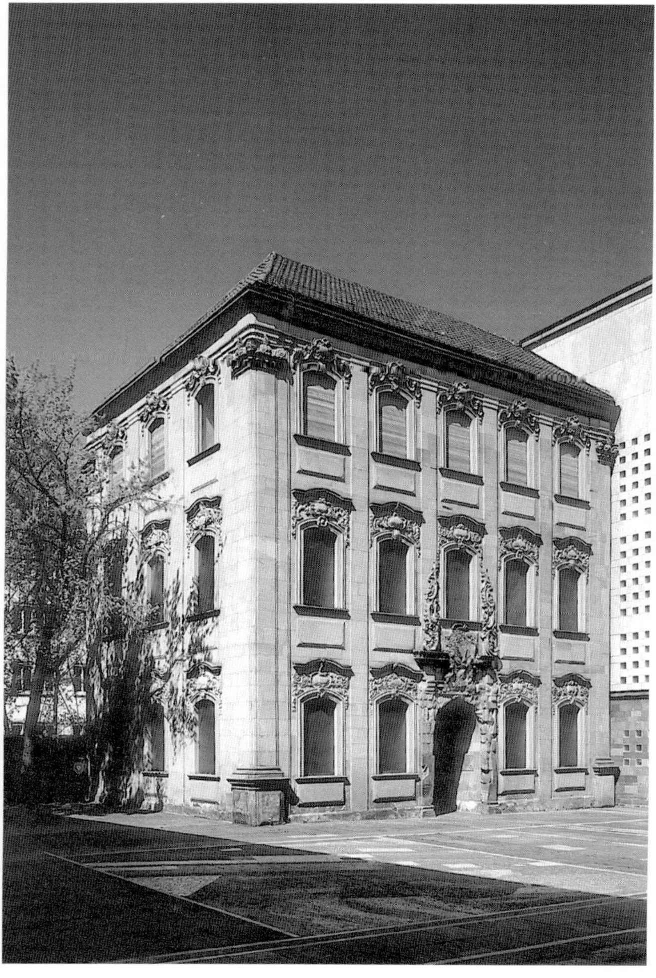

Heilbronn.
Ehem. Stadtarchiv im Rathaus-Innenhof

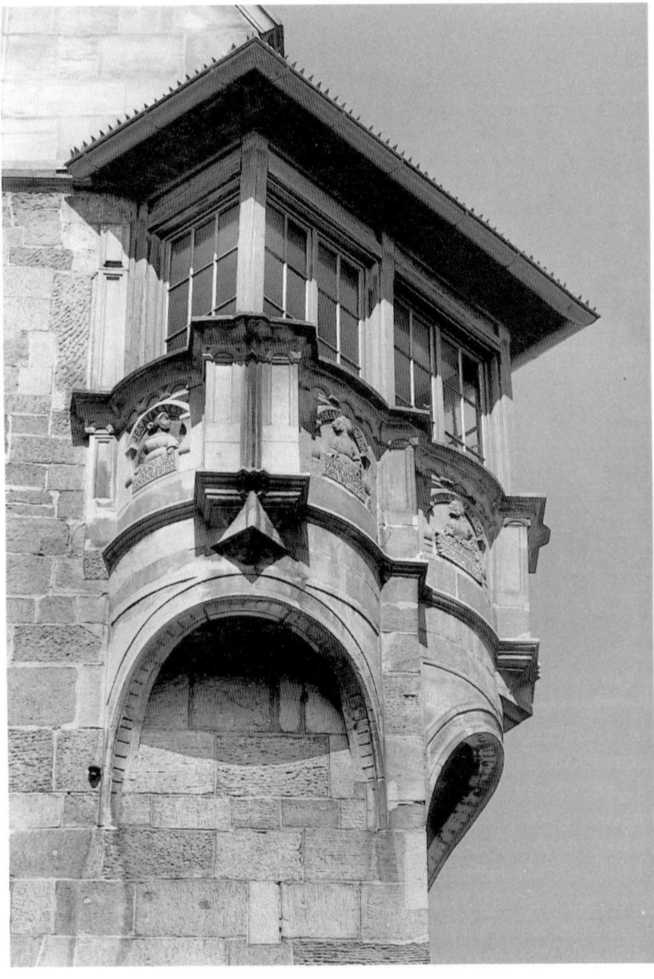

Heilbronn.
Erker am Käthchenhaus

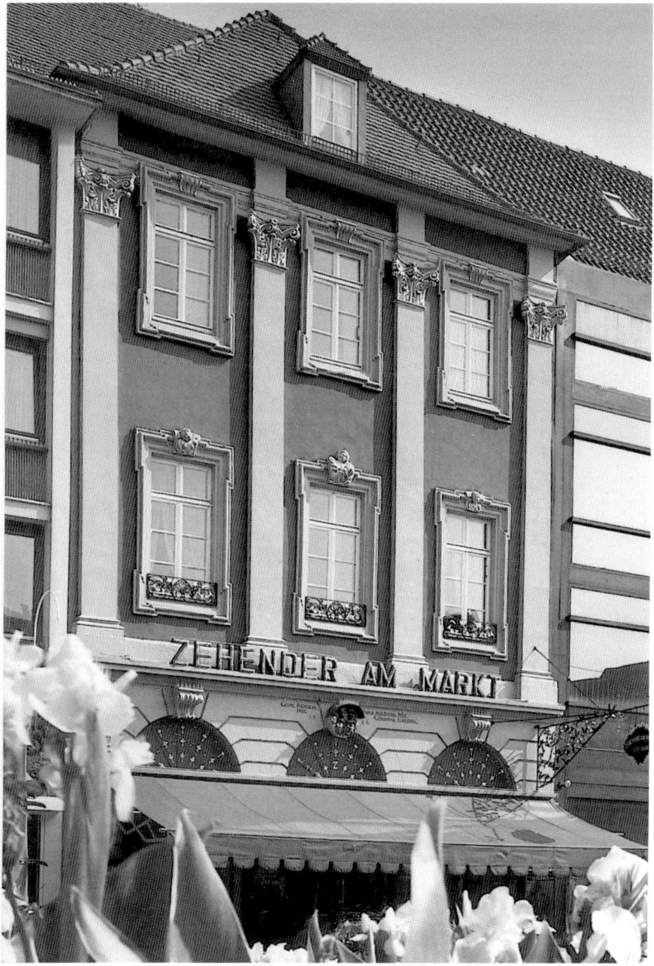

Heilbronn.
Haus Zehender am Marktplatz

die Brustbilder der Propheten Jesaias, Jeremias, Oseas und Habakuk, wohl aus der Werkstatt von Hans Schweiner. Zeitweise diente das Haus als Wohnsitz der Reformatoren-Familie Lachmann. Als „Käthchenhaus“ erinnert der Bau an Heinrich von Kleists „Käthchen von Heilbronn“, das 1810 in Wien uraufgeführt wurde, für das es jedoch keine historische Grundlage gibt.
Das *Haus Zehender* an der gegenüberliegenden Marktplatzfront wurde 1726 für die Familie Pfeil erbaut.
Die *Sicherersche Apotheke* südlich der Kilianskirche ist ein detailreiches Zeugnis des Kunsthandwerks des Wiederaufbaus nach dem 2. Weltkrieg.

Jenseits der Kaiserstraße, etwas südlicher, steht das *sog. Fleischhaus*, das 1598-1600 von Hans Stefan an der Stelle des 1281 eingerichteten Schlachthauses errichtet wurde und auch das Gerichts- und Hochzeitshaus der Stadt war, mit Metzgerlauben im Erdgeschoss. Die bildhauerischen Arbeiten stammen wohl von Jakob Müller. Bis 1879/80 war hier das Schlachthaus, danach zog das Historische Museum ein (heute Naturhistorisches Museum).
In der Siebeneichgasse erinnern noch Reste der früheren *Klostermauer* an das im 14. Jh. erbaute Klarakloster.

Und schließlich wird mit dem *Fleinertorbrunnen* (seit 1966 Kopie) an der früheren Südgrenze der Altstadt ein im Kern bis in das 16. Jh. zurückreichendes bildhauerisches Denkmal überliefert: Ab 1589 im Zusammenhang mit der Erbauung des Cäcilienbrunnenhauses und der von da in die Stadt geführten Wasserleitung errichtet, erhielt es seine erste bildhauerische Ausschmückung durch Jakob Müller (Brunnensäule) und Adam Wagner (Brunnenschale). Die Brunnenschale erneuerte 1713 Johann Heller, 1860 erneuerte man den Brunnenstock (der mit Delphinen geschmückte Teil ist noch von Jakob Müller), 1904 schuf der Ulmer Hofbildhauer Karl Federlin in Anlehnung an die Arbeit Jakob Müllers die krönende Fortuna und einige neue Schalenreliefs.
Das *Cäcilienbrunnenhaus* selbst steht noch heute inmitten von Wiesen am Südende der Cäcilienbrunnenstraße. 1588-90 wurde es als das bedeutendste Brunnenhaus der kommunalen Wasserversorgung von Baumeister Hans Stefan über der Brunnenstube des 1359 erwähnten Silchenbrunnens erbaut. Ein Brunnenmeister aus Klingenmünster in der Pfalz fasste die Quellen, die hölzernen Wasserleitungen kamen aus Baden. Die 1590-1601 fertig gestellte Leitung versorgte ca. 30 Zisternen und sechs öffentliche Brunnen in der Stadt, beginnend mit dem Fleinertorbrunnen – allesamt Werke Jakob Müllers! Das Gebäude – als Festplatz genutzt – beeindruckt durch die anspruchsvolle architektonische Gestaltung (kreuzrippengewölbte Brunnenstube, Kreuzblumen von Jakob Müller). Die Brunnenstube wurde 1616 und 1731 erneuert.

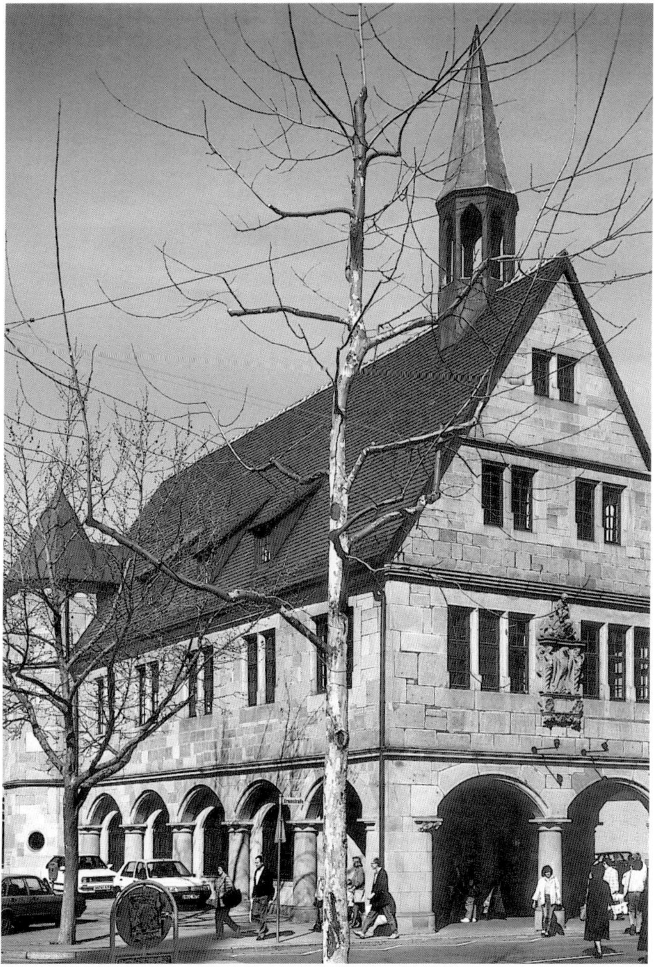

Heilbronn.
Fleischhaus, ehem. Gerichts- und Hochzeitshaus der Stadt

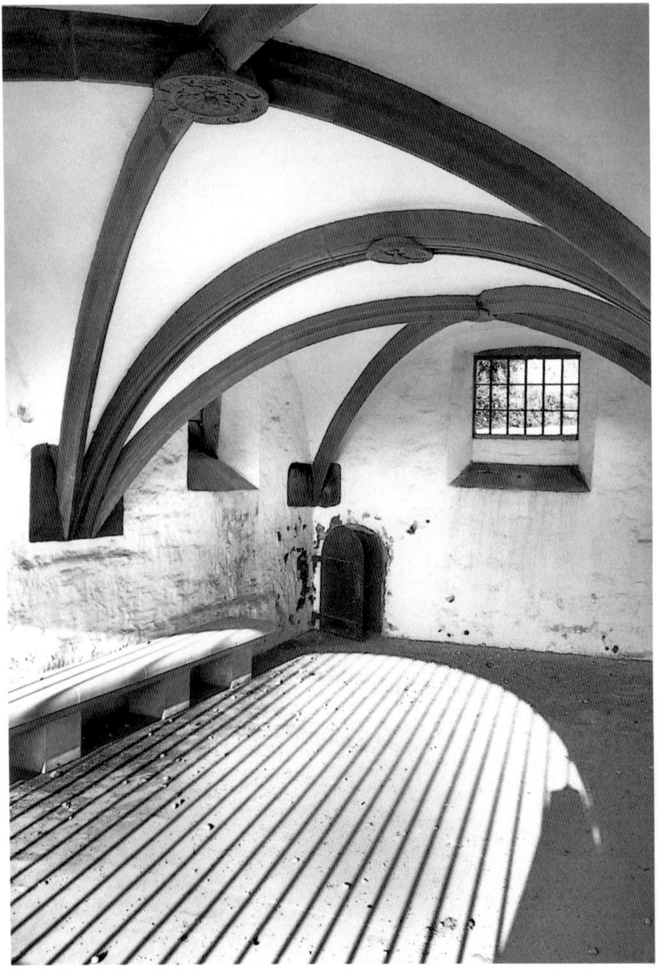

Heilbronn.
Cäcilienbrunnenhaus

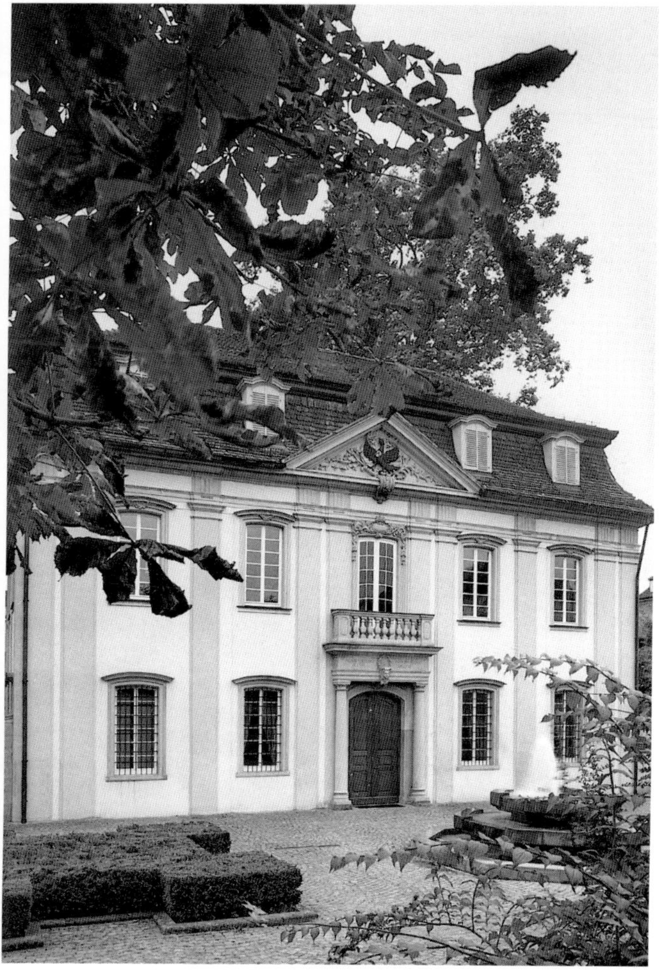

Heilbronn.
Das sog. Schießhaus in der Frankfurter Straße

Die Mehrzahl der im Krieg nicht zerstörten oder zumindest kaum beschädigten historischen Bausubstanz befindet sich – wie das Cäcilienbrunnenhaus – außerhalb der Innenstadt. Von den Sakralbauten ist allerdings, abgesehen von den beiden Nachkriegsbauten der Au- und Wichernkirche, nur noch ein ehemals bedeutendes Beispiel expressionistischer Sakralbaukunst als Kulturdenkmal nennenswert: die 1926 nach Entwürfen des Stuttgarters Hans Herkommer erbaute *kath. Augustinuskirche,* auch diese freilich im Weltkrieg stark beschädigt. In der 1947 zunächst von Regierungsbaumeister Kern aus Heilbronn, 1957 dann erneut nach Entwürfen von Hans Herkommer unter Mitwirkung seines Sohnes Jörg im Geiste der fünfziger Jahre verändert neu aufgebauten, in dieser Form umstrittenen Kirche schuf Wilhelm Geyer 1957 die Chorfenster, Jürgen Weber 1968 Tabernakel, Weihwasserbecken, Leuchter etc. Wohl aus dem Bau der zwanziger Jahre stammt die Statue des hl. Antonius, aus dem 18. Jh. eine Madonna und der hl. Augustinus, in die Zeit um 1530 wird das Kruzifix datiert.

Denkmäler des öffentlichen Profanbaus sind zahlreicher überliefert, darunter auch hochkarätige Bauten des Barock und des Historismus. An erster Stelle ist das *sog. Schießhaus* in der Frankfurter Straße zu nennen. Der barocke Putzbau wurde 1769-71 nach Entwürfen von Johann Christoph Keller gebaut und diente vor allem als Festsaalbau für die auf dem umgebenden Gelände abgehaltenen Viehmärkte und Schützenfeste. Der Festsaal im Obergeschoss zählt zu den Hauptwerken der Rokoko-Stukkatur in Württemberg und beeindruckt durch die außergewöhnlich reiche Gesamtwirkung: Von dem Mannheimer Johann Sigismund Hezel ausgeführt um 1785, zeigt sie die Allegorien der vier Jahreszeiten, des Handels, Handwerks, der Jagd und der Landwirtschaft; in das Jahr 1777 datierte Gemälde des Stuttgarter Theatermalers Sebastian Holzhey in den Supraporten sind Landschaftsdarstellungen ebenfalls allegorischen Inhalts. Im späten 18. Jh. ist auch der Gartenpavillon entstanden, dessen strenge, mit klassizistischen Motiven arbeitende Gliederung bereits das Ende des Barock spüren lässt.

Unweit, in Richtung Innenstadt, ist entlang der Bahnhofstraße ein überörtlich bedeutendes Ensemble von Staatsbauten aufgereiht. So ist z. B. der 1848/49 nach Entwürfen von Karl Etzel erbaute *alte Bahnhof* erhalten (Bahnhofstr. 8, ein klassizistischer Bau, der an eine der ersten Eisenbahnstrecken Württembergs erinnert), neben dem *Hauptbahnhof* – einem fast original überlieferten Gesamtkunstwerk der fünfziger Jahre des 20. Jhs. mit Glasmalereien und plastischen Arbeiten renommierter württembergischer Künstler – der Monumentalbau der *ehem. Post*, 1906 nach Entwürfen des Stuttgarter Baurats Ockert

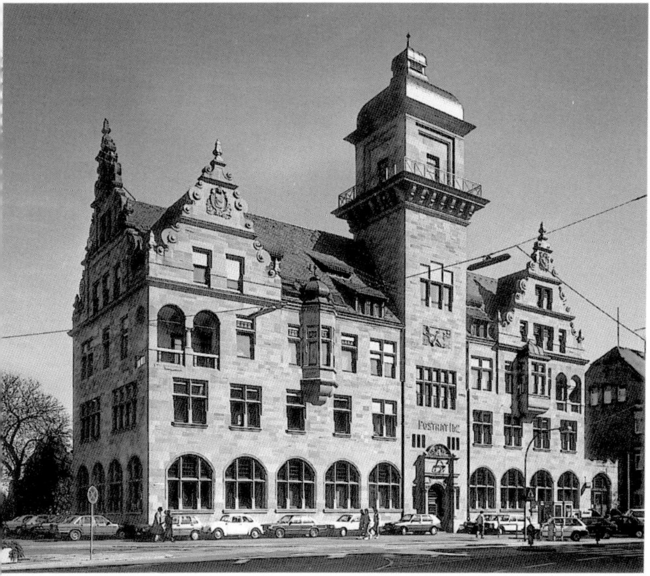

Heilbronn.
Ehem. Postamt am Bahnhof

entstanden. Am Neckar schließlich der *Wilhelmskanal*, entstanden 1819-21 nach Entwürfen des Stuttgarter Ingenieurs und Oberwasserdirektors K. A. F. Duttenhofer, feierlich eröffnet durch König Wilhelm von Württemberg. Die Entstehungsgeschichte des Kanals reicht jedoch viel weiter zurück: Seit dem Mittelalter wurde die durchgehende Schifffahrt am Neckar durch Mühlen und Wehre unmöglich gemacht, im 16. und 18. Jh. scheiterten die Versuche zur Öffnung, erst nach dem Wiener Kongress von 1815 (der freie Schifffahrt auf allen Flüssen beschloss) konnte die Schiffbarmachung des Neckars durchgesetzt und Württemberg an die großen internationalen Wasserstraßen über den Rhein angeschlossen werden. Der Kanal des 19. Jhs. mit einem Handkran (nicht am originalen Standort) am ehem. Hafen ist noch original vorhanden. Zum Inselhotel hin beeindruckt der monumentale Bau der *Ölmühle Hagenbucher* aus dem Jahre 1936 – ein Eisenbetonskelettbau mit Klinkerausmauerung.

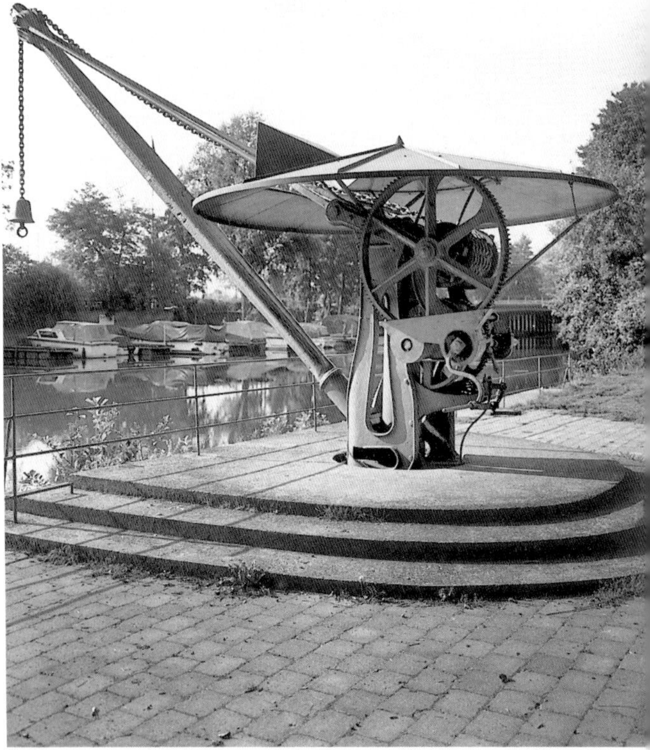

Heilbronn.
Wilhelmskanal, Handkran am ehem. Hafen

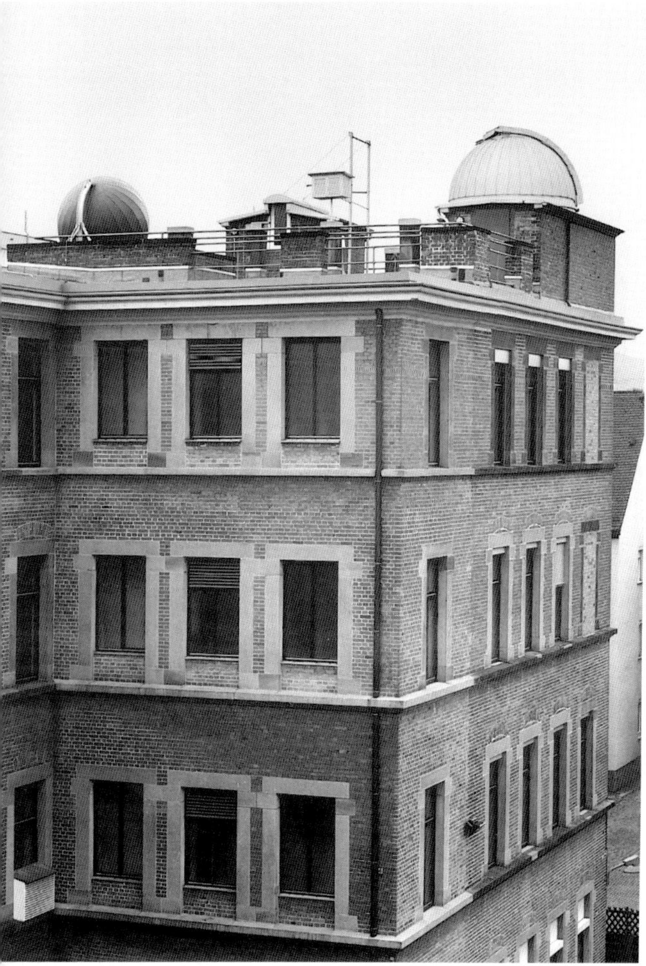

Heilbronn.
Robert-Mayer-Gymnasium in der Bismarckstraße
mit Sternwarte auf dem Dach

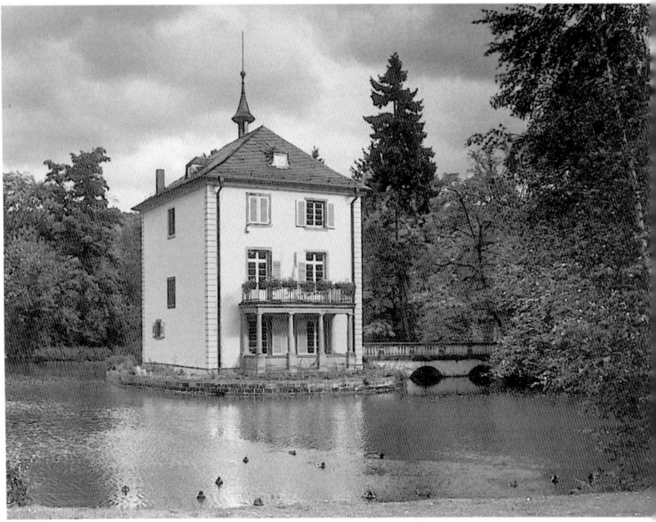

Heilbronn.
Das Trappenseeschloss am Rande des Pfühlparks

Östlich der Innenstadt ist die historische Bausubstanz am dichtesten. Das *Robert-Mayer-Gymnasium* in der Bismarckstraße, 1887-1914 nach Entwürfen des Stadtbauamtes errichtet, ist nicht nur durch die Fassadenteile des monumentalen Historismus bedeutend, sondern auch durch die Sternwarte auf dem Dach, die überregionalen Stellenwert besitzt. Der mit dem 1795 angelegten Pfühlbrunnen begonnene Pfühlpark ist eine z. T. neubarocke Anlage der 1930er Jahre mit bildhauerischen Arbeiten des Esslingers Werner Eberbach. An seinem Rand steht das Wasserschloss des *Trappensee-Schlosses:* ein bis in das Jahr 1519 zurückreichender Landsitz, den 1575/76 der Bürgermeister Ph. Orth unter dem Eindruck einer Italienreise neu erbauen ließ, der 1653 in den Besitz des Schultheißen von Trapp kam und seitdem nach ihm benannt wird und der schließlich 1784 für den in holländischen Diensten stehenden Admiral und Gesandten von Kinkel in seine heutige Gestalt gebracht wurde.

Weiter östlich führt eine barocke, 1777-82 gebaute Steinbrücke zu den ehemals bedeutenden Steinbrüchen und zum *Jägerhaus* hinauf. Dieses ist aus ei-

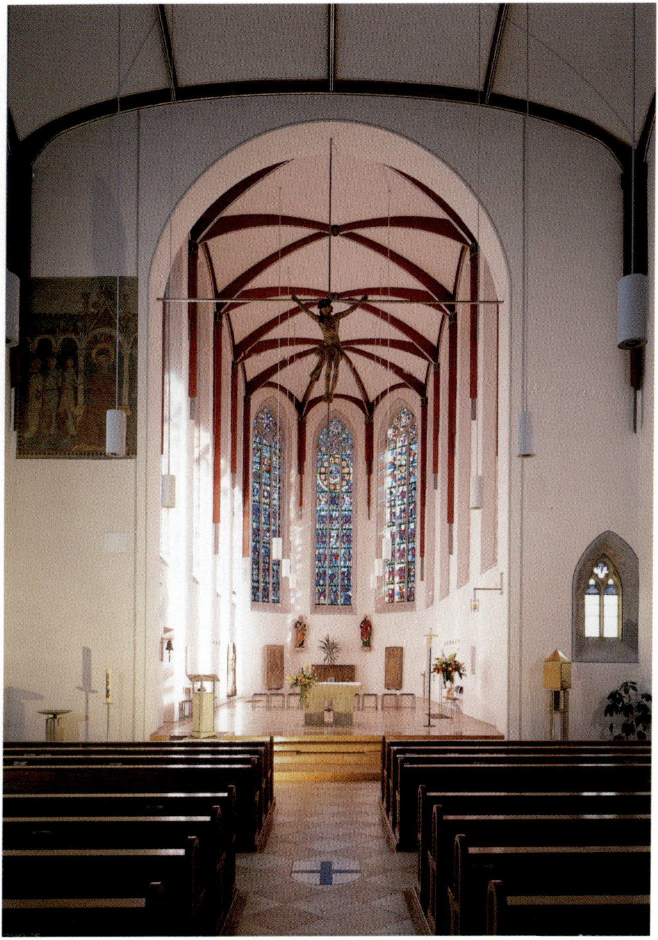

Heilbronn.
Das Innere des aufwendig restaurierten Deutschordensmünsters,
Blick zum Chor

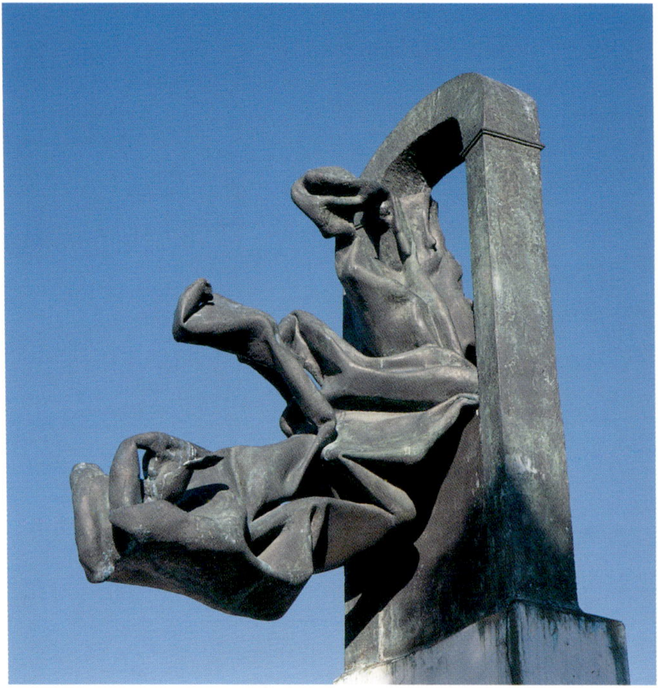

Heilbronn-Kirchhausen.
Schlossplatz, Detail des Nepomukbrunnens von Seemann

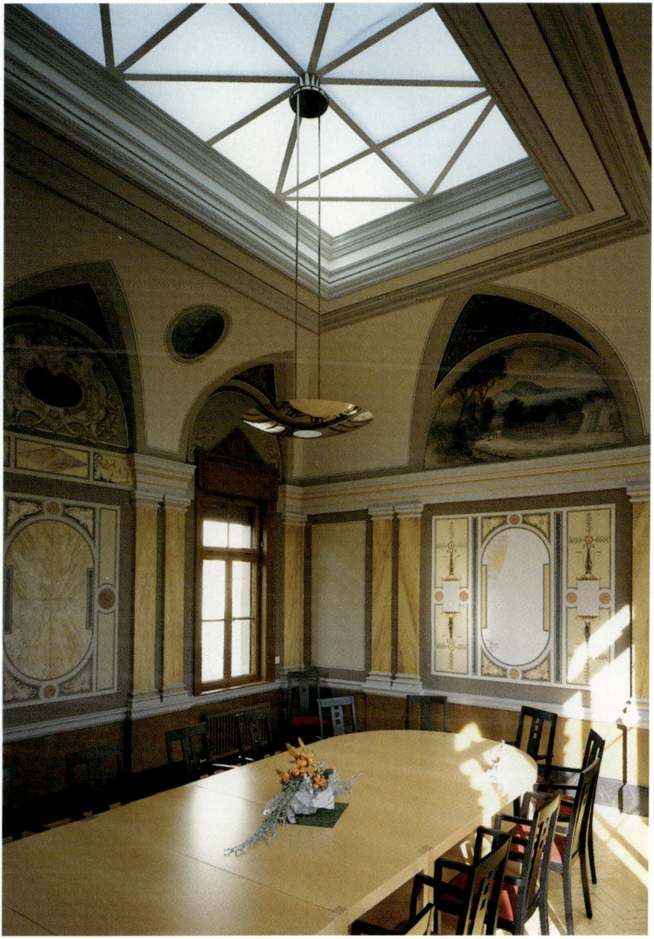

Heilbronn.
Cäcilienstraße, ehem. Villa Faißt,
Obergeschoss des Gartenflügels innen, wiederhergestellt

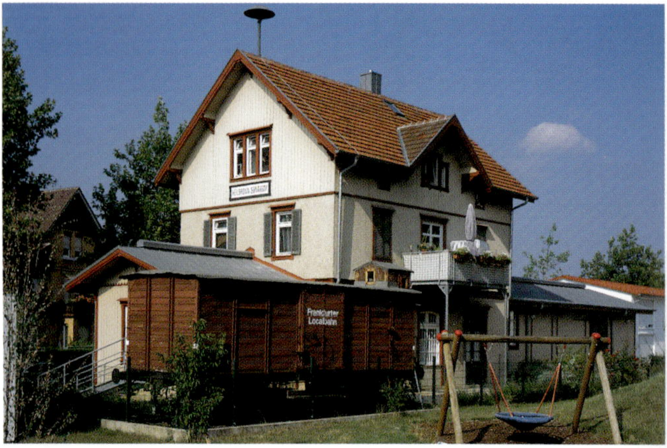

Heilbronn-Sontheim.
Das ehem. Bahnhofsgebäude der Bottwarbahn, Ansicht Gleisseite

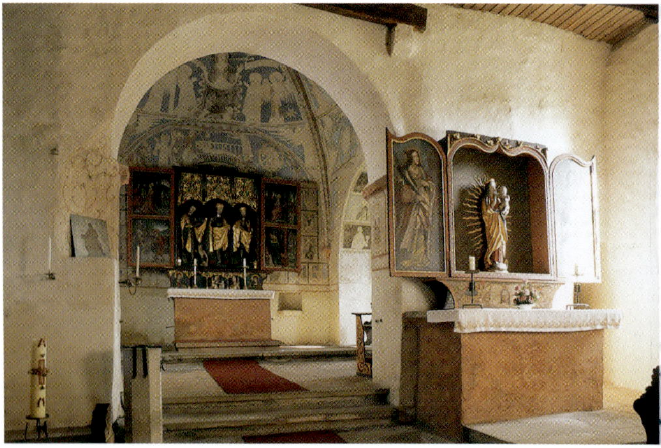

Neudenau.
Die berühmte Wallfahrtskapelle St. Gangolf mit ihrer vollständigen gotischen Ausstattung

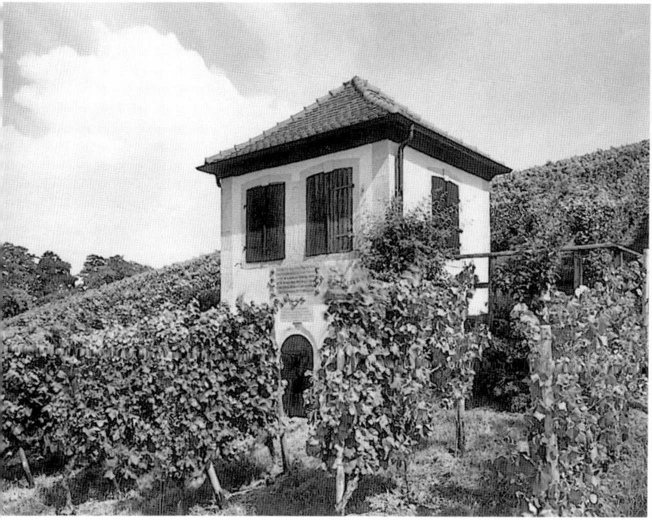

Heilbronn.
Weinberghaus am Aubergweg (Wartberg)

ner 1413 datierten Einsiedelei hervorgegangen, seit dem 18. Jh. beherbergte es die Wohnung des Heilbronners Stadtjägers, 1780-82 und 1838 wurde es neu gebaut und 1954 schließlich im Heimatstil umgestaltet (danach weitere Umbauten).

Ein stadtgeschichtlich ebenfalls bedeutendes Pendant erhebt sich landschaftsbildbestimmend hoch auf dem Heilbronner Hausberg, dem Wartberg. Hier steht der Stadt zugewandt die traditionsreiche *Wartberg-Gaststätte,* deren Ursprünge bis in das Jahr 1764 zurückreichen, als Ph. J. Nast hier, auf dem schon damals beliebtesten Ausflugsziel der Heilbronner, in einem Garten mit Holzhütten die Schankerlaubnis erhielt. 1792 entstand das erste Gasthaus, das 1846/47 nach einem Brand im klassizistischen Stil neu gebaut wurde und dessen ursprüngliche Architektur stadtseitig noch immer gut ablesbar ist. Hinter dem Gasthaus erhebt sich der weitaus ältere *Wartbergturm*, dessen Erbauungszeit vermutlich in die Mitte des 12. Jhs. datiert. Der für den Berg namengebende Wartturm war seit dem 15. Jh. von einem kegelförmigen Dach

und einem beweglichen Signalknopf bekrönt, sein heutiges Erscheinungsbild ist wesentlich durch die Restaurierung von 1863-68 mitgeprägt. Weiter unten, an den Südhängen des Wartbergs sind einige alte *Weinberghäuschen* erhalten, die durch ihren gestalterischen Aufwand bzw. das hohe Alter weit über Heilbronn hinaus bedeutend sind: am Aubergweg das im Kern in das Jahr 1513 datierte, mit Schießscharten versehene, 1775 durch den bekannten Apotheker Sicherer erneuerte Häuschen mit mehreren Inschrifttafeln und Putzornamentik im Innern; östlicher im Oberen Ried ein 1743 gebautes und um 1880 erweitertes Häuschen in Gestalt eines Gartenbelvedere mit kassettierter Holzdecke und Dekorationsmalerei im Innern; unten an der Wartbergsteige steht ein 1911 nach Entwürfen von Braunwald erbauter neubarocker Weingartenpavillon, an der Steige selbst ein Kellerhaus des 19. Jhs. mit Dekorationsmalerei; an der Robert-Mayer-Straße das barocke Weinberghäuschen des Klosters Kaisheim aus dem Jahre 1711.
Ein anderes barockes Weinberghäuschen steht weiter entfernt am Riedberg, westlich des *Schweinsbergturmes* – dieser historistische Aussichtsturm entstand in Anlehnung an mittelalterliche Burgenarchitektur 1886 nach Entwürfen der Stuttgarter Eisenlohr und Weigle. Im Wald in Richtung Jägerhaus ist in einem tiefen Tal am *Köpferbrunnen* die 1880 als Eremitage gedachte neugotische Kapelle verborgen.

Vor allem im südlichen und östlichen Randbereich der Stadt haben auch größere Wohnviertel den Krieg ohne große Schäden überstanden: Im Bereich des Südbahnhofs ist ein Arbeiterwohngebiet der Jahrhundertwende noch gut ablesbar (mit dem ehem. *Haus des Spar- und Konsumvereins* an der Happeltstraße, 1913, als Zentrum), mit dem früheren *Autohaus Assenheimer* aus den 1950er Jahren an der Stuttgarter Straße als bauhistorischem Abschluss, entlang der Süd- und Wilhelmstraße auch Wohn- und Geschäftshausarchitektur für gehobene Ansprüche (Wilhelmstr. 9 von Heinrich Cluß 1844 als Bahnhofshotel projektiert, Nr. 17 von Beutinger und Steiner 1907, Nr. 58 als Hotel von A. Dederer 1898). Z. T. überregional bedeutende Villenarchitektur des späten 19. und frühen 20. Jhs. ist unmittelbar südlich der historischen Altstadt mit den beiden von dem Stuttgarter Eberhard Etzel im selben Jahr (1811) erbauten klassizistischen *Villen Mertz* und *von Rauch* (Rosenberg 1 bzw. Steinstr. 1) entstanden. Gegenüber der Villa von Rauch in der Cäcilienstraße, in der sich auch die ehem. *Villa Link* (Nr. 51, 1881 von Eisenlohr und Weigle), die ehem. *Villa Faißt* (Nr. 66, 1875 von Robert von Reinhardt), beide im Stil der Neorenaissance, befinden. Die Villa Faißt wurde von dem Kgl. Württ. Hofdekorationsmaler Ernst Bader aufwendig ausgemalt und in den 1990er Jahren mustergültig restauriert. Weitere Beispiele finden sich auf dem Lerchen-

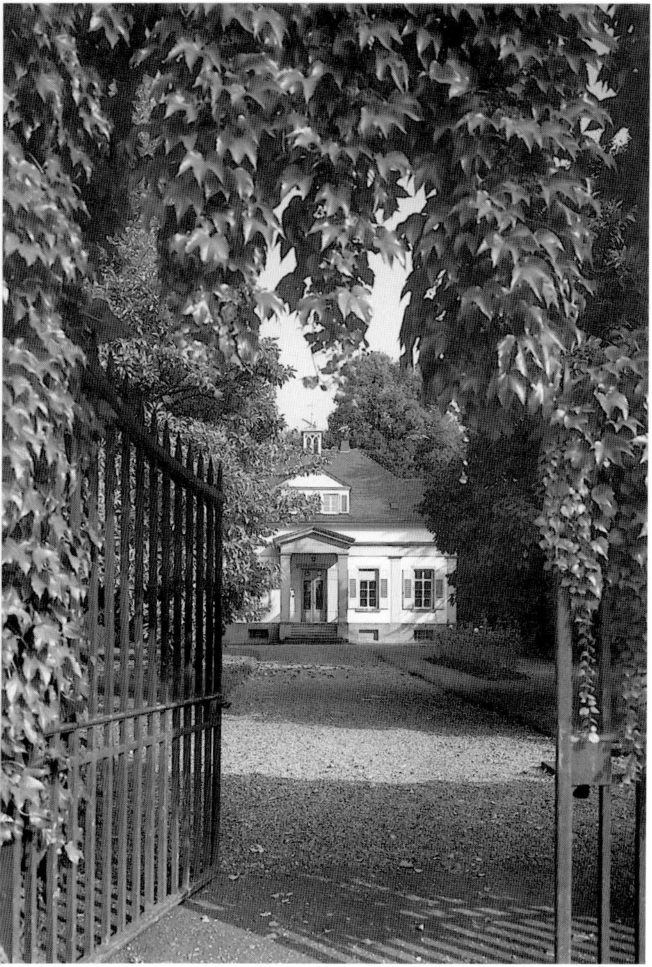

Heilbronn.
Ehem. Villa von Rauch

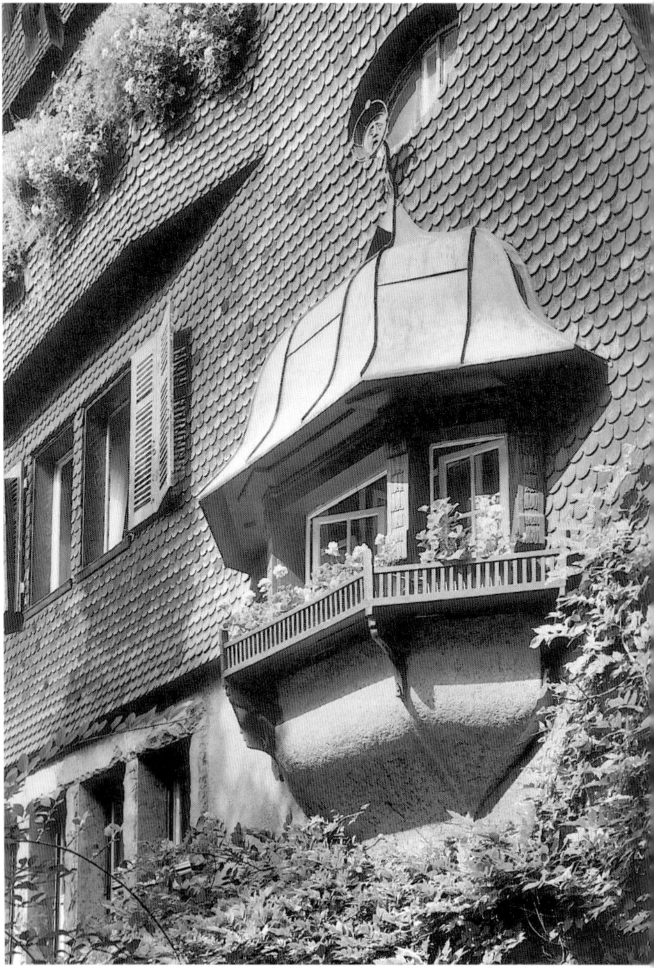

Heilbronn.
Ehem. Villa Pielenz in der Wollhausstraße

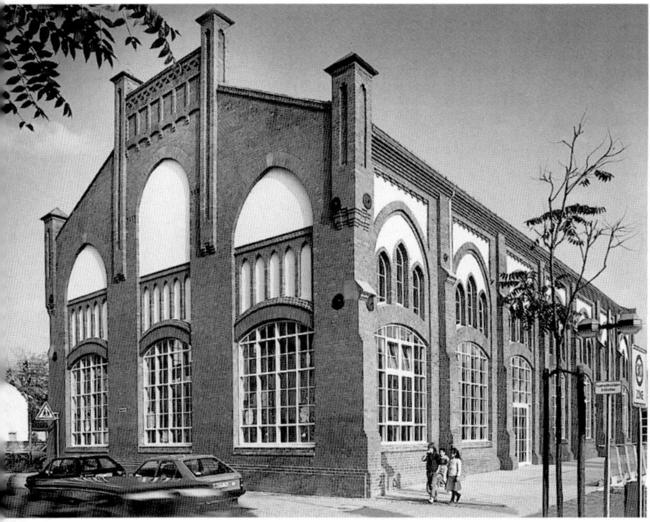

Heilbronn.
Ehem. Maschinenfabrik in der Olgastraße 45

berg, z. B. die ehem. *Villa Schliz*, Alexanderstr. 53, von den Stuttgartern Paul Schmohl und Georg Staehelin 1901 als ein äußerst seltenes und qualitätvolles Beispiel des floralen Jugendstils in Württemberg geschaffen. Des Weiteren die historistischen ehem. *Villen Teuffel*, Bismarckstr. 48, und *Knorr*, Bismarckstr. 50, von Walter & Luckscheiter 1902 bzw. 1896, die im Stil der Neorenaissance erbaute ehem. *Villa Dittmar* in der Dittmarstr. 16 von Maute 1881, das Haus Gutenbergstr. 37 von Maute und Moosbrugger 1909, die zweite *Villa Knorr*, Gutenbergstr. 51, von Johannes Vollmer und Heinrich Jassoy 1897, die ehem. *Villa Pielenz*, Wollhausstr. 93, von dem Frankfurter Hugo Eberhardt 1905 im englischen Landhausstil. In der Wilhelmstraße sind Nr. 7 und 11, die ehem. *Villen Goppelt* und *Kübel* (1842 bzw. 1862 klassizistisch von Louis De Millas), Nr. 25 die ehem. *Neorenaissance-Villa Seelig* (1877 von R. von Reinhardt), Nr. 42 die ehem. *Villa* des Oberamts-Baumeisters Josef *Eckert* 1899 erwähnenswert. Und in der Bahnhofstraße sind Nr. 9 (von Walter und Luckscheiter 1896), Nr. 11 als *Villa Adelmann* (1870 von Robert von Reinhardt im Stil der Neorenaissance) dokumentiert.

An die ehemals bedeutende Industriearchitektur erinnern nur noch die *Papierwarenfabrik Baier & Schneider* (Wollhausstr. 62, 1904 erbaut, nach Kriegsschäden 1949 von Hannes Mayer wiederhergestellt), die ehem. *Maschinenfabrik* der Heilbronner Maschinenbaugesellschaft in der Olgastr. 45 (1904 von M. Keppeler), *Kaisers's Kaffeegeschäft* in der Gottlieb-Daimler-Straße (1938 als Rösterei und Expedition nach Entwürfen des Stuttgarters Karl Elsäßer mit einem figürlichen Fensterbild von Wilhelm von Eiff gebaut, der Turm noch heute mit originaler technischer Einrichtung), die bereits erwähnte *Ölfabrik Hagenbucher*, die *Fabrikarbeitersiedlung des Salzbergwerks* (Salzgrundstraße) sowie die Angestelltenvillen der *Fa. Knorr* (Liebigstraße).
Eine Sonderstellung nimmt der aus dem 2. Weltkrieg stammende *General-Wever-Turm* am Rande der Theresienwiese ein – ein Hochbunker mit Flakstellung aus dem Jahre 1940.
Daneben besitzt Heilbronn auch qualitätvolle Zeugnisse der Bildhauerei und Friedhofsarchitektur vom Mittelalter bis ins frühe 20. Jh. auf dem Alten und Neuen Friedhof sowie in Gestalt einiger öffentlicher Denkmäler. Der *Alte Friedhof* geht in seinen Anfängen bis in das Jahr 1442 zurück, als hier eine Wallfahrt zur Anlage des Karmeliterklosters (1447, mit Begräbnisplatz) führte. Durch die Schließung des Kirchhofes bei der Kilianskirche 1530 begann die Rolle des Karmeliterfriedhofes als allgemeiner Begräbnisplatz der Heilbronner, die auch nach der Zerstörung des Klosters im Jahre 1632 fortbestand und bis 1882 anhielt. Alle Nutzungsphasen des Friedhofes ab der Gründung im 15. Jh. bis zur Umgestaltung zu einem Park ab 1882 sind mit qualitätvollen Grabmälern und Denkmälern dokumentiert: Grabmäler des Mittelalters und der frühen Neuzeit sind im nordwestlichen Teil des Geländes und an der östlichen Mauer konzentriert, die barocken Monumentalgräber an der Südmauer, darunter z. B. das Grabmal des 1716 verstorbenen Bürgermeisters J. D. Feyerabend mit reicher figürlicher Plastik. Aus dem 19. Jh. ist das Grabmal Blankenhagen von dem prominenten Stuttgarter Bildhauer Dannecker, dasjenige von Robert Mayer von Dietelbach aus Stuttgart, von Pilger (Güldenstein, Stuttgart), das Denkmal für die Gefallenen des deutsch-französischen Krieges (1873 von Robert von Reinhardt) oder das Kaiser-Wilhelm-Denkmal (1893 enthüllt, ursprünglich auf der Allee, nach Ideen von Ludwig Pfau von Wilhelm Rümann in München modelliert). Der Alte Friedhof ist bereits im 19. Jh. als einer der schönsten Friedhöfe Süddeutschlands bezeichnet worden.
Der den alten ablösende *Neue Friedhof* von 1882 beeindruckt durch das Eingangsensemble der neoklassizistischen Friedhofsbauten, darunter das erste Krematorium Württembergs, erbaut 1905 nach Entwürfen des Architekten und späteren Heilbronner Oberbürgermeisters Emil Beutinger. Am Südrand der historischen Friedhofsanlage trifft man auf eine Reihe von qualitätvollen

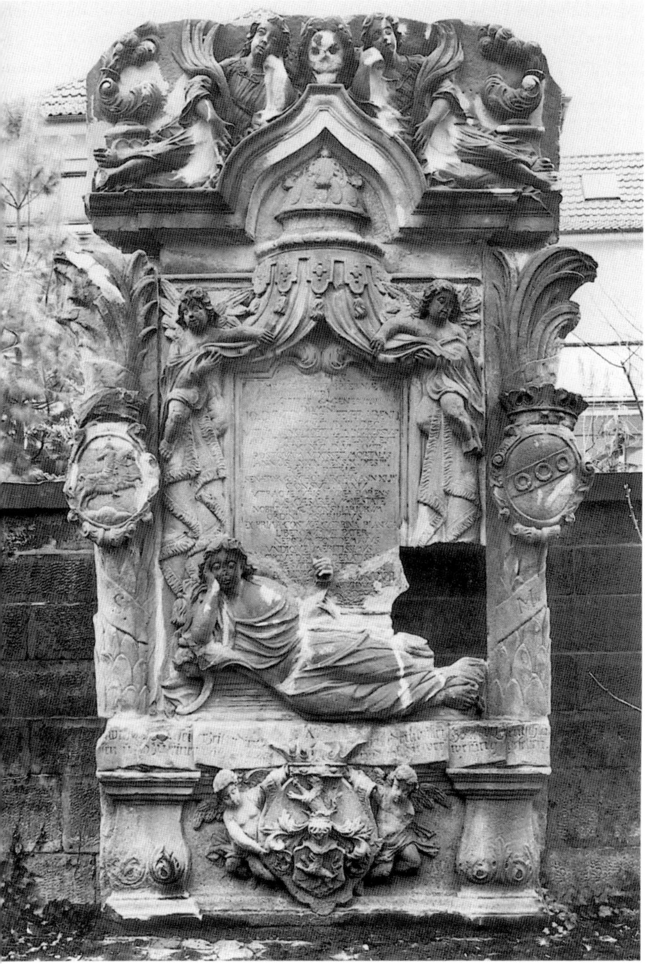

Heilbronn.
Alter Friedhof, Südmauer,
Grabmal des Bürgermeister J. D. Feyerabend

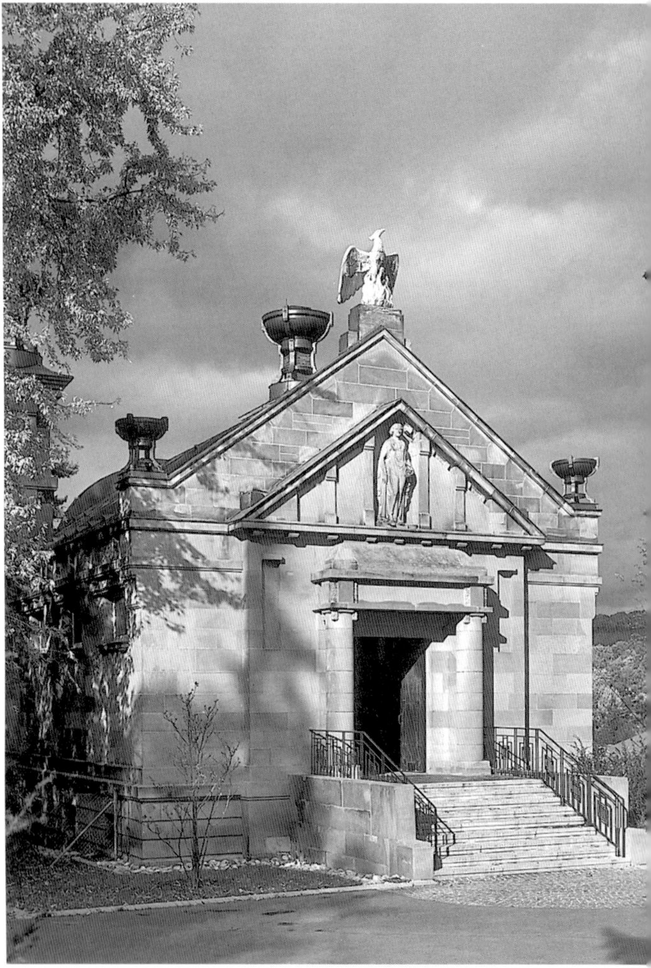

Heilbronn.
Neuer Friedhof, Krematorium

Grabmälern des späten 19. und frühen 20. Jhs., darunter z. B. die Grabmäler Faißt (1880 von A. Donndorf und Eisenlohr und Weigle, Stuttgart), Link (1893 von Lange und Rümelin, München), Dittmar (1904 von A. Argenti, Mailand), Drautz (1907 von Heinrich Jobst und Beutinger mit Steiner), Gutbrod (Daniel Stocker, Stuttgart), Knorr (Emil Kiemlen, Stuttgart), Ackermann (Ernst Yelin, Stuttgart).
An die bedeutende jüdische Gemeinde Heilbronns erinnert der *israelitische Friedhof* zu Füßen des Wartbergs.
Aus dem Bestand an öffentlicher Denkmalkunst sind – neben dem bereits genannten Robert-Mayer-Denkmal auf dem Marktplatz – die *Büste von Louis Link* in der Arndtstraße (1892 von Prof. Anton Hess aus München), das *Bismarckdenkmal* auf dem gleichnamigen Platz (1903 von Emil Kiemlen und Otto Rieth aus Berlin) und die Pieta auf dem *Ehrenfriedhof* an der Arndtstraße (um 1920 von Robert Poetzelberger aus Stuttgart) zu nennen.

HEILBRONN-BIBERACH

Der im Tal des in den Neckar fließenden Böllinger Baches liegende Teilort wird erstmals 766 als Besitz des Klosters Lorsch erwähnt. Nach verschiedenen Herrschaften – darunter im 17. Jh. der General von Klug – erwarb 1681 der Deutsche Orden, der hier bereits seit 1532 Besitzer eines Hofes war, den Ort.

Die durch den Orden angesiedelten Katholiken benutzten von 1685 bis 1863 die heutige *ev. Pfarrkirche* als Simultankirche (1862 kath. Kirchenneubau nach Entwürfen von Chr. Fr. Leins, abgebrochen). Die in erhöhter Lage das Ortsbild dominierende Pfarrkirche, 1496 bezeugt, weist vom gotischen Bau nur noch den Chorturm auf, das heutige Kirchenschiff entstand 1829/30 nach Entwürfen des Heilbronner Architekten Nellmann. An den Ortsherrn von 1648 bis 1681 erinnert das Epitaph des Thomas von Klug im Chor, an die Renovierung von 1879 u. a. die neugotische Kanzel.
Östlich flankiert die Kirche das 1923 als Umbau des Vorgängerbaus von 1840 entstandene *ehem. Gemeindebackhaus* (mit Laden und Wohnung). Die südlich der ev. Kirche 1862 erbaute *kath. Pfarrkirche St. Cornelius und St. Cyprian* wurde 1984 durch einen Neubau ersetzt (Architekten Hammerley und Nanz aus Fellbach), dieser weist jedoch mehrere qualitätvolle Kunstwerke auf. An erster Stelle ist das Ölgemälde der Epiphanie zu nennen, eine Arbeit des flämischen Manierismus um 1525. Bedeutend ist auch die Lindenholzfigur der um 1740 aus Gundelsheim gelieferten Madonna, um 1500 im Umkreis Hans Seyffers entstanden, und das spätgotische Kruzifix. Aus der Kirche von Leins

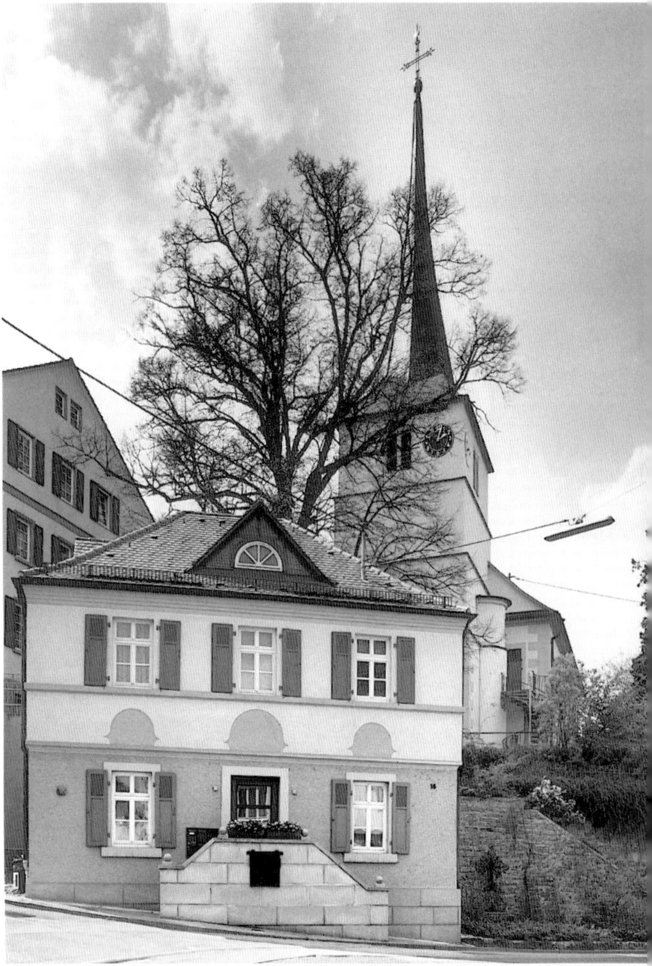

Heilbronn-Biberach.
Ehem. Gemeindebackhaus, dahinter die ev. Kirche

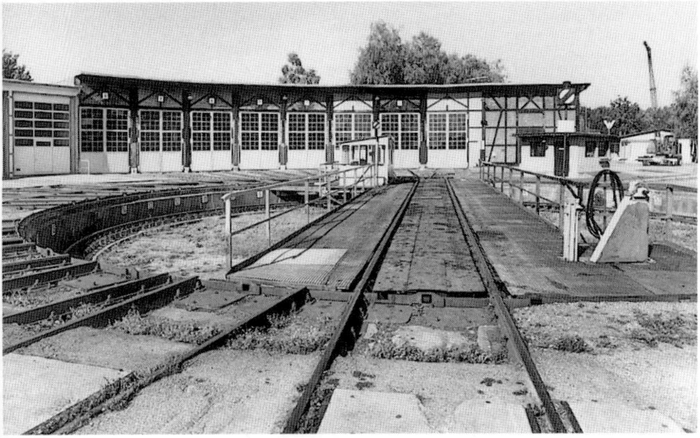

Heilbronn-Böckingen.
Der Ringlokschuppen mit der vorgelagerten Drehscheibe

stammen die neugotischen Kreuzwegstationen und die Kirchenpatrone sowie ein neugotisches Fenster (1963 durch Sepp Vees und Hans Kassuba aus Stuttgart neu verglast). Die Fenster der achtziger Jahre schuf der bekannte Schweizer Theo Imboden.

An den Deutschen Orden erinnern der an der Unterlandstraße stehende *ehem. Deutschhof* (1783 dat.) und der *Biberbrunnen* mit Ordenskreuz an der Hauptstraße unterhalb der ev. Kirche. Darüber steht das älteste noch erhaltene Fachwerkhaus des Ortes, 1580 erbaut. Die Mühle am Westrand des Ortes ist 1586 erstmals urkundlich bezeugt, heute im Wesentlichen ein Bau des Barock, ehemals mit einer von Engeln bekrönten Hausmadonna an der Gebäudekante.

HEILBRONN-BÖCKINGEN

Bodenfunde und Reste des Römerkastells weisen auf das hohe Alter des Ortes hin. 766 erstmals erwähnt, kam Böckingen ab 1343 allmählich in den Besitz der Reichsstadt Heilbronn, wohin es nach einem Intermezzo der Selbständigkeit von 1802-1933 zurückkehrte. 1919 wurde der Ort sogar zur Stadt erhoben – so überrascht es nicht, dass heute das Erscheinungsbild des Stadtteils wesentlich

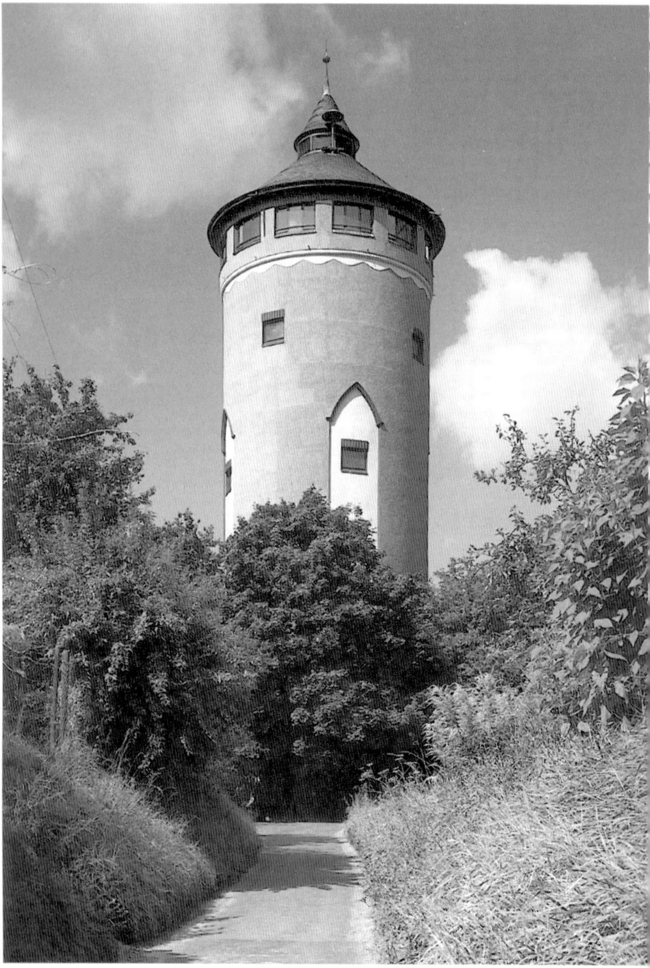

Heilbronn-Böckingen.
Wasserturm

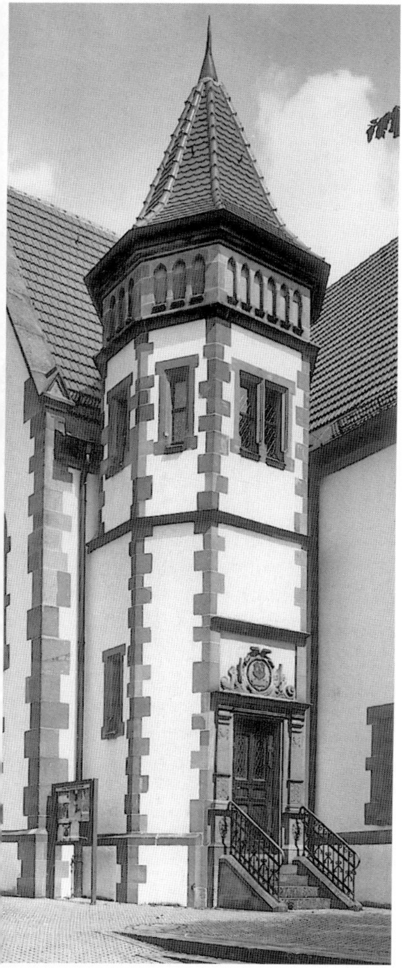

Heilbronn-Böckingen.
Ev. Pfarrkirche, Treppenturm

durch die Entwicklung des bis dahin landwirtschaftlich geprägten Dorfes zu einer Arbeiterwohngemeinde bestimmt wird, die sich in der 2. Hälfte des 19. Jhs. vollzog, initiiert durch den Bau der Eisenbahn Stuttgart-Heilbronn unter Karl Etzel. Die Gründung der großen Ziegelei der Heilbronner Baugesellschaft 1873 und des Bahnbetriebswerkes in den neunziger Jahren des 19. Jhs. verstärkten diesen Wandel.

Die siedlungsähnliche Bautätigkeit durch Bauunternehmer um 1900 (z. B. in der Eppinger Straße), die Bautätigkeit der Kgl. Württ. Eisenbahn (Bedienstetenwohnhäuser, Ringlokschuppen, Bahnhof), der Bau der sog. Reinöhlschule in der Ludwigsburger Straße (1899-1905) und schließlich aber nicht zuletzt die Erweiterung der ev. Pfarrkirche 1900/01 durch Heinrich Dolmetsch sind die herausragenden Zeugnisse dieser für Böckingen bedeutendsten Entwicklungsphase. Auch der Neubau der *kath. Pfarrkirche* (1901/02) nach Entwürfen von Richard Raisch im neuromanischen Stil, mit einer Kiliansstatue von Karl Eisele aus Stuttgart, später mit Farbfenstern von den nicht minder prominenten Otto Habel und J. de Ponte, aber auch mit qualitätvollen alten Kunstwerken wie z. B. einer spätgotischen Madonna, barockem Auferstehungschristus und Josefsgemälde, sowie das kath. Pfarrhaus daneben (1906 von Karl Tscherning) und die Neuanlage eines großen Friedhofes (1905 mit neuromanischer Friedhofskapelle) gehören in diese Zeit.
Wortwörtlich als krönender Abschluss dieser Entwicklung entstand 1929 der das Ortsbild beherrschende expressionistische *Wasserturm*. Weil auch mehrere verheerende Brände und Kriege die Bausubstanz des Dorfes dezimierten, zeugt vom alten Dorfkern nur noch die *ev. Pfarrkirche*, eine Chorturmkirche des 13. Jhs. mit Wandmalerei, Renaissance-Treppenturm von 1610 mit Eingangsbekrönung (wahrscheinlich von Jakob Müller), dem prächtigen barocken Grabmal des Hohenloheschen Hofbildhauers Nikolaus Ritter von 1770 und dem Farbfenster (1960-61) von Adolf Valentin Saile. Ebenfalls Teil der ehem. Dorfanlage waren die Reste des alten Kirchhofs, das südlich anschließende barocke *ev. Pfarrhaus* (1780) und in der Seestraße zwei frühere Bauernhöfe des 18. Jhs.

HEILBRONN-FRANKENBACH

Frankenbach war bereits in der Merowingerzeit besiedelt, 767 war hier das Kloster Lorsch zur Hälfte begütert, 1438 wurde der Ort an die Reichsstadt Heilbronn verkauft, 1675 niedergebrannt.

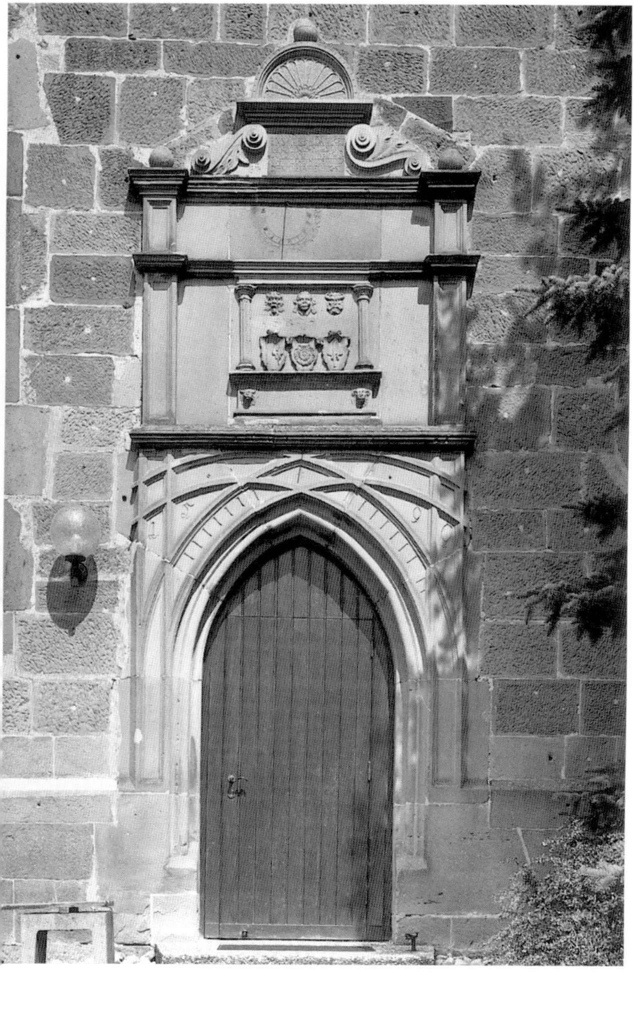

Heilbronn-Frankenbach.
Ev. Pfarrkirche, Südportal

Letzteres trug mit dazu bei, dass von der mittelalterlichen Bausubstanz des Dorfes lediglich die *ev. Pfarrkirche* übrig geblieben ist. Der in erhöhter Lage stehende Bau wird 1425 erstmals bezeugt, im 15. bis 19. Jh. umgestaltet bzw. neugotisch erweitert: 1589/90 wurde der Westturm erhöht und das spätgotische Südportal von Martin Schwarz aus Heilbronn neu geschaffen, darüber (wahrscheinlich 1718) der Portalaufsatz mit dem Reliefbild eines Erinnerungsmals an die Greuel des Dreißigjährigen Krieges im Ort und eine Sonnenuhr. Die neugotische Umgestaltung von 1863/64 führte Baurat Albert Barth aus Heilbronn aus, ihm ist die Südterrasse vor der Kirche und die Neugestaltung des Ostchores zu verdanken.
Hinter der Kirche zieht sich der 1746 datierte Rest des ehem. Dorfgrabens hin, von einer barocken *Steinbrücke* zum Friedhof hin überwölbt. Unterhalb der Kirche, östlich von ihr, steht das barocke *Pfarrhaus* von 1695 (1756 erneuert, mit Inschrift). An der weiter östlich vorbeiführenden Landstraße von Heilbronn in die Pfalz entstand mit dem *Rathaus* im 18. Jh. ein neuer Ortsmittelpunkt (baulich verändert).
Der verwaltungsmäßig zu Frankenbach gehörende *Hipfelhof* weiter westlich im Tal des Rotbachs ist bereits 1238 urkundlich bezeugt, als er in den Besitz des Wimpfener Spitals kam. Zum Hof gehörte schon im Mittelalter eine kleine Wallfahrtskapelle (nicht mehr vorhanden), 1475 ist hier ein eigener Pfarrer nachweisbar, der zuletzt in der 1791 erbauten späteren Speisemeisterei an der Mühle wohnte. 1695 kam der damals nur aus der Kirche, einem Bauernhaus und einer Scheune bestehende Hof in den Besitz des Hospitals in Memmingen, fiel 1803 an Bayern, 1812 erwarb ihn Freiherr von Cotta.
Der heutige bauliche Bestand des außergewöhnlich umfangreichen Hofguts setzt sich aus Bauten des späten 18. Jhs. einerseits und andererseits aus dem Schloss und den Wirtschaftsbauten des 19. Jhs. südlich davon zusammen. Während sich die barocke Hospitalmühle (1784) mit eindrucksvollem langem Triebwerkskanal und das 1791 erbaute ehem. Pfarrhaus (mit barockem Treppengeländer und klassizistischer Tür) am Ostrand des Guts befinden, entstand ab 1855 um das frühere Amtshaus (18. Jh.) ein großer rechteckiger Wirtschaftshof mit Stallungen, Back- und Waschhaus etc. Unmittelbar nördlich ist ab 1855 u. a. durch bekannte Heilbronner Architekten (Stadtbaumeister Louis De Millas, Amtsbaumeister Hermann Maute) die klassizistische *Villa des Freiherrn von Cotta* mit umgebendem Park und qualitätvoller Innenausstattung (z. B. Neorokoko-Kachelöfen mit den Jahreszeiten, Einbaumöbel mit Schnitzerei, Kaminofen, Deckenmalerei im pompejanischen Stil) entstanden. Seit dem späten 19. Jh. bietet sich das Hofgut fast unverändert dar.

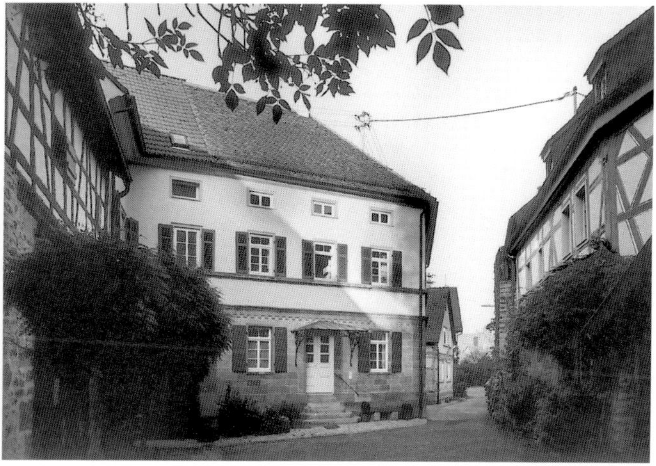

Heilbronn-Horkheim.
Der frisch restaurierte Innenhof der ehem. Wasserburg

HEILBRONN-HORKHEIM

Die bereits in fränkischer Zeit besiedelte, 976 urkundlich bezeugte Gemeinde prosperierte offenbar dank des Neckarübergangs auf dem Wege von Heilbronn nach Lauffen, in diesem Zusammenhang dürfte auch die mittelalterliche Wasserburg des seit 1394 genannten Ortsadels entstanden sein.

Die am Westrand des Ortes stehende *Burg* weist noch mit dem Graben, Teilen der Umfassungsmauer, Rundtürmen, dem Steinhaus und anderen Wohn- bzw. Ökonomiegebäuden (u. a. 1550 dat.) das gut ablesbare Erscheinungsbild einer kleinen mittelalterlichen Wasserburg auf. Seit dem späten 17. bis ins 19. Jh. war die Burg von mehreren jüdischen Familien bewohnt, die hier auch ihre Synagoge (im großen Steinhaus 1737 eingerichtet, Reste von Inschriften vorhanden) und das rituelle Bad einrichteten. Die Burg wird seit Jahren von den jetzigen Eigentümern beispielhaft saniert.
Unmittelbar an die Burg grenzt die *ev. Pfarrkirche*, die aus einer Friedhofskapelle des 14. Jhs. hervorging (Teile der Kirchhofmauer erhalten) und 1610 von Heinrich Schickhardt unter Verwendung des alten Chorturmes umgebaut

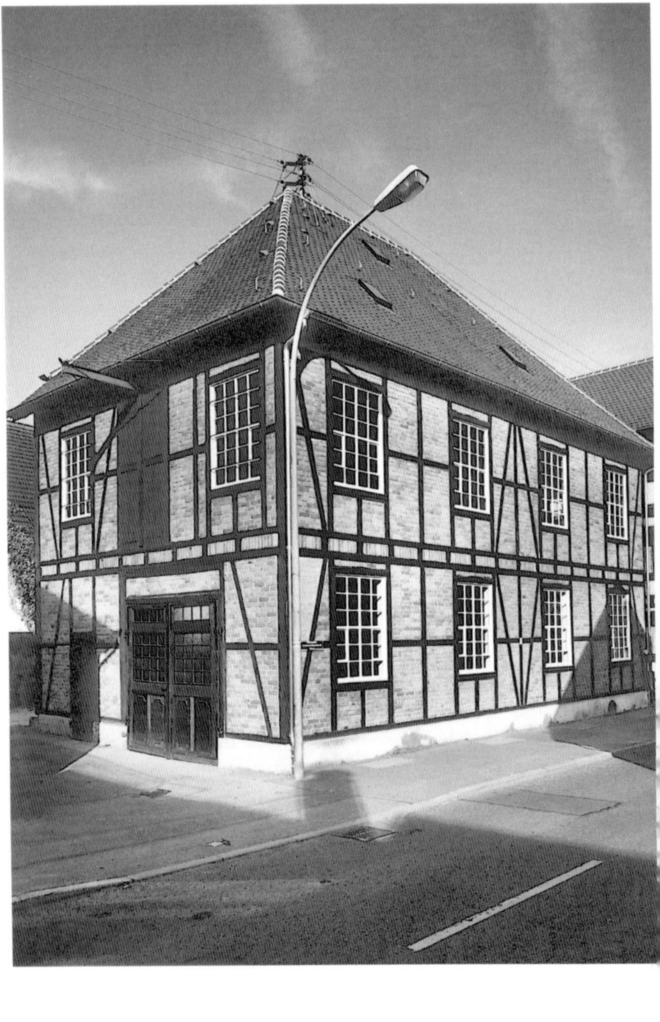

Heilbronn-Horkheim.
Die ehem. Landmaschinenfabrik Amos
in renoviertem Zustand

wurde. Aus dieser Zeit ist auch die Kanzel und ein Kruzifix erhalten. An die Burgherren erinnert die 1596 von Jakob Müller gefertigte Grabplatte des Heilbronner Patriziers Lemlin im Chor. Qualitätvolle Arbeiten sind auch die Barockorgel von 1722 und das Gemälde des Jüngsten Gerichts von Ernst Bader (siehe Villa Faißt in Heilbronn) aus dem Jahre 1890, ebenso einige Zeugnisse der Renovierung von 1897/98 (Chorfenster ausgelagert). Ein reizvolles Ensemble mit der Kirche bildet das direkt südlich anschließende *Pfarrhaus* von 1769/70 mit der sog. deutschen Diele im Erdgeschoss.
Das ehemals von einem Graben (entlang der Ernst-Bader-Straße ablesbar) und zwei Tortürmen an den beiden Enden der heutigen Schleusenstraße geschützte Dorf erstreckt sich östlich der Wasserburg, den Mittelpunkt markiert das barocke *Rathaus* (1768, mit schönem Keilstein), ihm gegenüber die *Kelter* (18. Jh.). Am Westende der Schleusenstraße entstand das *Wasserkraftwerk* und die *Staustufe* am Neckar, unter der künstlerischen Oberleitung von Paul Bonatz 1927-29 als eine von zwölf entworfen, erinnert sie an die große Flussregulierung und Schiffbarmachung von Plochingen bis zur Einmündung in den Rhein. Die *Landmaschinefabrik Amos* – von der an der Talheimer Straße ein qualitävoller Fachwerkbau erhalten ist – erinnert an Industrialisierungsanfänge im Ort zu Beginn des 20. Jhs. Der Bau war in den 1990er Jahren ein Objekt der Denkmalpflege.

HEILBRONN-KIRCHHAUSEN

Der an der alten Landstraße von Heilbronn nach Heidelberg liegende, im 10. Jh. bezeugte Ort war bereits in der Römerzeit besiedelt (Gutshof im Ziegelrain), kam seit 1404 allmählich in den Besitz des Deutschen Ordens und wurde Amtssitz – dieser wurde in dem in der Ortsmitte stehenden Wasserschloss eingerichtet, den der Weinsberger Baumeister Thomas Knoll (sein Steinmetzzeichen im Schlussstein des Torbogens) 1570-76, wahrscheinlich an der Stelle eines mittelalterlichen Vorgängerbaus des Ortsadels, erbaute.

Das aus zwei Flügeln mit geschweiften Giebeln und vier Ecktürmen bestehende *Wasserschloss* war von einem Wassergraben mit Zugbrücke umgeben. Das 1749 datierte, mit reicher Steinmetzarbeit dekorierte Portal im Innenhof weist auf die innere Umgestaltung des Schlosses in den Jahren 1747-49 hin, weitere Erneuerungen folgten 1760, 1802 (Johann Hornstein), 1929/30 (Erik Beutinger) etc., so dass die historische Innenausstattung des Gebäudes weitgehend verloren gegangen ist. Seit 1833 beherbergt der Bau das Rathaus der Gemeinde.

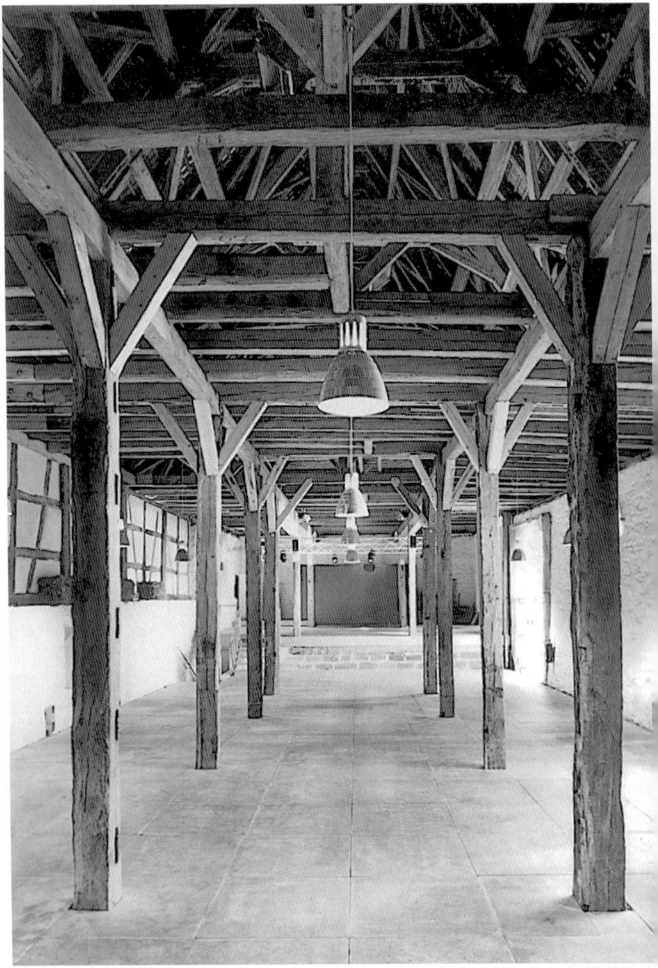

Heilbronn-Kirchhausen.
Blick in die denkmalpflegerisch mustergültig umgenutzte ehem. Zehntscheuer

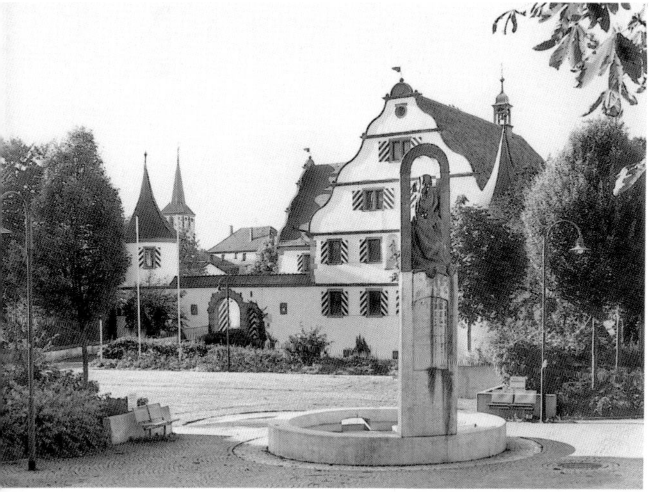

Heilbronn-Kirchhausen.
Der neu gestaltete Schlossplatz mit dem
Nepomuk-Brunnen von K. H. Seemann im Vordergrund

Gemeinsam mit der östlich vom Schloss stehenden *ehem. Zehntscheuer* des Barock (in den 1990er Jahren mustergültig umgenutzt), dem um 1930 zu einem Vereinshaus umgestalteten *sog. Hohen Bau* (ehem. Fruchtkasten des 16. Jhs.), dem *Nepomuk-Brunnen* Karl Henning Seemanns aus den 1990er Jahren und einigen alten *Fachwerkhäusern* ist hier das eindrucksvolle historische Zentrum eines Deutschordensdorfes überliefert. Von diesem Mittelpunkt aus in Richtung Osten führt die Deutschritterstraße mit nur noch einigen wenigen Bauernhäusern des 17./18. Jhs. und dem stattlichen Gehöft des Ordensamtmannes aus dem Jahre 1628.

An der durch den Ort führenden Landstraße erhebt sich die *kath. Pfarrkirche* mit ihrem spätgotischen Chorturm und neuromanischem Langhaus von 1841-46 (Architekten Gottlob Georg Barth aus Stuttgart und Ludwig Abel aus Ludwigsburg). Der Turm der Kirche ist 1579 datiert, hier fanden Ausstattungsstücke der alten Kirche (Pieta und Annaselbdritt aus der Renaissance) Aufstellung. Die im Langhaus und Chor stehenden Kunstwerke unterschiedlicher Zeiten erinnern an verschiedene Ausstattungs- und Renovie-

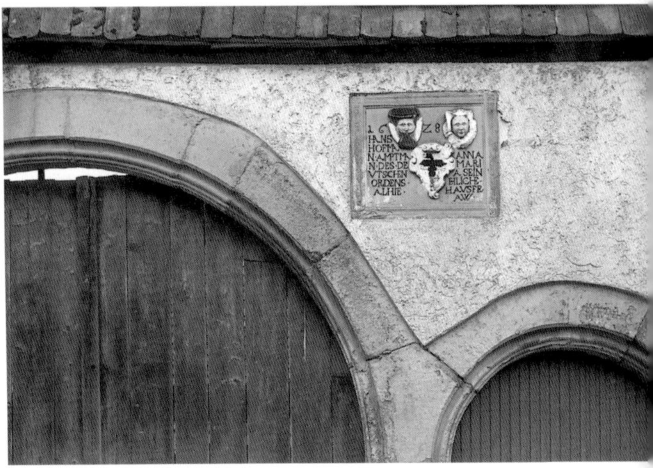

Heilbronn-Kirchhausen.
Detail am ehem. Haus des Ordensamtmanns in der Deutschritterstraße

rungsphasen (Pieta des 15. Jhs., Taufstein von 1563, Apostelfiguren 1875 von Albert Benz aus Schwäbisch Gmünd, Himmelfahrt Mariä im Barockrahmen aus dem Jahre 1663).
Der überwiegend katholische Ort ist reich an typischen Denkmälern der Volksfrömmigkeit. Dazu gehört die östlich des Dorfes Anfang des 18. Jhs. gestiftete *Wallfahrtskapelle* (mit einem Hl. Blutstein des 18. und einem neugotischen Bildstock des späten 19. Jhs.), zahlreiche Wegkreuze und Bildstöck vom 18. bis zum 20. Jh. in Ort und Flur – am qualitätvollsten das *Annakreu* von 1787 an der Stelle einer sagenumwobenen Kapelle – die Nepomukstatu von 1758 sowie barocke Madonnen an Gebäuden des Ortes. Ein Wegkreuz de Barock fand im Schlosshof Aufstellung.

HEILBRONN-KLINGENBERG

Der Ort wird von der gleichnamigen Burg der Herren von Klingenberg (129 erstmals erwähnt) beherrscht. Nachdem die mittelalterliche *Burg* 1360 vo den Reichsstädten zerstört worden war, begann erst im 16. Jh. Philipp vo

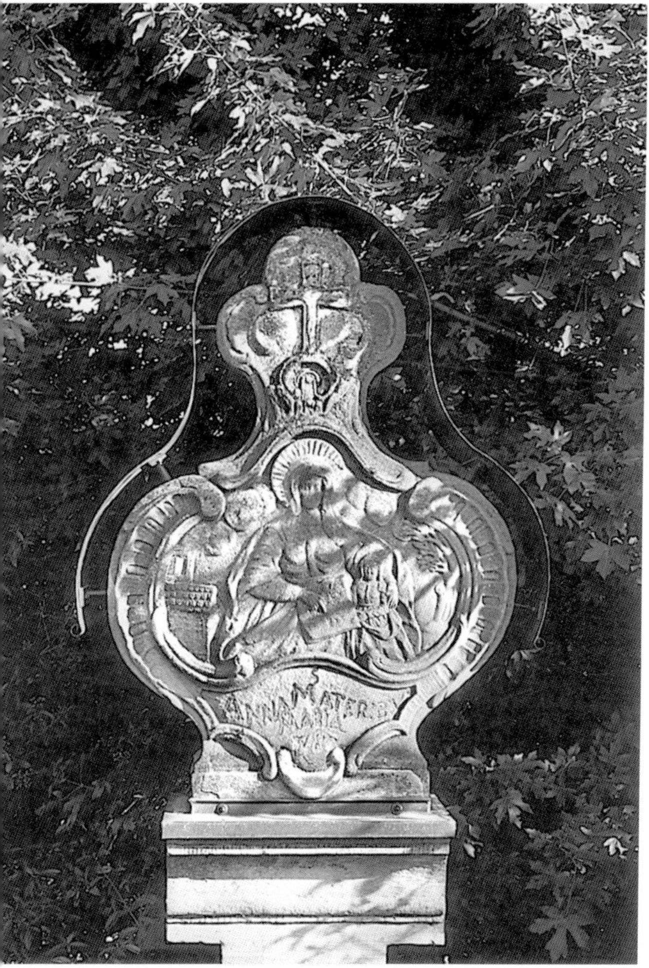

eilbronn-Kirchhausen.
ildstock an der Annalinde

Neipperg mit dem Wiederaufbau, wobei vorhandene mittelalterliche Reste wie z. B. die südwestliche Burgmauer mit Turmfragment und das Sockelgeschoss des in der Ostecke des Geländes stehenden Schlosses (mit gewölbtem Keller und fast 1 m dicken Mauern) mitverwendet wurden. Aus dieser Wiederaufbauphase ist das an der Burgmauer stehende ehem. Gesindewohnhaus 1526 datiert. Im frühen 18. Jh. wurden die beiden Wohnbauten barockisiert und erhielten vorgelagerte Terrassen, Mitte des 19. Jhs. entstanden die an das Gesindewohnhaus angebaute Kelter und gegenüber ein Stall, wahrscheinlich nach Entwürfen des Heilbronner Stadtbaumeisters Louis De Millas, 1875 die Scheuer nördlich der Kelter.
Unterhalb des Schlosses steht die ebenfalls von den Herren von Neipperg gestiftete *ev. Pfarrkirche* – ein im Kern spätgotischer Bau (ehem. gewölbter Chor 1508 dat., Sakristei mit Kreuzrippengewölbe 1593, im Chor Grabplatten der von Neipperg aus dem 16.-17. Jh. und gotisches Kruzifix) mit einem Kirchenschiff von 1736 (Wandmalerei 1747). An spätere Erneuerungen erinnern die Orgel von 1825 im Übergangsstil vom Spätbarock zum Klassizismus und die Farbfenster im Chor (1959 von Adolf V. Saile). Im Ort selbst ist nur noch ein altes Fachwerkhaus weitgehend original überliefert (Theodor-Heuss-Str. 143 Zierfachwerk des 18. Jhs.).

HEILBRONN-NECKARGARTACH

In dem 767 erstmals urkundlich genannten Ort war das Kloster Lorsch begütert 1341 bereits kam er an die Reichsstadt Heilbronn, wurde 1802 selbständig und 1938 erneut nach Heilbronn eingemeindet. Ursprünglich war das Dorf mit Wall und Graben befestigt, Reste sind noch an der Kirchenterrasse ablesbar (das Gefallenendenkmal schuf 1937 der Stuttgarter Bildhauer Ernst Neumeister).

Die ältesten baulichen Zeugnisse besitzt die *ev. Pfarrkirche* mit ihrem 143 erbauten gotischen Chorturm, sie war offensichtlich eine Wehrkirche, 176 mit einem neuen barocken Langhaus versehen. Im Innern ist von der mittelalterlichen Ausstattung der qualitätvolle spätgotische Hochaltar von 1516 erhalten, aus der Renaissance die Jakob Müller zugeschriebene Kanzel aus dem Jahr 1603 (erneuert 1661 und 1767). Ein eindrucksvolles Ensemble mit der Pfarrkirche bilden östlich der *Pfarrhof* (1578 bezeugt, 1725 erbaut, 1840 und 189 umgebaut) mit Pfarrscheuer und Pfarrgarten sowie der ehem. Mesnerhof des 18. Jhs. Das profane Zentrum des Dorfes zieht sich entlang der Mittelstraße mit dem nach dem Brand von 1622 neu erbauten *Alten Rathaus* (Zierfachwerkbau mit figürlichen Balkenköpfen). Die zweite Hauptstraße des alten Dorfes wa

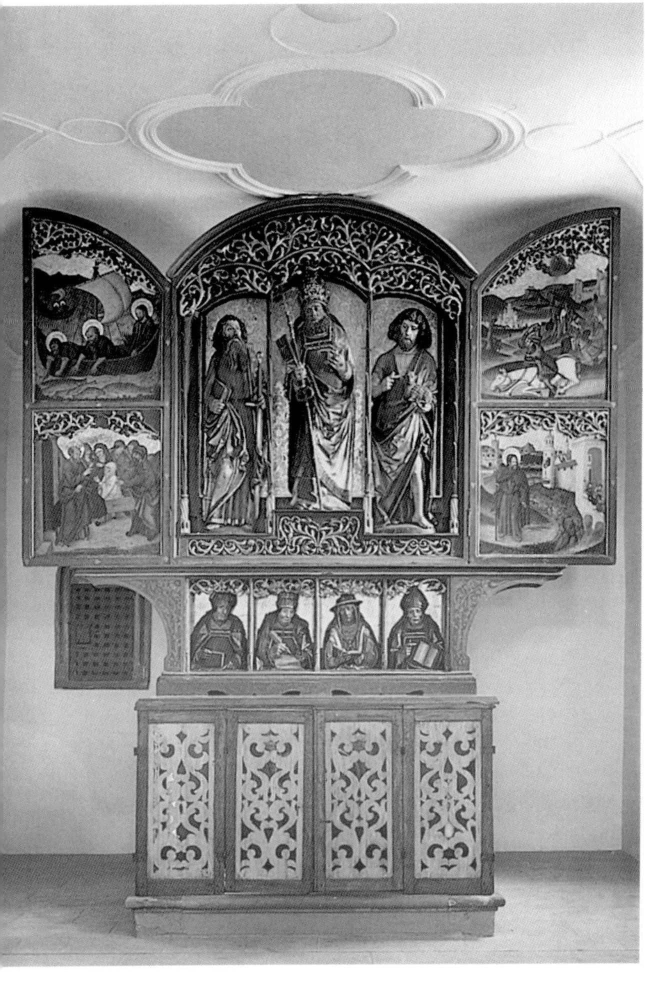

Heilbronn-Neckargartach.
Ev. Pfarrkirche, spätgotischer Hochaltar

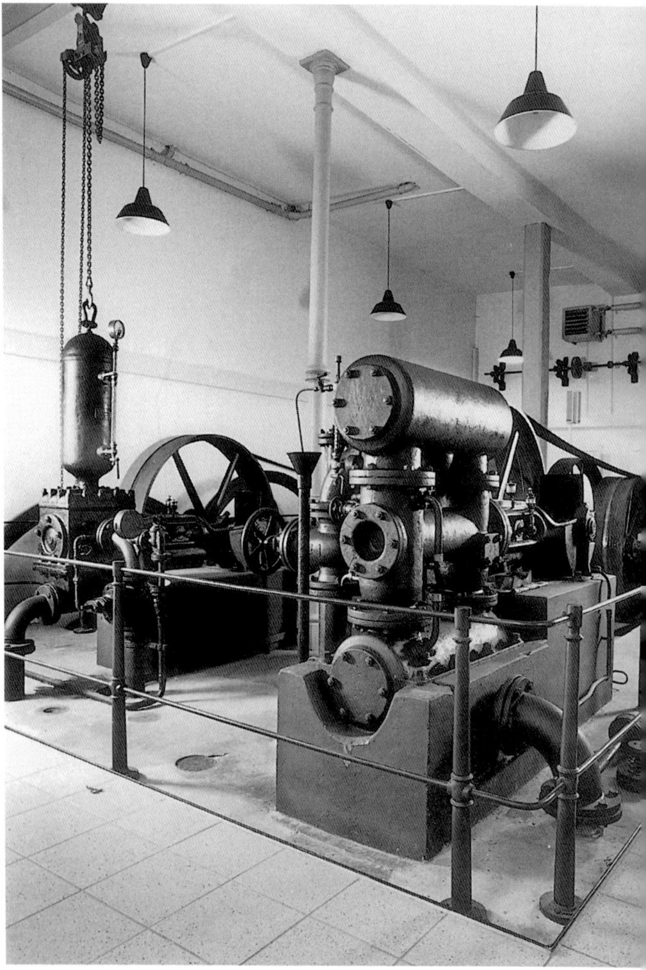

Heilbronn-Neckargartach.
Widmannstal, das historische Pumpwerk

die Böckinger Straße, hier zeugt noch der Zierfachwerkbau Nr. 7 aus der 2. Hälfte des 17. Jhs. (im 18. und 19. Jh. erweitert) von der historischen bäuerlichen Bausubstanz des Ortskerns. Weit im Süden der Straße (Nr. 98 und 104) entstanden um 1900 zwei sehenswerte *Villen*, die nördliche für leitende Angestellte der Ziegelei nach Entwürfen von Beutinger und Steiner, die südliche für den Schultheißen nach Entwürfen von Jakob Saame.
Weit außerhalb des Dorfes sind zwei überörtlich bedeutende Objekte erhalten: der Wohnplatz Altböllinger Hof und die ehem. Papiermaschinenfabrik Widmannstal. Der *Altböllinger Hof* war früher ein Dorf mit eigener Gemarkung, 766 bezeugt, seit 1390 im Besitz des Heilbronner Katharinenspitals, partiell wohl im 15. Jh. verödet. Die Mühle wird 1415 erwähnt, von ihr sind die 1770 datierte schöne Rokoko-Wappentafel, das Jägerhaus von 1782 und das Ökonomiegebäude von 1795 erhalten. Das Wohnhaus des Gehöfts entstand 1677-80, die stattlichen Ökonomiegebäude 1809 bzw. um 1850.

Die *Fabrik im Widmannstal* ist ein Bau des Jahres 1841 mit wertvoller technischer Einrichtung, der die lange Tradition der Heilbronner Papiermühlen (seit 1570) fortsetzte und überregionale Bedeutung besaß: J. J. Widmann war der erste deutsche Papiermaschinenkonstrukteur mit bedeutendem Export. 1905 wurde in der Fabrik die Pumpstation der kommunalen Wasserversorgung eingerichtet, ihre technische Einrichtung ist in seltener Originalität überliefert. Neben dem in den 1990er Jahren beispielhaft restaurierten Bau ist die historische *Corellsche Hammerschmiede* in einem Neubau aufgestellt worden.
Nach dem 2. Weltkrieg wurde südlich des Leintals das höher gelegene Gelände für überwiegend katholische Neubürger bebaut, für sie entstand 1957-59 nach Entwürfen des Stuttgarters Hans Georg Reuter die *kath. Michaelskirche*, eines der wenigen noch original überlieferten Zeugnisse der Sakralbaukunst der fünfziger Jahre in Heilbronn.

HEILBRONN-SONTHEIM

Der Ort entstand als Ausbauort des Königshofs Heilbronn, 1188 waren hier die Staufer begütert, bereits 1291 war er im Besitz des Deutschen Ordens, der 1540 hier ein Hochgericht einrichtete. Das Dorf war ursprünglich von einem Graben geschützt, dessen Verlauf noch heute im Südwesten am Melchiorsgraben, im Osten zwischen der Hauptstraße und der Hofgartenstraße ablesbar ist. Das geschichtliche und optische Zentrum des Dorfes bildete bis 1840 (Abbruch) der Hochgerichtsturm im Bereich Auf dem Bau, von dem Mauerreste und eine 1539 datierte Steintafel mit Wappen (u. a. des Baumeisters Caspar Haberkorn) überliefert sind.

Im Ort unterhielt der Heilbronner Ordenskomtur u. a. seinen Landsitz. Das neue *Landhaus* entstand 1688 an der heutigen Kolpingstraße (Nr. 4, um 1700 mit großem Barockgarten, um 1805 an privat veräußert, die heutige Gestalt durch die Umbauten von 1903 und 1986 geprägt).
Auf dem Hochgerichtsareal wurden 1563 die noch vorhandene *Zehntscheuer*, zwei *Keltern* (16./18. Jh., mehrfach verändert), das *Amtshaus* des Ordens (17. Jh.), um 1800 das *Pfarrhaus* und 1615 mit gotischem Kern (insbesondere Chor) die *kath. Pfarrkirche* erbaut (Turm 1719, Schiff 1904 nach Entwürfen des Stuttgarters Ulrich Pohlhammer im neuromanischen Stil, 1952 Renovierung mit Chorfenstern von Wilhelm Geyer, einige barocke Plastiken erhalten). Entlang der Hauptstraße stehen das *Rathaus* von 1895/1905, gegenüber ein *jüdisches Doppelwohnhaus* von 1896, weiter südlich das barocke *Gasthaus Rose* von 1788 und östlich der Pfarrkirche die Gebäudegruppe mit dem *ehem. Gerichtsgebäude* des Deutschen Ordens (zugleich Wohnhaus des Stabhalters), um 1600 entstanden.

An der Straße nach Heilbronn hat sich aus dem barocken Gartenhaus des Ordenskomturs seit dem späten 19. Jh. der ausgedehnte Fabrikbetrieb der Spinnerei und Zwirnerei Ackermann entwickelt, der sich bis zum *Alten Friedhof* im Osten des Dorfes (1559 angelegt, mit einer 1731 begonnenen Kapelle, darin Gefallenendenkmal 1933 von Ernst Yelin aus Stuttgart) erstreckte. Friedrich Ackermann hat durch Stiftungen maßgeblich auch zur Entstehung des Zentrums der protestantischen Gemeinde des Ortes im Süden beigetragen: Hier baute man 1899 die *ev. Pfarrkirche* im neuromanischen Stil (Architekt: Theophil Frey, Dekorationsmalerei: Wilhelm Wörnle, Chorfenster: 1960 von Rudolf Yelin, alle aus Stuttgart), 1907 die Kleinkinderschule des Ackermannstifts (Richard Böklen mit Carl Feil, Stuttgart).
An die Industrialisierungsphase um 1900 erinnert auch der *Sontheimer Bahnhof*, der in den 1990er Jahren denkmalpflegerisch vorbildlich restauriert und einer neuen Nutzung zugeführt wurde.
Die ehemals bedeutende jüdische Gemeinde dokumentieren der in den Schozachwiesen 1841 angelegte *jüdische Friedhof* (mit einem der ältesten noch erhaltenen jüdischen Grabsteine der Region aus dem Jahre 1420) und das 1907 erbaute *jüdische Altersheim „Wilhelmsruhe"* (1907 von Heim und Früh, Stuttgart) am Ende der Hermann-Wolf-Straße. Die überwiegend katholische Ausrichtung des Ortes erkennt man an mehreren barocken *Wegkreuzen* (Hauptstraße, Alter Friedhof, Staufenberg).

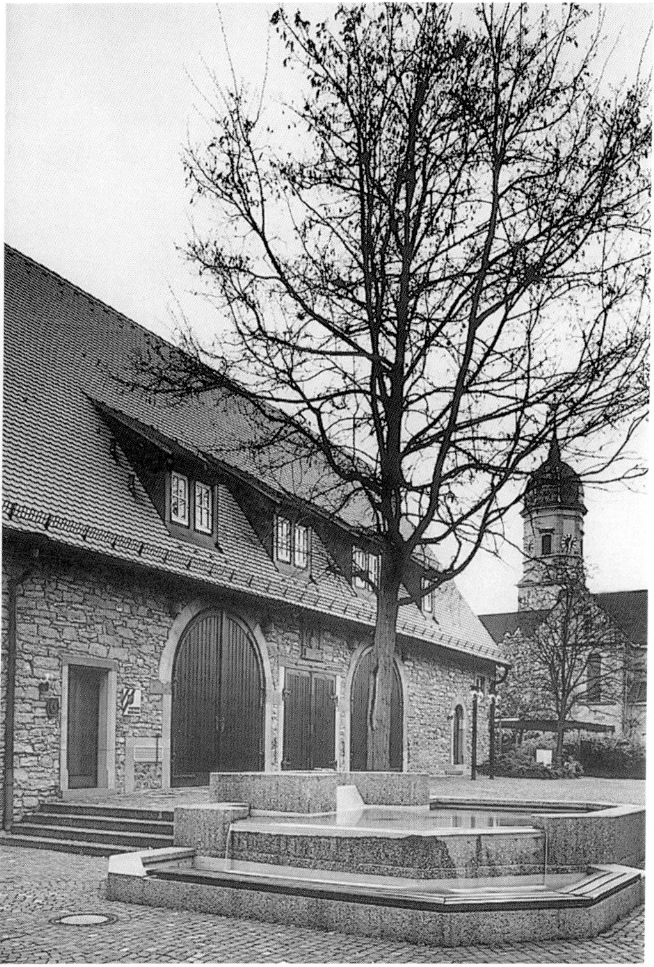

Heilbronn-Sontheim.
Zehntscheuer,
im Hintergrund die kath. Pfarrkirche

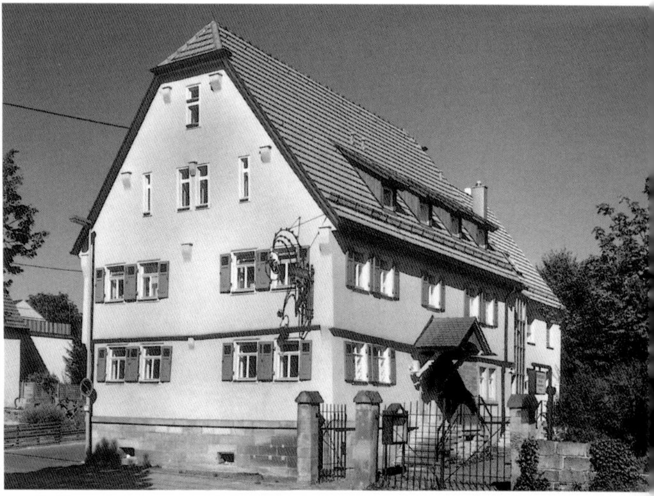

Abstatt.
Das vor dem Abbruch gerettete Gasthaus Waldhorn

ABSTATT

Abstatt wird erstmals im Jahre 1293 urkundlich bezeugt. Der Ort war mit der Burg Wildeck badisches Lehen der Herren von Heinriet und nach 1476 derer von Neipperg, die es 1492 an das Haus Löwenstein verkauften.

Auf dem *Friedhof* steht heute das Renaissance-Epitaph eines löwensteinischen Amtmannes aus der Zeit um 1600, das ursprünglich am Rathauseingang stand – der mehrfach umgestaltete Bau des *alten Rathauses* war das frühere Amtshaus, es weist bemalte Lamberien auf. In den 90er Jahren des 20. Jhs. wurde es leider mit wenig Einfühlvermögen renoviert.
Den Ortskern beherrscht noch immer die *ev. Pfarrkirche St. Stephan*. Sie wurde 1766 spätbarock über dem älteren Kern erbaut und nach einem Brand 1899/1900 durch Heinrich Dolmetsch erneuert. Im 1589 datierten Turmuntergeschoss sind noch die gotischen Bauteile mit Sternrippengewölbe und Wandmalerei vom Vorgängerbau erhalten – ebenfalls z. T. 1899/1900 rekonstruiert. Der dominierenden Barockphase sind u. a. die ehem. Herrschaftsloge

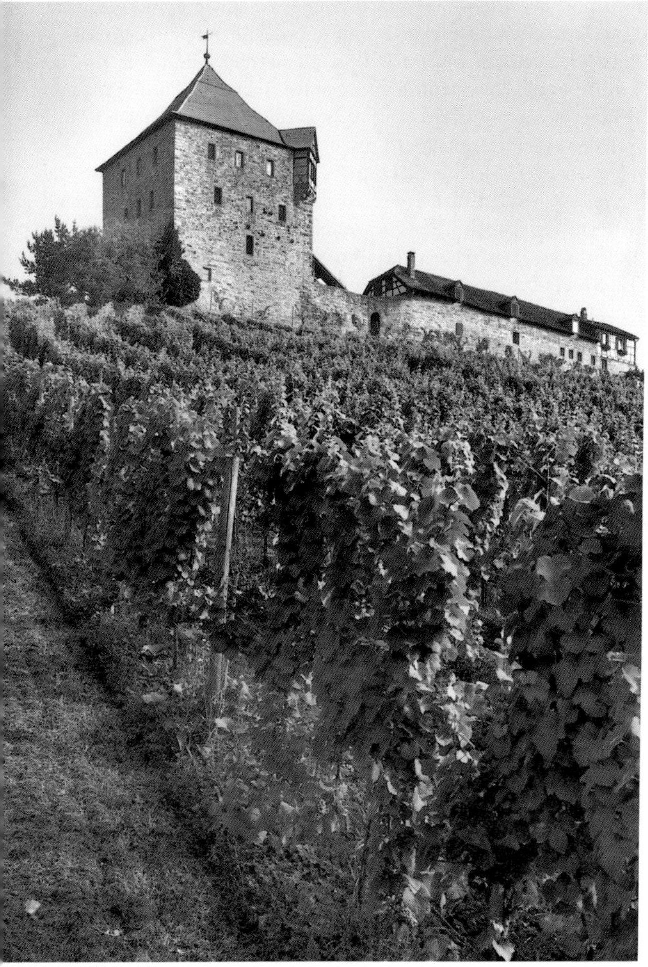

.bstatt.
urg Wildeck

im Chor, der Altar, der Taufstein und die Empore zu verdanken. De Erneuerung durch Dolmetsch sind auch die Emporen in dem nach seiner Entwürfen neu gestalteten Kirchenschiff und die Wandmalerei im Chor (mi den vier Evangelisten) von dem bekannten Heilbronner und Stuttgarter bzw Berliner Dekorationsmaler Ernst Bader zuzuordnen (1950 durch Willy Ecker in Teilen verändert restauriert).
Von den alten Fachwerkhäusern des Ortes sind vor allem die Gebäud *Rathausstr. 15* und das *Gasthaus Waldhorn* (1569 datiert) neben der Kirch nennenswert: Die Nr. 15 ist ein Wohnhaus der Renaissance mit geschnitzten Fenstererker, Zierfachwerk und ornamentiertem Eckständer. Die Jahreszah 1795 im Erdgeschoss weist auf die Barockisierung hin.

Landschaftsprägend und weithin sichtbar ist die frühere *Burg Wildeck* der Herren von Heinriet und seit 1462 derer von Neipperg. Erhalten ist ein massige rechteckiger Turm mit einem Treppenanbau und zwei Erkern, datiert 1533 mit dem Wappen der Herren von Heinriet. Östlich schließt das barocke ehem Fachwerkhaus des herrschaftlichen Weingartmeisters an.

Adelshofen → Eppingen
Affaltrach → Obersulm
Amorbach → Neckarsulm
Auenstein → Ilsfeld
Babstadt → Bad Rappenau
Bachenau → Gundelsheim

BAD FRIEDRICHSHALL

Der Ort entstand ab 1933–35 (Zusammenschluss der Gemeinden Kochendo und Jagstfeld mit Hagenbach) und wurde 1951 zur Stadt erhoben.

BAD FRIEDRICHSHALL-DUTTENBERG

Der im 15. Jh. befestigte Ort wird von der in erhöhter Lage stehenden Baugrup pe der kath. Pfarrkirche, des alten Herrenhauses (sog. *Reußenhof*, 17./18. Jh. der Kelter und des ehem. Pfarrhauses (1585 dat., mit spätgotischen Fens tergewänden) beherrscht.
Die *Pfarrkirche* wurde 1734 nach Entwürfen von Georg Philipp Wenger a Rande eines 1349 bezeugten Herrensitzes erbaut, der ab 1599 in den Besi

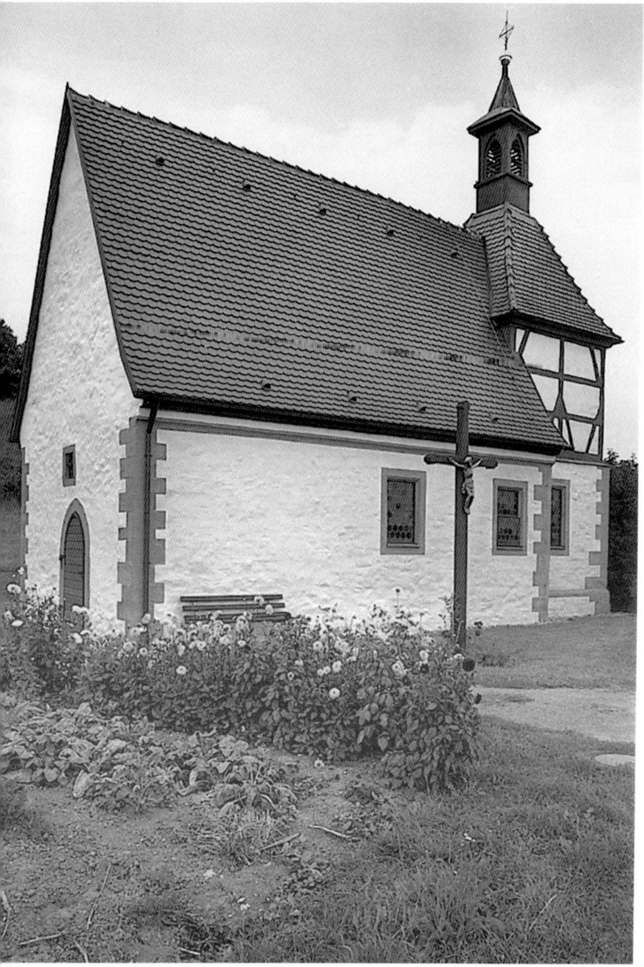

ad Friedrichshall-Duttenberg.
eiligkreuzkapelle

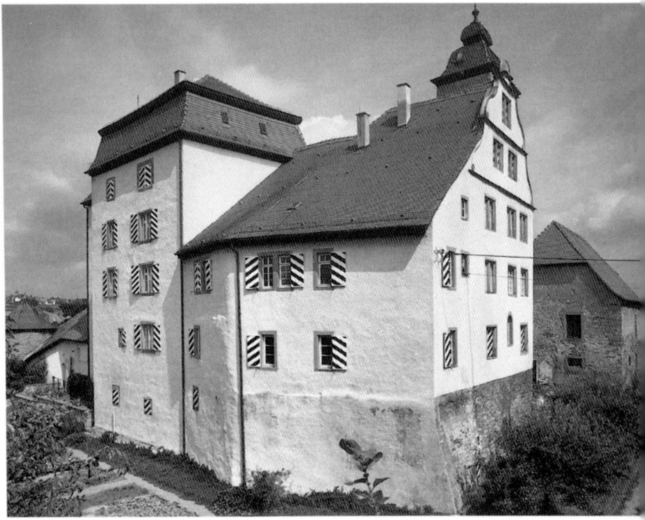

Bad Friedrichshall-Duttenberg.
Deutschordensschloss Heuchlingen

des Deutschen Ordens kam: der Wappenstein mit der Jahreszahl 1541 an d
Westfassade des östlich der Kirche stehenden Wohnhauses und gotische Fen
ter zum Tal hin erinnern daran. Der ansehnliche spätbarocke Bau der Pfar
kirche mit reicher originaler Ausstattung enthält bildhauerische Arbeiten vo
J. A. Esterbauer und K. Hollbusch, Altargemälde von Johann Gihser (bis 1763
in der Turmkapelle fand eine gotische Pieta Aufstellung. An der Hauptstra
des Dorfes bilden das klassizistische Rathaus von 1846, der Brunnen vo
1688 und zwei Fachwerkhäuser mit reich geschnitzten Erkern aus dem 18. J
eine sehenswerte Baugruppe.

Vor dem Dorf unten im Tal liegt die *Heiligkreuzkapelle* bzw. *St. Anna-Kapel*
eine spätgotische Chorturmanlage von 1470-80, mit 1959 freigelegten 1
Bildern (entstanden 1485) der in Süddeutschland seltenen Legende des H
Kreuzes. Unweit steht, an einem Salinenkanal des 18. Jhs. nach Offenau, d
1912-18 erbaute *Wasserkraftwerk*, das noch durch die vollständige technisc
Einrichtung der Erbauungszeit betrieben wird.

Das bereits 1222 bezeugte *Deutschordensschloss Heuchlingen* auf einer steilen Anhöhe über der Jagst wurde seit dem 14. Jh. vom Deutschen Orden erworben und zu einem Amtssitz ausgebaut. Nach seiner Zerstörung im Bauernkrieg wurde es ab dem 16. Jh. bis 1781 nach Entwürfen von Johann Hornstein neu erbaut. Einen guten Eindruck vom Schlossbau der Renaissance und seiner Umformung im Barock vermitteln gut erhaltene Mauern und Rundtürme, Bastionen mit Teilen aus dem 17. Jh., die Wappen des Hochmeisters Karl Alexander (Herzog von Lothringen) von 1767 und 1773, im inneren Hof das vierstöckige Hauptgebäude mit hohem Mansarddach und geschwungenen Giebeln sowie zwischen Nebengebäuden ein viereckiger Bergfried mit geschweifter Haube.
Unten am Fluss ist noch die alte *Mühle*, die über dem Kern des 17. Jhs. 1765 nach Entwürfen von Johann Hornstein erbaut wurde und um 1900 einfühlsame Erweiterung erfuhr, in Teilen erhalten. Westlich steht eine regionaltypische *Bildsäule* des Barock aus dem Jahre 1772.

BAD FRIEDRICHSHALL-JAGSTFELD

Vom historischen Dorfkern zeugt lediglich der Turm der *Pfarrkirche St. Wendelin*, 1752 nach Entwürfen von Franz Häffele gebaut. Das Schiff wurde 1970 abgebrochen.
Mit dem *Salzbergwerk* Friedrichshall, benannt nach König Friedrich I. (1812 errichtet, erstes Siedwerk 1818, erweitert 1854, bedeutendes Solbad seit 1831) wurden die Grundlagen der wirtschaftlichen Bedeutung des Ortes gelegt. Nachdem 1895 einströmende Wildwassermassen die ganze Anlage unter Tage vernichteten, konnte 1900 ein neues Steinsalzbergwerk auf der Kochendorfer Markung in Betrieb genommen werden. Von der abgebrochenen Saline sind noch das Verwaltungsgebäude und die Beamtenwohnhäuser erhalten, 1818-21 nach Entwürfen von Oberbaurat Barth errichtet.
In der *kath. Pfarrkirche zur Auferstehung Christi*, 1957 erbaut, sind die von dem bedeutenden Stuttgarter Maler Manfred Henninger entworfenen Fenster bemerkenswert.

BAD FRIEDRICHSHALL-KOCHENDORF

Kochendorf ist der geschichtlich bedeutendste Ortsteil der Stadt, geprägt durch drei Schlossbauten, die ortsbildprägende Kirche und das Fachwerkrathaus. Das *Greckenschloss*, auch Oberes Schloss oder Zwingenberg genannt, wurde

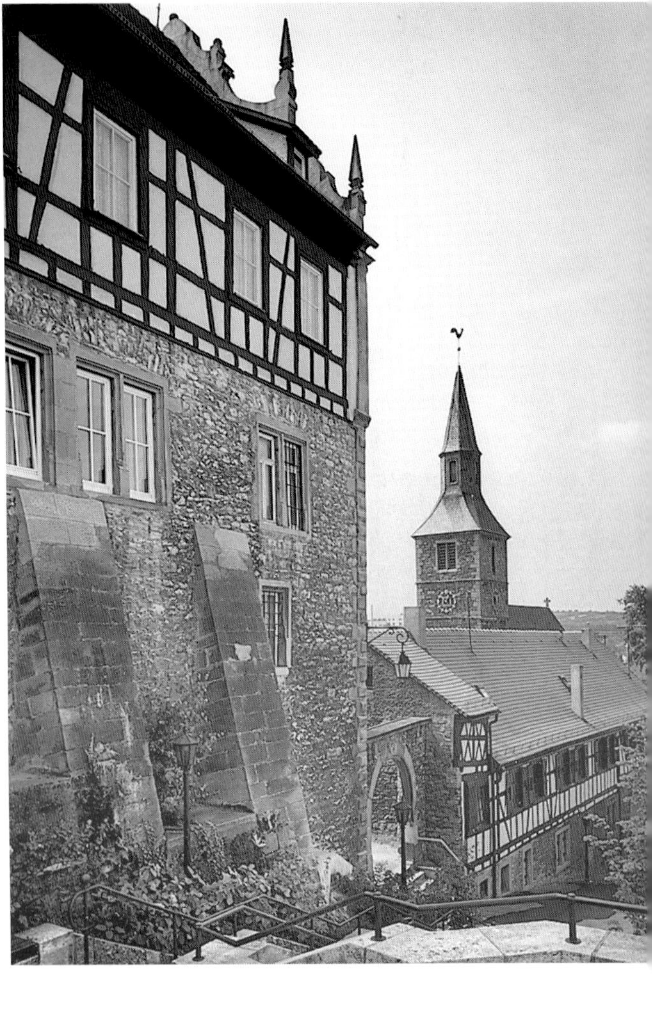

Bad Friedrichshall-Kochendorf.
Greckenschloss, im Hintergrund der Turm der ev. Pfarrkirche

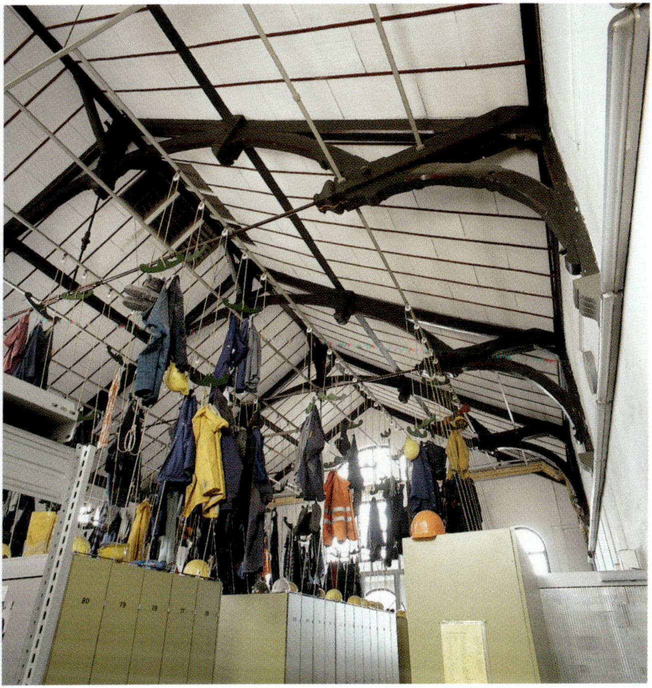

Bad Friedrichshall-Kochendorf.
Salzbergwerk,
Innenansicht des Umkleideraumes der Bergleute

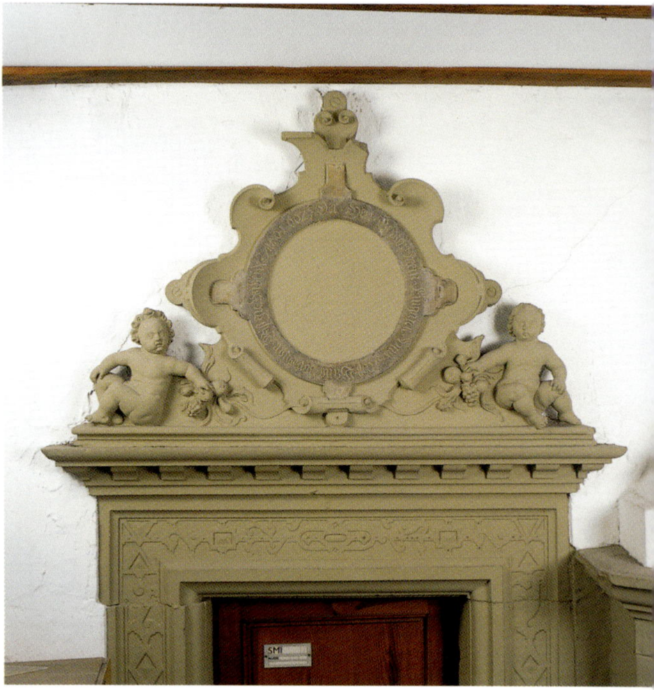

Bad Friedrichshall-Kochendorf.
Greckenschloss,
Türgewände der Renaissance im Erdgeschoss

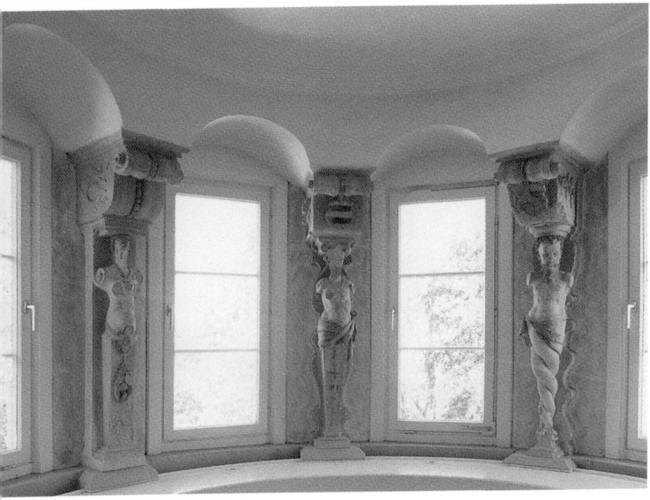

Bad Rappenau.
Die Turmstube im Obergeschoss des Wasserschlosses,
Atlanten von Jakob Müller

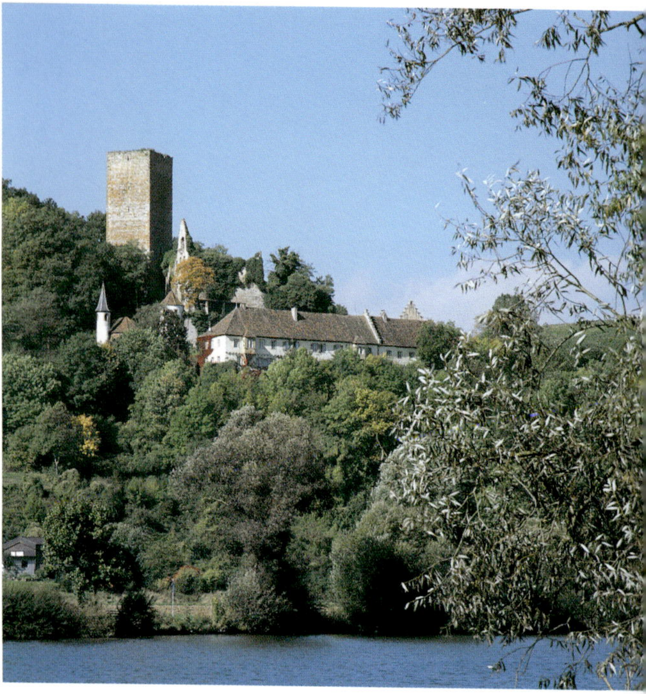

Bad Rappenau-Heinsheim.
Die Burg Ehrenberg vom Neckarufer gesehen,
oben der Bergfried

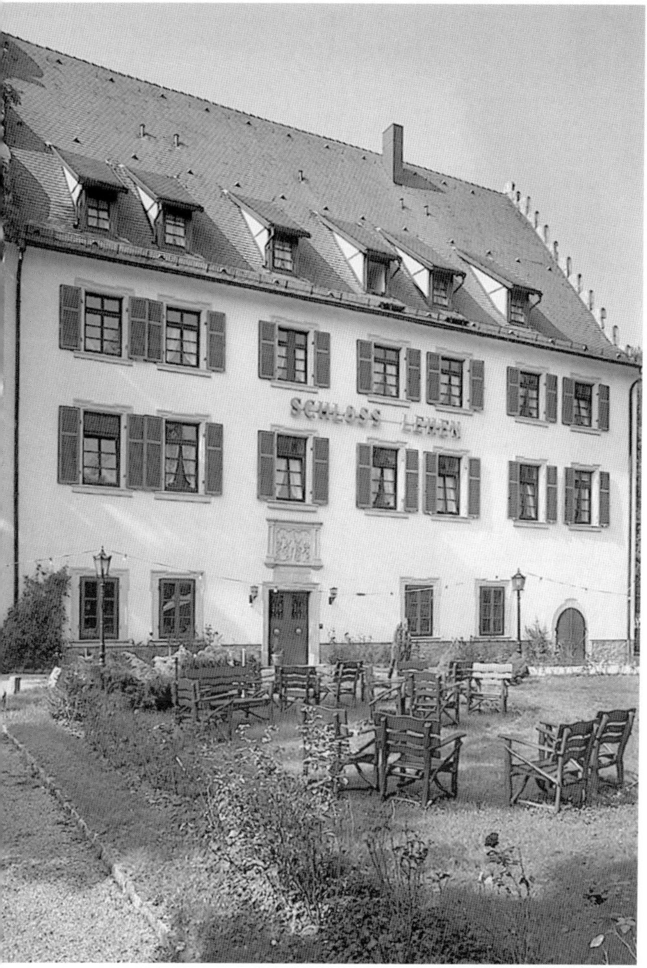

ad Friedrichshall-Kochendorf.
chloss Lehen

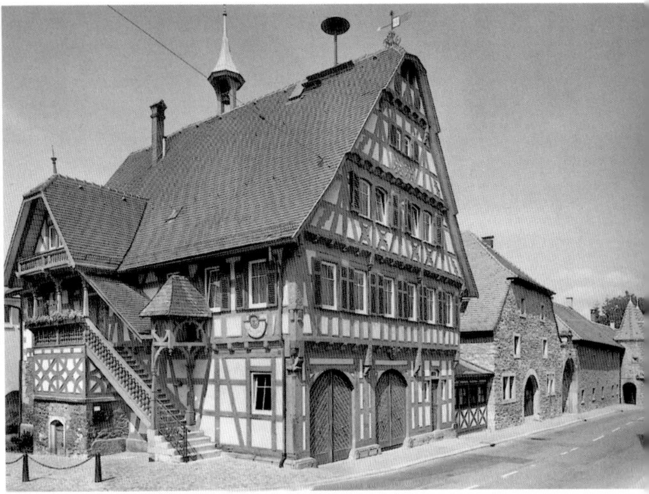

Bad Friedrichshall-Kochendorf.
Altes Rathaus und Meierhof des Lehenschlosses dahinter

um 1600 von Wolf Konrad Greck neu erbaut – hiervon zeugt innen ein schönes Türgewände, möglicherweise von Jakob Müller – im Dreißigjährigen Krie zerstört, 1681 erneuert. Mitte des 18. Jhs. waren hier die Kanzlei und die Ritterschule des Kantons Odenwald der fränkischen Ritterschaft untergebracht. Die zweiflügelige Anlage mit Treppenturm im Winkel und geschweiften, ehemals bemalten Giebeln umschließt zwei Höfe, darunter den ehem. Meierho Der zweite Schlossbau, das ehem. kaiserliche *Lehenschloss*, ein Wasserschlos im Tal am Ufer des Kochers, wurde 1553 ebenfalls von den Grecken an de Stelle eines alten Herrensitzes begonnen. Das im 18. Jh. erneuerte Steinhau zeigt Ziergiebel, Erker und Treppenturm, im Erdgeschoss gewölbte Räume über dem Tor von 1568 eine Pechnase. Reste des Parks umgeben das Schlos Südlich schließt der dazugehörige Meierhof mit Ringmauer und Rundtürme an, 1568 datiert. Das gegenüber stehende barocke *St. Andresche Schloss*, de dritte Schlossbau, entstand 1710.

Schlossähnlich ist schließlich auch die östlicher stehende barocke Baugrupp der sog. *Syndikus-Jägerschen Bauten* von 1777, eine Art Gästehaus des Ritterkantons und geplante Akademie.

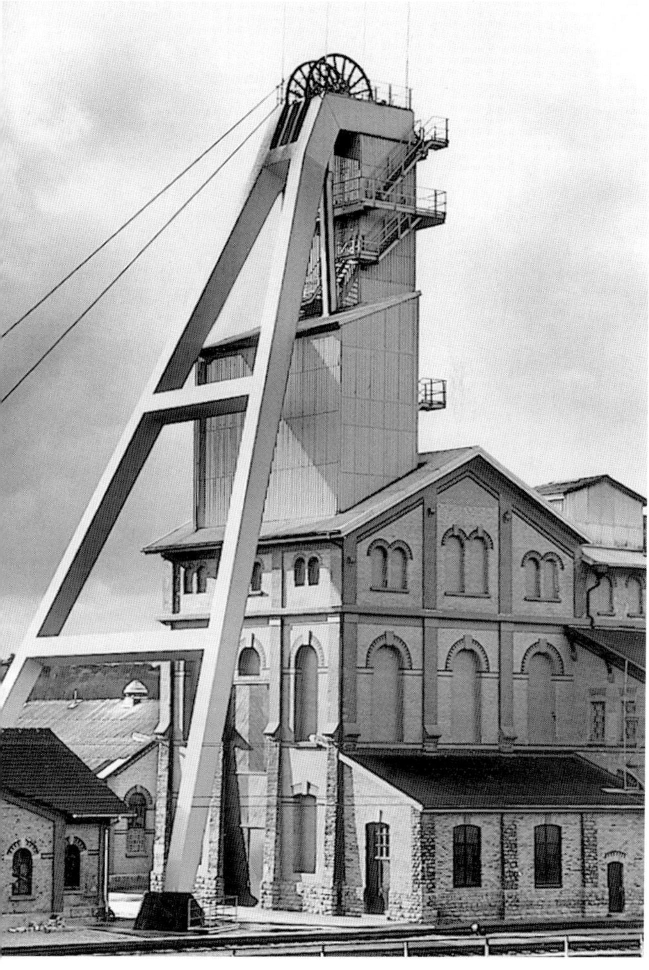

ɜad Friedrichshall-Kochendorf.
Ͻas Salzbergwerk mit den Salinenbauten von 1900
ınd dem modernen Förderturm der Jahre 1986-88

Die zu Füßen des Greckenschlosses stehende *ev. Pfarrkirche St. Sebastian*, 1274 erstmals erwähnt, mit romanischem Ostturm, wurde 1595 und 1661 umgebaut, 1945 schwer beschädigt und 1948 wieder eingeweiht. Die Farbfenster des Wiederaufbaus schuf Adolf V. Saile 1956 bzw. 1967-70. Die Kirche weist einige schöne Renaissance-Grabmäler der Grecken und der Herren von Gemmingen von 1535, 1598 etc. auf, z. T. noch mit Farbfassung und u. a. von dem Heilbronner J. Schmied angefertigt. Das *Alte Rathaus* an der Hauptstraße wurde 1597 erbaut, es ruhte ursprünglich auf einer dreifachen Reihe von schweren Eichensäulen, das offene Erdgeschoss stand an Markttagen für Händler zur Verfügung. Der in beherrschender Ecklage stehende hochgiebelige Fachwerkbau hat reiche Schnitzereien und eine gedeckte Außenstiege. Nördlich zum Lehenschloss hin stand die ehem. herrschaftliche Kelter von 1553.

Das *Salzbergwerk* wurde 1899 abgeteuft, 1901 Schacht „König Wilhelm II." benannt. Es kann besichtigt werden, sehenswert ist u. a. ein Kuppelsaal aus Salzkristallen, angelegt in den zwanziger Jahren, das Verwaltungsgebäude mit Uhrtürmchen, davor die (unvollständige) Gruppe der Angestelltenwohnhäuser, erbaut 1897-1908 nach Entwürfen von Albert von Beger aus Stuttgart. Ein seltenes und für die Region bedeutendes technikgeschichtliches Denkmal stellt die *Glockengießerei Bachert* dar, die seit 1827 zahlreiche Kirchen ausstattete. Und mit der *Staustufe am Neckar* besitzt der Ort ein weiteres bedeutendes architektur- und technikgeschichtliches Denkmal, das an die Neckarkanalisierung in den zwanziger Jahren erinnert.

Die von Roland Ostertag entworfenen Bauten des *Rathauses* (1964-67) und der *Realschule* (1962-65) stellen gute Beispiele der Architektur der Nachkriegsmoderne dar. Am Rathausbau waren auch so bekannte auswärtige Künstler wie Ursula Sax aus Berlin (Plastik vor dem Gebäude) oder Robert Förch aus Stuttgart (Bilder im Hause) beteiligt.

BAD FRIEDRICHSHALL-UNTERGRIESHEIM

Die *kath. Pfarrkirche Johannes der Täufer* wurde 1840 im sog. „Kanzleistil" – einer Synthese aus Klassizismus und Neuromanik – erbaut, wobei offenbar Ausstattungsstücke aus dem Vorgängerbau mitverwendet wurden (qualitätvolles Rokoko-Gestühl, angeblich aus dem Dominikanerkloster in Bad Wimpfen, Kruzifix, barocke Madonna). Das bereits zur Erbauungszeit sparsam ausgeschmückte Kircheninnere weist nur noch im Chor ein Deckengemälde aus dem 19. Jh. auf, ein Werk von Dehner aus Rottenburg. Der Vorgängerbau der Kirche befand sich auf dem Friedhof, dort sind an der westlichen Mauer

noch einige auch figürliche *Grabdenkmäler* der Gotik und des Barock erhalten, u. a. mit einem gepanzerten Ritter.
Auf dem Weg von der Kirche zum Friedhof steht ein spätmittelalterliches *Fachwerkhaus* mit geschnitzten Knaggen (Obere Dorfstr. 15) und vor dem Pfarrhaus von 1628 ein Bildstock von 1798 mit der Darstellung der Heiligen Familie.

BAD RAPPENAU

Das ehem. *Wasserschloss* bildet das historische Zentrum des Ortes. Der Vorgängerbau ist im 14. Jh. urkundlich bezeugt, das heutige Gebäude 1601-03 von Eberhard von Gemmingen neu erbaut worden. Das Gebäude wird zum Schlossgraben hin durch zwei runde Ecktürme geprägt, der nordöstliche, der Hauptstraße zugewandte, weist als besondere Zierde im Obergeschoss ein Renaissancesteinrelief auf. Das Eingangsportal im Süden wird durch ein aufwendiges Gewände mit dem Brustbild des Bauherrn und dem Allianzwappen Gemmingen-Rodenstein hervorgehoben. Als Bildhauer wird Jakob Müller oder Adam Wagner aus Heilbronn angenommen. Im Innern sind mehrere Räume mit Stuckdecken, Fachwerkmalerei und figürlich ausgestattetem Turmerker erhalten – sie wurden in den 1990er Jahren freigelegt. An den Vorgängerbau des 14. Jhs. erinnert auch der runde Wehrturm nordöstlich an der Turmstraße. Die *ev. Kirche* wurde 1887 im neugotischen Stil nach Entwürfen des Heidelberger Architekten Hermann Behaghel erbaut. Der dreischiffige Sakralbau ist auch im Innern noch bemerkenswert vollständig erhalten, herausragend ist das Chorfenster mit der Auferstehung Christi von H. Beiser aus Heidelberg, 1888 datiert.
Die *kath. Kirche* an der Salinenstraße stammt aus dem Jahre 1930 und wurde 1955 erweitert: äußerlich ein neubarocker Bau mit Zwiebelturm, im Innern mit Sgraffiti an der Obergadenwand und wesentlichen Teilen der Innenausstattung von 1930 (u. a. Farbfenster von H. V. F. = Feuerstein?).
1821 wurde auf Rappenauer Gemarkung mit Erfolg nach Salz gebohrt. Dieses Jahr ist ein wichtiger, noch bis in die Gegenwart prägender Wendepunkt in der Geschichte des Ortes geworden: der Salzfund und die bald darauf entstandene Saline leiteten den Wandel zu einem Badeort ein. Wesentliche Teile der Salinenbauten des 19. Jhs. stehen noch, so dass Bad Rappenau zu den besten Dokumenten einer planmäßig angelegten Saline zählt. Dies wird unterstrichen durch die Tatsache, dass der Architekt der Bauten Friedrich Arnold war, der Neffe und Schüler Weinbrenners, seit 1811 Professor an der Universität in Freiburg i. Br. Diese 1823 errichteten *Salinenbauten* sind am Ostrand des Kur-

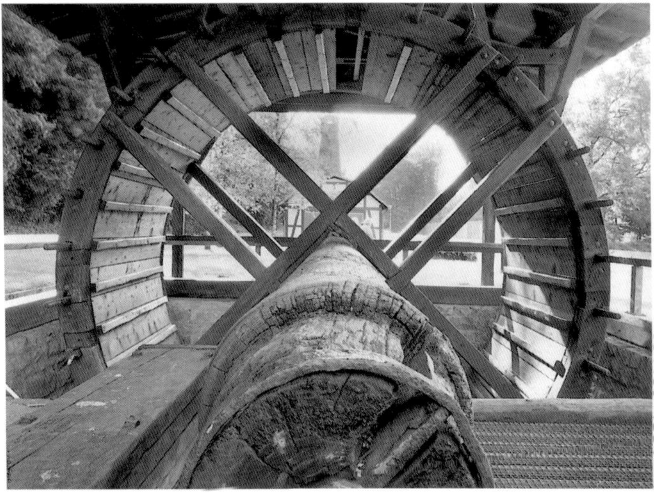

Bad Rappenau.
Historisches Tretrad der Saline

bezirks konzentriert: um einen fast quadratischen Platz angeordnet, trifft man am Ende der Salinenstraße zunächst auf die eingeschossigen Arbeiterwohnhäuser (sog. Offiziantenhäuser), dann auf die laternenbekrönte ehem. Trafostation (1925 erbaut, erinnert sie an die Umstellung von Dampf- auf Stromkraft, heute Café) und schließlich am Ostrand des Platzes auf die Gebäudegruppe mit dem Verwaltungshaus in der Mitte, flankiert vom Kassenhaus und dem Wohnhaus des Mechanikus.

Die noch heute in Betrieb befindlichen *Soleförderungsanlagen* kann man unweit im Hohenstadter Grund besichtigen, darunter das hölzerne Tretrad von 1822 und den fahrbaren Bohrturm von 1905, der auf Schienen die Pumphäuschen überfahren kann. Die Anlage liefert heute Sole für die Kur- und Badebetriebe des Ortes, die die 1833 begonnene Bädertradition fortsetzen: Damals wurde das erste Solebad eröffnet. Von den Badebauten dieser Anfangsphase steht nur noch das *ehem. Ökonomiegebäude des Salinenwirtshauses* von 1827 an der Salinenstraße, erbaut nach Entwürfen des Salinenbaumeisters Josef Fritschi (heute Kurklinik). Ein würdiger architektonischer Nachfolger ist das *Kurmittelhaus*, ein über 18-eckigem Grundriss errichteter Bau der

Stuttgarter Architekten Rudolf und Ingeborg Geier von 1963-67. Dahinter erstreckt sich seit 1935/36 das erste Sole-Freischwimmbad Süddeutschlands. Die Eingangsachse der historischen Salinenbauten erhielt 1981/82 mit dem Monopteros von Matschinsky-Denninghoff (Berlin/Paris) ihre moderne Akzentuierung.

BAD RAPPENAU-BABSTADT

Der Ort kam 1732 in den Besitz der Linie von Gemmingen-Hornberg, die auch das 1712 durch den Vorbesitzer A. von Kimming neu erbaute Herrenhaus mit umgebendem Park übernahm.

1898-1911 wurde nach Entwürfen des Stuttgarter Architekten Carl Weigle das heutige *Schloss* errichtet, wobei vom Vorgängerbau das schöne Barockportal und die schmiedeeisernen Fenstergitter des Erdgeschosses übernommen wurden. Der Neubau ist ein typischer Vertreter des Späthistorismus, eine Synthese aus Neorenaissance mit barocken und spätgotischen Motiven. Im Innern des in den 1990er Jahren beispielhaft restaurierten Gebäudes beeindruckt das großzügige neubarocke Treppenhaus. Die den Landschaftspark umgebende Steinmauer zeigt mit ihren Zinnen und Schießscharten neugotische Elemente. Das barocke ehem. Verwalterhaus an der Straßenkreuzung gegenüber dem Schloss – ein Sichtfachwerkbau mit Mansarddach – dürfte ebenfalls unter den Herren von Gemmingen erbaut worden sein.
Unweit des Schlosses steht die *ev. Kirche*, ursprünglich ein Barockbau aus dem Jahre 1737, neu erbaut 1908 wegen Baufälligkeit nach Entwürfen der Stuttgarter Richard Böklen und Carl Feil im neubarocken Stil mit Jugendstilausstattung. Das reich verzierte Hauptportal des Vorgängerbaus und das barocke Epitaph der 1763 verstorbenen Gattin des Wilhelm Ludwig von Gemmingen wurden erneut aufgestellt. Eindrucksvoll ist die Vollständigkeit der Ausstattung von 1908: Türen, Gestühl, Fenster, Kanzel und Altarkreuz (heute in der Sakristei) im Jugendstil sowie das neuromanische Orgelgehäuse, die Herrschaftsloge auf der Empore und das Leinwandgemälde über dem Chorbogen.
Auf dem *Friedhof* stehen einige Grabmale der Herren von Gemmingen.

BAD RAPPENAU-BONFELD

Die Dominante des Ortskerns ist die *Pfarrkirche St. Margareta.* Sie wurde 1413 erstmals erwähnt, 1622 zerstört und 1773/74 im barocken Stil ohne Chor mit

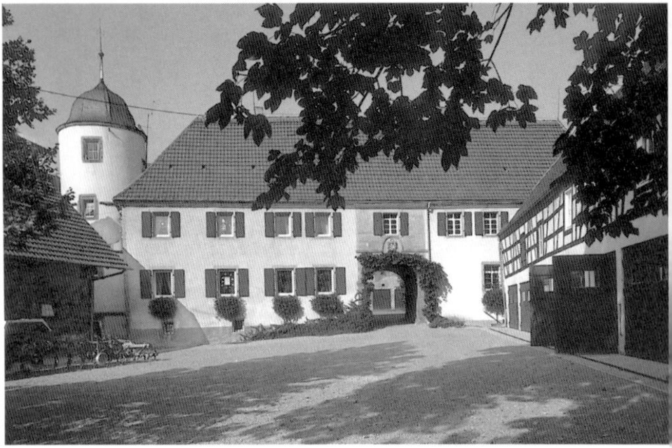

Bad Rappenau-Bonfeld.
Schlosshof mit sog. Wasserturm

Ostturm neu gebaut unter Verwendung alter Bauteile. Im Innern rahmen Herrschaftsemporen die Mittelachse aus Taufstein, Altar, Kanzel und Orgel, darüber Deckengemälde im Stuckrahmen.

Die Herren von Gemmingen erbauten 1564-68 eine *Wasserburg* an der Stelle einer abgegangenen, von der der 1568 datierte Türsturz, ein runder Turm mit kunstvoller Ausmalung – der sog. Wasserturm – und Wirtschaftsbauten (Scheuer südlich des Turmes, dat. 1564) erhalten sind. Diese Bauten wurden in den barocken, in das Jahr 1783 datierten Wirtschaftshof der Herren von Gemmingen integriert.

Dieser an der Ostseite durch das wappenbekrönte Korbbogenportal erschlossene rechteckige Hof befindet sich südlich des 1748 erbauten *Oberen Schlosses*, das die 1622 zerstörte Wasserburg ersetzte. Der breitgelagerte Barockbau wird mit dem Architekten Johann Christoph David von Leger in Verbindung gebracht. Mit dem nobel zurückhaltenden Äußeren des Schlosses kontrastiert das anspruchsvolle Innere: eine fast schwebende Treppenanlage mit Vasenbekrönung, zierliche Stuckdecken, ein in Blau und Gold gehaltener, klassizistisch reliefierter Ofen mit dem württembergischen Wappen und der Jahreszahl 1778 sowie den Initialen CHZW (Carl Herzog zu Württemberg), östlich und westlich des Schlosses sind noch die z. T. 1772 angelegten, an der

Nordseite durch ein Tor mit qualitätvollen Rokokovasen erschlossenen Ziergärten ablesbar. An das 1784-87 erbaute, seit dem Brand von 1953 abgebrochene Untere Schloss südlich der Wasserburg erinnert heute noch der alte Schlosspark mit wertvollem Baumbestand.
Entlang der vom Torbogen des barocken Wirtschaftshofes ausgehenden Ostachse sowie südlich davon stehen noch mehrere stattliche Wirtschaftsbauten von 1786, 1793/94, darunter die dominierende *Zehntscheuer*.
Das schöne Ensemble des historischen Ortskerns vervollständigt das barocke *Pfarrhaus* – ein symmetrischer Putzbau mit Halbwalmdach und wappenbekröntem Südportal – in leichter Hanglage östlich der Pfarrkirche. Es wurde 1752 erbaut und 1889 vergrößert. Von den Fachwerkhäusern ist der nördlich der Kirche stehende Bau von 1583 mit zwei Fenstererkern nennenswert.
An die ehemalige jüdische Gemeinde erinnert ihr *Schlachthaus* in der Herbststr. 13, Anfang des 19. Jhs. erbaut. Das *Gasthaus Krone* in der Rappenauer Straße ist innen u. a. im seltenen Art-deco-Stil ausgemalt.

BAD RAPPENAU-FÜRFELD

Das Bild des Dorfes wird vom *Schloss* der Freiherren von Gemmingen beherrscht, einem stattlichen dreigeschossigen Rechteckbau, erstellt 1557 und nach seiner Zerstörung 1693 durch die Franzosen 1707/08 mit barocken Zutaten wiederhergestellt. Das heutige burgartige Erscheinungsbild des Schlosses ist trotzdem noch stark vom 16. Jh. geprägt, dazu tragen vor allem die zwei freistehenden Ecktürme und mehrere in diese Zeit datierte Bauglieder wie Tore und Portale bei. In einer Ecke des Schlosshofes liegt das ungegliederte Viereck des sog. *Unteren Schlosses*, datiert 1752 und mit dem Wappen von Gemmingen und Kochendorf versehen. Im ehem. Schlossgraben ist u. a. eine reiche Epitaphiensammlung bemerkenswert. Am Fuß des Schlosses, an der Schlossbergstraße, steht das *frühere Pfarrhaus* von 1589, das 1844 Armenhaus und 1890 Rathaus wurde. Gegenüber der Schlosseinfahrt ist an einem Wohnhaus der auffallend reiche figürliche Eckständer aus dem Jahre 1724 mit Bäckerzunftzeichen sehenswert.
Die *ev. Pfarrkirche* wurde 1873 nach Entwürfen von Paul Burkhardt aus Stuttgart als neugotische Halle mit Holzgewölbe erbaut, bezeichnenderweise an der neuen Hauptstraße des Ortes, der Poststraße. Sie war Teil der Verkehrsstrecke Heilbronn – Frankfurt, Fürfeld hatte als württembergischer Grenzort ein Zollamt und eine Poststation. Das klassizistische Haus des Posthalters Imhof gegenüber der Kirche, 1849 erbaut, erinnert ebenfalls an diese ehemalige verkehrsgeschichtliche Bedeutung des Ortes.

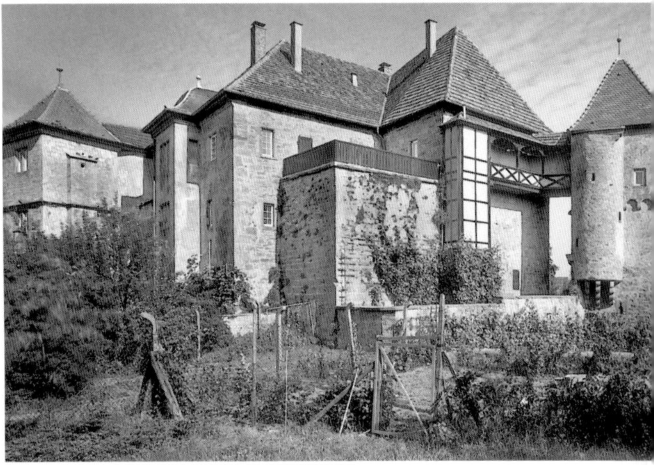

Bad Rappenau-Fürfeld.
Schloss der Freiherren von Gemmingen

Am Ortsrand steht das sog. *Schießhäuschen*, ein rundes Befestigungstürmchen mit Schießscharten und Mauerstück – es ist in das Jahr 1577 datiert und mit den Initialen BVG bzw. EVG (von Gemmingen) versehen.

BAD RAPPENAU-GROMBACH

Das ehem. *Wasserschloss*, das im 14.-15. Jh. die Herren von Venningen (Ortsherrschaft seit 1498) am Südrand des Dorfes erbauten, hat heute gutshofartigen Charakter und weist aus der Entstehungszeit außer dem Palas nur noch einen Wehrturm und Reste der Wehrmauer auf.
Die *kath. Pfarrkirche St. Margarethe* wurde 1751 neu gebaut als stattlicher Barockbau mit Chorseitenturm, qualitätvollem plastischem Schmuck am Nord-Portal und zeitgenössischer Innenausstattung: Die Barockaltäre schuf Georg Günther aus Neuhausen bei Worms, sie wurden 1811/12 von Adam Günther aus Bruchsal farbig gefasst. Die Kreuzigungsgruppe ist von 1783 bzw. 1860. Die *ev. Kirche* des Ortes ist auf 1787 datiert.
Eindrucksvoll ist auch die bauliche Anlage des *Bahnhofs* aus dem Jahre 1868.

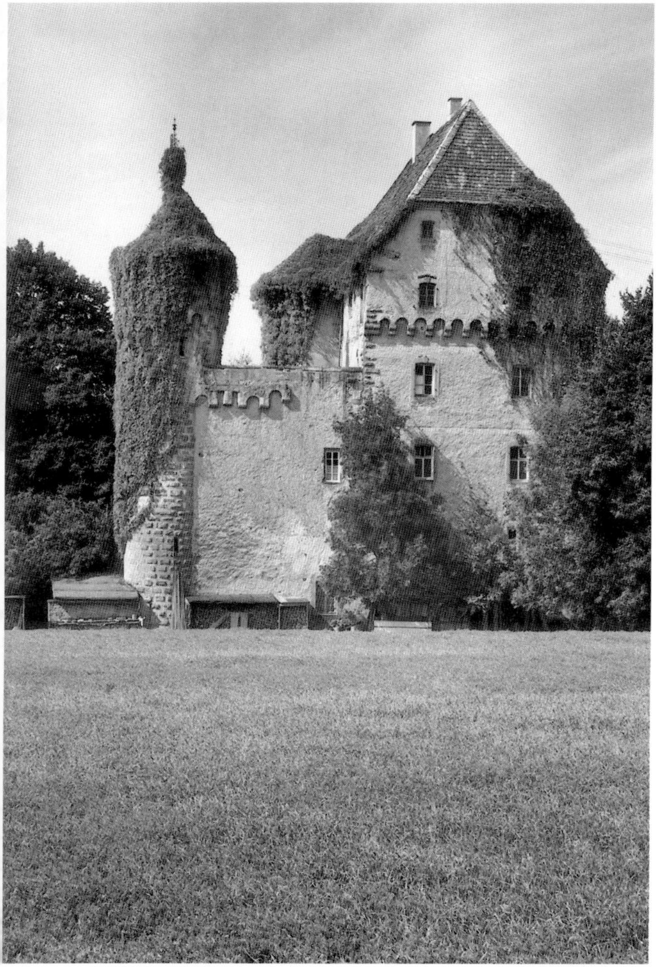

Bad Rappenau-Grombach.
Ehem. Wasserschloss

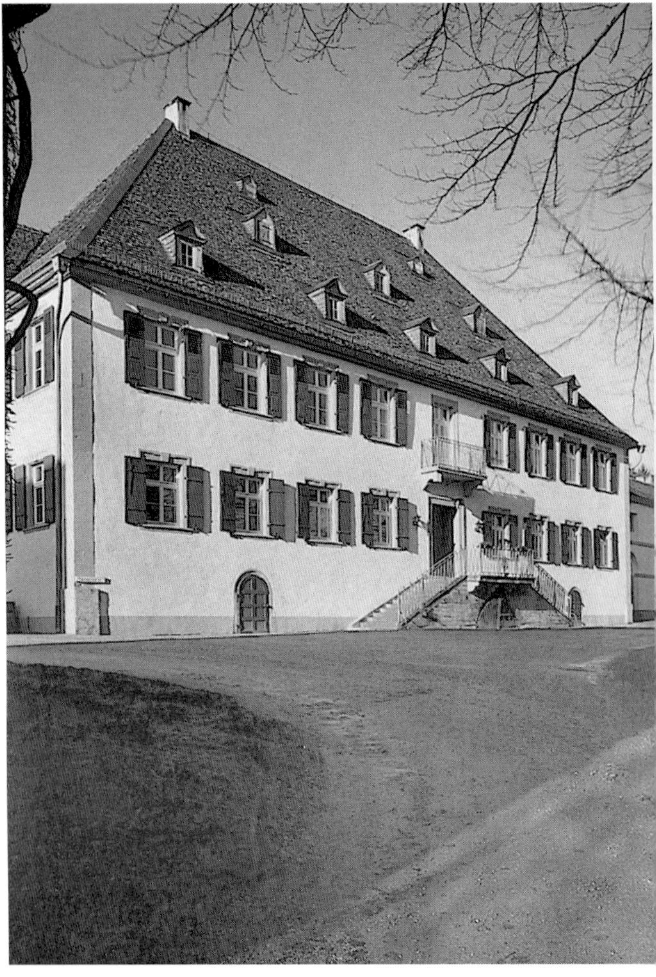

Bad Rappenau-Heinsheim.
Das untere Schloss

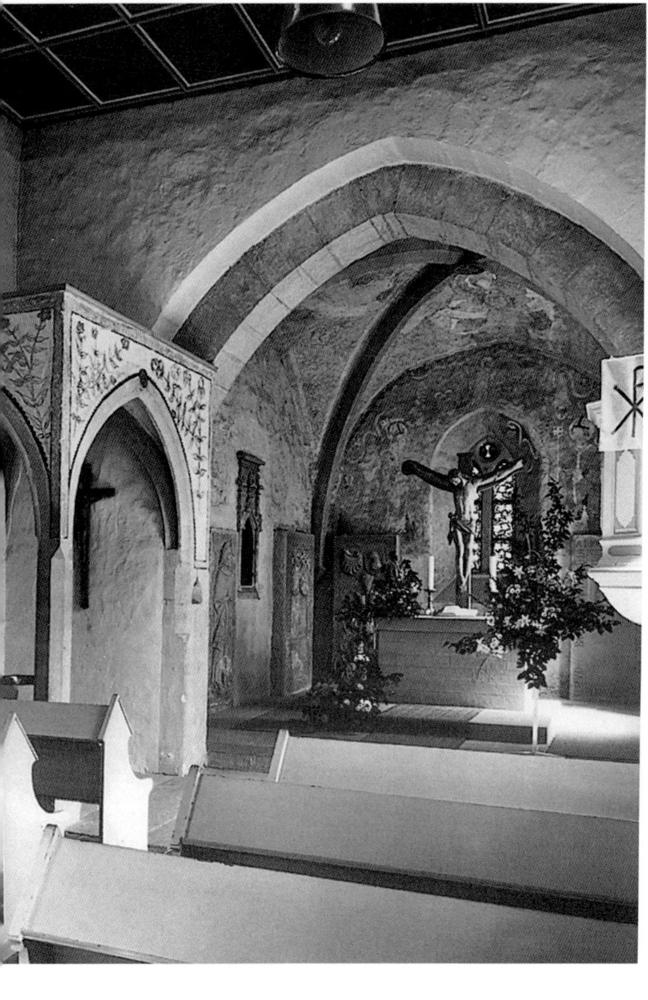

ad Rappenau-Heinsheim.
v. Pfarrkirche St. Hilarius, die sog. Bergkirche

BAD RAPPENAU-HEINSHEIM

Die orts- und landschaftsbeherrschende, im 13. Jh. errichtete, Mitte des 15. Jhs erweiterte *Burg Ehrenberg* wurde durch die Herren gleichen Namens erbaut Die heute z.T. ruinöse Burg besteht aus einer in das 13. Jh. gehörenden Kern burg mit Schildmauer und vor diese gestelltem Bergfried sowie aus der Vor burg mit Wohn- und Wirtschaftsbauten des 16.-18. Jhs. Die *Kapelle St. Alban* für die Katholiken 1602 vor der Burg errichtet, 1776 umgestaltet, ist ein zier licher Spätbarockbau in heute sehr schlechtem Zustand.

Die neue *kath. Pfarrkirche St. Johannes d. T.* wurde im Dorf 1840 vom Baumeis ter Lutz im neugotischen Stil erbaut. Sie weist noch die neugotische Orgel un an alten Ausstattungsstücken einen barocken Nepomuk und ein Kruzifix de 15. Jhs. auf. Die schönen Farbfenster schuf 1979 Valentin Feuerstein.

Mitte des 17. Jhs. verlegte der Ortsadel seinen Wohnsitz in das Dorf. Das i einem Park stehende *Untere Schloss* wurde 1725/27 von den Freiherren vo Racknitz über den Fundamenten des wohl als Wasserburg errichtete Vorgängerbaus erbaut. Die Schlosskapelle entstand 1706, sie hat noch di barocke Ausstattung.

Eine ehem. Wehrkirche ist die *ev. Pfarrkirche St. Hilarius*, die sog. Bergkirch Im 10. Jh. bezeugt, war sie Taufkapelle und die Begräbnisstätte der Ehrenbe ger. Mit im Kern romanischem Chorturm und Schiff aus dem Jahre 1376 wei sie im Chor noch Reste von Wandbildern der Zeit um 1250 und 1500 un einige Grabmäler der Herren von Ehrenberg auf, im Schiff einen Steinba dachin der Gotik und das reich figurierte Grabmal des 1584 verstorbene Johann Heinrich von Ehrenberg. Das 1576 erwähnte, mit der Kirche land schaftsprägende *Pfarrhaus* wurde 1733 neu gebaut.

Im Dorf sind auch einige alte *Fachwerkhäuser* entlang der Neckarstraß sehenswert, darunter Beispiele mit geschnitztem Fenstererker, Eckstände vorwiegend aus dem 17.-18. Jh. An die jüdische Bevölkerung des Ortes erir nert der wohl schon im 16. Jh. angelegte, im 19. Jh. erweiterte *jüdische Fried hof*, der zu den größten jüdischen Friedhöfen Süddeutschlands zählt. D *Synagoge* in der Schlossgasse (Nr. 3/1), 1796 erbaut, wurde 1937 verkau und wird seither, kaum verändert, als Werkstatt und Lagerhalle genutzt.

BAD RAPPENAU-OBERGIMPERN

Die Wasserburg im Ortskern wurde 1766 abgebrochen und durch ein neue höher gelegenes *Schloss* am Ortsrand ersetzt, dessen heutiges Erscheinung bild freilich das Ergebnis der Umgestaltung im späten 19. Jh. ist. Der Park i englischen Landschaftsgartenstil und die reich skulpierten barocken Torpfeiler vervollständigen die Sachgesamtheit. Die neben dem Schloss stehende *ev. Pfarrkirche*, 1496 erwähnt, wurde 1764 in barocken Formen mit reichem Seitenportal unter Verwendung von schönen Renaissance-Säulen aus dem Jahre 1592 erneuert. Erhalten sind auch die einfachen Stuckdecken und zwei Epitaphien, davon ein qualitätvolles Exemplar aus dem Jahre 1766. Diese Kirche war bis zur Jahrhundertwende im Simultangebrauch beider Konfessionen. Danach (1904) baute man nach Entwürfen von Ludwig Maier aus Heidelberg im alten Burggarten die *kath. Kirche St. Cyriakus,* einen neuromanischen Saalbau mit Dachreiter. Hinter der ev. Pfarrkirche steht das ehem. herrschaftliche *Rentamt*, ein stattlicher Fachwerkbau aus dem Jahre 1562. Auf die Blüte des Ortes im Barock weisen einige gut gearbeitete Portale hin, so z. B. in der Mühlgrabenstraße und am Schloss, sowie mehrere Hausmadonnen.

BAD RAPPENAU-TRESCHKLINGEN

An die Herren von Gemmingen erinnert das *Schloss*, das 1802 entstand: ein schlichter zweigeschossiger Putzbau mit 1832 rückwärtig angebautem klassizistischem Treppenhaus und von Gemmingenschem Wappen in Rokokonahmung. Die *Gruftkapelle St. Sigismund* steht am Friedhof im ehem. Schlossgarten, sie wurde 1839 für die katholisch gewordene Ortsherrschaft im klassizistischen Stil errichtet. Von den Herren von Gemmingen wurde auch die *ev. Pfarrkirche St. Gallus* errichtet, ein spätgotischer Bau mit Westturm, 1582 erbaut (datiert an der schönen Renaissance-Wappentafel an der dem Schloss zugewandten Außenwand der Kirche), 1882 und zu Beginn des 20. Jhs. restauriert (Farbfenster im Chor, qualitätvolle Jugendstilausstattung). Zwischen Kirche und Schloss stehen stattliche herrschaftliche Wirtschaftsbauten der Zeit um 1800.

BAD RAPPENAU-WOLLENBERG

Die *ev. Kirche* wurde 1768 nach Plänen des Grombacher Baumeisters Moll erbaut, sie weist u. a. schöne Portale auf.

BAD WIMPFEN

WIMPFEN AM BERG

Jünger als die Siedlung im Tal, wird Wimpfen am Berg 829 als Wimpina, 1124 als Wimphen urkundlich bezeugt. Der Ort kam von den Karolingern wohl schon im 9. Jh. an das Hochstift Worms und als Kirchenlehen an den Stauferkaiser Friedrich I. und dessen Nachfolger, die auf einer Bergnase um 1200 die Pfalz erbauten. Die Stadt, die durch ihre Lage am Schnittpunkt bzw. am Neckarüber-gang wichtiger Straßen wirtschaftlich rasch aufblühte, wurde im Anschluss an die Pfalz gegründet. Wimpfen am Berg erlangte allmählich alle reichsstädtischen Freiheiten und wurde im 13. Jh. Reichsstadt. Ihre wirtschaftliche Bedeutung ging durch die Zerstörung der noch von den Römern erbauten Neckarbrücke und auf-grund der Konkurrenz des bedeutenderen Heilbronn zurück und schwand voll-ends durch den Dreißigjährigen Krieg.

Von der um 1200 durch die Staufer erbauten *Kaiserpfalz* sind noch bedeutende Reste erhalten. Sie war nach dem Zusammenbruch der staufischen Macht de Sitz der Reichslandvögte für Oberfranken, später für Niederschwaben, un beherbergte das kaiserliche Landgericht. Im späten Mittelalter und besonder nach dem Dreißigjährigen Krieg setzte allmählicher Zerfall ein, es folgte de Abbruch der Pfalz und die Überbauung mit Privatbauten. Erhalten sind trotz dem die beiden Bergfriede (der Rote und der Blaue Turm), die Pfalzkapell (1909 restauriert), die Arkaden vor dem einstigen Palas, das Hohenstaufent und das Steinhaus. Der Hauptzugang der Pfalz befand sich zur Stadtkirche hi und war durch eine Mauer mit Tor und Graben befestigt. Das Tor schützte de *Blaue Turm*, ein Bergfried mit erhöhtem Eingang auf der von der ehem. Maue abgekehrten Seite und Aborterker auf der Südseite. Ein Werk des 19. Jhs. ist de Turmaufsatz mit Ecktürmchen. Ein zweiter Bergfried aus Buckelquadern is der am Ostende der Pfalz stehende *Rote Turm*, ebenfalls mit dem gut erhalte nen hoch gelegenen Eingang. Das obere Stockwerk ist mit offenem Kamin z. T. spitzbogig gewölbten Wandnischen und Aborterker ausgestattet. Da *Hohenstaufentor* am unteren Pfalzausgang ist ein Torturm, der möglicherweis zugleich der Wohnturm eines Burgmannes war (Rauchabzug eines offene Kamins an der Nordseite).

Vom *Palas* zwischen dem Blauen und Roten Turm legt nur noch die Nordwan Zeugnis ab. Es wird angenommen, dass die Arkaden in der Mauer sich vo einem Gang öffneten, der einem großen Saal vorgelagert war. Rekonstruierba ist auch ein weit in die Landschaft hinausblickender Altan. An den Palas schlos östlich die *Pfalzkapelle* an, die dem hl. Nikolaus von Bari geweiht war. Der ein

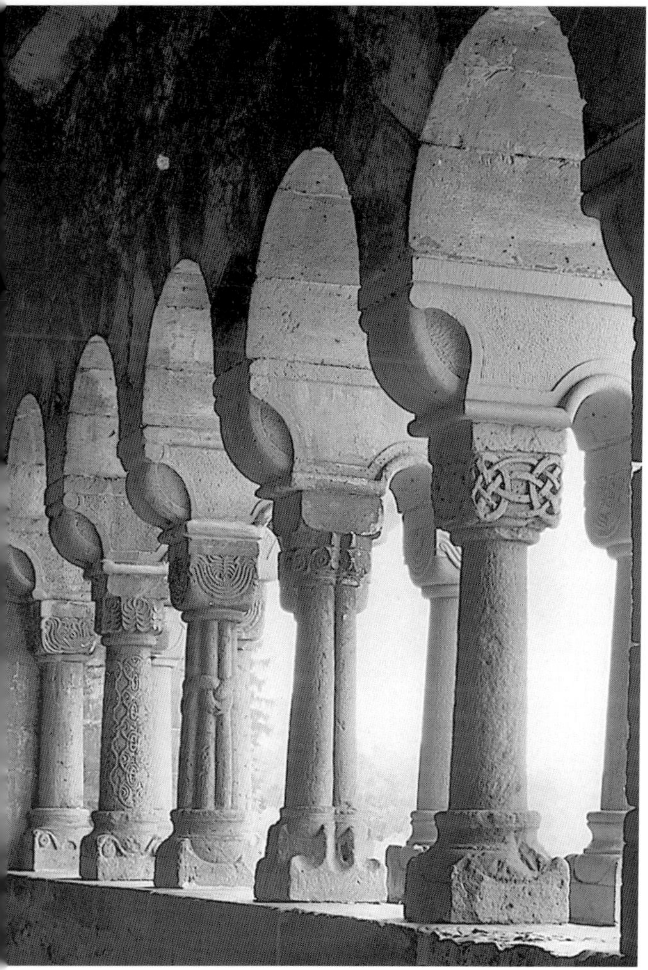

ad Wimpfen am Berg.
alas der Kaiserpfalz

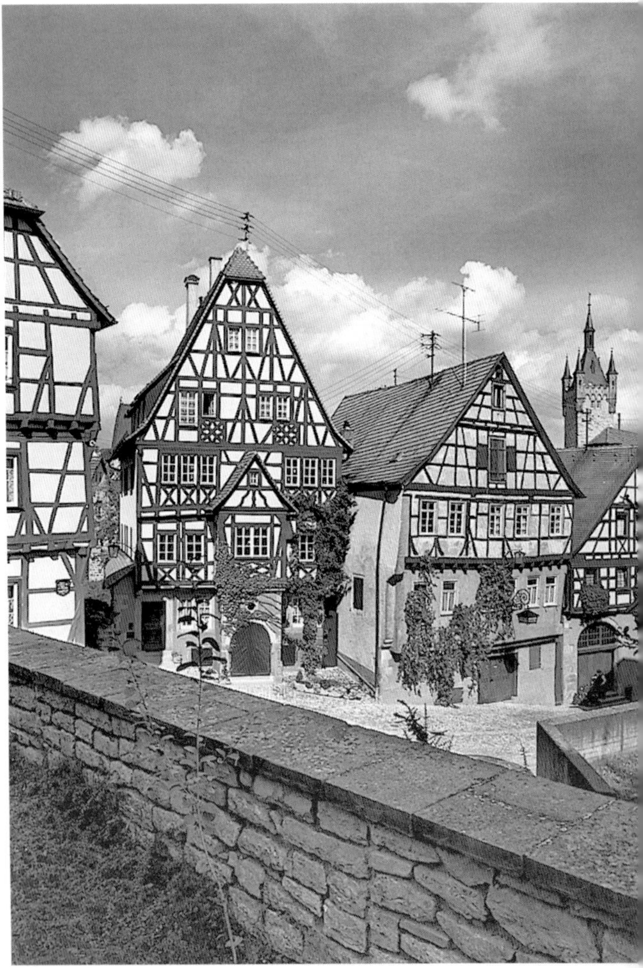

Bad Wimpfen am Berg.
Klostergasse,
im Hintergrund der Blaue Turm

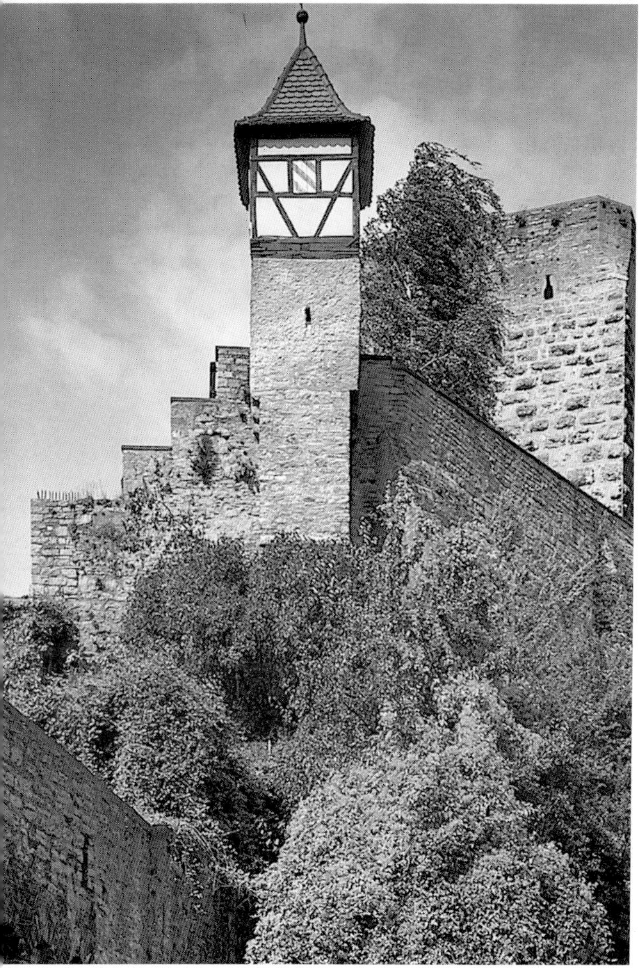

d Wimpfen am Berg.
›ter Turm mit dem sog. Nürnberger Türmchen

fache rechteckige Saal hatte auf der Palasseite die herrschaftliche Empore, de Chor schloss mit einer Halbkreisapsis ab, die Südfassade zeigt noch die schön romanische Gliederung.
Auf der anderen Seite des Palas steht das *Steinhaus*, ein Wohngebäude der Pfal: dessen Unterbau aus dem 12. Jh. stammt – mehrfach umgebaut, diente es noc um 1500 als Wohnung und später als Speicher. Das Haus enthielt zwei übe einanderliegende, die ganze Grundfläche des Gebäudes einnehmende Säle, vo deren Ausstattung aus spätgotischer Zeit das Wildemänner-Fresko erhalten is Der große obere Saal wurde 1948/50 restauriert. In der Schwibbogengass haben sich die Teile eines weiteren romanischen Wohnhauses erhalten, wol der Sitz eines Burgmannes. Auf der Rückseite des Gebäudes ist noch ein Zwi lingsfenster mit Mittelsäulchen zu sehen.

Die 1234 erstmals genannte *ev. Stadtkirche St. Maria*, westlich der Pfalz un von dieser nur durch den Marktplatz getrennt, ist eine dreischiffige Ha lenkirche mit einschiffigem, von zwei Türmen flankiertem Chor. Die Unte geschosse dieser Osttürme sind romanisch aus der Zeit um 1200, der Ch wurde in der 2. Hälfte des 13. Jhs. gotisch umgebaut. Der Umbau zu einer spä gotischen Hallenkirche erfolgte wohl durch den Wiener Dombaumeist Anton Pilgram und durch Bernhard Sporer (Sakristei 1468, sonst 1489-151 Die auf kräftigen Rundpfeilern ruhenden Sterngewölbe weisen auf südos deutsche Wurzeln hin. Die Westempore mit ihren freitragenden Treppe aufgängen beeindruckt durch ihre kühne technische Konstruktion.
Von der für eine ev. Kirche bemerkenswert reichen Ausstattung der Kirche si vor allem nennenswert: der hochgotische Dreisitz des ausgehenden 13. Jhs., d Pieta von 1370/80 in der südlichen Nebenkapelle und das spätgotische Sakr mentshäuschen von 1451 im Chor, die Kanzel von Bernhard Sporer aus d Zeit um 1520 (mit barockem Schalldeckel des späten 17. Jhs.), der in d nördlichen Seitenkapelle stehende Taufstein der Zeit um 1520, das Cho gestühl von 1551, Glasmalereien, Wandbilder des 16. Jhs., Flügelaltäre der Ze um 1500 und der große Kruzifixus in der nördlichen Seitenkapelle. Letzter ist laut inliegendem Zettel von Oswald Bocksdorfer aus Memmingen 14 geschnitzt worden – die beweglichen Arme, der abnehmbare Rumpf und d Naturhaare weisen darauf hin, dass der Kruzifixus am Karfreitag in eine Heiligen Grab beigesetzt wurde. Der Hochaltar ist aus dem Jahre 1519, d Mitte nimmt eine seltene Darstellung der knienden Pieta ein, flankiert von d Hll. Barbara und Apollonia. Die Flügelinnenseiten tragen Flachreliefs m Georg und Johannes links sowie Christoph und Leopold rechts. Hinter de Türchen in der Predella sieht man das Fegefeuer. Die Arbeit wird dem Umkr Hans Backoffens zugeschrieben, die auf die Flügelaußenseiten aufgemalt

ohannes d. T. und Papst Urban galten lange Zeit als Werke Grünewalds. Der Quirinusaltar ist in das Jahr 1500 datiert, er zeigt in der Schreinmitte den Hl. Quirin, dann die Hll. Katharina und Dorothea, in den Predellanischen die Hll. Lucia, Elisabeth, Maria Magdalena und Agnes. Früher wurden die Maleeien an den Flügelaußenseiten dem jungen Albrecht Dürer zugeschrieben, umindest Nürnberger Einflüsse können festgestellt werden. Die Glasnalereien im Chor sind um 1270/80 unter südwestdeutschem (elsässischem) influss entstanden, sie zeigen vor allem Szenen aus dem Leben Christi, dazu imson mit den Toren von Gaza und Jesse.

uch in den beiden Seitenkapellen befinden sich weitere Glasmalereien verchiedener Zeiten bis 1552, die hier anlässlich der Restaurierung 1869 zusamnengezogen wurden. An der Ostwand der nördlichen Seitenkapelle hängt ein Gemälde, das mit K. S. 1516 signiert und datiert ist und die Kreuzannagelung eigt – das Bild wird einem Flügel des ehem. Hochaltars der Kirche zugeviesen. Das Wandgemälde mit der Madonna unter einem perspektivischen aldachin an der Turmwand in der Sakristei ist Ende des 14. Jhs. gemalt woren und befand sich ursprünglich im Freien. Die Wandgemälde im Langhaus tammen aus dem 16. Jh., sie zeigen an den Wänden Apostel und ein Gerichtsild, an der Empore eine Verkündigung. Der Altarschrein im nördlichen Seienschiff ist aus der Zeit um 1490. Beachtenswert ist auch der südwestlich der irche stehende Torso einer großen Kreuzigungsgruppe aus dem 2. Jahrzehnt es 16. Jhs., dem Mainzer Hans Backoffen zugeschrieben, mit einem Gehäuse er Zeit um 1900. Die bedeutende Gruppe ist Ende des 20. Jhs. mustergültig estauriert worden.

n der Kreuzung von fünf Straßen steht das *Hospital zum Hl. Geist,* einer der testen noch erhaltenen Hospitalbauten Deutschlands. Kurz vor 1233 geündet, teilte es sich im 15. Jh. in ein geistliches und ein weltliches Spital. Der pitalkirchen-Chor wurde um 1400 erneuert, die gesamte Anlage 1774 arock umgebaut. Das geistliche Spital einschließlich Kirche wurde nach der ikularisation in ein Magazin verwandelt und nach einem Brand 1851 als Vohn- und Gasthaus eingerichtet. Reste der gotischen Kirche sind im Gasthof losterkeller noch sichtbar. Das weltliche Spital ist ein Fachwerkgebäude des Iittelalters mit einem Wohnturm aus der Zeit um 1230, innen mit mehreren riginalen Räumen bzw. Ausstattungen – heute ein Museum.

as 1265 von den Herren von Weinsberg gegründete, 1818 aufgehobene *ominikanerkloster* steht auf einer Anhöhe jenseits der Pfalz, laut Überliefeng an der Stelle des ehem. Hochgerichts. Seine 1273 begonnene Kirche, eren Langhaus 1713 barock umgebaut wurde (erhöht und mit einem

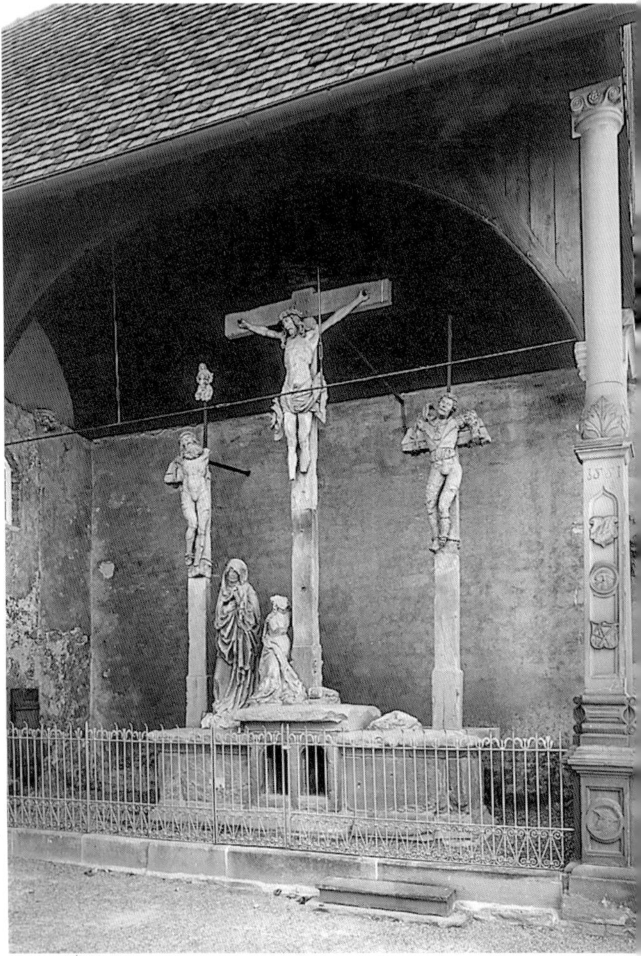

Bad Wimpfen am Berg.
Die Kreuzigungsgruppe Hans Backoffens

Scheingewölbe versehen), dient seit 1780 der kath. Gemeinde als Kirche. Für den Bettelorden bezeichnend ist die Turmlosigkeit und die Lage am Stadtrand. m Innern des Sakralbaus ist von der gotischen Ausstattung der gemalte Stifter-wappenfries an der südlichen Schiffswand bemerkenswert, ebenso das Wand-bild mit dem Veronikatuch aus der Zeit um 1400, eine Madonna, die Reste des ehem. Hochaltars und ein Vesperbild. Letzteres ist 1416 datiert und stand früher auf dem südlichen Seitenaltar. Die an der Südwand der Kirche befind-lichen qualitätvollen Holzfiguren einer Kreuzigungsgruppe und zweier Heiliger stammen von einem spätgotischen Hochaltar, Michel Erhart hat sie wohl um 1480/85 geschaffen. Die sitzende Madonna entstand um 1525, sie tammt aus der Cornelienkapelle und befindet sich heute auf dem nördlichen Seitenaltar. Der Hochaltar ist aus dem Jahre 1737, sein Gegenstück ist der Orgelprospekt, von Bruder Unterfinger 1749-52 gebaut. Klosterbrüder chufen in den Jahren 1769-74 auch das Gestühl des Winterchores und das Hauptchorgestühl. Sehenswert sind daneben die Grabmäler des 1417 verstor-benen Grafen Engelhard VIII. von Weinsberg und der 1472 verstorbenen Anna von Ehrenberg. Die Sakristei ist gleichzeitig mit der Kirche entstanden, der ausgemalte Kreuzgang stammt aus dem 14./15. Jh.

Westlich neben der Pfalz in städtebaulich herausragender Lage steht der *Wormser Hof mit* Zehntscheuer, Verwaltungs- und Wirtschaftsgebäude für die Wimpfener Besitzungen der Bischöfe von Worms – er entstand um 1250, die üdfront und der Hof mit beiden Seitenflügeln wurde um 1550 umgebaut. Das große Steinhaus ist aus einem um 1220 entstandenen Wohnturm her-vorgegangen und wurde gegen Ende des 19. Jhs. renoviert (innen einige quali-tätvolle Räume dieser Zeit). An der Nordseite sind noch einige spätromanische Doppelfenster zu sehen.

Von der sehr starken mittelalterlichen *Stadtbefestigung* sind Mauern, Tore, ollwerke und Wallanlagen erhalten, am besten zwischen dem Dominika-nerkloster und dem Hohenstaufentor. Ein mächtiger Kanonenturm aus der . Hälfte des 16. Jhs. oben am Berg beim Kloster dürfte unter dem Einfluss der efestigungslehre Albrecht Dürers entstanden sein.

ahlreiche schöne *Wohngebäude, Fachwerkhäuser und Brunnen* aus dem 3.-18. Jh. machen ebenfalls den unverwechselbaren Reiz der Bergstadt aus. Als das älteste Fachwerkhaus Wimpfens galt bis vor kurzem das um 1400 erbaute Gebäude Burgviertel 23. Neue Untersuchungen haben jedoch ergeben, dass das Wohnhaus Marktplatz 6 im Jahre 1266 gebaut wurde und damit gegenwärtig eines der ältesten überlieferten Fachwerkwohnhäuser Württem-bergs darstellt. In das 15. Jh. sind z. B. die Fachwerkhäuser Klostergasse 10, chulstr. 11, Hauptstr. 64 und 83 sowie Marktrain 12 und Apothekergässchen 1 zu datieren. Sehr zahlreich sind die *Zierfachwerkhäuser* des 16. Jhs., die nur

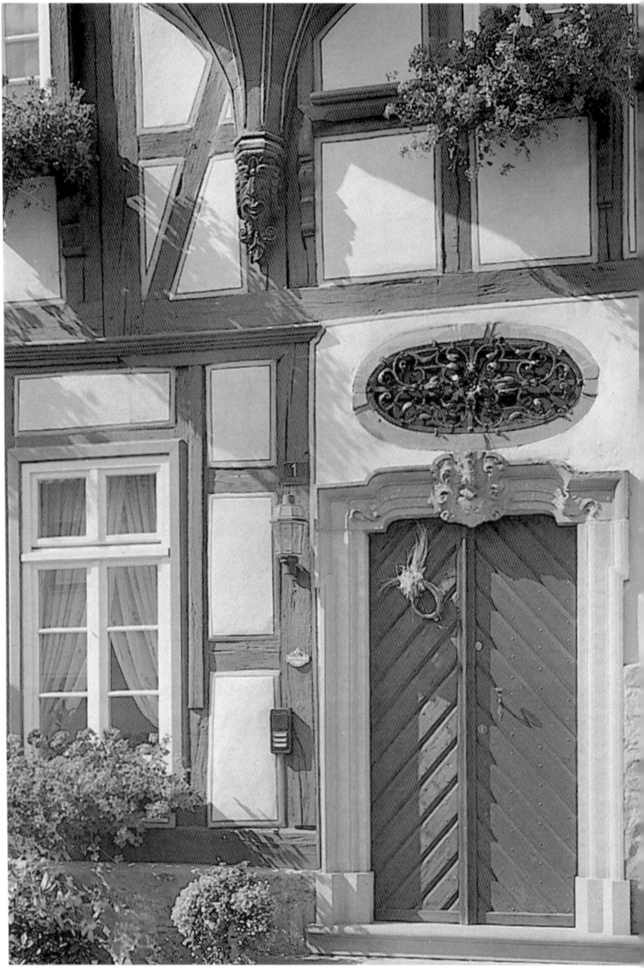

Bad Wimpfen am Berg.
Haus des Bürgermeisters Elsässer, erbaut 1717

in Auswahl genannt werden können: Das Haus zum Riesen in der Langgasse, ein eindrucksvoller Bau des beginnenden 16. Jhs., Hauptstr. 69 (1549), Hauptstr. 67 (vor 1550), Salzgasse 2 (1528). Auch das Haus des Bürgermeisters Elsässer aus dem Jahre 1717 hat ein Fachwerk aus der 2. Hälfte 16. Jh. Das Haus Feyerabend, Hauptstr. 74, zeigt den schönsten Erker Wimpfens, datiert 1563. Das Portal des Gasthofs zum Grünen Baum ist 1558 datiert, Hauptstr. 49 am Eckpfosten 1598, das Haus des Bürgermeisters Aff in der Schwibbogengasse 1590. Das Rathaus von 1839 steht am Platz des alten, 1837 abgerissenen Fachwerkbaus von 1562. Ein Fachwerkbau ist auch das Haus mit dem Betsaal der jüdischen Gemeinde in der Schwibbogengasse, 1580 erbaut. Aus der Fachwerkbaukunst des Barock sei das Gasthaus zum Rappen von 1779 auf dem Marktplatz genannt. Der Adlerbrunnen von 1576 gibt das reichsstädtische Wappentier mit dem Wormser Schlüssel im Schnabel wieder.
Im 18. Jh. wurde auch in Wimpfen nach Salz gebohrt. 1796 entstand am Ausgang des Erbachtales die *Saline*, von der noch heute einige Bauten erhalten sind, unweit das Pumphaus der Zeit um 1900. Unweit steht das beispielhaft restaurierte neugotische Bahnhofsgebäude des 19. Jhs.

WIMPFEN IM TAL

Die ländliche Talsiedlung entstand am Platz eines Kastells des Neckarlimes, aus dem sich ein im 2. Jh. ummauerter römischer Vicus entwickelte. Später, nach dem Sieg der Franken über die Alamannen, folgte eine fränkische Siedlung, die 829 als castellum, dann als oppidum civitas bezeichnet wird. Sie kam angeblich durch merowingische Schenkung an die Bischöfe von Worms, die ihr schon früh eine Marktgerechtigkeit verschafften – der Talmarkt an Peter und Paul ist noch heute der größte Markt des Unterlandes. Worms gründete im späten 9. Jh. das von den Ungarn zerstörte und im 10. Jh. wiederaufgebaute Ritterstift, dessen Propst gleichzeitig das dortige Archidiakonat des Bistums verwaltete. Im Anschluss an das Ritterstift entwickelte sich die im Hochmittelalter blühende Talstadt, die im 15. Jh. in der jüngeren Bergstadt aufging. Das Stift selbst, das damals die Stadtherrschaft im Tal an die Bürger der Bergstadt verlor, blieb bis zur Einverleibung nach Hessen-Darmstadt 1802/03 reichsunmittelbar.

Die mittelalterliche, wohl um 1300 entstandene *Ummauerung* mit drei Toren ist erhalten, an der Südmauer stehen noch Wehrgangreste. Die eigentliche Pfarrkirche der Talstadt war die wohl im 13. Jh. erbaute und schon früh dem Stift Wimpfen inkorporierte Georgskirche. Sie wurde 1784 durch Eisgang schwer beschädigt und musste abgebrochen werden.

Die aus zwei Bauabschnitten – aus einem wuchtigen romanischen Block mit zwei Türmen im Westen und aus dem daran anschließenden gotischen Bau – bestehende *Stiftskirche St. Peter* ist in ihrer ersten Bauphase nach den Ungarnkriegen als frühromanischer Zentralbau entstanden, zu datieren wohl in die 1. Hälfte des 11. Jhs. Einflüsse der Aachener Pfalzkapelle sind offensichtlich. An den noch erhaltenen (z. T. 1900-03 nach Entwürfen von Adolf Zeller aus Darmstadt unter Mitwirkung von Carl Schäfer aus Karlsruhe erneuerten) Westbau mit hoher Rundbogennische und zwei achteckigen Türmen schloss ein sechseckiger Zentralbau mit zwölfeckigem Umgang an, im Osten mit drei parallelen Apsiden abgeschlossen. Die Kirche wurde seit 1269 unter Belassung des alten Westbaus und der beiden Türme frühgotisch umgebaut, die Gewölbe des Schiffes schlossen sich jedoch erst um 1450. Der gotische Bau ist eine dreischiffige Basilika mit Strebewerk, einem Querhaus mit aufwendiger Südfassade und mit drei polygonalen Apsiden, zwischen denen die Osttürme stehen. Das Ostwerk der gotischen Stiftskirche weist enge Beziehungen zum westlichen Langhausteil des Straßburger Münsters auf. Die Südfassade wird von Strebepfeilern beherrscht, die in leeren Baldachinfialen enden (der obere Abschluss mit seiner durchbrochenen Brüstung und den Fialen ist eine Neuschöpfung der Renovierung von 1903, ebenso die Figuren der Wasserspeier). Das Portal teilt ein Pfeiler in zwei schmale Öffnungen, am Pfeiler ist eine Muttergottes, in den Portalgewänden Heilige, im Tympanon der Kruzifixus mit Maria und Johannes, in den Archivolten die zwölf Apostel dargestellt. Die Figuren in den Baldachinen der Strebepfeiler sind Resultate der Renovierung der Jahrhundertwende, die (z. T. ebenfalls renovierten) Originale stehen im Kreuzgang.

Dieser nördlich der Kirche anschließende dreiflügelige Kreuzgang stammt in seinem Ostflügel noch aus der Erbauungszeit der Kirche, der abschließende Westflügel entstand erst um 1400. Reich sind die Verzierungen an den Kapitellen, u. a. mit dem berühmten Vogelnest, das Nikolaus Lenau zu einem Gedicht inspirierte. Wie im Kircheninnern liegen auch hier unter zahlreichen Grabplatten die Stiftsherren, im Eck des Ostflügels erinnert der Standartenstein der 3. Reiterkohorte Aquitaniens an die römischen Wurzeln.

Chor und Vierung der Kirche beeindrucken durch die am originalen Standort befindlichen Ausstattungsstücke der Erbauungszeit. Es dominieren die Glasmalereien, die freilich Kopien der nach Darmstadt gebrachten Originale der Zeit um 1270-80 und z. T. auch Neuschöpfungen des Freiburgers Fritz Geiges aus der Zeit um 1900 darstellen. Oberhalb der schönen Blendarkaden und in der Höhe der Fensterbänke gehen die Vordersäulen der Pfeilerbündel in Konsolen über, die Heilige tragen – darunter die Madonna am nördlichen Chordienst mit den Resten der ursprünglichen farbigen Fassung.

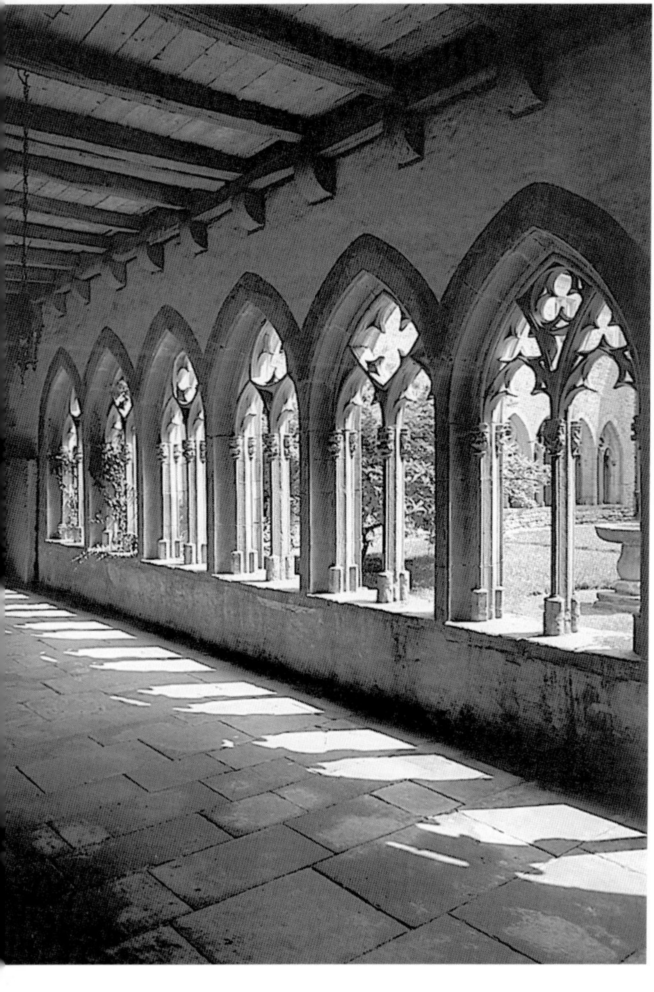

Bad Wimpfen im Tal.
Stiftskirche St. Peter, Kreuzgang

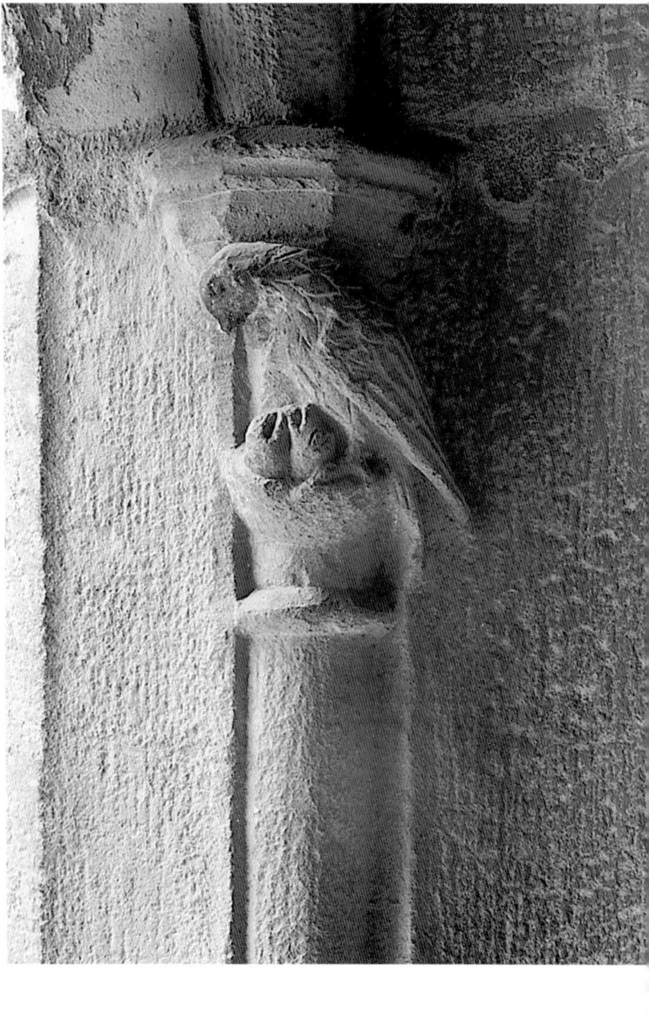

Bad Wimpfen im Tal.
Stiftskirche St. Peter, Vogelnest-Kapitell im Kreuzgang

Der 1278 fertig gestellte Hochaltar hat auf der Rückseite eine durch Tür und Stufen erreichbare Reliquienkammer, an der Vorderseite trägt die Mensa sieben Spitzbogenfenster. Der hölzerne Dreisitz mit dem hohen Baldachin und der Taube, dem Löwen und Drachen an den Wangen an der Chorsüdwand ist ebenfalls im 13. Jh. entstanden. Gleichzeitig ist auch das – 1298 gestiftete und 1498 restaurierte – eichene Chorgestühl mit grotesken Menschenköpfen, Tieren und Symbolfiguren an den Wangen und Knäufen. Neben dem Chorgestühl der Stiftskirche St. Viktor in Xanten aus der Mitte des 13. Jhs. zählt dieses zu den ältesten bedeutenden Leistungen gotischer Holzschnitzerei.
Spätgotisch sind das 6 m hohe feingliedrige Sakramentshaus von 1430, das bemalte Altarkreuz des frühen 15. Jhs. und die Messingleuchter sowie verschiedene Holzbildwerke aus Altären in der Kirche. Im südlichen Querhaus befindet sich die um 1420/30 aus Terrakotta hergestellte Pieta. In der nördlichen Seitenkapelle, deren Glasfenster das Martyrium der hl. Katharina zeigen, stehen die Reste eines Katharinenaltars mit den anmutigen Holzplastiken von Katharina, Agnes und Margarethe aus der Zeit um 1500.
Bemerkenswert ist auch die Plastik des Auferstandenen von 1510 hinter dem Taufbrunnen und ein Petrus von 1535. In der modernen südlichen Sakramentskapelle steht eine Annaselbdritt der Zeit um 1500 und an der Ostwand der Sebastianskapelle die ebenfalls um 1500 entstandene, noch die ursprüngliche Fassung aufweisende Holzfigur des hl. Sebastian.
Im Klostergebäude selbst sind weitere wertvolle gotische Plastiken aufgestellt, so z. B. im Kapitelsaal eine Madonna der Zeit um 1480 und ein hl. Sebastian um 1500, im Treppenhaus eine Annaselbdritt um 1490, im Refektorium ein Petrus um 1490 und in einem Gang des Klosters eine Madonna um 1510.
Vor der Stiftskirche befindet sich ein stimmungsvoller, mit alten Kastanienbäumen besetzter Platz mit einem Brunnen von 1667 und den Stiftsbauten (Benefiziatenwohnung, Dechanei und Kustodie) des 18. Jhs. sowie einem alten Haus mit romanischen Doppelfenstern: der Stiftskellerei östlich der Kirche, einem im Kern noch romanischen Bau, der Keller ist zweischiffig auf Vierkantpfeilern.

Außerhalb der Mauern der Talstadt befindet sich die *Cornelienkirche.* Sie kommt als Marienkirche seit dem 14. Jh. vor und wurde 1476 in einfacher Art spätgotisch umgebaut, mit unvollendetem Chor. Ihr Patronat gehörte dem Domkapitel Worms. Das erst in nachreformatorischer Zeit als Cornelienkirche bezeichnete Gotteshaus befand sich 1584 in städtischer Hand, diente seit 1740 als Heuschober und wurde 1920 restauriert. Qualitätvoll ist das Tympanon mit der Verkündigung über dem Nordportal, über dem Westportal die Kreuzigung. Im Innern der Kirche sind Reste von Wandmalereien erhalten.

BEILSTEIN

Der seit 1304 als Stadt bezeichnete Ort wird überragt vom Schlossberg mit der in der 1. Hälfte des 12. Jhs. erstmals erwähnten Burg Hohenbeilstein. Um 1080 entstand hier ein kleiner Vorgängerbau, der jedoch schon um 1200 verschwand und durch eine annähernd zehnfach größere Neuanlage ersetzt wurde. Sie hatte offensichtlich die Grafen von Calw als Bauherren, kam aber bald an Baden und dann an Württemberg. Im 16. Jh. zerfiel sie und wurde ab 1898 von dem Esslinger Architekten und Denkmalpfleger Albert Benz unter Mitwirkung von Otto Piper und Bodo Ebhardt teilweise wiederaufgebaut. Benz wurde von dem bekannten Stuttgarter Textilfabrikanten Robert Vollmoeller verpflichtet, der 1898 die Burg und angrenzende Weinberge erwarb.

Von der mittelalterlichen *Burg Hohenbeilstein* steht noch der mächtige, 28 m hohe, fünfeckige Bergfried, der sog. „Langhans" vom Anfang des 13. Jhs. und ein Teil der inneren Ringmauer. Der Zwinger mit zwei Rondellen zu Seiten des Eingangs ist spätgotisch, vor dem Graben befindet sich ein Bollwerk mit Halbtürmen. Von den Burg und Stadt verbindenden Schenkelmauern sind ebenfalls Teile erhalten, wobei der Turm am Ende der südlichen Schenkelmauer und mehrere Tore in den Schenkelmauern wie auch das Torhaus der äußeren Ringmauer und die Bedachung der beiden Rundtürme auf die Restaurierung durch A. Benz zurückgehen. Auch der Kern der heutigen Burggaststätte wurde 1908 von ihm erbaut, ebenso das gegenwärtige „Haus der Kinderkirche", das Benz als Villa für Vollmoeller entwarf. Diese Villa steht an der Stelle des im 16. Jh. erbauten bzw. 1693 nach Zerstörung neu errichteten Amtshauses des Vogtes – um 1500 wurde die Burg aufgegeben und für den Vogt des im frühen 15. Jh. gegründeten württembergischen Amtes Beilstein der Neubau unterhalb der Burg errichtet. An diesem *Amtshausbau* war auch Aberlin Tretsch beteiligt. Vollmoeller und Benz richteten außerdem das einstige Hirtenhaus am Burgabhang zur Gutskelter ein und setzten den Keller von 1585 darunter instand. Sie hatten darüber hinaus vor, an die Annakirche einen Glockenturm anzubauen und die Magdalenenkirche zu renovieren.

Zwischen der Burg und der Stadt steht die gotische *Magdalenenkirche*, die frühere Schlosskapelle und bis zur Reformation Stadtkirche. Sie wurde um 1300 erbaut, 1742 nach der Zerstörung des Jahres 1693 erneuert und 1803 profaniert. Sehenswert sind die spätgotischen Grabdenkmäler der Herren von Wunnenstein – der Ortsherrschaft im 14./15. Jh. – aus der Zeit um 1400, Altäre aus dem Jahre 1390 sowie im Turm das Fragment eines Sebastiansgemäldes.

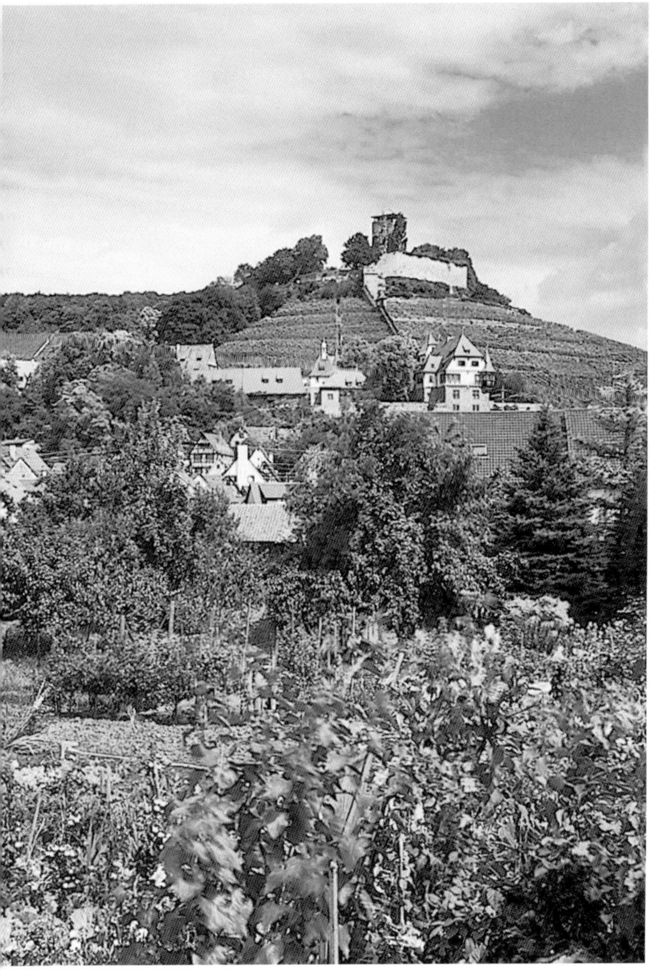

Beilstein.
Ort mit Burg Hohenbeilstein

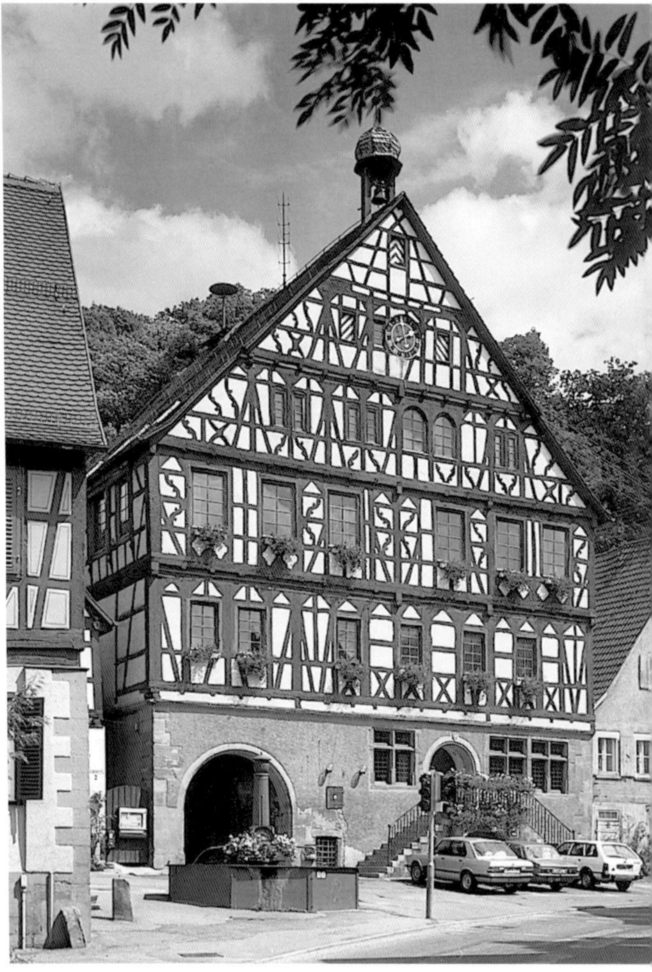

Beilstein.
Das Rathaus

Aus der 1362 gestifteten Nikolauskapelle auf dem Friedhof vor der Stadt (1362-1534 genannt) ging 1554 durch Umgestaltung die spätgotische *Kirche St. Anna* hervor, die nach 1600 Stadtpfarrkirche wurde. Sie wurde 1617 erweitert und u. a. 1786 erneut umgebaut. Von der Innenausstattung sind vor allem ein Kruzifixus von 1685, die Renaissancekanzel, der Taufstein von 1717, die mit Malereien versehene Empore von 1798 und die Christus-Fenster von Rudolf Yelin aus dem Jahre 1948 sehenswert. An der Außenwand der Sakristei steht das Gefallenendenkmal von 1922, das der Stuttgarter Architekt Eugen Steigleder entwarf.

Ebenfalls bemerkenswert ist das *Rathaus*, ein prächtiger Fachwerkbau mit steinernem Unterbau von 1598, nach der Zerstörung beim Stadtbrand im Jahre 1693 erst 1708 wiederaufgebaut. Den Eingang schmückt ein Werk des bedeutenden württembergischen Malers Peter Jakob Schober. Weitere sehenswerte Profanbauten der Altstadt sind das ehemalige *Forsthaus*, Hauptstr. 17, das Haus *Hauptstr. 29* – das älteste noch erhaltene Wohnhaus der Stadt, erbaut 1572 von dem Baumeister Martin Gschwend aus dem Allgäu für eine der bedeutendsten Familien der Stadt (inzwischen abgebrochen) – und die frühere *Stadtscheuer* (Hauptstr. 49) aus dem Jahre 1585/86. Weiter sind das *ehem. Amtshaus* und spätere Pfarrhaus, Hauptstr. 34, 1699 über älterem Steinstock neu gebaut, und die frühere *Kelter* aus dem Jahre 1698 zu nennen. Inschrifttafeln und verzierte Eckständer an mehreren Häusern der Stadt sind weitere wichtige Quellen der Geschichte Beilsteins, so z. B. die Tafel mit der Inschrift am Haus Barth an der Hauptstraße, die an das eigene Wohnhaus des Baumeisters Alexander Mair erinnert, und die um 1700 datierten Eckständer am Marktplatz, in der Orgelgasse u. a.

Berwangen → Kirchardt
Binswangen → Erlenbach
Bittelbronn → Möckmühl
Bonfeld → Bad Rappenau
Botenheim → Brackenheim

BRACKENHEIM

Vielfach wird angenommen, dass das noch mit altertümlichem Charakter aufwartende Städtchen aus einem früheren Dorf hervorgegangen ist, das wohl südlich der Stadt bei der Johanneskirche lag. Diese Annahme wartet noch auf wissenschaftliche Belege, etwa in Form einer archäologischen Prospektion.

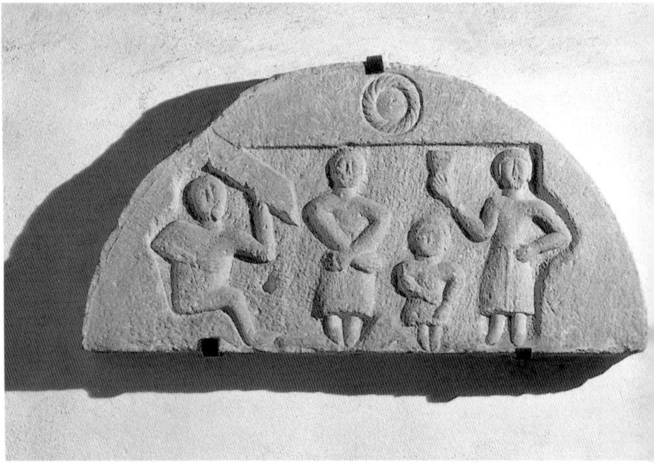

Brackenheim.
Ev. Johanneskirche, ehem. Tympanon

Die *ev. Johanneskirche*, im Friedhof erhöht gelegen, erbaut als spätromanische flach gedeckte Basilika, ist verwandt mit dem Maulbronner Übergangsstil, ablesbar vor allem an der Westpforte. Der hochgotische, 1320 gewölbte Chor befindet sich im Erdgeschoss des Turmes, der mit einer achteckigen Glockenstube und Zeltdach bekrönt ist. Noch erkennbar sind die romanischen Oberlichter auf dem Dachboden. Im Chor sieht man noch Wandmalereien des 13. und 14. Jhs., im mittleren Chorfenster eine gemalte Scheibe mit der Taufe Christi von 1310/20, außen am Turm romanische Flachreliefs (ein Männchen und die drei Weisen). Inner- und außerhalb der Kirche sind viele Grabsteine des 15.-18. Jhs., darunter auch derjenige des Baumeisters Berwart, erhalten. Die Sakristei war einst die 1328 angebaute gotische Grabkapelle der Familie Soldan, deren Stammvater, angeblich als türkischer Offizier gefangengenommen, 1305 in Brackenheim getauft worden sei und dort geheiratet habe. 1906-09 wurde die Kirche nach Entwürfen von Theodor Fischer restauriert. Er orientierte sich am Zustand des Bauwerks um 1500, ließ den Turmaufsatz rekonstruieren, Pfeiler- und Säulenbasen durch Senkung des Langhausbodens freilegen und Grabsteine neu ordnen. 1974/75 und 1978/80 folgte die Restaurierung durch Johannes Wetzel.

Die heutige Stadt wurde planmäßig angelegt, von ihrer Befestigung sind Reste der *Stadtmauer* erhalten. Das in der Südecke der Altstadt stehende *Stadtschloss* wurde anstelle einer alten Burg unter Herzog Christoph von Württemberg 1556-59 von Martin Berwart manieristisch erbaut. Der einfache dreiflügelige Bau diente als württembergischer Witwensitz, Wohnung des Obervogts und Sitz des Oberamts. Nach der Zerstörung durch einen Brand wurden der Westflügel und der nördliche Querflügel 1677-85 von Matthias Weiß wiederaufgebaut. Die hufeisenförmige Anlage wird von runden Treppentürmchen und zur Hofseite hin von einer hölzernen Galerie geschmückt, ein weitgespannter Eingangsbogen schließt die offene Hofseite ab. Innen sind u. a. ausgemalte Räume und Deckenstuck aus der Renaissance überliefert.

Die *ev. Stadtpfarrkirche*, vormals Jakobskapelle – mit frühgotischer Chorturmanlage, das breite Schiff mit hochgesprengter gemalter Holztonne aus der Hochgotik – zeigt eine für das Zabergäu typische Gestaltung. Ein hochgotisches Kruzifix des 14. Jhs., ein spätgotisches Hl. Grab mit Leichnam auf dem Sarkophag, aus dem Frühbarock zwei große Reliefs mit zwölf Passionsszenen sowie die Kanzel sind weitere Sehenswürdigkeiten der Kirche. Die Sakristei stammt von 1509. Die Kirche wurde 1863 (durch K. F. Beisbarth) und 1965 erneuert.

Die Altstadt Brackenheims ist reich an *Fachwerkbauten* vom Mittelalter bis in die Neuzeit. Die Alte Schule bei der Stadtkirche z. B. ist ein stattlicher Fachwerkbau von 1608-10 mit einem Kern von 1534. Aus dem 17./18. Jh. stammen die *Pfründhäuser* in der Spitalgasse und Unteren Klostergasse, in der Jakobsgasse das Wohnhaus des Ambrosius Seckler. Zahlreiche alte Fachwerkhäuser der Renaissance stehen in der Obertorstraße, darunter das Kohler-Gerstsche Haus (Nr. 12, 1616 aus zwei älteren Häusern zusammengebaut), das *ehem. Haus der Stadt- und Amtspflege* (Nr. 17, 1595 erbautes Haus des Bürgermeisters und Baumeisters Stephan Schmidt) und die *ehem. Vogtei* (Nr. 15, vor 1543, im Kern 15./16. Jh.). Aus dem Barock seien genannt das *Geistliche Verwaltungsbindhaus*, Schleglergasse 13 (Wappenstein von 1495), die *ehem. Universitätspflege* in der Staffelgasse 16 und Schleglergasse 8, die Hospitalpflege in der Spitalgasse (1717-47), das *ehem. Dekanat* (Obertorstr. 6,1749) und vor allem das *Rokokorathaus* von 1774-76 (Entwurf Johann Adam Groß d. J., Innenumbau 1954).

Im 19. Jh. entstanden u. a. das 1828 erbaute *Neue Torhaus* am Südende der Obertorstraße (seit 1968 Theodor-Heuss-Museum), die *Schule* von 1896 und die *Turnhalle* von 1876 (von Moosbrugger, Heilbronn) in der Schloßstraße. Von den seit der Jahrhundertwende um die Altstadt entstehenden Villen sind nennenswert die *ehem. Villa Fender* in der Bandhausstr. 24 (entworfen

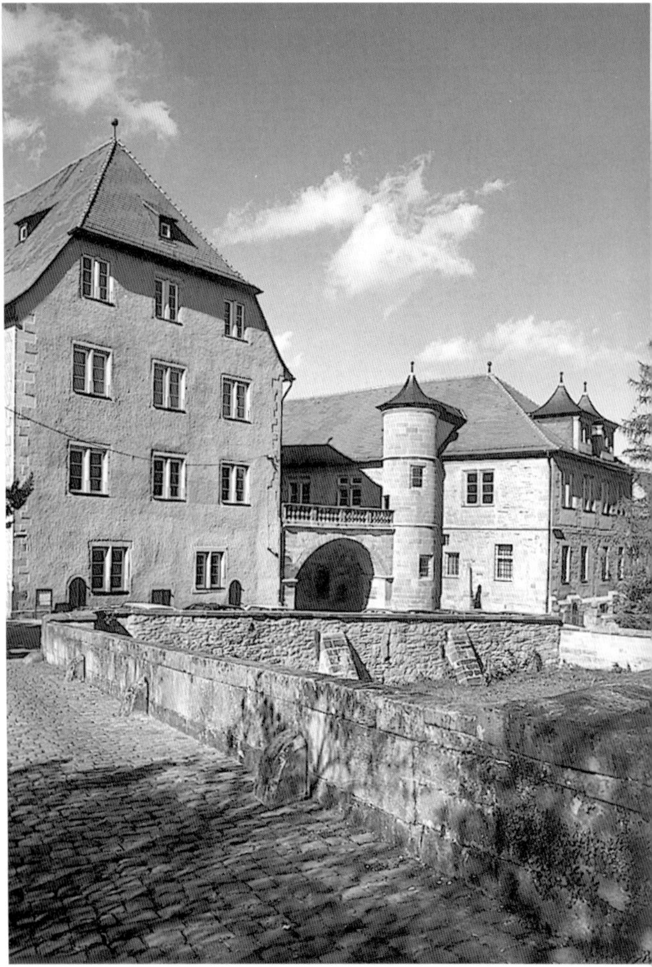

Brackenheim.
Schloss

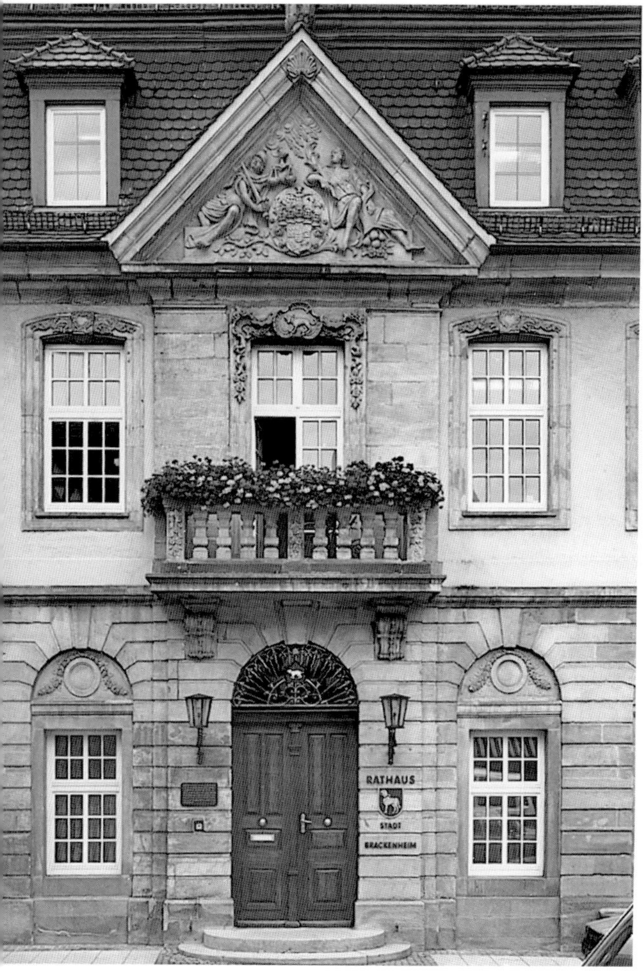

rackenheim.
okoko-Rathaus

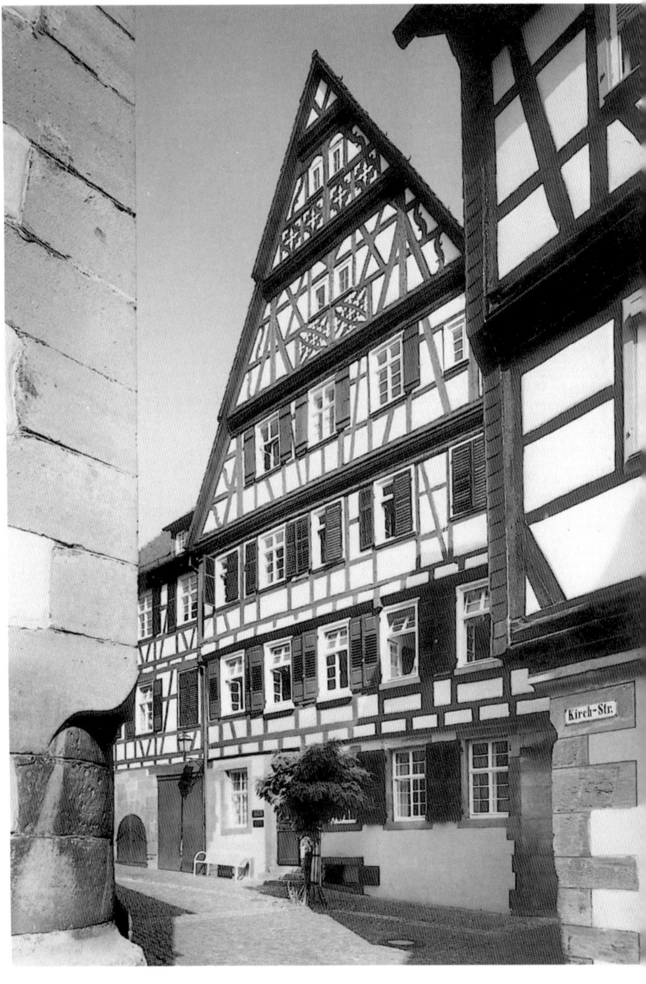

Brackenheim.
Das Alte Schulhaus in der Kirchstraße
in frisch restauriertem Zustand

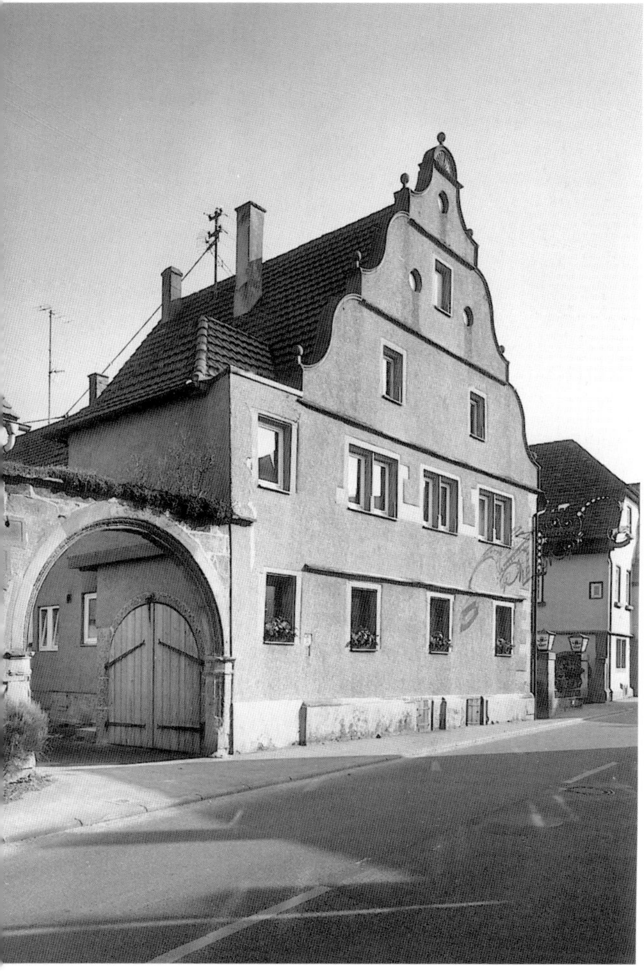

rackenheim-Botenheim.
hem. Deutschordensgülthaus

1908/09 von dem Stuttgarter Architekturbüro Dolmetsch & Schuster) un die Schloßstr. 21 von 1904.

BRACKENHEIM-BOTENHEIM

Die Mitte der Hauptstraße des Dorfes nehmen die *ev. Pfarrkirche zu Unsere Lieben Frau* mit dem *Pfarrhaus* (1702, Umbau 1821) und dem 1837/3 erbauten *Schul- und Rathaus* ein. Die Pfarrkirche wird 1351 erstmals er wähnt. Erbaut wurde sie mit massivem romanischem Chorturm, unten mi Kreuzgratgewölbe, das Obergeschoss oktogonal. Das Schiff wurde 1744 spät barock umgestaltet. Im modernisierten Innern befindet sich noch ein schöne Altarkreuz des 17. Jhs. (um 1750 von dem Comburger Stiftsmaler Johan Georg Raymann neu gefasst), ein spätgotisches Heiliges Grab, eine klassizis tische Orgel von 1825 und Chorfenster von Adolf Valentin Saile aus dem Jahr 1955. Im Chor und an den Außenwänden der Kirche mehrere sehenswert Epitaphien des 16./17. Jhs.

In Sichtweite der Pfarrkirche steht das ehem. *Deutschordensgülthaus* (Erb lehenshof des Deutschen Ordens), ein dreistöckiger Renaissancebau mi geschweiftem Giebel und Renaissanceportal, 1605/07 erbaut, 1885 renovier Das älteste Wohnhaus des Ortes ist das 1587 datierte *sog. Lutz'sche Haus* in de Wilhelmstr. 20.

BRACKENHEIM-DÜRRENZIMMERN

Der von ausgedehnten Weinbergen geprägte Ort präsentiert dem von Norde Kommenden gleich beim Ortseingang mit der ev. Pfarrkirche, dem alte Rathaus und der um 1800 erbauten ehem. Kelter das historische Zentrum.

Die *ev. Liebfrauenkirche* stammt aus drei verschiedenen Epochen: mit der Chorturm aus der Frühgotik und dem Schiff aus den Jahren 1504 und 162(wie alte Inschrifttafeln an den Außenwänden der Kirche belegen. Die Inschri von 1620 überliefert auch die Namen der Baumeister Heinrich Ernst und Har Pfaff. Das von einem hölzernen Tonnengewölbe überspannte Kirchenschi birgt u. a. das barocke Grabmal des 1771 verstorbenen Pfarrers Ph. J. Niethammer.

Das barocke, jenseits der Hauptstraße stehende *Fachwerk-Rathaus* stamm von 1732, im Erdgeschoss weist es noch die Halle mit den Rundbogentore auf. Etwas weiter südlich, ebenfalls an der Hauptstraße, sieht man den auffa lend gestalteten *sog. Klosterhof* – ein in das Jahr 1592 datiertes verputztes Fac

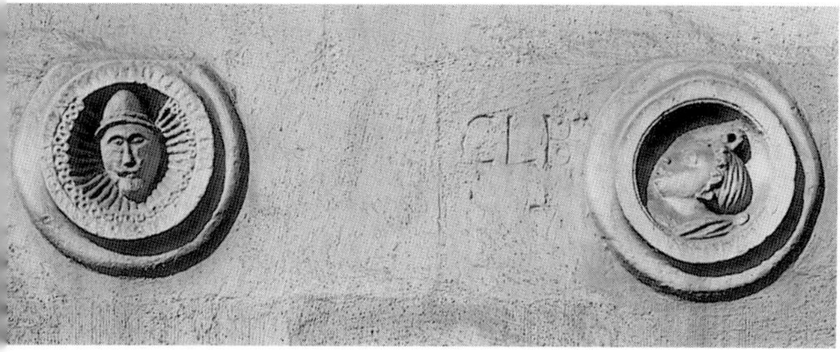

rackenheim-Dürrenzimmern.
ondi am ehem. Klosterhof

verkhaus mit reich profiliertem Vorstoß auf ornamentaler Konsole (hier die Datierung und das Baumeisterzeichen), schönem Erdgeschossfenster mit den ormen des Übergangs von der Spätgotik zur Renaissance, und zwei plastichen Tondi mit männlicher und weiblicher Reliefbüste offenbar humoristichen Charakters. Das Gebäude wird mit dem Pfleghof des bei Esslingen geleenen Klosters Weil in Verbindung gebracht, das seit 1288 hier urkundlich ezeugt ist.

RACKENHEIM-HABERSCHLACHT

n Ortszentrum steht die *ev. Pfarrkirche St. Jakob,* anstelle eines mittelalterchen Vorgängerbaus 1791 erbaut unter Verwendung des kreuzrippenewölbten Turmchores, der unten früh-, oben spätgotisch ist. Im Innern sind isbesondere die Renaissancekanzel und ein romanischer Taufstein sehensert.

as stattliche *Pfarrhaus* oberhalb der Kirche ist 1617 datiert, seine Türgeände zeigen spätgotisches Stabwerk des Übergangsstils. Das Bindeglied zwihen Pfarrhaus und Kirche stellt die Pfarrscheuer von 1750 dar.

nterhalb der Kirche, an der Hauptstraße, steht das markante, voluminöse einbauwerk des kombinierten *Rat-, Schul- und Kelterhauses* aus dem Jahre 337/38 im Stil des Klassizismus.

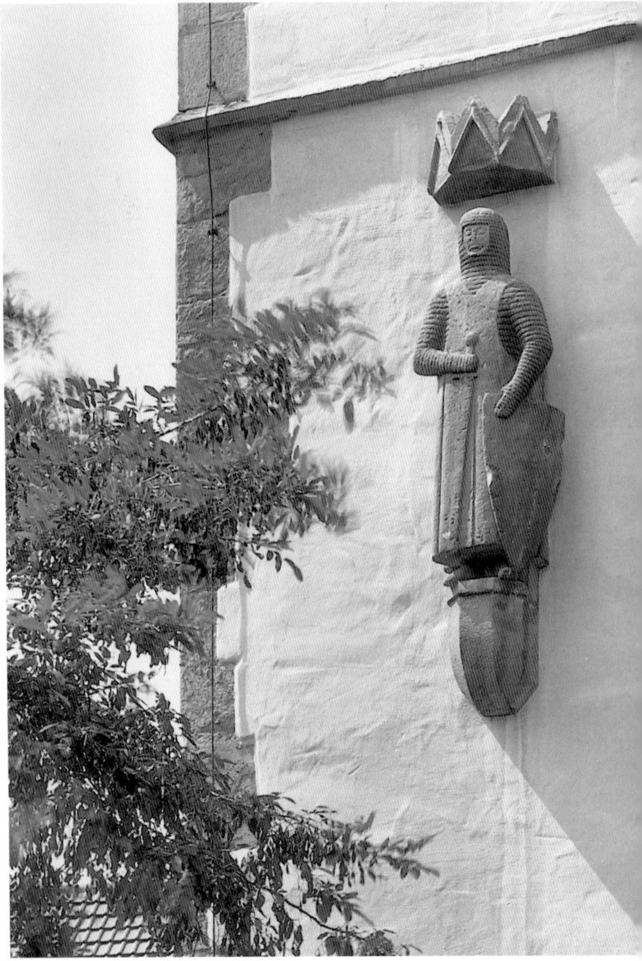

Brackenheim-Hausen a. d. Zaber.
Ev. Pfarrkirche, Ritterstandbild am Turm

BRACKENHEIM-HAUSEN A. D. ZABER

)ie *ev. Pfarrkirche St. Georg* weist noch den im Kern romanischen, u. a. 1290 und um 1350 gotisch umgebauten Chorturm auf, das Kirchenschiff ist ein moderner Bau von 1961, der verwandte Züge zu der kath. Augustinuskirche H. Herkommers in Heilbronn zeigt. Im Turmchor sind die spätgotischen Wandgemälde und Wandtabernakel, im Schiff eine Kanzel zu nennen. Die Westempore mit ihren schön gedrechselten Balustern zeigt noch die barocken Gemälde von 1790. Außen am Turm befindet sich ein hochgotisches Ritterstandbild des Schutzpatrons aus dem 13. Jh.

Das historische Bild eines Weingärtnerdorfes ist noch gut ablesbar dank der Überlieferung einiger stattlicher Fachwerkhäuser des 16.-18. Jhs., so in der Neckarstr. 11 (18. Jh.), Oststr. 3 (in das Jahr 1477 dendrochronologisch datiert). Am Hause Nordhausener Str. 22 sind eine gut gearbeitete Renaissancekonsole und ein Inschriftstein sehenswert, am Haus Nr. 21 der Wappenstein der Familie Morolt aus dem 16. Jh.

BRACKENHEIM-MEIMSHEIM

An die ehem. Römersiedlung – und somit an das hohe Alter des Wohnplatzes erinnern zwei in der *ev. Pfarrkirche St. Martin* vermauerte Römersteine. Die weit außerhalb des Dorfkerns inmitten eines Friedhofs stehende Kirche ist ein typisches Dokument der Jahresringe der ältesten Dorfkirchen im Landkreis: Im Kern ist sie mit romanischer Chorturmanlage erbaut worden, der Chor wurde in spätgotischer Zeit, 1455-62, erweitert (Sediliennische 1461 dat.), die Sakristei 1515 angebaut, das Schiff (mit Holztonnengewölbe des Meisters Hennich) 1741 erneuert. Aus der Romanik ist ein Kapitell in der nördlichen Sakristei bedeutend, aus der Spätgotik das Kruzifix und aus dem Barock die Tafelbilder an der Empore von 1714. An die typischen Erneuerungen des 20. Jhs. erinnert das Farbfenster von Adolf V. Saile aus dem Jahre 1963.

Die historische Wohnbausubstanz des Ortes ist durch *Barockbauten* geprägt, die sich um den im Stil der Renaissance errichteten *Ochsenbrunnen* und entlang der Lindenstraße (Pfarrhaus 1743 vom Baumeister Meier aus Ludwigsburg, Gasthaus Hirsch von 1744) gruppieren. In der Nähe bertreibt man auch das klassizistische Backhaus von 1841.

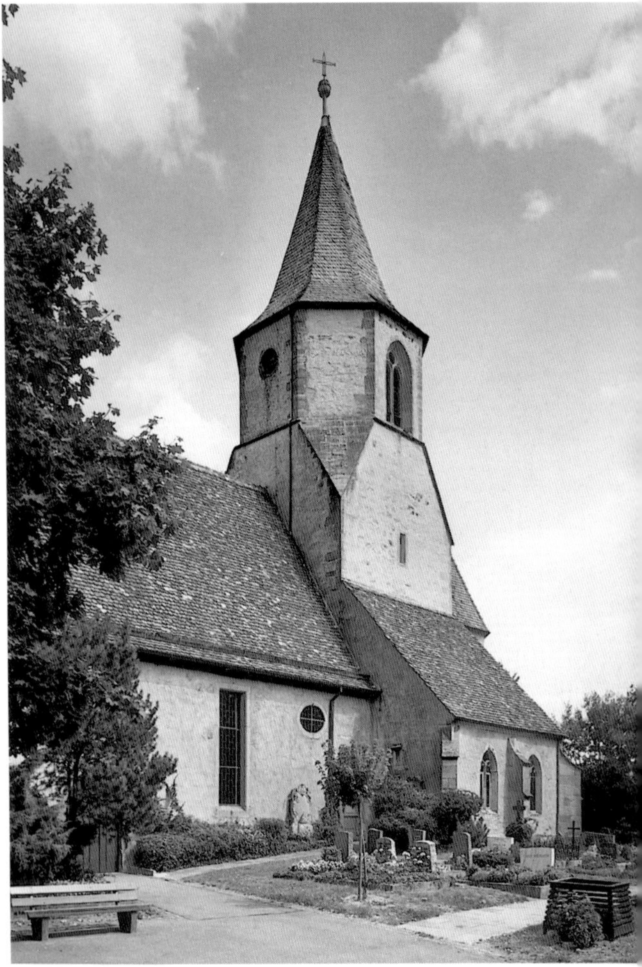

Brackenheim-Meimsheim.
Ev. Martinskirche

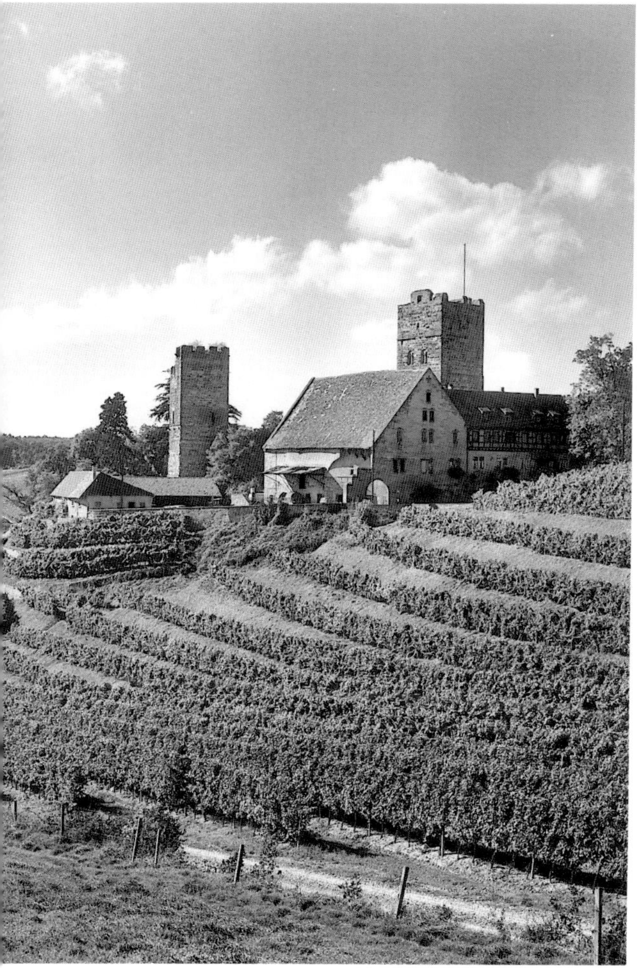

ackenheim-Neipperg.
ntere und Obere Burg

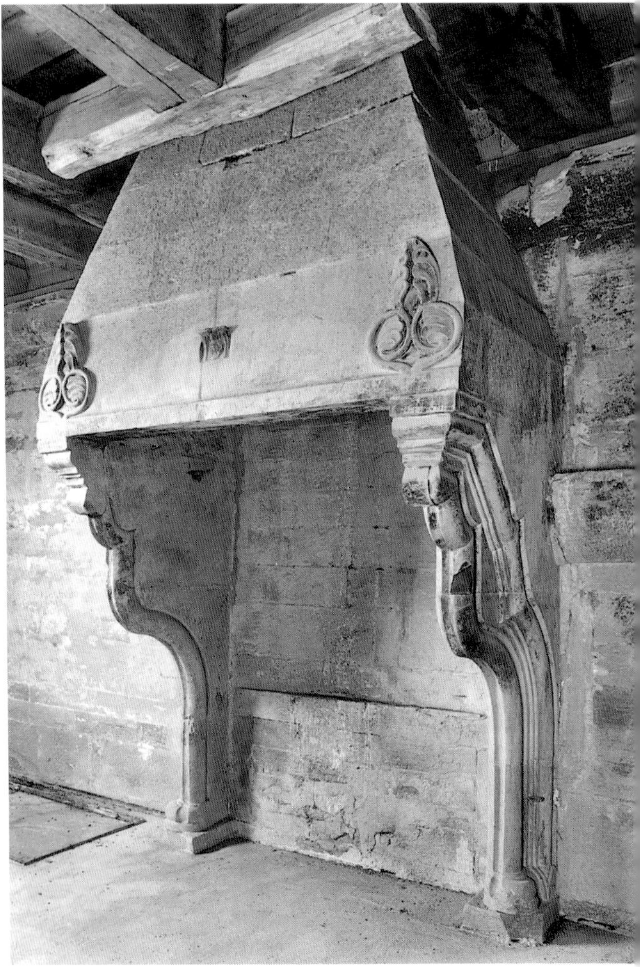

Brackenheim-Neipperg.
Der mittelalterliche Kamin im Wohnturm der Burg

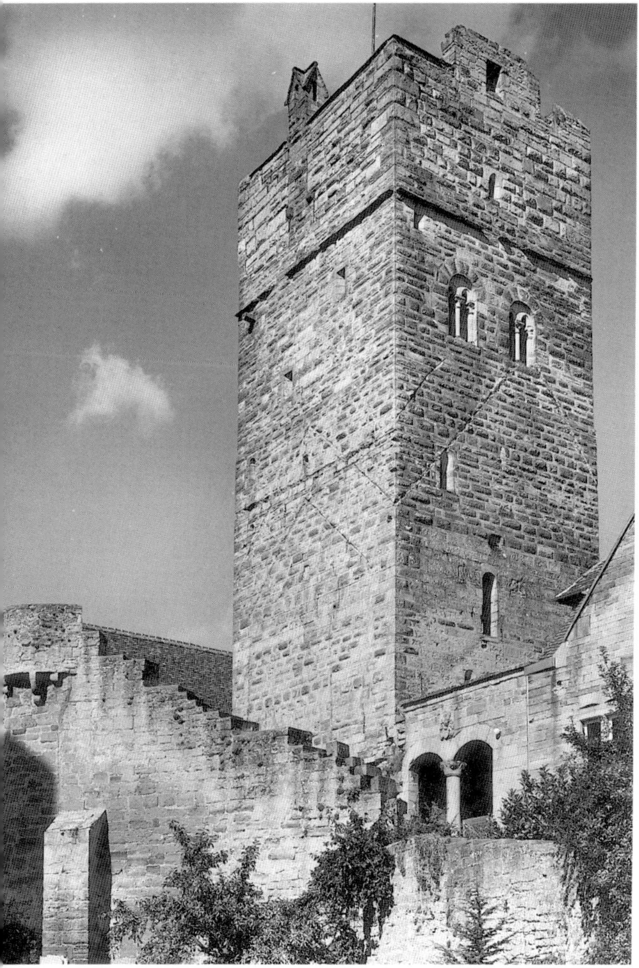

ackenheim-Neipperg.
onjon (Wohnturm) der Oberen Burg

BRACKENHEIM-NEIPPERG

Der Ort wird vom gleichnamigen Schloss, einer bemerkenswerten Burganlag der staufischen Zeit, beherrscht. Eine Familie von Neipperg wird im Jahr 1212 erstmals urkundlich bezeugt. Sie baute hier anscheinend zwei unmittel bar beieinanderliegende und auch zusammengehörige, jedoch trotzder baulich völlig getrennte Burgen mit zwei gewaltigen Türmen: die Untere un die Obere Burg. Auf der leicht abfallenden Bergspitze befindet sich die *Unter Burg* mit einer Ringmauer, Halsgraben und einem romanischen Bergfried au Buckelquadern. Bergseitig folgt die *Obere Burg* mit rechteckiger, fast quadra tischer Ringmauer, ebenfalls durch einen Graben vom Berg getrennt und m einem Turm an der bergseitigen Ecke. Dieser quadratische Turm war ein Dor jon, ein Wohnturm, er besitzt noch Räume aus dem 12. Jh., einen aus der E bauungszeit erhaltenen Schornstein für den seltenen spätromanischen Kami große Kemenatenfenster, Aborterker und die alten Zinnen. Die übrige Gebäude zeigen gotische und Renaissance-Formen mit den Jahreszahle 1579-1783. Einige Ökonomiebauten stammen von 1850/51, entworfen vo dem Heilbronner Stadtbaumeister Louis De Millas.

Die *ev. Pfarrkirche St. Katharina* im Ort unterhalb der Burg ist eine spätgot sche Chorturmkirche von 1478, 1620 und 1745 verändert, 1939 sowie 195 renoviert. Der noch erhaltene, netzgewölbte gotische Turmchor birgt da gleichzeitige Sakramentshäuschen und fünf Epitaphe der Herren von Neipper aus dem 16.-17. Jh., eines davon 1606 gemalt. Das qualitätvollste Aussta tungsstück der Kirche ist die Stuckkanzel des 17. Jhs. mit reichem plastische Schmuck. Beachtenswert sind auch das schöne spätgotische Kruzifix vo 1500, das steinerne ehem. Wegkreuz der Renaissance, der barocke Orge prospekt von 1791 und nicht zuletzt die Empore der Renovierungsphase vo 1939 mit sekundär verwendeten Apostelfiguren im Stil der Renaissance.

Zwischen Kirche und Burg markiert die *Fachwerkkelter* der Zeit um 1800 d Ortsmitte, schräg gegenüber das *Rat- und Schulhaus* des 19. Jhs. neben d Kirche, erbaut 1835 nach Entwürfen des Bietigheimer Werkmeisters Beltz.

BRACKENHEIM-STOCKHEIM

Der Ort wird beherrscht von *Schloss Stocksberg*, hervorgegangen aus der sta fischen Burg der gleichnamigen Herren, von der noch Gräben, Mauern und d 30 m hohe zinnenbekrönte Bergfried erhalten sind. Das nachfolgende Renai sanceschloss des Deutschen Ordens von 1522 wurde nach den Zerstörung des Bauernkrieges von 1525 im Jahre 1574 unter dem Deutschordensmeist

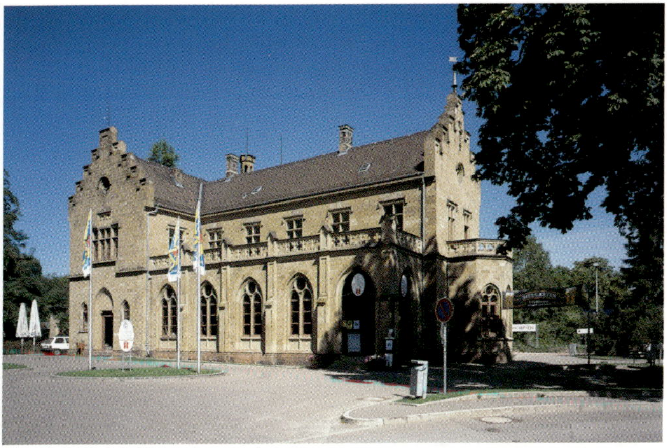

Bad Wimpfen.
Das neugotische Bahnhofsgebäude nach der gelungenen Restaurierung

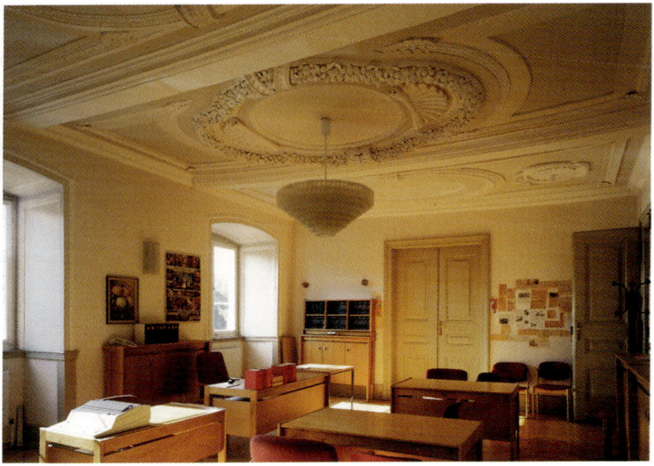

Brackenheim.
Schloss, ein Innenraum mit Renaissance-Stuckdecke im Westflügel

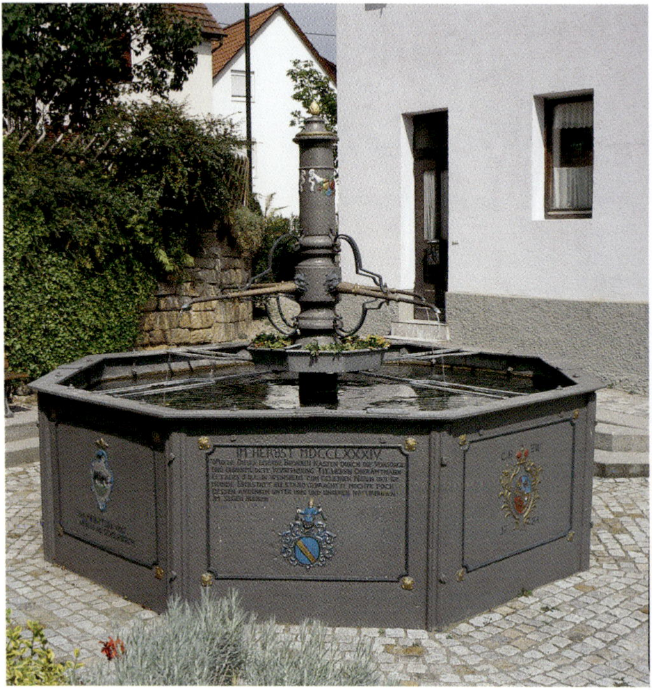

Eberstadt.
Der wappengeschmückte Röhrenbrunnen, instand gesetzt

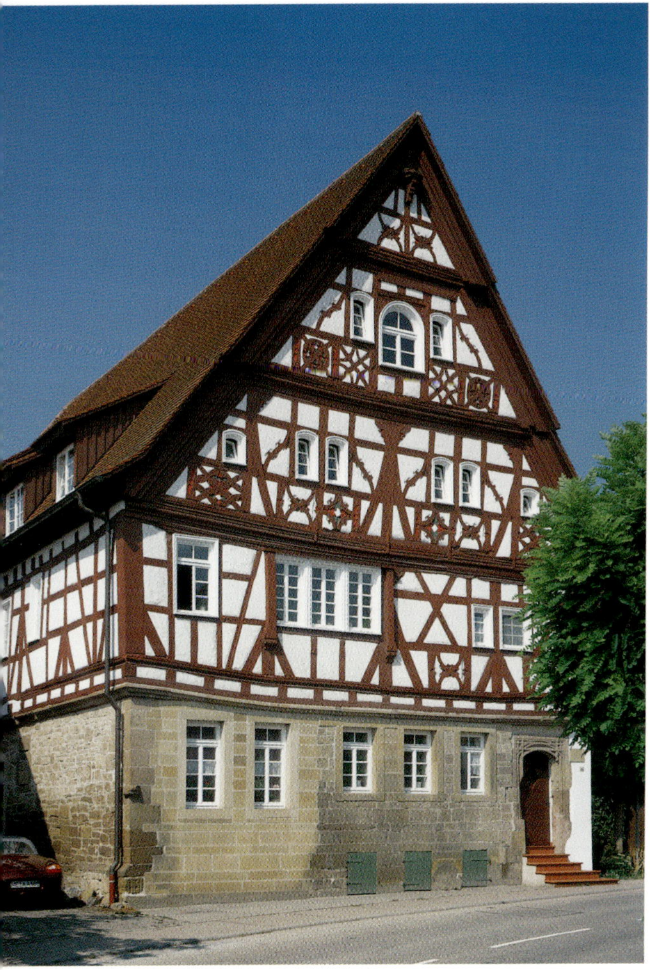

Güglingen-Frauenzimmern.
Das vor dem Verfall gerettete Enzbergersche Haus „Storchennest“

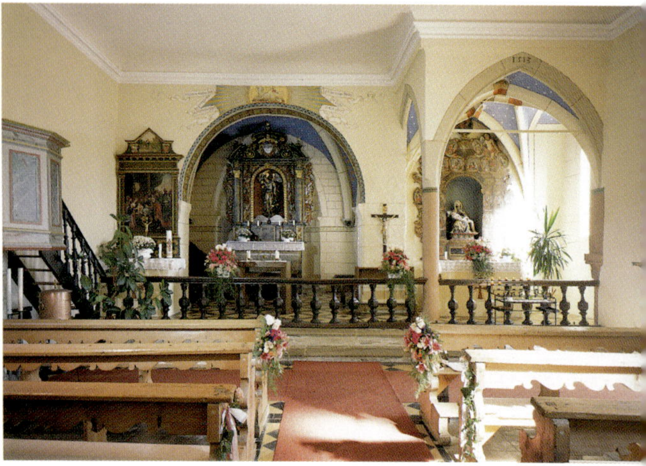

Gundelsheim.
Die frisch restaurierte Wallfahrtskirche auf dem Michaelsberg, Blick zum Cho

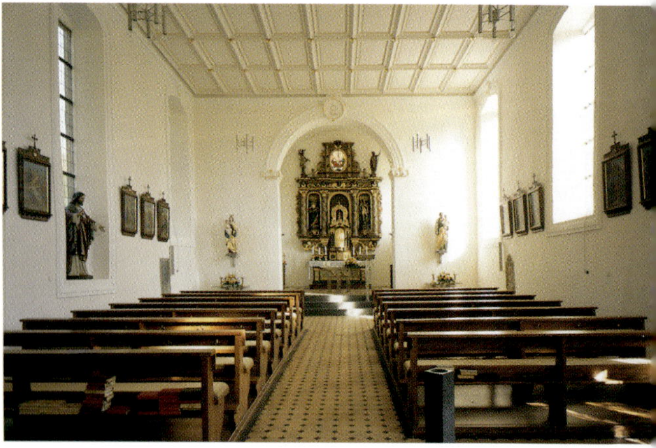

Neckarsulm.
Innenansicht der restaurierten Wallfahrtskirche am Alten Friedhof

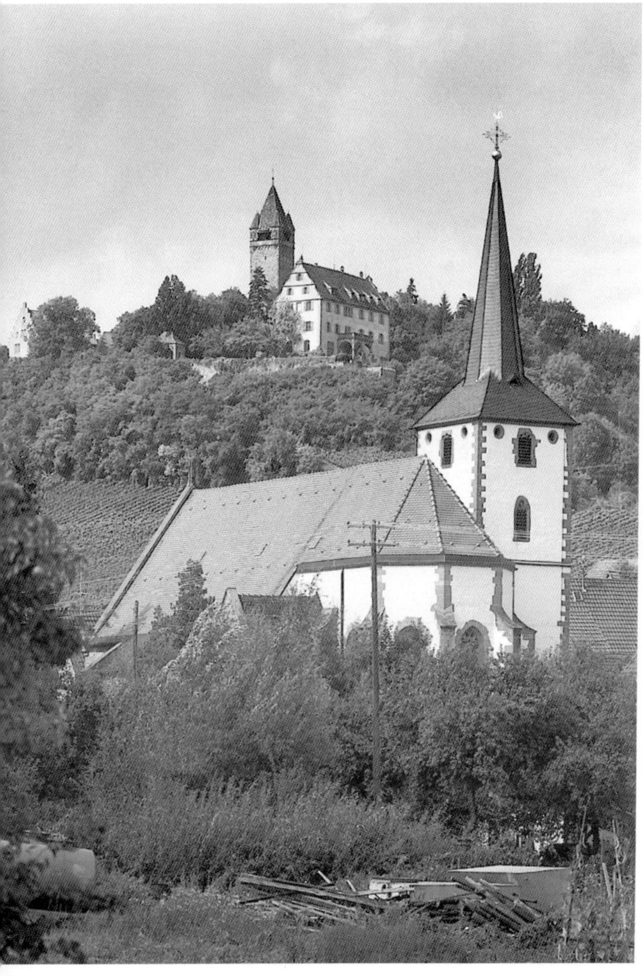

rackenheim-Stockheim.
ath. Pfarrkirche St. Ulrich,
n Hintergrund Schloss Stocksberg

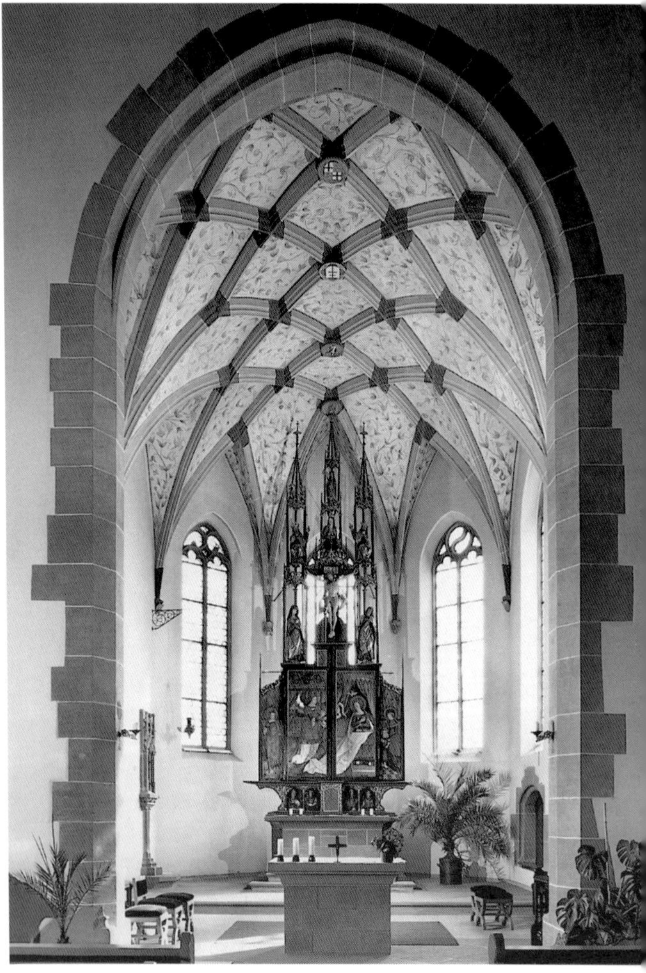

Brackenheim-Stockheim.
Chor der kath. Pfarrkirche St. Ulrich

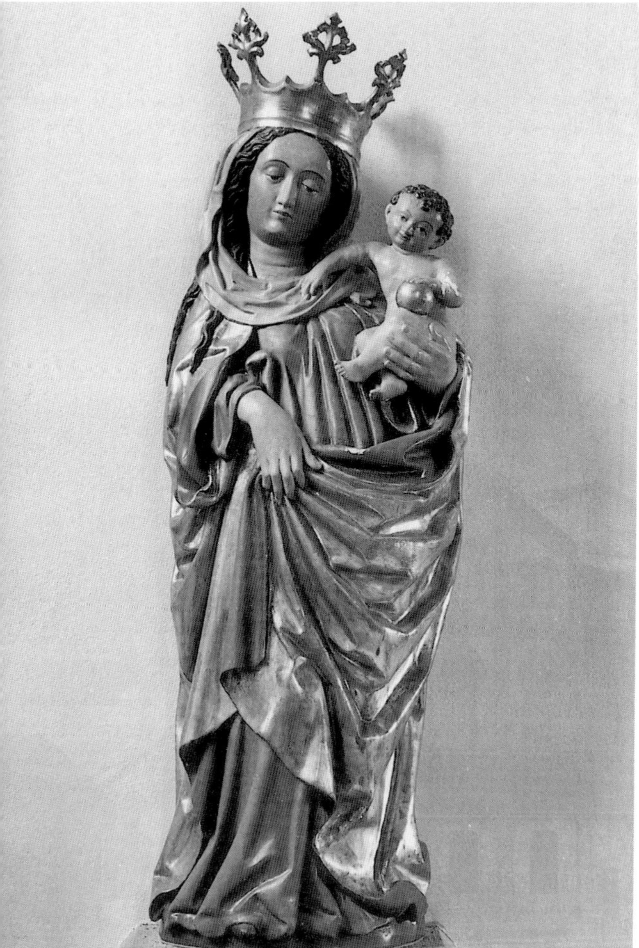

rackenheim-Stockheim.
ath. Pfarrkirche St. Ulrich, Madonna von 1470

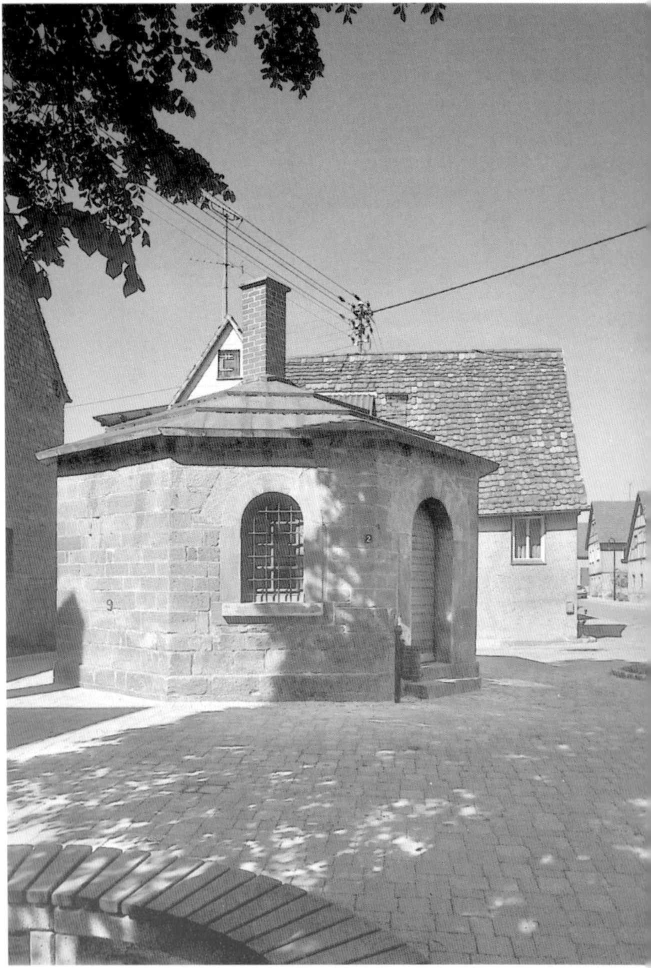

Brackenheim-Stockheim.
Das oktogonale Backhaus

H. von Bobenhausen wiederaufgebaut, angeregt durch Thomas Knolls Schlossbau in Heilbronn-Kirchhausen. Die erhaltenen Wohngebäude dieser Bauperiode sind spätmanieristisch geprägt – dazu zählt der Treppenturm mit Renaissanceportal, flankiert von einem weiteren Portal mit reichem Schmuck, die von Malerei gerahmten Fenster, im Erdgeschoss das Kaminzimmer mit Wandmalerei etc. Im Hauptflügel des Schlosses entstand um 1892 unter dem damaligen Besitzer, dem Sektfabrikanten Eduard Gießler, die historistische Inneneinrichtung, die noch überliefert ist.

Die unten im Ort stehende *kath. Pfarrkirche St. Ulrich* ist als Kapelle 1296 urkundlich bezeugt, der heutige Bau wurde 1513/14 von dem Esslinger Dionysius Böblinger mit seinem Schüler Stephan Waid spätgotisch erbaut, mit netzrippengewölbtem Chor und Schiff mit hölzernem Tonnengewölbe, der Turm an der Chornordseite ist manieristisch von 1592 (mit Wappentafel des Deutschordens). Die zierliche Sakramentsnische im Chor wird ebenfalls Stephan Waid zugeschrieben, dort sind auch Reste der Wandmalerei der Renaissance zu sehen. Sehenswert ist außerdem die mit dem Ordenskreuz geschmückte spätgotische Kanzel in reicher Profilierung, aber ohne figürlichen Schmuck, der große spätgotische Schnitzaltar mit hoher Baldachinbekrönung und ein überlebensgroßes Kruzifix mit bewegtem Lendentuch. Letzteres stammt noch aus dem Vorgängerbau der Kirche und dürfte um 1490 im Umkreis Conrad Seyffers entstanden sein. Die wohl um 1590 entstandene Kanzel zeigt mit den gedrehten Säulenfüßen am Kanzelkorb, mit dem Zahnschnittfries und dem Eierstabornament am Sockel Merkmale des Übergangs zur Renaissance.
Der noch an seinem ursprünglichen Platz im Chor stehende Schnitzaltar ist um 1530 entstanden, die Malerei auf den Außenseiten der Flügel schuf Jörg Kugler – sie wird zu seinen besten Arbeiten gezählt. In der Schreinmitte sieht man den Kirchenpatron St. Ulrich, links Paulus, rechts Petrus. Die Madonna auf einem Seitenaltar im Kirchenschiff dürfte um 1470 entstanden sein, sie gehört sicherlich zu dem 1495 in der Kirche erwähnten Marienaltar und ist dem Stilkreis der Nachfolge des Ulmer Bildhauers Hans Multscher zuzuschreiben. Die Holzdecke des Kirchenschiffes mit ornamentaler Malerei kann der Renovierung des Jahres 1885 unter der Leitung Georg von Morloks zugeordnet werden.

Das *Rathaus* – am Dachreiter erkennbarer dreigeschossiger Bau an der Hauptstraße des Ortes – ist ein ehem. Deutschordens-Amtshaus von 1604, wohl 1676/78 und 1798 umgestaltet, dessen ursprüngliche Zweckbestimmung auch am Ordenskreuz im östlichen Türsturz erkennbar ist. Gegenüber südlich steht ein in dieser Form außerordentlich seltenes oktogonales *Backhaus* aus dem Jahre 1840. An die Ordensherrschaft erinnert auch das ehemalige *Zehnthaus* am westlichen Ortsrand, erbaut 1604. Der Bau fällt durch den polygonalen Treppenturm vor der östlichen Giebelfassade und durch die interessante gemalte Eckquaderung der Renaissance auf.

Der Ort weist auch einige beachtenswerte *Fachwerkhäuser* auf, das aufwendigste, das sog. Haus John, Kurze Gasse 1, mit Zierfachwerk, datiert 1605, weitere finden sich entlang der Seestraße aus dem 15.-17. Jh.
Der katholische Ort ist auch an den zahlreichen Bildstöcken und Heiligenstatuen erkennbar, sie stammen vorwiegend aus der Barockzeit, in der Schulstraße ist jedoch noch ein sehr seltenes Exemplar von 1470 dokumentiert (Kopie, Original in der Kelter).

Brettach → Langenbrettach
Bürg → Neuenstadt am Kocher

CLEEBRONN

Die *Burg Magenheim* beherrscht auf einem steilen Vorsprung südlich vom Ort die Landschaft. Sie gehörte den 1147-1409 bezeugten Edelfreien von Magenheim, kam seit 1321 allmählich an Württemberg, gelangte 1593 an die von Liebenstein, die nach einem Brand des 16. Jhs. die baufällige Burg wiederherstellten. Im 19. Jh. gehörte sie dann den Freiherren von Tessin. Die Ringmauern und das 26 m hohe Steinhaus aus Buckelquadern sind mit romanischen Steinmetzzeichen versehen, sie gehören zu den ältesten noch erhaltenen Bauteilen der Zeit zwischen 1220 und 1250. Die staufische Burg bestand aus einem großen, fast rechteckigen Steinhaus in der Nordwestecke des Burgplatzes und war durch einen doppelten Halsgraben geschützt. Um 1330, als die Burg an Württemberg fiel, wurden in dieses Haus an der Hofseite des Erdgeschosses die großen Maßwerkfenster und die Pforte (darüber beachtenswert die apotropäische Figur) eingebrochen. Neben dem Eingangsraum im Erdgeschoss wurde eine neue große Halle, der sog. Rittersaal geschaffen, der als Amtsraum und Gerichtssaal fungierte – Magenheim diente den Grafen von Württemberg als Amtssitz für einen Vogt. Auch die Herren von Liebenstein modernisierten ab 1592/93 die Burg im Sinne der Renaissance, ihnen ist das noch heute erhaltene äußere Erscheinungsbild zu verdanken. Und schließlich fügten die zwischen 1859 und 1873 hier begüterten Freiherren von Tessin Neugotisches wie z. B. das Belvedere auf der Südostecke links des Tores hinzu.

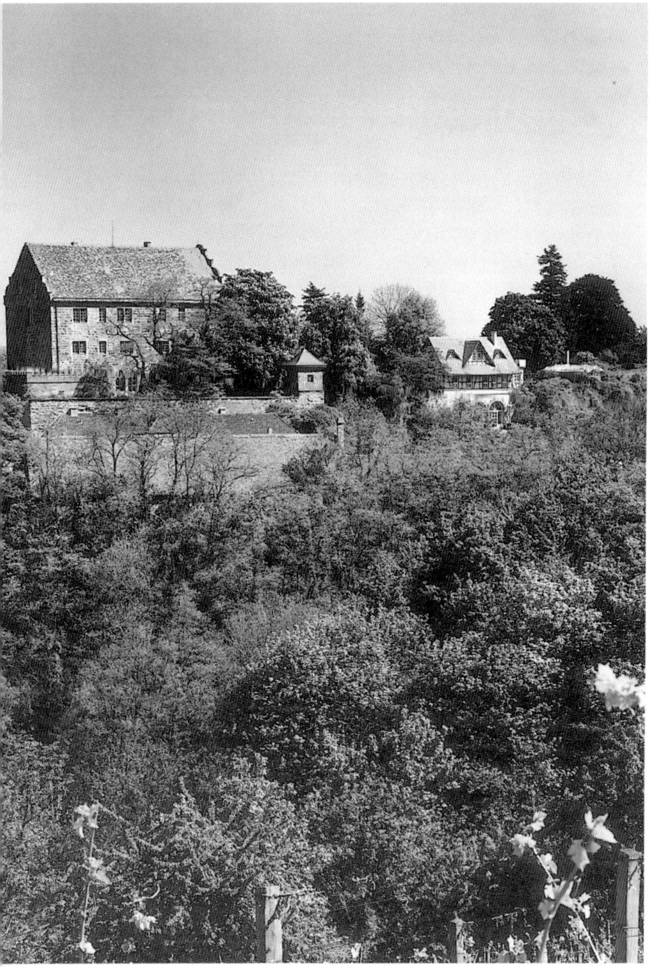

Cleebronn.
Burg Magenheim

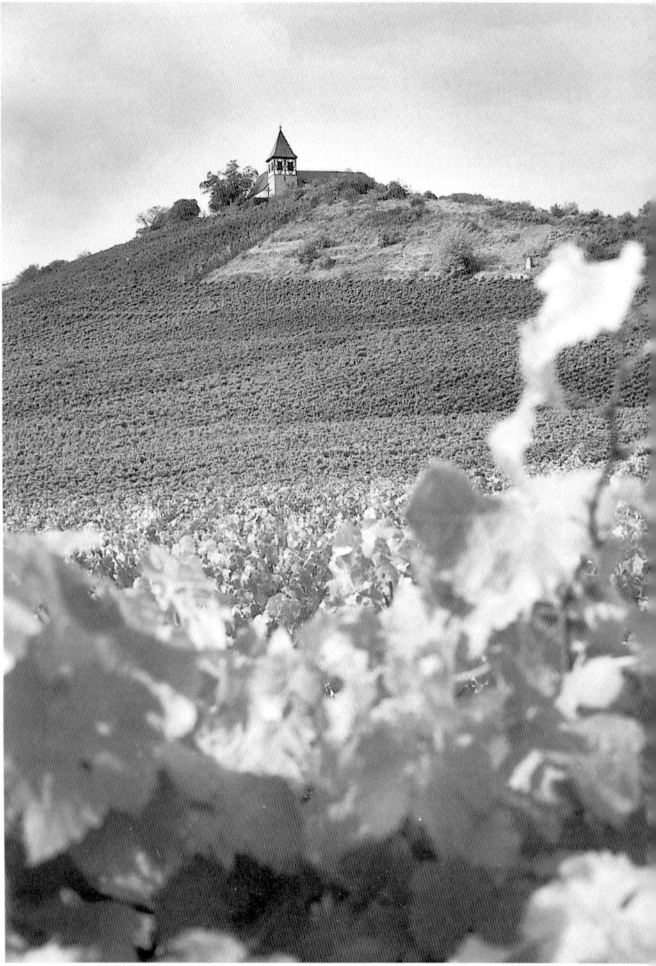

Cleebronn.
Michaelsberg mit Michaelskirche

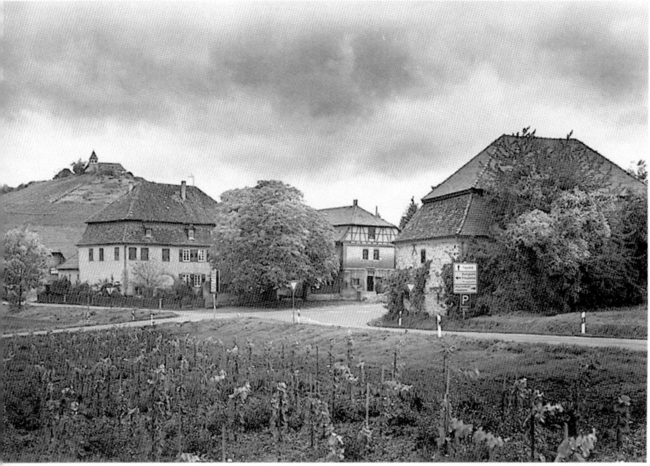

Cleebronn.
Barockes Landgut Katharinenplaisir mit dem Michaelsberg

Eine weitere Dominante der Landschaft ist der *Michaelsberg mit der Michaelskirche.* Nach der Sage soll hier der Erzengel Michael den hl. Bonifatius im Kampf mit dem Teufel unterstützt haben. Sicherer ist eine römische Kultstätte als Vorgängerin der 793 bezeugten Kirche, Mauerreste unter ihr werden als gallorömischer Tempel gedeutet. Die Michaelskirche weist noch romanische Säulen, den eingezogenen, gerade geschlossenen Chor aus der 1. Hälfte des 13. Jhs., einen gewölbten Lettner mit Durchgängen zum Chor, dort figürliche Kapitelle wie in den Stadtkirchen von Esslingen und Markgröningen, sowie Reste von Wandmalerei auf. Die Fenster stammen von Wilhelm Geyer aus dem Jahre 1959. Nördlich an die Kirche schließt in der Form eines rechteckigen Klaustrums das ehem. Kapuzinerhospiz an, das der Nachfolgebau des 793 erwähnten Benediktinerklosters ist. Mit dem Bau des Hospizes wurde 1739 durch Baumeister Banhard aus Ludwigsburg begonnen.
In Cleebronn selbst sind die *ev. Pfarrkirche* (z. T. noch frühgotisch, der Chor wurde im 19. Jh. abgebrochen, 1900/01 ist die Kirche erneuert worden), das *Rathaus* (1736 erbaut, 1956 stark erneuert), in der Keltergasse das *Pfarrhaus* (Fachwerkbau der Zeit um 1600), die *Kelter* von 1907 (damals die größte Württembergs) und das *Schafhaus* von 1729 sehenswert.

Ein gutes Beispiel eines barocken Landgutes stellt der Weiler *Katharinenplaisir* dar. Er wurde 1733-35 vom Stadionschen Amtmann Grimm in Bönnigheim als Herrschaftsgut angelegt und zu Ehren seiner Gattin benannt.

Cleversulzbach → Neuenstadt am Kocher
Dahenfeld → Neckarsulm
Degmam → Oedheim
Dürrenzimmern → Brackenheim
Duttenberg → Bad Friedrichshall

EBERSTADT

Der seit 1504 württembergische Ort weist mit der *ev. Pfarrkirche St. Ulrich* sein bedeutendstes Kunstdenkmal auf. Sie ist eine stattliche Chorturmkirche der frühen Hochgotik, 1247 erwähnt, 1477 neu gebaut, mit kreuzrippengewölbtem ausgemaltem Chor, 1586 spätmanieristisch erneuertem Schiff, 1628 und 1821 umgebautem Turm, innen mit hochbarocker Kanzel von 1728. Die Kirche zeigt beispielhaft das Schicksal vieler Sakralbauten des Landkreises: Sie wurde 1892 von Heinrich Dolmetsch, 1928 von Hans Seytter, 1952 von Hannes Mayer und 1961-63 schließlich von Heinz Klatte aus Stuttgart renoviert. In der südlichen Kirchhofmauer eingelassen ist das 1643 erwähnte *„Narrenhäusle"* (Arrestzelle).
Im Ortskern stehen einige geschichtlich bedeutende oder bauhistorisch wertvolle *Fachwerkhäuser:* In der Klostergasse erinnert das 1617 datierte Haus an den örtlichen Besitz des Klosters Lichtenstern und die sog. Kaserne des 15. Jhs. in der Hauptstr. 54 an das Amtshaus des Geistlichen Verwalters aus Weinsberg (wohl 1606). Das reichste Fachwerkhaus des Ortes, das sog. *Schulmeister-Haus,* steht in der Pfarrgasse (1663, mit geschnitzten Eckständern), die *Kelter* von 1529 dominiert die Ortsmitte. Der *Röhren-Brunnen* von 1784 und das *Pfarrhaus* des Stifts Oberstenfeld von 1773, die *Gasthäuser Zum Ochsen* und *Krone* sowie die *Riekersche Mühle* von 1791 sind die bedeutendsten Zeugnisse des Barock in Eberstadt. Das 19. Jh. hinterließ das *Rathaus* von 1846, das *Schafhaus* und *Farrenstall* (1804), und vor allem das *Schulhaus* von 1877-80

EBERSTADT-HÖLZERN

Hier ist von der angeblich 1208 vollendeten *ev. Kirche St. Blasius.* nur der Turm erhalten, das Schiff wurde bereits 1842 abgebrochen. Sehenswert sind die fün

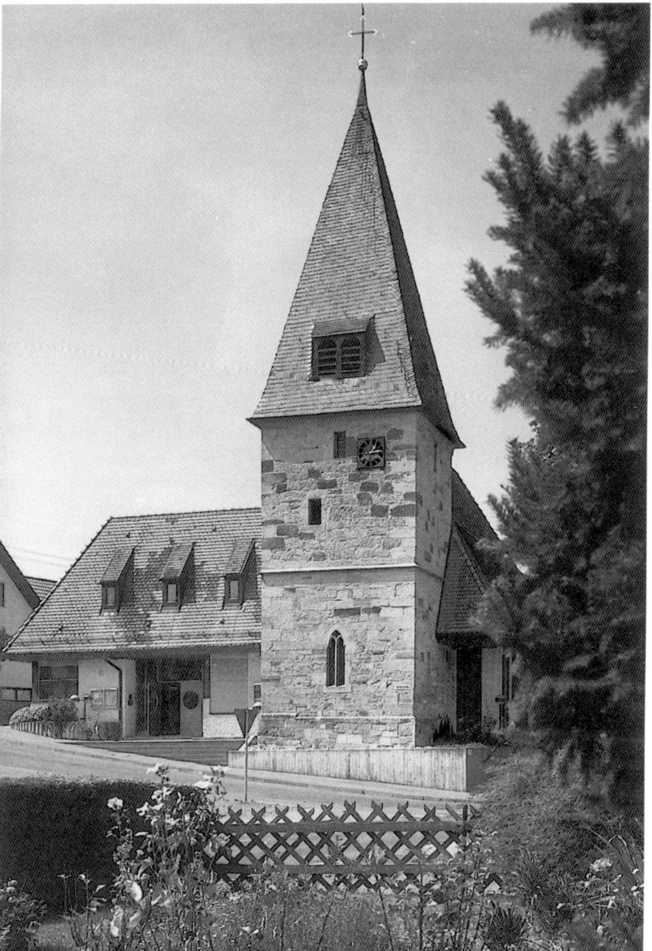

Eberstadt-Hölzern.
Kirchturm von 1208

zum Teil fratzenhaften figürlichen Skulpturen des kreuzrippengewölbten Chores. Von der 1892 umgebauten Eberstädter Kirche stammen die 1584 datierten Renaissance-Säulen des 1634 bezeugten Gasthauses Adler. Daneben steht das *Gasthaus Sonne,* 1726 bzw. 1767 für den Schultheißen Kleinknecht erbaut. Das alte *Rathaus* an der Kirche ist innen 1625 datiert, 1774 umgebaut. Im Weiler *Buchhorn* sind mehrere barocke Bauerngärten nennenswert.

Eibensbach → Güglingen
Eichelberg → Obersulm

ELLHOFEN

Der Ort ist wegen des spätgotischen Flügelalters in der ev. Pfarrkirche eine Reise wert. Die *Kirche zum Hl. Kreuz, St. Peter und Genoveva* wurde 1303 als Kapelle erstmals urkundlich bezeugt, später war sie Wallfahrtskirche und Wehrkirche (Schießscharten im Turmobergeschoss, Wehrgangtür im Westgiebel). Die im Kern romanische Chorturmanlage weist noch die auffallend realistischen Wandmalereien aus dem frühen weichen Stil der Zeit um 1380 im Chor auf (Szenen aus dem Leben Christi). Heute ist nur noch der 1498 vollendete Chorturm und der spätgotische Westgiebel der Kirche erhalten, dazwischen spannt sich der Neubau von 1976, ausgeführt nach Entwürfen von Walther-Gerd Fleck. Der Turm weist auch figürliche Bildhauerei von 1498 auf: zwei Fratzenköpfe und zwei Schildhalter mit den Wappen von Kurpfalz und dem Baumeisterzeichen.
Der spätgotische Schreinaltar mit geschnitzten Flügeln entstand um 1515 und wird dem Umkreis von Hans Seyffer zugeschrieben. Unter dem reichen spätgotischen Baldachin stellt die Anbetung der Drei Könige den Mittelpunkt der Ikonologie dar. Flankiert wird sie von den Szenen der Verkündigung und der Geburt Jesu sowie der Heimsuchung und der Beschneidung. In der Predella sieht man den Schmerzensmann mit Maria und Johannes, im Gesprenge Christophorus mit Barbara und Genoveva, auf den geschlossenen Flügeln die Geburt Christi und Anbetung der Könige sowie Szenen aus dem Wirken der hl. Genoveva. Außer dem Altar hat die Kirche von der alten Ausstattung auch noch den Taufstein und die Kanzel von 1677, die Kanzel 1798 renoviert. Von der früheren Empore sind die Apostelbilder abgenommen und an den Wänden aufgereiht worden, sie stammen aus dem Jahre 1733, mit Ausnahme des Moses, der mit Stichling 1687 signiert und datiert ist. Auch die Sakristei wurde 1733 angebaut (dat. im Türsturz).

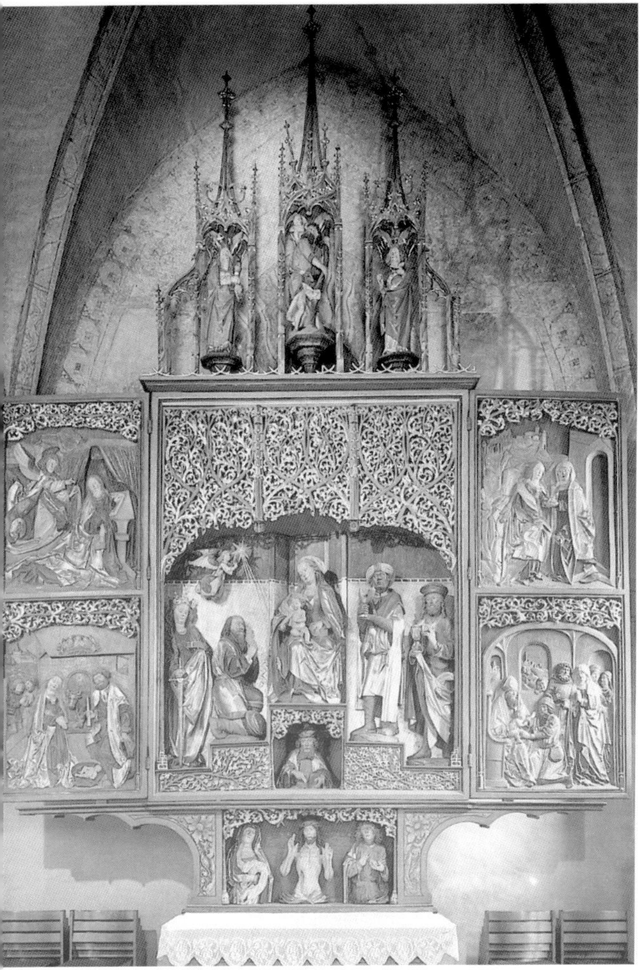

lhofen.
/. Pfarrkirche, spätgotischer Schreinaltar

EPPINGEN

Die auf dem Hochflächensporn zwischen Elsenz und Hilsbach gelegene Altsta passt sich in ihrem ovalen Grundriss dem Gelände an. Die Stadt ist aus einer 98 erstmals erwähnten Siedlung der fränkischen Landnahme hervorgegangen, di Königsgut war. Seit spätestens 1188 entsteht die Stauferstadt um die befestigt Kirche, mit etwa kreisförmiger Ummauerung. König Friedrich II. verpfändet die Stadt 1219 an die Markgrafen von Baden, 1642 ging sie an die Kurpfalz übe mit dem pfälzischen Oberamt Bretten fiel sie dann an Baden und war von 181 bis 1924 Sitz eines badischen Amtes.

Das eindrucksvollste Denkmal der mittelalterlichen Stadtbefestigung ist de *sog. Pfeifferturm* vom Anfang des 13. Jhs. (Laterne 18. Jh.), der die westlich Grenze zur Vorstadt aus der pfälzischen Zeit markiert. Reste der *Stadtmaue* stehen noch am Südrand der Petersgasse.
Das geschichtliche und optische Zentrum der Stadt, die *kath. Pfarrkirch Mariä Himmelfahrt*, weist noch den Chorturm der Zeit um 1200 auf, dara anschließend ein modernes Querhaus und das spätgotische Langhaus vo 1435-45 mit Eingangshalle. Im Chor befinden sich Fresken der Jahre zwische 1300-20 (Evangelisten, das Leben Jesu, Apokalypse), an der Langhausnord wand des frühen 16. Jhs. (Weihnachts- und Leidensgeschichte); sie sin anlässlich der 1889-95 unter Baurat Williard erfolgten Kirchenrenovierun aufgedeckt und 1963 endgültig freigelegt worden. Das Querhaus zwische Turm und Langhaus entstand 1969-74 anlässlich der Erneuerung der Kirch unter der Leitung von Hans Rolli. Erhalten sind auch eine barocke Madonna ir Chor und eine hl. Ottilia. Der Tabernakel, Ambo, Kreuzweg und Altar sin 1974-83 von Frido Lehr aus Karlsruhe angefertigt worden, die Fenster de sechziger bis achtziger Jahre des 20. Jhs. von dem Neckarsteinacher Valenti Feuerstein bzw. von Günter Sauer (Sakristei). Die Grabwächterplatte vor früheren Heiligen Grab der Kirche, um 1500 entstanden, ist neuerding wieder im Chor aufgestellt, ebenso die Kanzel.
Unmittelbar neben der kath. Kirche steht die profanierte *ehem. Kathar nenkapelle*, die 1421 gestiftet wurde und ab dem 16. Jh. bis 1881 als Knaber schule diente. Der Chor der Kapelle wurde bereits 1806 abgebrochen.
An der Petersgasse steht die umgebaute, 1520 erbaute *Peterskapelle*, eine ehen Friedhofskapelle, die seit 1556 als städtisches Kaufhaus, im 18. Jh. als Luthe rische Kirche, im 19. Jh. als Diakonat und jetzt als Gebäude der städtischen Ve waltung dient.
Außerordentlich reich und bedeutend ist der Bestand an alten *Fachwer häusern*, durch sie ist die Stadt überörtlich bekannt geworden. An erster Stel

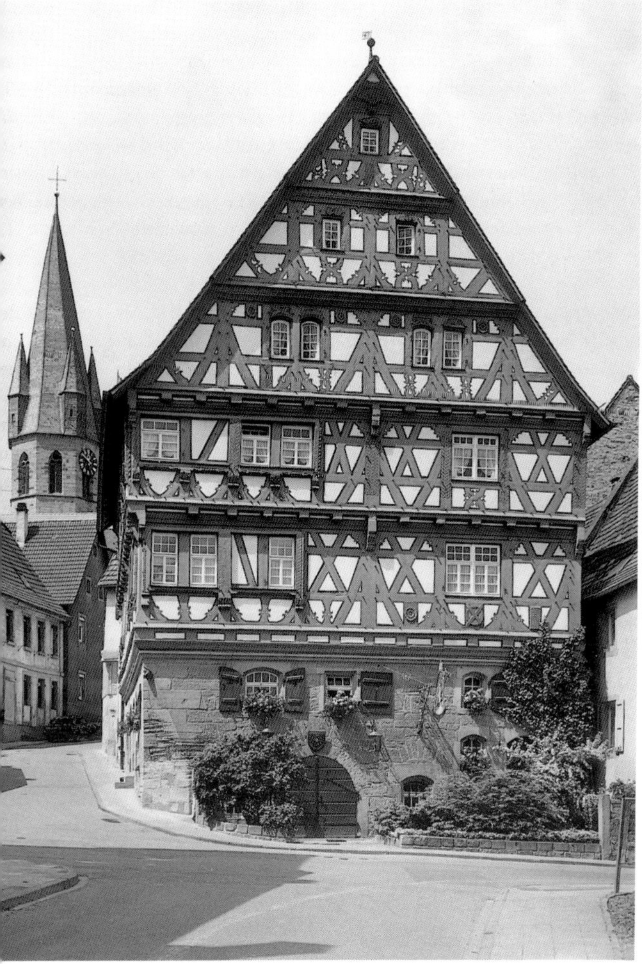

ppingen.
aumannsches Haus, im Hintergrund der Turm
er kath. Pfarrkirche Mariä Himmelfahrt

ist das 1582/83 erbaute, 1913 durch das Großherzoglich Badische Denkmal amt restaurierte *Baumannsche Haus* an der Ecke Kirchgasse/Altstadtstraße zu nennen, innen mit der originalen Ausmalung einer Stube. Ihm gegenübe steht das sog. Bäckerhaus aus dem 15. Jh., mit einer barocken Stuckdecke in de Wohnstube im 1. Obergeschoss. Entlang der hier beginnenden Altstadtstraß und in ihren Seitengassen folgt eine dichte Substanz wertvoller Fachwerk architektur, von denen nur einige genannt werden können: Das Haus Alt stadtstr. 6 aus dem späten 15. Jh.; Nr. 11 um 1560/70; Nr. 19 ist 1591 datier und weist Zierfachwerk auf; Nr. 20, das sog. Funkenhaus von 1513; in die Zei um 1600 kann auch das ebenfalls durch Zierfachwerk ausgewiesen Spechtsche Haus Altstadtstr. 11 datiert werden; das sog. Koboldhaus Alt stadtstr. 22 – am Hoftor in das Jahr 1835 datiert, im Kern jedoch um 1600 – is im Obergeschoss durch den schönen Eckständer ausgezeichnet; die *Alte Uni versität* – datiert 1495 und 1749 – ist trotz der stark erneuerten Bausubstan noch immer ein gewichtiges Dokument Eppinger Fachwerkarchitektur un Ortsgeschichte. Von der ehem. Ratsschänke, Zunfthausgasse 2, aus dem Jahr 1483 sind die Bohlenwände sichtbar. Weitere bedeutende Fachwerkhäuse stehen an der Ecke Kettengasse/Zunfthausgasse (sog. Dreistilecke mit Baute aus der Gotik, der Renaissance und dem Barock, Kettengasse 9: 1488 un 1764 dat., Nr. 22: 1421), in der St. Peters- und Metzgergasse (vom Mittelalte bis 1800, St. Petersgasse 3: 1572 dat., Nr. 5-8: 16. Jh.), am Marktplatz (Alt Post, Brettener Str. 2 von 1515/88) und um die Liebfrauenkirche (Kirch gasse 2: 1564, Nr. 13: um 1450). Einige alte Fachwerkhäuser sind im 18. Jh durch barocke Stuckdecken aufgewertet worden, so z. B. das Haus St. Peters gasse 6 im 1. und 2. Obergeschoss. Mehrere Vertreter der bekannten sog. *Mo dellhäuser* des 18./19. Jhs. stehen vor allem an der Brettener Straße (aus de Jahren 1783: Nr. 38 und 1834: Nr. 40), an der Rappenauer Straße (z. B. Nr. 8 12) und Adelshofener Straße (Nr. 14: 1807). Sie gehen auf die Entwürfe de Hofbaumeisters Theo Lefebvre in Karlsruhe-Durlach aus dem Jahre 170 zurück. An der Brettener Str. 57 steht auch das *Alte Amtshaus* von 1781-84 weiter stadtwärts ein gewichtiges Dokument der jüdischen Bevölkerun Eppingens: In der Küfergasse ist die 1731 eingerichtete *Synagoge* der jüdische Gemeinde mit dem rituellen Bad erhalten. Der Vorgängerbau war angeblich d sog. Judenschule in Metzgergasse 1, 1601 datiert.

Der jüdische Friedhof wurde 1818/19 außerhalb der Stadt auf der Kuppe de Hellbergs angelegt, er weist noch einen reichen Grabmalbestand auf.

Die baulichen Dokumente des 19. Jhs. läutet das 1823-25 nach Entwürfen de Regierungsbaumeisters Karl August Schwarz erbaute *neue Rathaus* am Mark platz ein – ein klassizistischer Bau mit doppelläufiger Treppenanlage. In de 2. Hälfte des 19. Jhs. entstand südlich der ev. Kirche in der Kaiserstraße ei

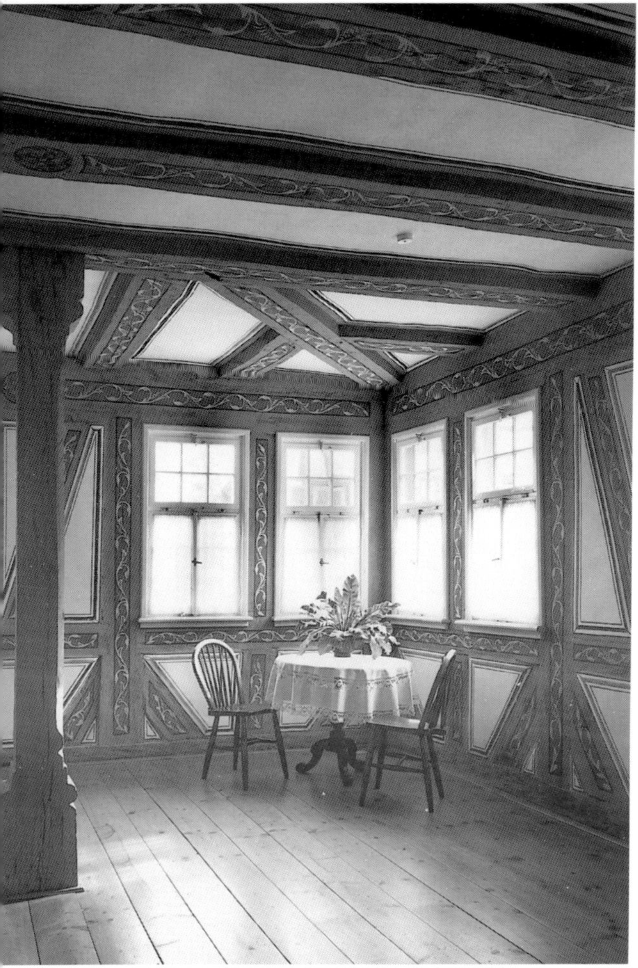

ppingen.
umannsches Haus, Stube

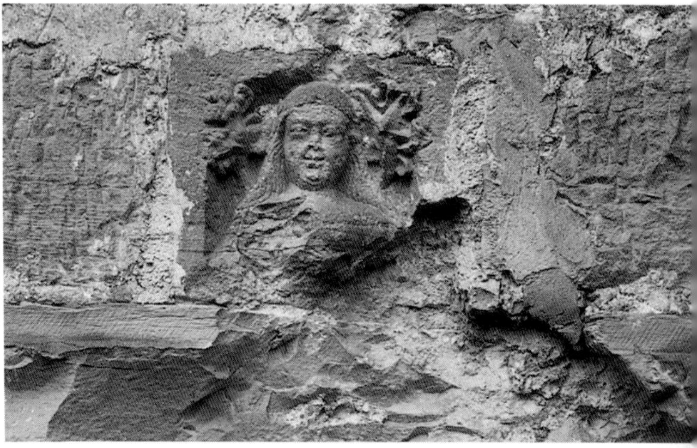

Eppingen.
Ottilienkapelle auf dem Ottilienberg, Relief außen

Ensemble von Neubauten für die Bildung und Verwaltung: 1867-69 d Höhere Bürgerschule im Stil der Neorenaissance, 1873 das Amtsgericht m dem Gefängnis, 1881 die Volksschule nach Entwürfen des Karlsruher Arch tekten Ludwig Diemer, 1883 das ev. Pfarrhaus, ebenfalls von Diemer, 1886 d Alte Forstamt. Die *ev. Pfarrkirche* selbst ist ein neuromanischer Bau von 187 79, ebenfalls nach Entwürfen von Kirchenbaurat Diemer erbaut.
Das in der Bahnhofstraße stehende Gefallenendenkmal ist ein Werk des Karl ruher Bildhauers Hermann Föry aus dem Jahre 1914.
Die 1473 von einem Meister Jacob erbaute, von den von Gemmingen gestifte *Ottilienkapelle* auf dem Ottilienberg weit außerhalb der Stadt ist heute n noch eine eindrucksvolle Ruine, die den gotischen Chor und das Westport vom Langhaus, innen eine Steinplastik der hl. Ottilia und eine Grabplatte übe liefert. An der nördlichen Chorraußenwand ist ein weibliches Kopfreli sehenswert. Die Kapelle war ein viel besuchter Wallfahrtsort.

EPPINGEN-ADELSHOFEN

Ein singuläres Beispiel der Sakralbaukunst des 19. Jhs. hat Adelshofen aufz weisen: Die *ev. Pfarrkirche St. Nazarius* ist ein klassizistischer Bau (1830-3

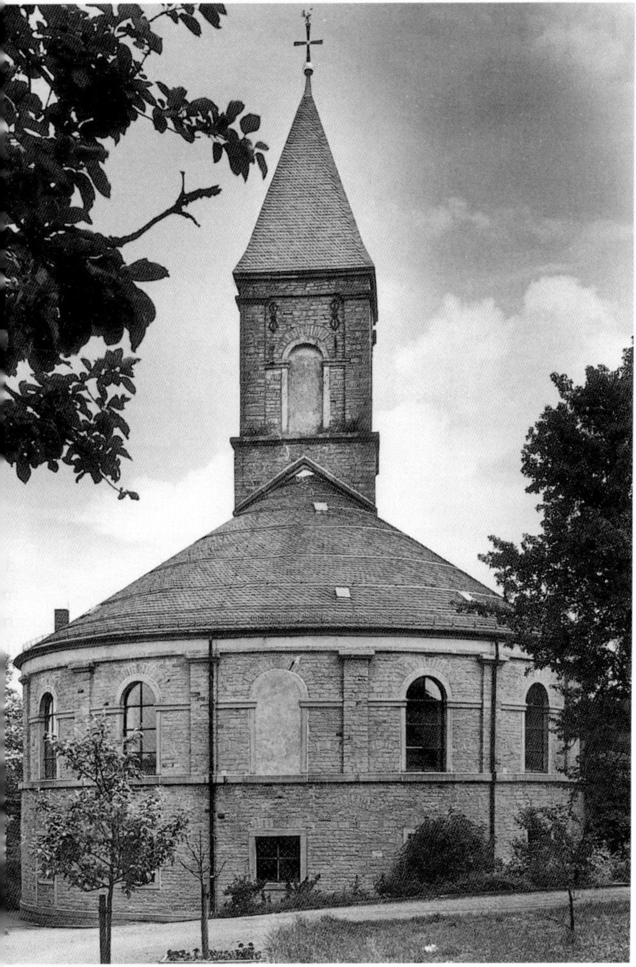

pingen-Adelshofen.
. Pfarrkirche

auf außergewöhnlichem halbkreisförmigem Grundriss mit Fassadenturm ur Altar-Kanzel-Wand sowie Halbkreis-Empore von dem Weinbrenner-Schül Karl August Schwarz entworfen. Von den überlieferten Epitaphien des 16. Jh ist die monumentale figürliche Grabplatte Ernst Ludwigs von Neipperg a dem Jahre 1570 am auffallendsten.
Der *Dammhof* ist ein Gutshof der Herren von Gemmingen mit Schlössle, Par Friedhof und Ökonomie, am Schlössle 1593 datiert.

EPPINGEN-ELSENZ

Eine markante Ortsmitte bilden die *ev. Pfarrkirche* (1843 als frühes Beispiel d Neuromanik erbaut, innen modernisiert) und die *kath. Dreifaltigkeitskirch* Letztere wurde 1912/13 nach Entwürfen des Karlsruher Architekten Joha nes Schroth im neubarocken Stil erbaut. Im Kircheninnern ist die vollständi neoklassizistische Ausstattung von eindrucksvoller Qualität. An der nör lichen Westwand der Kirche steht eine vermutlich vom Hochaltar d Vorgängerbaus stammende spätgotische Madonna, eine ulmische Arbeit d Zeit um 1480. Ebenfalls vom Altar der alten Kirche stammen das Holzreli mit Jesus und den Emmausjüngern an der südlichen Westwand sowie d Christuskörper, die beiden großen Engel und die ovalen Reliefs mit Petrus ur Paulus, um 1770 von dem Heidelberger Bildhauer Johann Michael Düche angefertigt. Auch die Rokokoschnitzereien der Orgel und ein Barockschrai in der Sakristei dürften vom Vorgängerbau stammen. Einige *Fachwerkhäus* des 18. Jhs. sind in der Eppinger Straße (Nr. 7) und gegenüber der Kirche s henswert, weiter in der Sinsheimer Straße das spätklassizistische *Rathaus* v 1873 (ursprünglich ev. Schulhaus) und ein reiches spätbarockes bzw. kla sizistisches Portal von 1806 (Nr. 15).

EPPINGEN-KLEINGARTACH

Vor allem wegen der Malereien von 1470 ist die *ev. Pfarrkirche St. Mart* sehenswert. Sie wurde als Chorturmkirche erbaut, das Schiff ist von 1468 (d am Südportal). Der Kirchturm wurde 1929 erneuert. Von den zahlreich *Fachwerkhäusern* des Ortes hervorzuheben sind das Neippergsche Amtsha Zabergäustr. 10, ein 1601 datiertes Zierfachwerkhaus (mit Renaissanc Inschrifttafel), das ebenfalls Neippergsche, 1507 datierte Zierfachwerkha Nr. 16, oder das um 1600 erbaute Haus Zabergäustr. 18. Neben der Kirc steht die große mittelalterliche *Kelter* mit Verblattungen, 1475 erbaut, neu

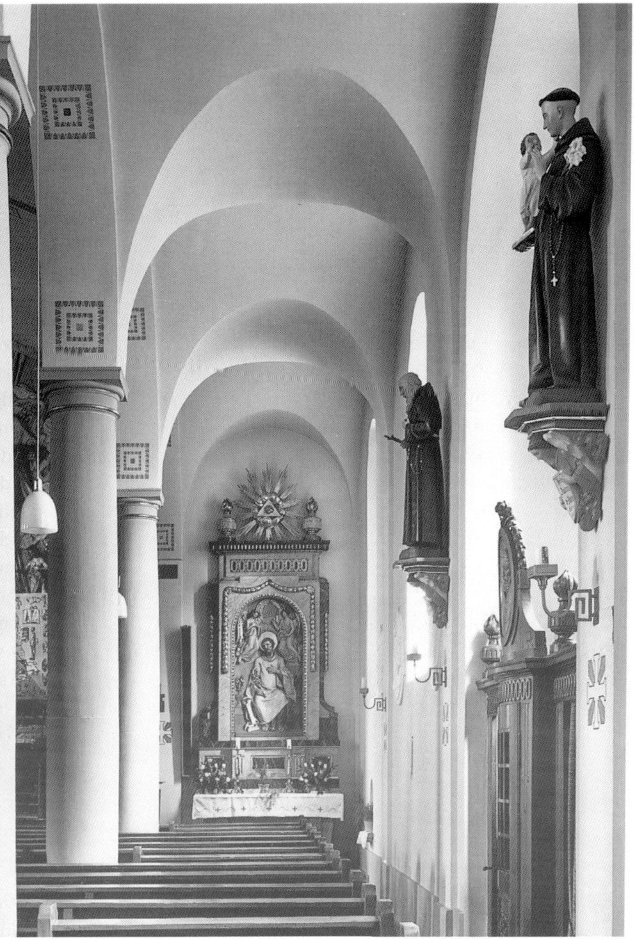

pingen-Elsenz.
th. Dreifaltigkeitskirche, rechtes Seitenschiff

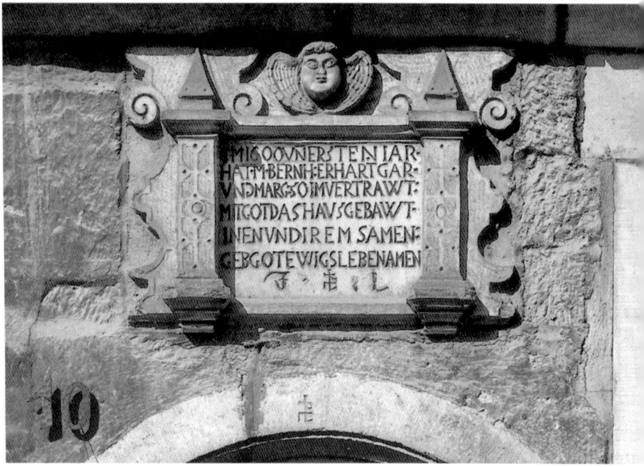

Eppingen-Kleingartach.
Renaissance Inschrifttafel am Kirchplatz

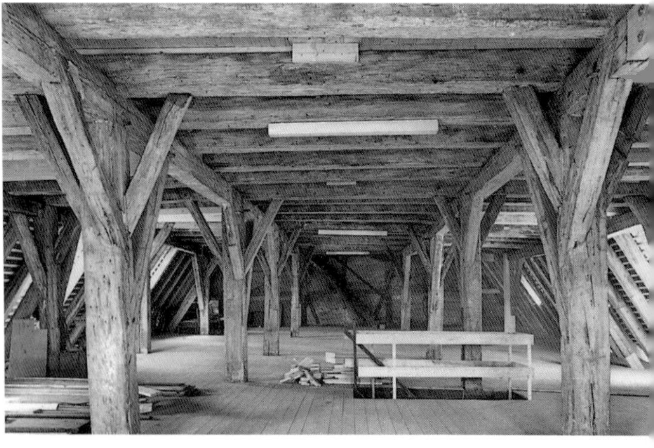

Eppingen-Kleingartach.
Der eindrucksvolle mittelalterliche Dachstuhl der ehem. Kelter

ings beispielhaft instand gesetzt. Unweit steht an der Uhlandstraße ein chönes *Backhäusle* aus der Mitte des 19. Jhs., weitere alte Fachwerkhäuser in er Torgasse (Nr. 3 und 7, 16. Jh., mit Zierfachwerk).

PPINGEN-MÜHLBACH

n Jahre 1290 schenkte der 1295 verstorbene Heinrich von Brettach dem lsässischen Wilhelmitenkloster Mariental bei Hagenau in Mühlbach eine Iarienkapelle mit Wallfahrt zur Klosterstiftung. Nachdem im 16. Jh. die apelle reformiert und das Kloster geschlossen wurde, sind daraus die *ev. irche* und das *ev. Pfarrhaus* hervorgegangen. Die heutige Kirche ist ein neuotischer Bau von 1871 (restauriert 1905), unter Beibehaltung der Sakristei nd des Chors der im 15. Jh. gotisierten Kapelle des 13. Jhs. errichtet. Hier wird uch der Grabstein des Heinrich von Brettach aufbewahrt, ebenso das Tympaon des früheren Portals und der Schlussstein eines Kreuzgewölbes. Der in der irche sekundär aufgestellte Bildstock ist von Hans Wunderer um 1500-20 ergestellt und 1771 erneuert worden. An das Kloster erinnert auch die gegenber der Kirche stehende ehem. *Herberge.*

ie durch die Reformation ihres Gotteshauses verlustig gegangenen Katholken konnten erst 1865 in Gestalt der *Kapelle Maria Schmerzen* einen becheidenen Nachfolgebau errichten (1953-55 vergrößert). Den Altar lieferte 927 Georg Lang aus Oberammergau, den Kreuzweg 1984 Gisela Bär aus forzheim.

or allem entlang der Hauptstraße des Ortes sind noch mehrere alte *Facherkhäuser* erhalten, die dadurch auffallen, dass sie auf eine intensive rneuerungsphase im 19. Jh. in Mühlbach hinweisen – dies bezeugen z. B. die ch mehrfach wiederholenden Zahnschnittfriese, am prägnantesten am Haus r. 48 (im Kern 2. Hälfte 17. Jh.). Das älteste und schönste noch vergleichseise unverfälscht erhaltene Fachwerkhaus der Renaissance steht in der chalksgasse, datiert 1582 und mit reichen Schnitzereien sowie Steinmetzbeiten versehen – es war eines der *Eppinger Stadthöfe.* Die Bautätigkeit des 9. und frühen 20. Jhs. kann überhaupt als ortsbildprägend bezeichnet werden, e verleiht dem Ort fast städtischen Charakter, die vielen Steinbauten sind auf ie Existenz der örtlichen bedeutenden Steinbruchbetriebe der damaligen Zeit urückzuführen. Herausragend sind das *Rat- und Schulhaus* von 1903 sowie ele Modellhäuser und Privatbauten. Ein Blickfang der Hauptstraße im Süden t der anspruchsvolle neoklassizistische *Wasserbehälter* von 1912 am Ende er Ostendgasse.

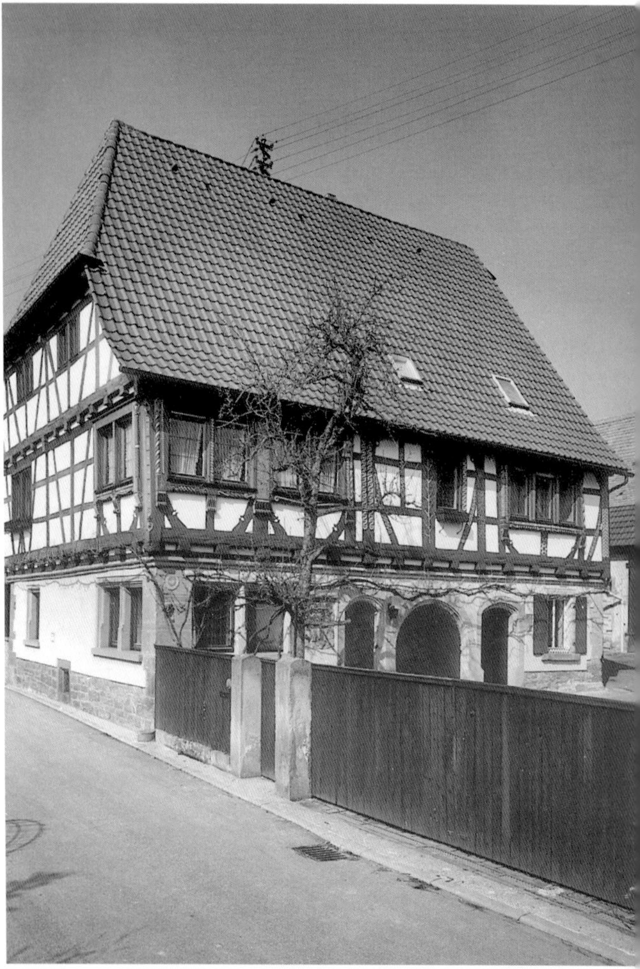

Eppingen-Mühlbach.
Renaissancehaus in der Schalksgasse

EPPINGEN-RICHEN

Der ehemals gemmingische und kurpfälzische Ort ersetzte seine kleine barocke Pfarrkirche 1845 durch einen neugotischen Neubau, der den Besucher gleich am Ortseingang der Ittlinger Straße empfängt. Die alte *Pfarrkirche* von 1726 wurde profaniert und steht äußerlich noch vergleichsweise gut erhalten in der Hinteren Gasse 8. Der Ort weist auch noch mehrere wertvolle *Fachwerkhäuser* auf, so z. B. an der Ittlinger Straße Bauten des 16. und 17. Jhs. mit Fenstererkern (Nr. 20-22, 1659 datiert), reich gestalteten Konsolen (Nr. 40, 2. Hälfte 16. Jh.), geschnitztem Eckständer (Nr. 39, um 1600 erbaut). In der Dorfmitte ist ein *Torbogen* der Renaissance (1597 datiert) sekundär aufgestellt worden.

EPPINGEN-ROHRBACH AM GIESSHÜBEL

Etwas abseits der Ortsmitte bilden die am Südwestrand stehende *kath. Pfarrkirche St. Valentin* und am Ostrand das *ehem. Schloss* zwei markante Punkte. Die Pfarrkirche, 1410 erstmals erwähnt, 1789/90 neu gebaut durch den Bruchsaler Baumeister Jakob Messing, weist vom Vorgängerbau offenbar nur noch den Ostturm auf, der wahrscheinlich über dem alten Chorturm errichtet wurde, und den Taufstein von 1628. Die original überlieferte und qualitätvolle frühklassizistische Ausstattung der Kirche wurde einheitlich von dem bekannten Bruchsaler Bildhauer Tobias Günther hergestellt, die klassizistischen Säulen des Hochaltars sind eine Zutat des Jahres 1821.

Unmittelbar neben der Kirche kann man die Entwicklung der Schulhausarchitektur vom mittleren 19. bis zum frühen 20. Jh. ablesen – zuerst am neugotischen *Schulhaus* von 1853, dann an dem 1907/08 von dem Eppinger Werkmeister Kußmaul entworfenen Bau mit seinen etwas trockenen barockisierenden Formen.

Das in einer Talsenke isoliert stehende *Schloss* ist ein Bau des 17. Jhs., 1718 erneuert, daneben die 1716 erbaute *Zehntscheuer*. Die Ortsmitte wird von dem im Rundbogenstil erbauten *Rathaus* bestimmt, einem Bau des Karlsruher Architekten Hänsler aus dem Jahre 1879. Eine besondere Charakteristik des Rohrbacher Ortsbildes sind die zahlreichen *Wegkreuze und Kapellen:* das älteste Kreuz aus dem Jahre 1720 an der Gochsheimer Straße, die anderen (z. B. Mönchstr. 1, 1876 datiert) wie auch die Kapellen (z. B. Gochsheimer Str. 30, 1887 datiert) aus dem 19. Jh.

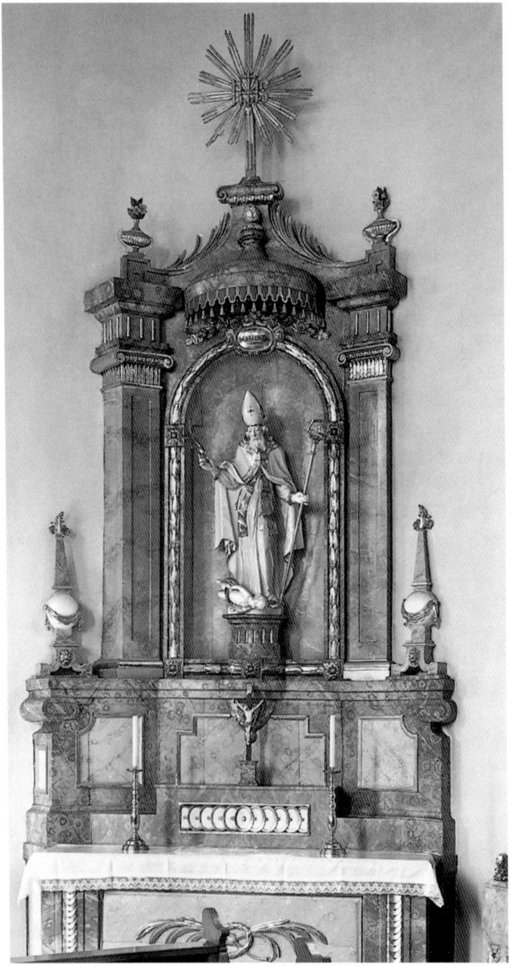

Eppingen-Rohrbach am Gießhübel.
Kath. Pfarrkirche St. Valentin, rechter Seitenaltar

ERLENBACH

Der bedeutende Weinbauort kam 1484 aus kurmainzischem Besitz an den Deutschen Orden, der auch die 1335 erstmals erwähnte *kath. Pfarrkirche St. Martin* 1753-60 nach Entwürfen von Johann Michael Keller und G. Ph. Wenger neu bauen ließ: ein spätbarocker Putzbau mit Sandsteingliederung, über dem Hauptportal mit einer 1775 gestifteten Marienfigur, im Giebel mit Petrus und Paulus von K. Hollbusch. Im Innern das Schiff mit Stichkappengewölbe, reich stuckiert von Johann Michael Winsberg aus Mergentheim und mit dem Deckengemälde der Himmelfahrt Mariä von Giovanni Battista Ferrandini versehen. Von der qualitätvollen Ausstattung seien die Kanzel mit den vier Evangelisten, im Chor der Martinsaltar (Altaraufbau 1885) mit Stephanus und Laurentius – beides Arbeiten von J. A. Esterbauer – sowie die um 1480 entstandenen gotischen Standfiguren der hll. Barbara, Katharina und Martin – vermutlich vom frühe-ren Hochaltar der Kirche – und die um 1470 entstandene Madonna an der Ostwand genannt. Auf dem 1627 angelegten Friedhof befinden sich noch mehrere barocke Epitaphien, neben dem Eingang offenbar das Fragment eines Wegkreuzes mit interessantem Fegefeuer-Relief aus dem Jahre 1755. Das stattliche barocke *Pfarrhaus* – ein Werk Johann Michael Kellers und Franz Häffeles aus dem Jahre 1781 – hat im Treppenhaus ein reich geschnitztes Rokokogeländer von 1785.

Tiefer als die Kirche, an der früheren Hauptstraße steht das *Rathaus,* um das ein schönes Ensemble von Fachwerkhäusern steht. Das modernisierte Rathaus ist in das Jahr 1698 datiert und mit dem Wappen des Hochmeisters Franz Ludwig Pfalzgraf zu Rhein versehen, hinter den steinernen Erdgeschoss-Arkaden schließt eine Halle mit Holzständern an. Von den benachbarten *Fachwerkhäusern* ist das *ehem. Gasthaus zum Lamm* – die heutige Raiffeisenbank – mit Zierfachwerk und reichen figürlichen Konsolen im Obergeschoss an erster Stelle zu nennen, der Bau ist 1715 datiert. Südlich des Rathauses steht ein barockes Haus mit großem Rundbogentor und ornamentalen Fensterkeilsteinen. Zur Kirchgasse hin ist das Haus Nr. 3 mit geschnitztem Eckständer im Zierfachwerkgiebel sehenswert, wohl um 1600 entstanden. Weitere beachtenswerte Fachwerkhäuser stehen östlich der Kirche in der Berggasse, so z. B. das Haus Nr. 15 mit Zierfachwerk aus der Zeit um 1600 und Heiligenfigurennische, Nr. 20 mit kräftigen mittelalterlichen Vorstößen. In der Kirchgasse ist die Nr. 18 ein ehemaliges geistliches Barockhaus mit anspruchsvoll gearbeiteten Tür- und Fenstergewänden. Das Haus Nr. 22 ist im steinernen Kellergeschoss über einer Rundbogentür mit Schießscharten in das Jahr 1575 datiert. Im Blickpunkt der Kirchgasse steht das Haus Weinstr. 11, ein mittelal-

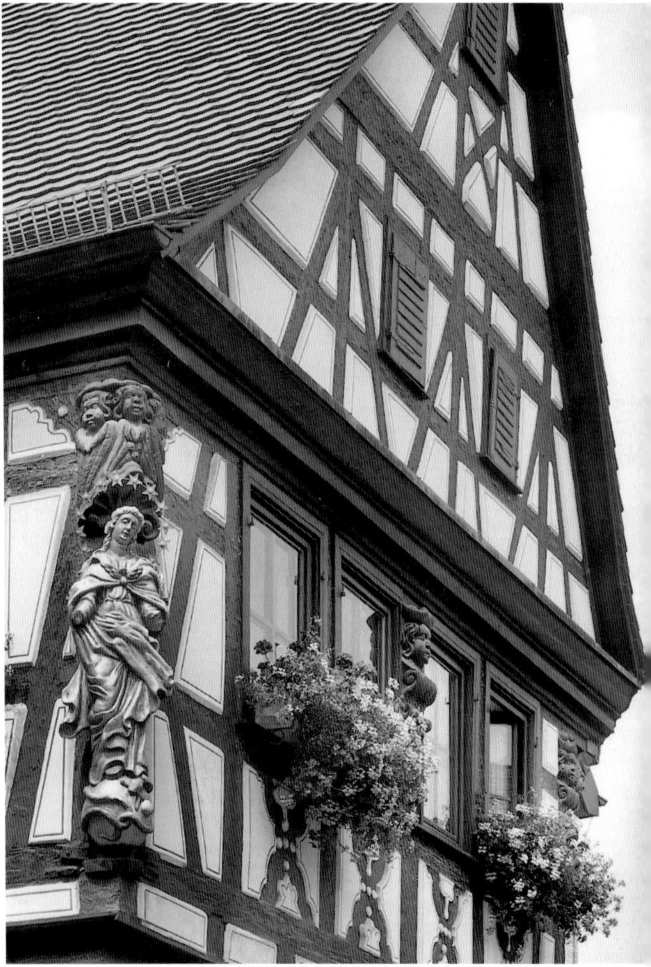

Erlenbach.
Ehem. Gasthaus zum Lamm

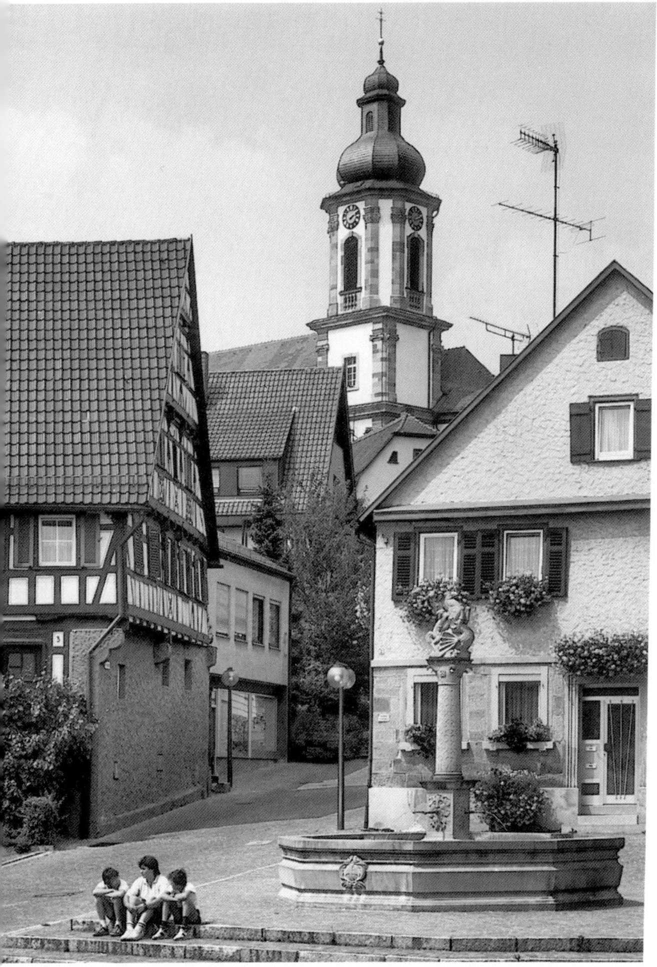

Erlenbach.
Marktplatz mit Haus Kirchgasse 3,
im Hintergrund der Turm der kath. Pfarrkirche St. Martin

terlicher Fachwerkbau. Ihm gegenüber beachte man die barocke Brunnengrotte.

Von den für einen katholischen Ort typischen *Bildstöcken* seien der spätgotische am Schanzweg, der hl. Urban von 1746 südlich der Kirche, der Bildstock von 1751 am Südeingang des Ortes genannt. Neben Bildstöcken zeugen mehrere Hausmadonnen und -heilige von der katholischen Volksfrömmigkeit: so z. B. der hl. Franz Xaver am Haus Friedensstr. 6, die Madonna an Nr. 7 und die Maria an der Raiffeisenbank.

ERLENBACH-BINSWANGEN

Eine imposante Gruppe zu Füßen der Weinberge bilden die barocken Bauten der Kirche mit dem Pfarrhaus, die ehem. Kelter und die Fachwerk-Büttenstände auf der Kirchenterrasse hoch über der Hauptstraße des Ortes.
Die *kath. Pfarrkirche St. Michael* wurde 1788-1818 gebaut, die Architektur entwarf Johann Michael Keller, die bauplastische Dekoration des Innern ist auf Jakob Hallischek zurückzuführen. Die lange Bauzeit ist durch die späte Fertigstellung der Inneneinrichtung zu erklären. Und diese 30 Jahre brachten es mit sich, dass hier beispielhaft der Übergang vom Spätbarock zum Klassizismus ablesbar ist und z. B. neben der Rokokokanzel eine klassizistische Stuckdecke das Kircheninnere prägt. Vom Vorgängerbau der Kirche wurden die thronende Madonna des sog. Weichen Stils der Zeit um 1430 über der Sakristeitür und die Pieta auf dem linken Seitenaltar aus dem 15. Jh. sowie der gotische Taufstein übernommen. Von der barocken Ausstattung der 1818 geweihten Kirche stammen – neben der bereits genannten herausragenden Kanzel – nur noch das Kruzifix, die 1796 datierten und mit WIP Gißer signierten Kreuzwegstationen sowie einige Barockfiguren. Die Seitenaltäre sind neubarocke Arbeiten des Jahres 1948, gefertigt von Anton Schaller, mit Altarbildern von A. Braun aus Wangen.
Das östlich der Kirche stehende *Pfarrhaus* wurde 1763 erbaut, es weist die typischen geohrten barocken Fenstergewände auf. Hier wird eine um 1440/50 entstandene thronende Madonna des Weichen Stils und eine Pieta der Zeit um 1525 aufbewahrt.
Die heute als Weinbaumuseum fungierende *ehem. Kelter* des Deutschen Ordens westlich der Kirche stammt aus dem Jahre 1574.
An der südlichen Gemeindegrenze steht die 1738 gebaute *Wolfgangskapelle* ein Werk des Neckarsulmer Baumeisters Georg Philipp Wenger, des Schwiegervaters des Erbauers der Pfarrkirche. In dieser Kapelle fanden u. a. die Barock-

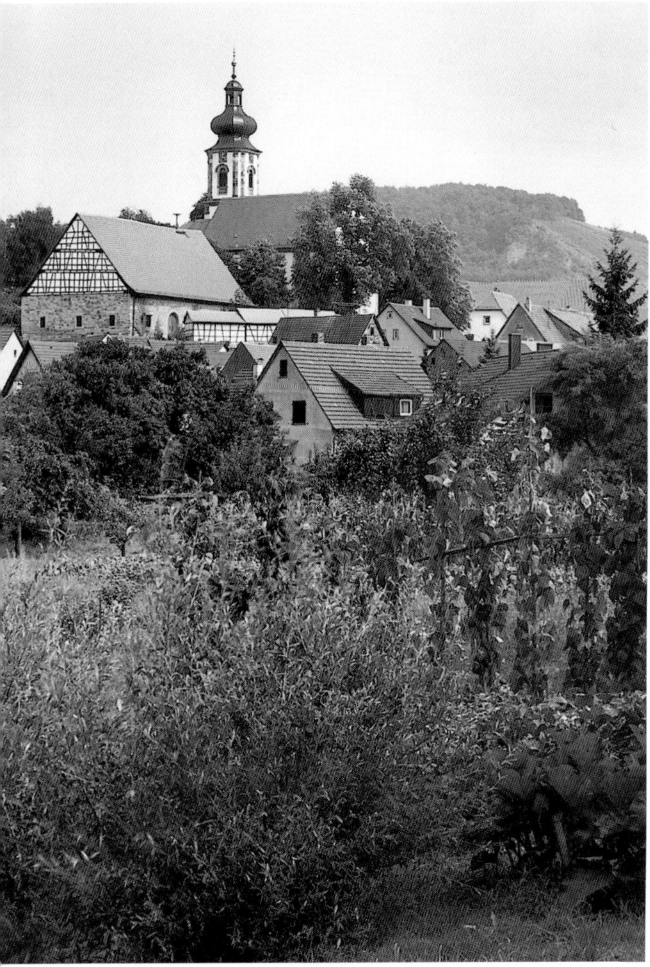

Erlenbach-Binswangen.
Kath. Pfarrkirche St. Michael mit Kelter und Büttenständen

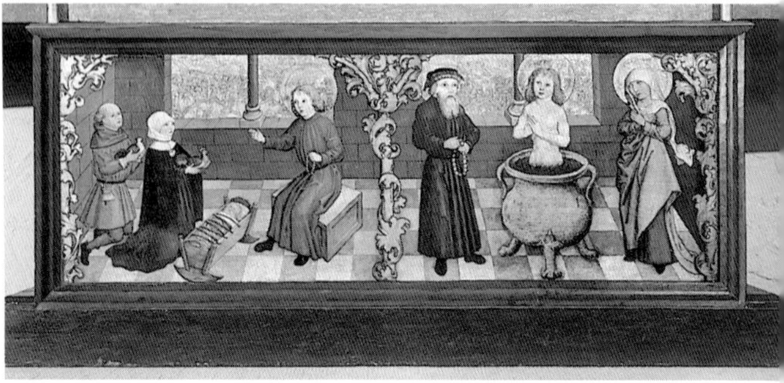

Flein.
Ev. Pfarrkirche, Veitsaltar, Predella

altäre der Pfarrkirche Aufstellung. Als katholischer Ort kann Binswangen auch mit einigen *Bildstöcken* und *Wegkreuzen* aufwarten, so z. B. mit dem barocken Bildstock des hl. Wendelin am Aufgang zur Kirche, mit dem ex voto von 1770 am Erlenbacher Weg, mit der Maria von 1859 an der Hauptstraße u. a.

Eschenau → Obersulm
Elsenz → Eppingen

FLEIN

Die vor allem wegen ihres Altars weithin bekannte *ev. Pfarrkirche St. Veit* wird 1233 erstmals erwähnt, in ortsbeherrschender Lage ist sie sicherlich als Wehrkirche erbaut worden. Wahrscheinlich im Jahre 1434 wurde die Chorturmkirche neu- oder umgebaut: Die heutige Sakristei öffnete sich als Turmchor in Richtung Westen, das Kirchenschiff schloss somit gegen das heutige Gefallenendenkmal vor der Kirche an. Von dem romanischen und dem gotischen Kirchenbau sind heute noch die breiteren Turmgeschosse mit Wandmalereien im tonnengewölbten Geschoss über der Sakristei, der gotische Taufstein, der gotische Kruzifixus der Heilbronner Schule um 1500 und vor allem der spätgotische Hügelaltar des hl. Veit aus dem Jahre 1517, der Jörg Kugler zugeschrieben wird. Der dreiteilige Altarschrein zeigt in der Mitte den hl. Veit links die hl. Barbara, rechts den Papst Gregor, in der Predella Veit mit der Fa-

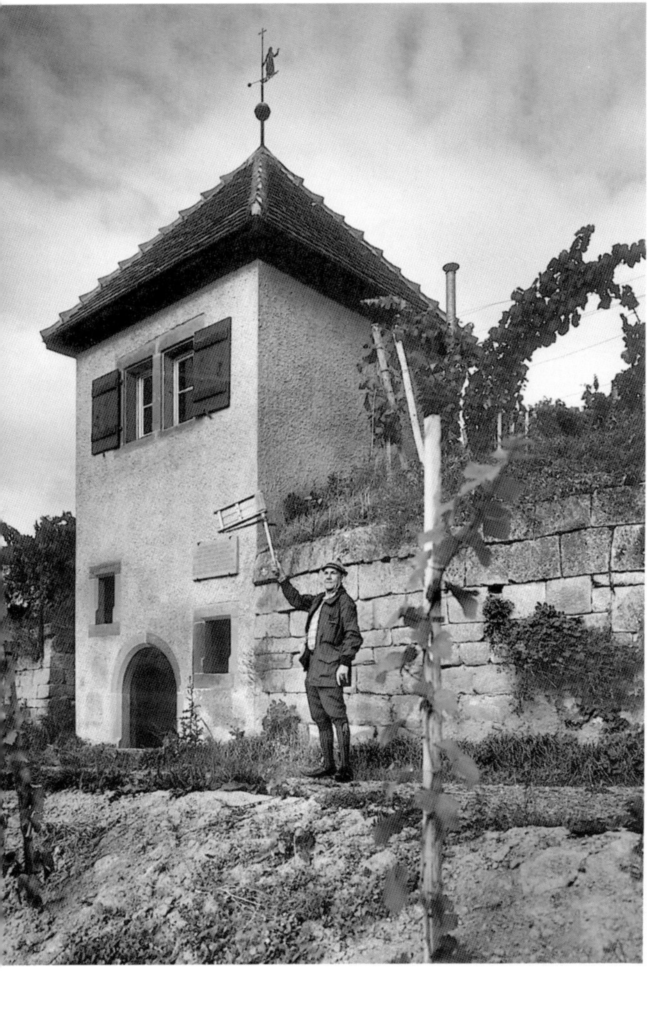

ˈlein.
:hem. Weinberghaus der Karmeliter

milie des Stifters, des Heilbronner Bürgermeisters und Fleiner Vogtes Erer, sowie rechts den Heiligen mit seinem Lehrer und der Amme. Auf den Altarflügeln sind die Prügelstrafe und die Marter des Heiligen, links unten mit dem Wappen der Familie Erer, zu sehen. Die Außenseiten der Flügel zeigen die hll. Barbara, Katharina, Apollonia und Ottilie. 1841 wurde anstelle des gotischen Kirchenschiffes das heutige neu gebaut, dieses dabei allerdings um 90 Grad in Richtung Norden gedreht. Im Turmchor wurde die Sakristei eingerichtet, vom romanischen Turmobergeschoss konnte man auf die neue Kanzel gelangen. Auch der Turm wurde um das Glockengeschoss mit umlaufender Terrasse erhöht. Den Entwurf zu diesem neuromanischen Neubau lieferte Kreisbaurat Ludwig Abel aus Ludwigsburg. 1891/92 folgte die Erneuerung der Kirchenfenster – an diese erinnert heute nur noch ein schönes figürliches Farbfenster in der Sakristei. Das gegenwärtige Erscheinungsbild des Kircheninnern ist das Ergebnis der 1957/58 und 1981 erfolgten Renovierungen.

Das *Alte Rathaus*, unten im Ort stehend und noch heute am Dachreiter erkennbar, wurde im Kern im Jahre 1604 erbaut – dies belegt der erhaltene Wappenstein mit dem hl. Veit und den Initialen des Schultheißen, eingemauert in die Außenwand des Gebäudes. 1834/35, 1895 und vor allem nach dem 2. Weltkrieg erhielt der Bau im Wesentlichen sein gegenwärtiges Erscheinungsbild.
Zwei Fachwerkhäuser ragen aus der Wohnbausubstanz des Ortes hervor: unten an der Ilsfelder Straße das *sog. Fischerhaus* aus dem Jahre 1592, so benannt nach den Reliefbildern der Fische unter einem Fenster, mit schönem Zierfachwerk im Giebel. Weiter oben an der Schulstraße steht das *sog. Kornhaus* aus dem Jahre 1595, ebenfalls mit einem Zierfachwerk-Giebel der Renaissance. An der Ilsfelder Straße (Nr. 72) steht das auffallend reich gestaltete ehem. Wohnhaus des Bildhauers Friedrich Göttle aus dem Jahre 1892, mit einer von ihm selbst entworfenen und ausgeführten Neorenaissancefassade.
An den bedeutenden Weinbau im Ort und an die ausgedehnten Heilbronner Klostergüter im Umland erinnert das barocke *Weinberghaus* des Karmeliterklosters in den Weinbergen.

Frauenzimmern → Güglingen
Fürfeld → Bad Rappenau
Gellmersbach → Weinsberg

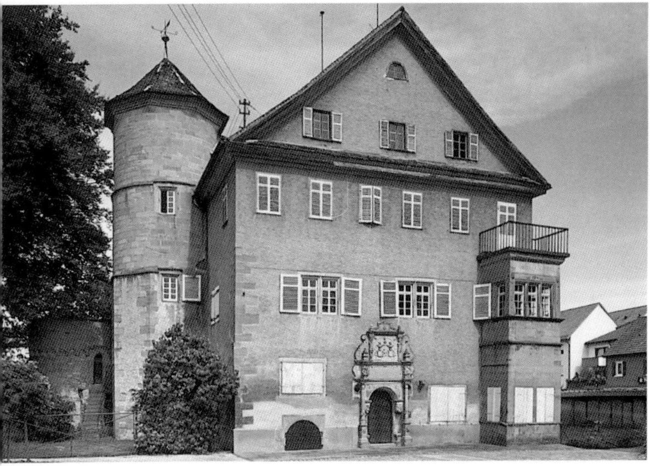

Gemmingen.
Das Untere Schloss

GEMMINGEN

Ab 1277 sind die zum Niederadel gehörenden Herren von Gemmingen, ab dem 15. Jh. die Dreizahl ihrer Burgen im Ort nachweisbar. Nur das 1592 neu gebaute *Untere Schloss* an der Straße nach Eppingen ist noch als Herrenhaus ohne Burgcharakter erhalten. Von der mittelalterlichen Wasserburg zeugen der Rundturm des 13. Jhs. im Garten und kreuzrippengewölbte Räume im Erdgeschoss des Schlosses. Das Schlossportal von 1592 wird Jakob Müller zugeschrieben, ebenso das Grabmal Wolf Dietrichs von Gemmingen (um 1595, gemeinsam mit Adam Wagner). Im Schlossgarten stehen noch mehrere Grabsteine u. a. von 1350 und 1404. Gemeinsam mit dem Schlosspark und dem Ökonomiehof findet der Betrachter ein eindrucksvolles Ensemble vor.
Blickpunkt des südlich am Stefansberg liegenden Ortsteils ist der Zierfachwerkbau des *ehem. Gemmingenschen Rentamts* aus den Jahren 1618 und 1717, gegenüber steht die 1743 über einem Kern aus der Zeit um 1493 erbaute frühere Zehntscheuer der Herren von Gemmingen, am südlichen Eckständer mit dem Gemmingenschen Wappen und den Initialen des Pleikard Dietrich von Gemmingen.

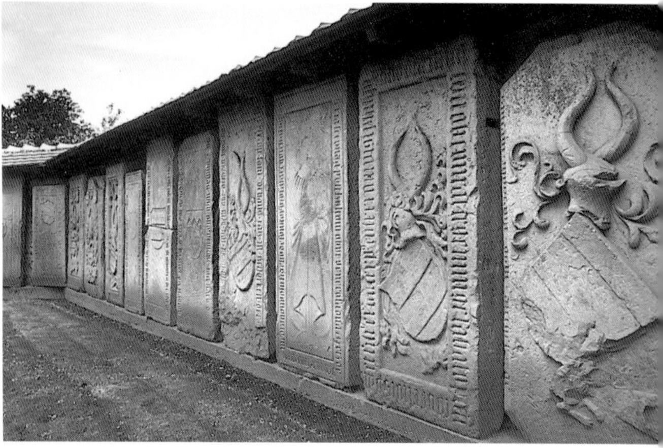

Gemmingen.
Unteres Schloss,
Grabsteine im Schlossgarten

Die östlich stehende *Pfarrkirche St. Martin* ist im Kern aus dem 15. Jh. (Chorturm), mit 1516 und 1846 neu gebautem Schiff (1846 nach Entwurf des Bruchsaler Baumeisters Lumpp). Von der gotischen Ausstattung ist das große Kruzifix der Zeit um 1500 erhalten, ein bedeutendes Werk aus dem Umkreis von Hans Seyffer in Heilbronn. Das gotische Sakramentshäuschen und die steinerne Martinsdarstellung sowie das Fenstermaßwerk wurden dagegen nach Schwaigern gebracht und befinden sich heute in der dortigen kath. Kirche.

Auf dem Wege vom Schloss zum Ort geht man am 1751 erbauten und 1861 erneuerten *Alten Rathaus* vorbei (seit 1903 Geschäftshaus). Das *Neue Rathaus* steht an der Hauptstraße des Ortes, erbaut 1902/03 nach Entwurf von G. Gerber aus Eppingen an der Stelle des abgegangenen Mittleren Schlosses, zugleich als Postamt, im dekorationsreichen neugotischen Stil der Jahrhundertwende gehalten. Nördlich des neuen Rathauses ist die 1568 datierte *Kelterscheuer* der Herren von Gemmingen und Neipperg erhalten.

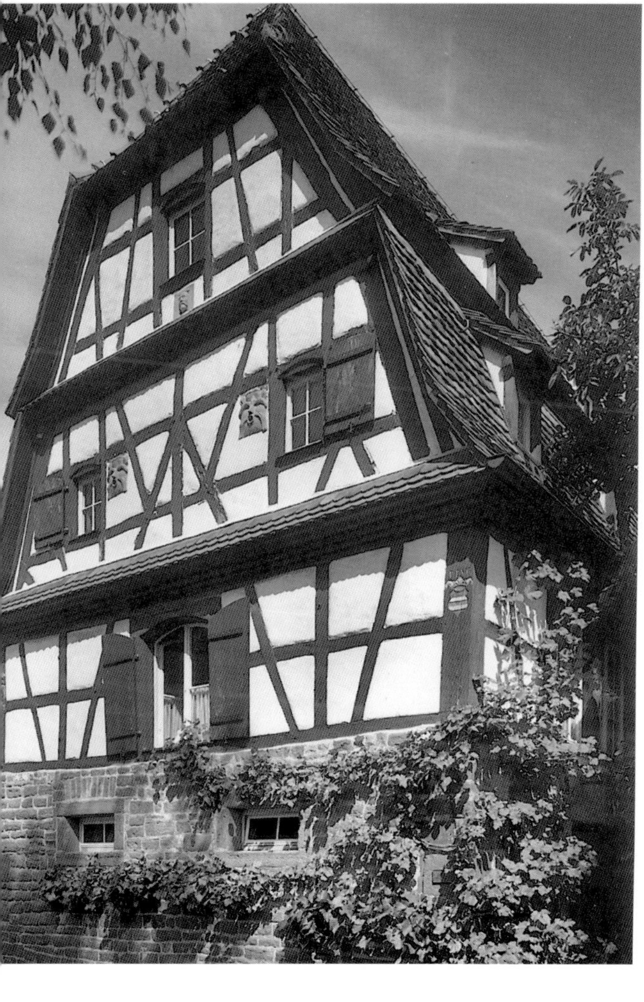

ɜemmingen.
ɜhntscheuer

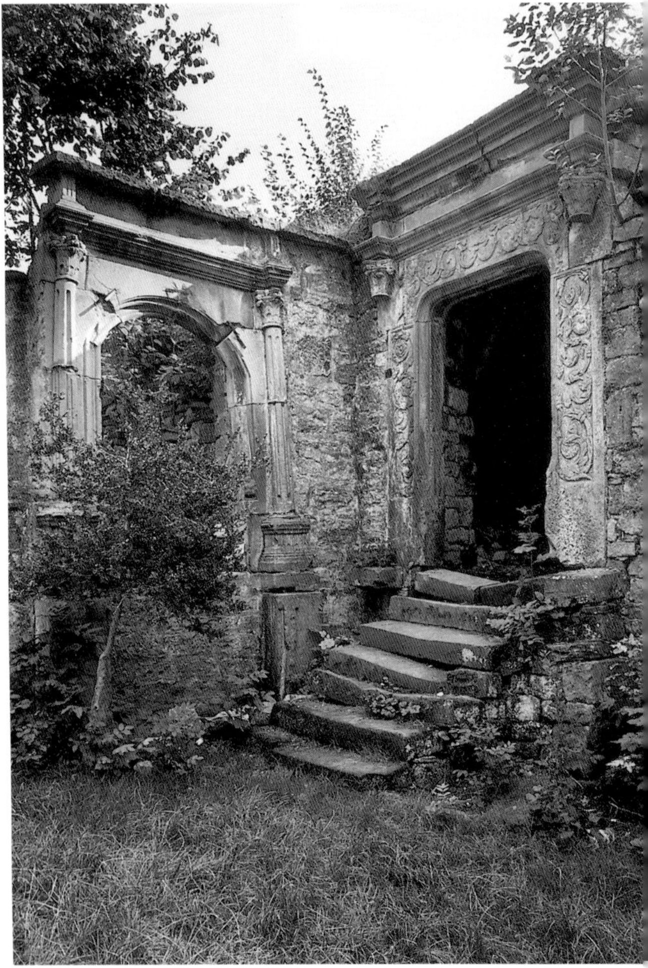

Gemmingen-Stebbach.
Burg Streichenberg

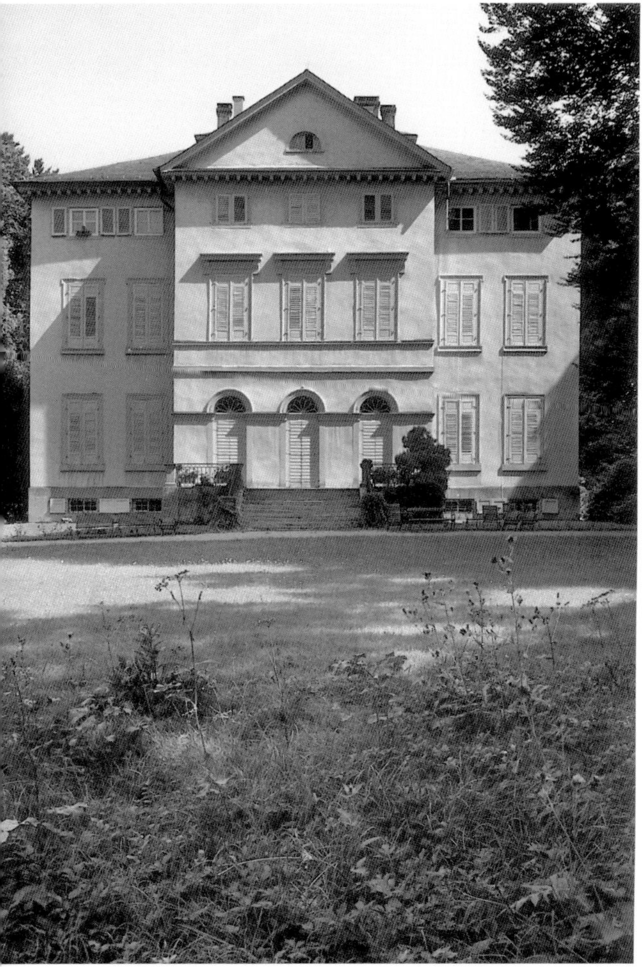

emmingen-Stebbach.
chloss Schomberg

GEMMINGEN-STEBBACH

Der ehemals kurpfälzische Ort erhielt seine *Pfarrkirche St. Georg* 1733 unte Verwendung eines Baus des 15./16. Jhs. (Turm 1819), die schöne Kanze stammt noch von 1595 und zeigt den Übergang von der Gotik zur Renaissance.

Die auch unter dem Namen Streichenberger Hof bekannte, zwischen Stebbac und Richen sich erstreckende *Burg Streichenberg* wird 1360 erwähnt, in 19. Jh. ist sie nur noch Gutshof, in Verfall begriffen. Der Grundriss ist ganz de Spornlage mit Außenburg und Kernburg angepasst, letztere mit unregelmäßigem Grundriss. Die Bauornamentik der Portale am ehem. Palas im Stil de Renaissance weist auf den letzten bedeutenden Ausbau im 16. Jh. unter de Herren von Neipperg hin.

Das *Schloss Schomberg* ist dagegen klassizistisch von 1818-22, mit Kuppel un radial angeordneten Räumen, im zum Park umgestalteten Wald gegenüber vo Streichenberg von Graf Christoph von Degenfeld errichtet nach dem Entwu des Weinbrenner-Schülers Karl August Schwarz aus Karlsruhe. Eindrucksvo ist die originale Innenausstattung.

Gochsen → Hardthausen am Kocher
Grombach → Bad Rappenau
Großgartach → Leingarten

GÜGLINGEN

Der sehr modern und städtisch erscheinende Ort wurde 1849/50 von zw großen Bränden heimgesucht, besitzt aber trotzdem noch einige ältere Baute konzentriert entlang der Hauptstraße.

Am Marktplatz steht die im Innern gänzlich modernisierte *Pfarrkirche St. Mauritius*, 1295 erwähnt, 1752-62 nach Entwürfen des Landbaumeisters Groß au Winnenden neu gebaut, nach dem Stadtbrand dann 1849-50 von Baur L. Abel aus Ludwigsburg im sog. Rundbogenstil wiederaufgebaut, innen 197 77 von dem ortsansässigen Architekten Heinz Rall modernisiert. Von dem spä gotischen Vorgängerbau ist nur noch der Ostturm und aus der Renaissance d 1598 datierte Treppenturm mit figürlichem Portal (vielleicht von Jakob Mülle erhalten. Das Kircheninnere ist ein Gesamtkunstwerk der Moderne, m Werken so prominenter Künstler wie Adam Lude Döring, Gunther Stillin Gerhard Dreher, Georg Meistermann, Gerlinde Beck, Jürgen Brodwolf u. a.

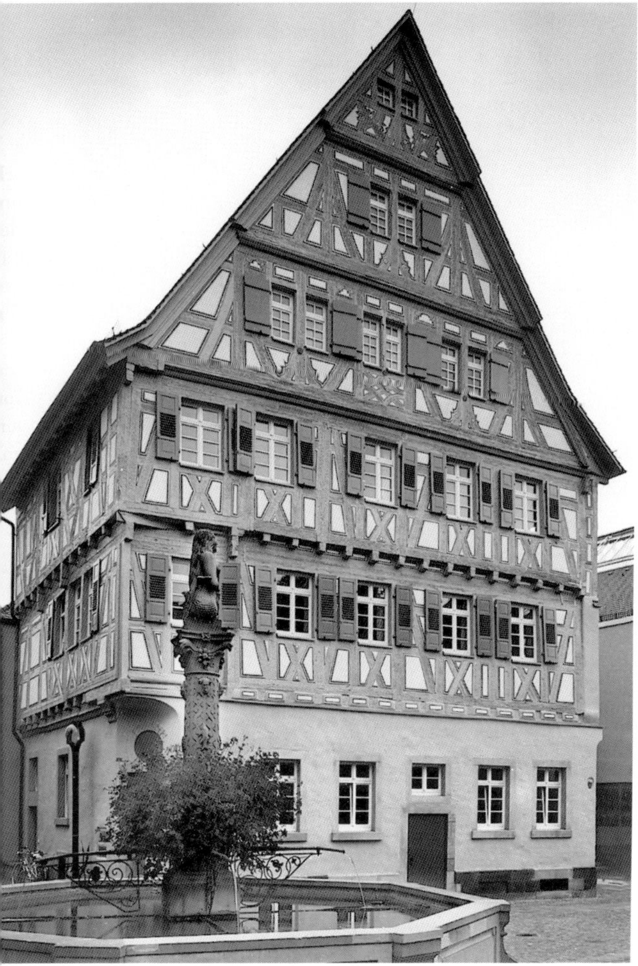

ıiglingen.
ıem. Amtshaus mit Marktbrunnen

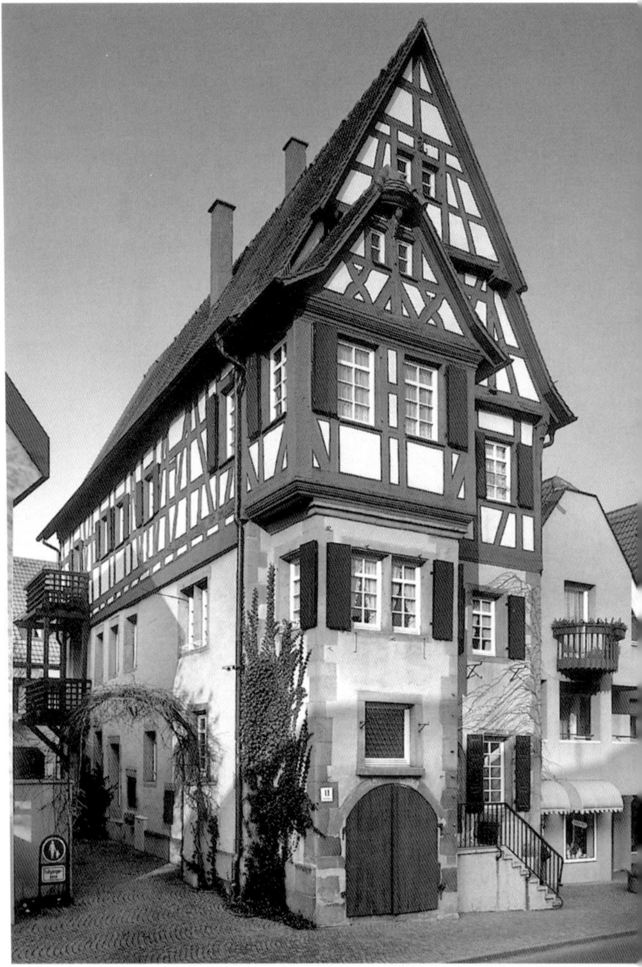

Güglingen.
Das sog. Steinhaus oder Helferhaus an der Hauptstraße

)er größte Teil der historischen Profanbauten aus der Zeit vor den Bränden tammt aus dem 16. Jh.: an der Marktstr. 19 das 1592 datierte Zierfach- /erkhaus des alten *Amtshauses*, daneben der *Marktbrunnen* von 1568 mit runnenschale von 1787 und dem Fischweible Johann Georg Wagners aus em Jahre 1731 (Kopie), östlich der Kirche stattliche *Fachwerkbauten* der rüheren Mauritiuspfründe von 1529 und des späteren alten Schul- und räzeptoratsgebäudes von 1604 mit Renaissancesteingewänden, an der Ecke er Stockheimer Straße mit der Marktstraße ein Fachwerkhaus mit Knaggen, n Schafhausplatz das 1564 datierte Ökonomiegebäude. Seit 1976 modern ısgebaut sind die *Zehntscheuer* von 1567 und die *ehem. Herzogskelter* (1568- 2) daneben, beide erinnern an die um 1570 erfolgte Neuanlage einer Vorstadt ier durch Herzog Ludwig von Württemberg. Der älteste Profanbau des Ortes t jedoch das *sog. Steinhaus* oder auch Helferhaus an der Hauptstraße: 1349 :wähnt, ehem. Adelssitz, später Vogtei, 1444-77 Klosterpfleghof, 1555 mgebaut, 1577 dann Haus des Helfers, des 2. ev. Geistlichen. Der Erker ist 581 datiert.

n den Wiederaufbau nach den Bränden – erfolgt unter der Leitung von Bau- t Abel – erinnern vor allem das 1850 unter Mitwirkung des bekannten tuttgarter Werkmeisters Haueisen erbaute *Rathaus* neben der Kirche und nige Bauten des planmäßig angelegten westlichen *Stadtteils Neuweiler*. Hier eht auch die schon 1835 erbaute klassizistische *Apotheke*.

er modernisierte Ortskern beeindruckt durch die Vielzahl von bildhau- ischen Arbeiten prominenter zeitgenössischer Künstler, darunter Jürgen oetz, Walter Giers, Joachim Schmettau, Richard Hess, Guido Messer u. a. mit rbeiten aus den siebziger und achtziger Jahren des 20. Jhs..

ie am westlichen Ortsrand stehende *Gottesackerkapelle St. Leonhard,* 1579 baut über einem 1443 datierten Vorgängerbau, zieren reiche Grabdenkmäler s Barock und der Renaissance.

ÜGLINGEN-EIBENSBACH

ie über dem Ort am Nordrand des Strombergs liegende sagenumwobene *ırg Blankenhorn* war eine der stärksten der Gegend, entstanden wohl in der Hälfte des 13. Jhs. Von der großartigen Anlage steht noch eine mächtige 3 m hohe und 3 m dicke Schildmauer aus Buckelquadern (an die einst ein erstöckiger Palas anlehnte), außerdem Reste der Kapelle, eines Eingangstores ıd von Mauern. Die Burg soll um 1220/30 durch Heinrich II. von Neuffen baut worden sein und lag nahe des Strombergrennwegs mit Geleitrechten.

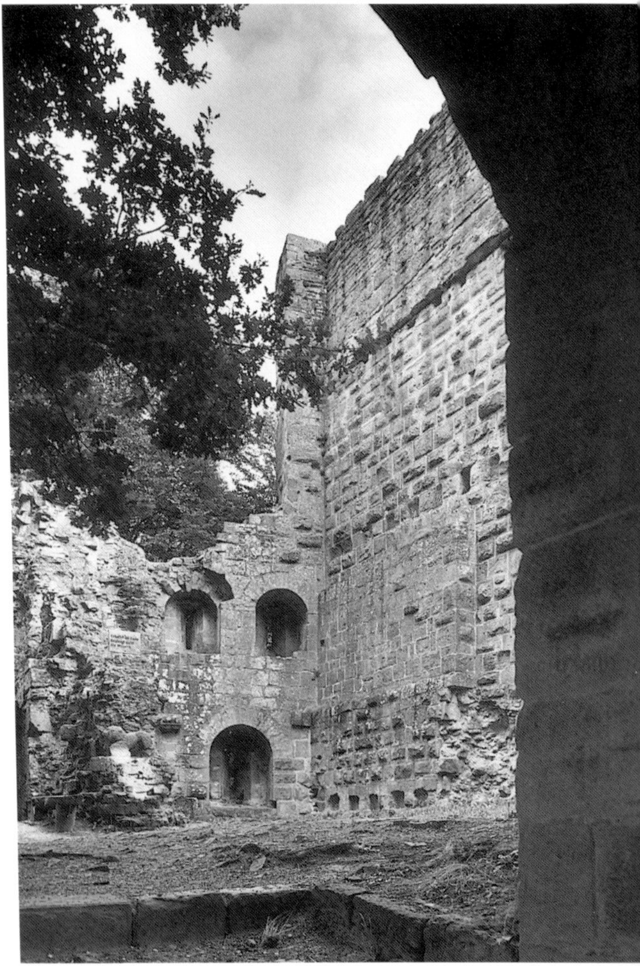

Güglingen-Eibensbach.
Burg Blankenhorn

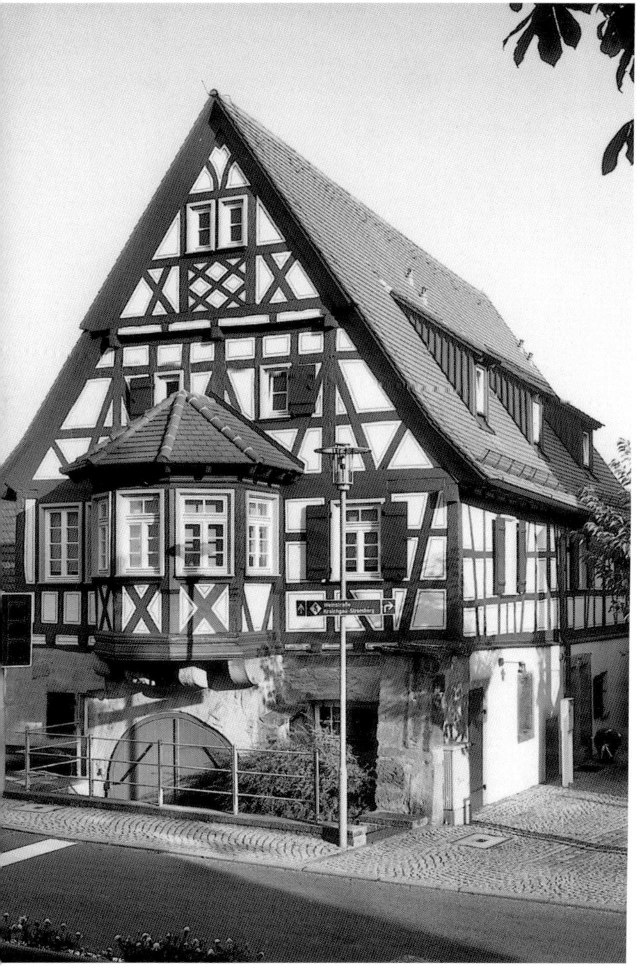

ıglingen-Frauenzimmern.
.s sog. Erkerhaus des ehem. Enzbergerschen Hofes
:h der Renovierung

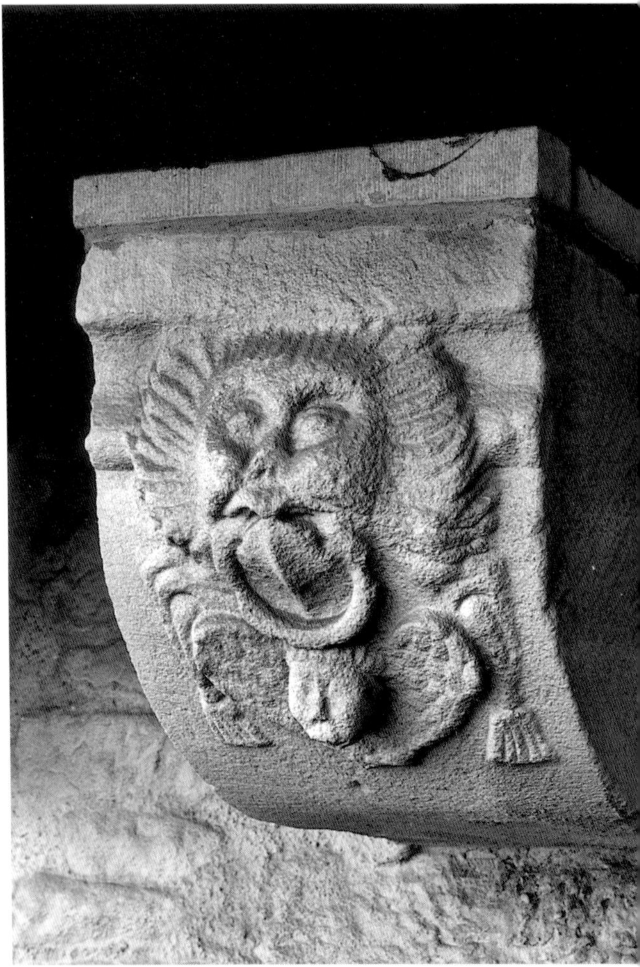

Güglingen-Frauenzimmern.
Eine ornamentierte Steinkonsole am sog. Erkerhaus

eit 1462 diente sie als Forstmeisterwohnung, 1479 wurden Abbrucharbei-
en erwähnt.
)er Chorturm der *ev. Pfarrkirche*, einer ehemaligen Marienkapelle, reicht im
ern in das 13. Jh. zurück.

ÜGLINGEN-FRAUENZIMMERN

*m 1230 gründeten hier die Magenheim ein St. Cyriakus geweihtes Chorher-
enstift, 1245 verlegten die Zisterzienserinnen des Klosters Mariental zu Böckin-
en ihr Kloster hierher, 1246 folgte die Verlegung der Zisterze Lauterstein und
ıre Vereinigung mit dem Marientaler Konvent in Frauenzimmern. Das Kloster
urde jedoch bereits 1442 in die Propstei Kirchbach bei Ochsenbach verlegt.*

rhalten sind einige Gebäudereste im Bereich des 1575 erbauten *Pfarrhauses*
nd die *ev. Pfarrkirche St. Martin* – eine romanische Chorturmanlage im
laulbronner Übergangsstil mit kreuzrippengewölbtem und ausgemaltem
urmchor sowie Resten der romanischen Bauplastik, in der Zeit vor dem
reißigjährigen Krieg umgebaut. Wohl gleichzeitig entstand auch das neben
em Südportal stehende Epitaph für Jörg Enzberger von 1606.
wischen 1560 und dem Dreißigjährigen Krieg erlebte das Dorf dank der
autätigkeit des Herzoglichen Hofmaiers Jörg Enzberger – seinem reichen
rabmal begegnet man an der Kirche– eine Blütezeit. Dies belegen u. a. der von
ım an der Cleebronner Straße erbaute 1595 datierte Zierfachwerkbau des sog.
torchennests mit spätgotischem Stabwerksportal sowie Resten des Hofpor-
ıls, das an der Ecke Cleebronner Straße/Hauptstraße 1586 ebenfalls für
nzberger erbaute *Erkerhaus* mit Renaissancekonsolen und eine 1573 datierte
nd mit seinem Wappen versehene *Fachwerkscheuer* im ehem. Klosterbezirk
nterhalb des Pfarrhauses. Das Haus „Storchennest" ist in den 1990er Jahren
enkmalpflegerisch beispielhaft restauriert worden.

UNDELSHEIM

*ie Ursprünge des Ortes werden um die heutige Friedhofskapelle angenommen.
er Deutsche Orden, der den Ort mit der Burg Horneck seit dem 13. Jh. besaß,
reichte 1378 von Kaiser Karl IV. Stadtrechte für die in Burgnähe verlegte, plan-
äßig um die Achse der Schloßstraße angelegte Stadt. Die mittelalterlichen
adttürme und Stadtmauern sowie Gräben sind z. T. noch erhalten, am ein-
ucksvollsten entlang der Neckarstraße und südlich der kath. Pfarrkirche.*

Das *Schloss Horneck*, über der Stadt auf dem Bergsporn des Michaelsbergs, is eng mit der Geschichte der Stadt verbunden. Von der mittelalterlichen, 123 bezeugten Burg, die der Deutsche Orden um 1255 erhielt, sind nur de Bergfried sowie einige Vorwerke mit Gräben erhalten, die Anlage der jetzige Burg stammt aus dem 15. Jh., als die Burg für etwa ein Jahrhundert Sitz de Deutschmeister war und umgestaltet wurde. Sie wurde 1533 nach der Zer störung im Bauernkrieg 1525/26 über den alten Mauern wiederaufgebaut un 1724/28 nach Entwürfen des Ordensbaumeisters Franz Keller barock umge staltet (vor allem vereinfacht); erhalten geblieben sind aber die Zwingermauer mit ihren Türmen. Im 19. Jh. diente das Schloss zunächst bis 1811 als Kasern danach als Spital, Bierbrauerei (Schornstein an der ehem. Kelter daneben), a 1890 als Naturheilanstalt, seit 1960 schließlich als Museum und Altenhei der Siebenbürger Sachsen.

Horneck gilt neben Heidelberg als das größte der Neckarschlösser. Da dreistöckige, 90 m lange und 30 m breite Schloss umschließt zwei Höfe, zw schen denen der 35 m hohe Bergfried aufragt. Der Zugang wird durch ein Vorburg mit mehreren Toren und Brücken gedeckt. Von den Toren sind da Stadttor an der Schloßstraße und das Portal am Südeingang des Schlossge bäudes aufwendig im Stil des Barock gestaltet: das Stadttor mit dem Stad wappen und drei Ordensrittern, das 1730 erbaute Portal mit dem Wappen de Deutschmeisters Franz Ludwig von der Pfalz und den Allegorien der Tapfe keit und der Liebe. Ein weiteres, kleineres Portal mit Wappen befindet sich a der aussichtsreichen Schlossterrasse zum Neckar hin, datiert 1747, mit de Buseckschen Wappen. An den Wänden der Schlosseinfahrt befinden sic Gipsnachbildungen der Grabdenkmäler von vier Deutschmeistern des 15./1 Jhs. aus der ehem. Schlosskapelle (die hervorragenden gotischen Origina befinden sich heute in der ehem. Ordensburg Busau in der Tschechei).

Im Innenhof erinnern Inschriften und Jahreszahlen aus dem 16. Jh. an die Ze störung im Bauernkrieg und den nachfolgenden Wiederaufbau. Im Innern de Schlosses sind trotz der zahlreichen Nutzungsänderungen noch einig beachtliche Räume erhalten, so z. B. der Fürstensaal, ein fast quadratisch Raum mit Regence-Stuck und Deckenmalerei, die ehem. Hauskapelle (scho 1429 erwähnt, diente 1851-96 als ev. Kirche, heute zwar dreigeteilt, aber no mit farbigen Stuckdecken), das ehem. Komturzimmer (heute Teil des Siebe bürgischen Museums, mit Gewölbemalereien aus dem Jahre 1594, die u. a. d Wappen der Komture von 1526 bis 1600 zeigen), das Treppenhaus mit Stuc decken und die Kellergewölbe. Die östlich des Schlosses stehende ehem. Ke ter weist im Innern interessante Inschriftenfragmente des 17. und 18. Jhs. au die offenbar übereinander gemalt wurden.

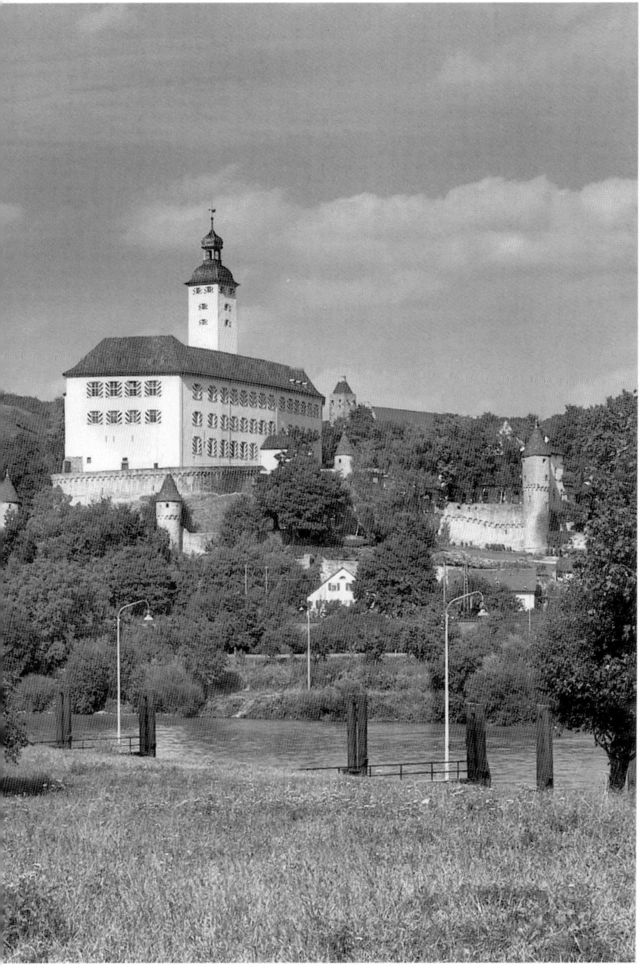

·undelshheim.
·eutschordensschloss Horneck

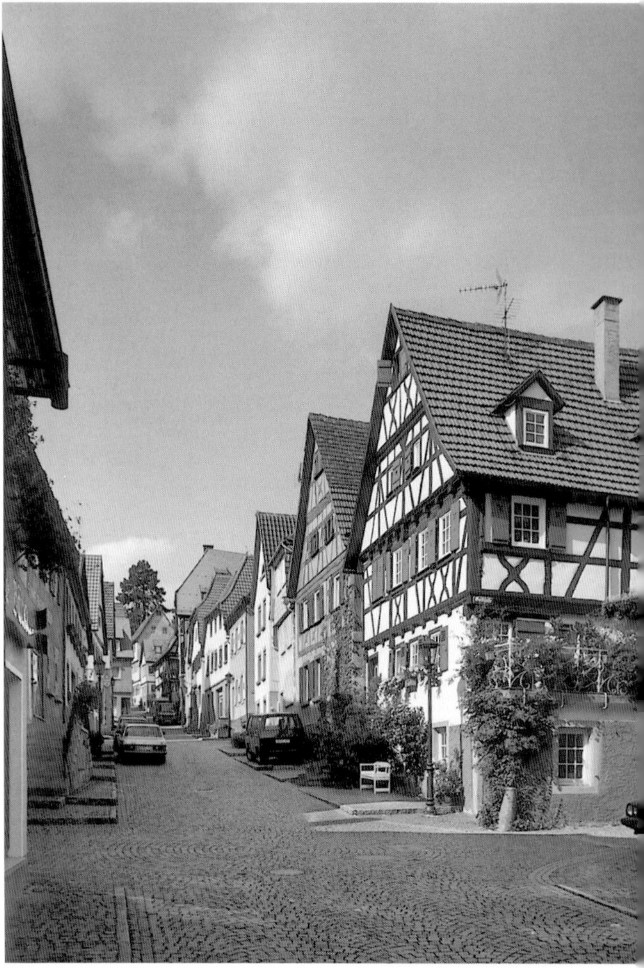

Gundelsheim.
Schloßstraße

Zum im 15. Jh. gegründeten Ordensspital gehörte die *kath. Pfarrkirche St. Nikolaus*, ehem. St.-Anna-Kapelle. Sie ist mit dem früher westlich anschließenden Spital in der 1. Hälfte des 15. Jhs. erbaut worden, die Sakristei wurde 1515 angebaut. Die ganze Kirche wurde 1700 barockisiert, 1923 westlich und nördlich erweitert, der Westturm teilweise (im Schiff) abgetragen. Die gotische Bausubstanz ist vom östlichen Chorpolygon bis zum Turm hin ablesbar, wobei die südlich angeschlossene Frühmesskapelle mit ihrem Netzgewölbe erst gegen Ende des 15. Jhs. gebaut wurde. Aus der Gotik überliefert ist auch der Altarschrein mit der Annaselbdritt, den hll. Katharina und Barbara sowie der Wurzel Jesu in der Frühmesskapelle, um 1500-25 entstanden; hier stehen auch die drei Standfiguren der Muttergottes, der hll. Katharina und Elisabeth, ebenfalls um 1500, wohl als Teil eines Marienaltars entstanden, und im nördlichen Seitenschiff schließlich ein gotischer Kruzifixus. Die gotische Pieta im Durchgang zur Frühmesskapelle stammt aus der Friedhofskirche auf dem Michaelsberg. Der Taufstein ist 1550 datiert, aus dem 16. Jh. stammen auch einige Epitaphien in der Frühmesskapelle und an der nördlichen Außenwand der Kirche.

An die Barockisierung von 1700/01 erinnern die Stuckdecken vom Chor bis zum Turm, die wahrscheinlich von Esterbauer angefertigte Kanzel und die barocken Altäre (Figuren später aus Mergentheim) inklusive der Barockrahmung des gotischen Annenaltars. Die Statuen unter der Empore, das Ölgemälde mit dem Kirchenpatron am Emporenaufgang, mehrere Epitaphien etc. weisen auf die Kunstblüte im 18. Jh. hin. Das 19. Jh. hat lediglich die beiden Farbfenster über den Eingängen hinterlassen. Der expressionistischen Kirchenerweiterung von 1923 sind die Deckenmalerei im Schiff von dem bekannten Kirchenmaler Alois Schenk aus Schwäbisch Gmünd und die Farbfenster unter der Empore zuzuordnen.

Das ehem. Ordensspital, das mit dem Kernbau der Pfarrkirche errichtet wurde, ist 1442 vom Deutschen Orden gestiftet und 1923 im Zusammenhang mit der Kirchenerweiterung abgebrochen worden. Mit der *St.-Elisabeth-Apotheke* nördlich der Kirche ist trotzdem ein bauliches Dokument des Ordensspitals in der Stadt vorhanden: 1595 erwarb der Orden dieses unmittelbar an der Kirche stehende Eckhaus und bildete es zum Spital um. Das Haus dürfte um 1550 entstanden sein, es beeindruckt durch den reichen Renaissance-Erker, den Volutengiebel und die 1777 datierte Hausheilige (Kopie).

Beim ehem. Spital bzw. der früheren Spitalkirche beginnt die Hauptstraße des Ortes, die zum Schloss hinaufführt, durchkreuzt von ziemlich regelmäßig angelegten, engen Seitengassen. *Fachwerkhäuser* mit Ziergiebeln und Erkern säumen diese Mittelachse: das *Alte Rathaus* von 1541 (Nr. 19, 1957 erneuert);

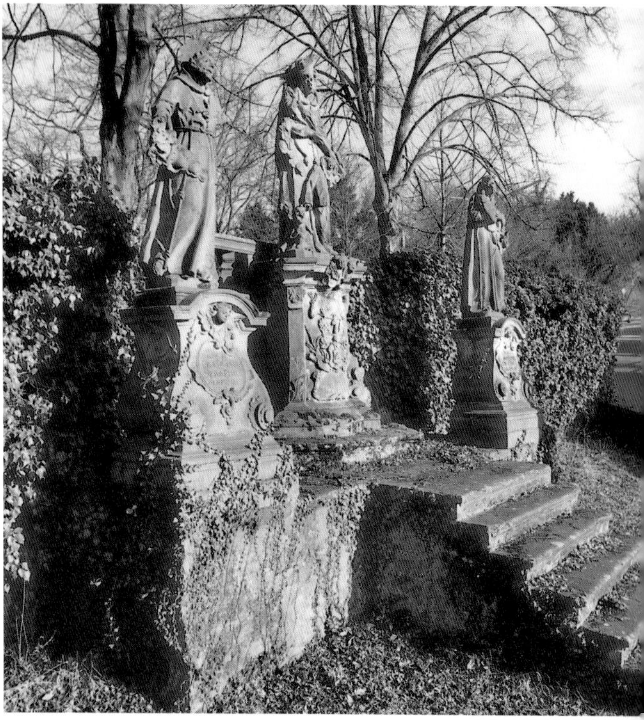

Gundelsheim.
Die Nepomukgruppe, eine der aufwendigsten barocken freiplastischen Anlagen der Region

die ehem. Bannwirtschaft des Deutschen Ordens aus dem 16.-18. Jh., heut *Zum Goldenen Löwen* (Nr. 29, über dem Eingang mit dem Komturwappen vo Buseck); das schöne, 1796 datierte *Barockhaus* mit einer Bildsäule de hl. Michael von 1751 oder 1771 (Nr. 32); Zierfachwerkhäuser der Zeit ur 1600 (z. B. Nr. 34); das 1639 datierte Zierfachwerkhaus mit einer Mariensäul von 1772 (Nr. 41); das ehem. Haus eines Küfers aus dem Jahre 1777 mit Blu menreliefs in den Fensterkeilsteinen (Nr. 43); das Gasthaus der Brauere Friedrich mit dem Reliefbild der hl. Familie am Barockportal (Nr. 46); da

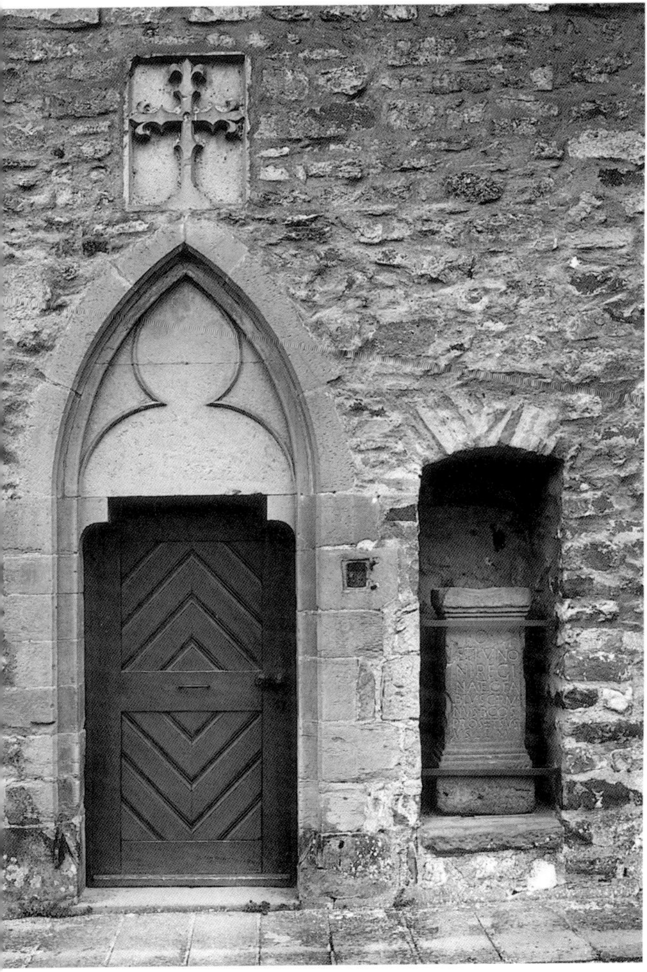

Gundelsheim.
Michaelsberg, Basilika St. Michael,
Südportal mit römischem Altarstein rechts

1607 datierte, noch die Eckstube aufweisende Weingärtnerhaus mit Verblattungen (Nr. 54); die ehem. Kaplanei von 1769 mit barockem Türgewände (Nr. 47, Ecke Kaplaneigasse). In den Seitengassen stehen z. B. das Alte Schulhaus von 1784 (in der Schulgasse), Zierfachwerkhäuser des 16. Jhs. (Neckarstr. 8, 1549) oder auch ein im Louis-Seize-Stil erbautes *Stadtpalais* (Wintergasse 3).

Die *ehem. Georgskirche*, heute Gottesackerkapelle, stammt im Kern von 1295 und 1472 (Chor), ihr heutiges Erscheinungsbild wird jedoch vor allem im Innern (seltene Travertin-Verkleidung!) durch den ab 1946 erfolgten qualitätvollen Nachkriegswiederaufbau geprägt. Das Farbfenster mit der hl. Cäcilia am Eingang entstammt noch der Hochgotik um 1320, die Madonna dem 15. Jh., die übrige Ausstattung der Zeit des Wiederaufbaus: Die Farbfenster schuf Adolf Valentin Saile, das Kruzifix davor H. Knittel aus Freiburg. An der Chorauẞenwand und an der Friedhofsmauer sind mehrere Epitaphien des 16./17. Jhs. zu sehen.

Die *Kreuzkapelle* auf dem Kalvarienberg ist 1627 ursprünglich außerhalb beim Neckartor errichtet und 1858 auf den Kalvarienberg verlegt worden. Zu ihr führen Kreuzwegstationen wohl des 19. Jhs. mit Malereien von Franz Klimm aus dem 20. Jh. hinauf.

Ein weiteres typisches Dokument katholischer Frömmigkeit ist die *Barockgruppe* mit dem hl. Nepomuk an der Roemheldstraße – sie ist 1752 entstanden, ummauert und von zwei Engeln bewacht.

Die ev. Kirchengemeinde des Ortes konnte ihre *Kirche* 1895/96 nach Entwürfen der Stuttgarter Wittman und Stahl errichten, bis dahin war sie in der Schlosskapelle untergebracht. Der neugotische Bau weist u. a. die originale florale Westrosette auf.

Auf dem Michaelsberg steht die zur Teilgemeinde Böttingen gehörende *Basilika St. Michael*, eine kath. Kirche in aussichtsreicher Lage, umgeben von einem alten Kirchhof mit spätgotischem Schulterbogenportal und Figurennischen. Sie ist eine der frühest genannten Kirchen des Landes, 771 urkundlich bezeugt. Die im Kern einschiffige romanische Chorturmanlage ist z. T. gotisch verändert, am Eingang mit einem römischen Altarstein für Jupiter und Juno, hinter dem Chor mit einfachen Grabplatten und versetztem mittelalterlichem Wasserspeier. Das Westportal stammt aus der Zeit um 1600. Im Innern befindet sich die Kopie des Versperbildes aus der Gundelsheimer kath. Pfarrkirche unter einem spätgotischen steinernen Ziborium von 1513 in der Wandnische mit barockem Holzrahmen. Sehenswert sind auch der Marienaltar des 18. Jhs., der 1702 datierte Michaelsaltar im Chor mit Ausmalung der Zeit um 1908 und aus derselben Zeit zwei Reliefbilder mit der Mater dolorosa.

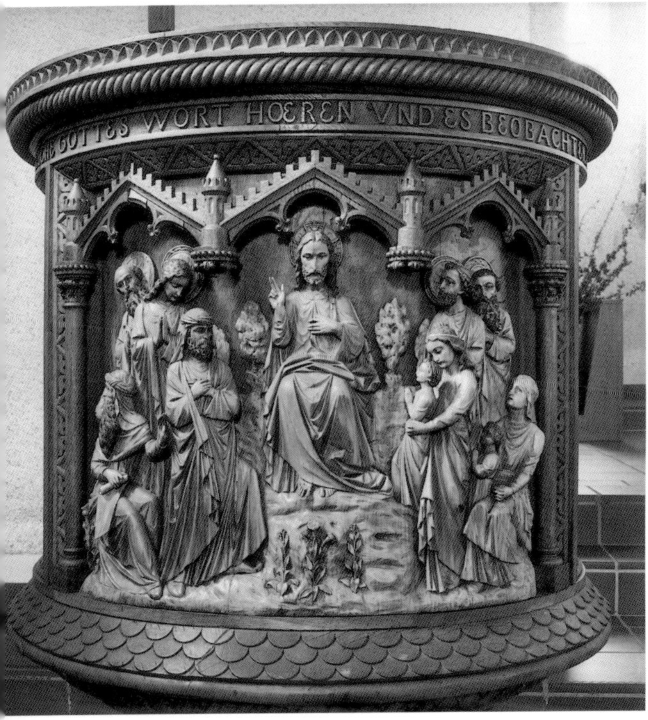

Gundelsheim-Bachenau.
Kath. Pfarrkirche, Kanzel

GUNDELSHEIM-BACHENAU

Der auf der sog. Krummen Ebene liegende Teilort erhielt 1901/02 eine neuromanische *kath. Pfarrkirche St. Walburga*, für die der 1593 datierte Turm des Vorgängerbaus mitverwendet wurde. Im Innern beeindruckt die neuromanische Ausstattung mit reich geschnitzter Kanzel, Altären, Orgel, Kreuzwegstationen und Farbfenstern von A. Valentin Saile. Neben der Kirche steht ein städtisch wirkendes villenartiges Bauernhaus aus dem Jahre 1906 mit anspruchsvollem Fachwerkdekor. Der katholische Ort weist selbstverständlich auch einige *Bildstöcke* auf, mitten im Ort einen mit dem hl. Wendelin aus dem 18. Jh., am Ortseingang ein seltenes Beispiel aus den fünfziger Jahren unseres Jahrhunderts. Das *Backhäusle* des 19. Jhs. in der Ortsmitte ist noch in Betrieb.

GUNDELSHEIM-HÖCHSTBERG

Die *kath. Pfarrkirche*, die über dem Jagsttal thronende Höchstberger Liebfrauen-Kapelle im ummauerten Kirchhof, wird als Wallfahrtskirche 1328 erstmals bezeugt, 1698 neu erbaut im Anschluss an die Kapelle aus der Zeit um 1300 und 1946-58 nach Kriegsschäden wiederaufgebaut. Vom Vorgängerbau konnten die als Sakristei dienende gotische Kapelle mit alten Grabsteinen und die Umfassungswände verwendet werden, die Innenausstattung ist im Wesentlichen neobarock von der Firma Geiselhart in Ellwangen, z. T. Schenkungen u. a. vom Franziskanerkloster Vierzehnheiligen bei Bamberg (Kreuzweg des Jahres 1904 von dem oberschwäbischen Maler K. Kreutle und Immaculata), die Altargemälde des Nachkriegswiederaufbaus von Erich Pörner aus Ellwangen. Aus der Kirche vor dem Brand von 1945 stammen u. a. die barocken Gemälde mit den vier Evangelisten. Die Aussicht von dieser Bergkirche gehört zu den schönsten im Unterland. Daneben steht das 1758 nach Entwürfen von Franz Häffele vollendete, 1948 wiederaufgebaute *Pfarrhaus*. Im Ort selbst stehen mehrere *Wegkreuze*, z. T. aus dem 20. Jh., und eine Brunnensäule mit Madonna von 1787.

GUNDELSHEIM-OBERGRIESHEIM

Die *kath. Pfarrkirche der Hl. Dreifaltigkeit* wurde 1900-02 im neugotischen Stil erbaut, unter Verwendung eines 1593 datierten gotischen Turmes vom Vorgängerbau, aus dem auch die schöne Plastik der Annaselbdritt (eine Arbeit der Zeit um 1505, die mit der Werkstatt Hans Seyffers bzw. mit dem Ulmer Jörg Syrlin in Verbindung gebracht wird), der reiche Renaissancegrabstein der Familie Grohe (um 1611/12, bez. David Werner), der 1788 datierte Taufstein und die Kreuzwegstationen von 1868 stammen. Von der Ausstattung der Jahrhundertwende sind der neugotische Hochaltar und die Farbfenster beachtenswert.

Die Profanbauten des Ortes sind insbesondere durch die umfangreiche Bautätigkeit des 18. Jhs. gekennzeichnet: An der Bachenauer und Heidelberger Straße stehen mehrere *Barockbauten* mit schmuckreichen Fenster- und Tür

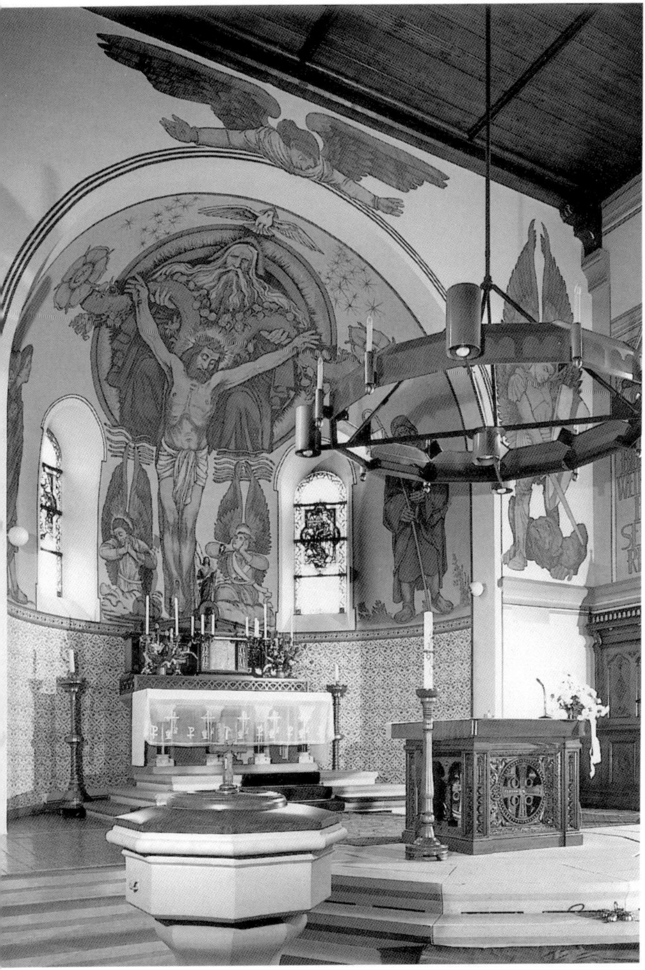

Gundelsheim-Tiefenbach.
Kath. Pfarrkirche St. Jakobus

gewänden, darunter das Pfarrhaus von 1792 mit dem Wappen des Heilbronner Karmeliterklosters (Patronatsherr), das Gasthaus Traube von 1781 mi einem Saalbau aus der Zeit um 1910, die große Steinscheuer von 1793 mi Rundbogentoren an der Bachenauer Straße und die Kreuzigungsgruppe vo 1792 in der Oberen Straße.

GUNDELSHEIM-TIEFENBACH

Um 1900 wurde die alte Kirche durch einen Neubau ersetzt und der aufgegebene Altbau profaniert: Die alte *Jakobuskirche* Franz Häffeles von 174 steht mitten im Ort und ist an den Wandpilastern, dem Traufgesims un Chorapsis zu erkennen. Der Neubau entstand 1901 in erhöhter Lage vor den Ort. Die neuromanische *katholische Kirche St. Jakobus* beeindruckt durch di vollständige Inneneinrichtung der Erbauungszeit, u. a. mit monumentale Wandmalerei, Altären, Kanzel, Empore, Kreuzweg etc.
Auf die Blüte des Ortes im 18. Jh. weisen neben der alten Kirche das ih gegenüberstehende *Barockhaus* von 1789 mit dekorativen Tür- und Fenstergewänden und ein Bildstock von 1750 auf dem Weg zur Müssigmühle.

Haberschlacht → Brackenheim

HARDTHAUSEN AM KOCHER

Am Hardthäuser Wald durch Zusammenlegung der Gemeinden Gochsen Kochersteinsfeld und Lampoldshausen 1974/75 neu entstandener Ort.

HARDTHAUSEN AM KOCHER-GOCHSEN

Das auf dem sanft ansteigenden rechten Kocherufer sich ausbreitende Dor wird von der eng beieinanderstehenden Baugruppe aus Kirche, Rathaus un Pfarrhaus bestimmt. Die von weitem sichtbare *ev. Pfarrkirche* wurde 160 erbaut, der frühere Turmchor weist jedoch mit seinem romanischen Ostfenster auf ältere Ursprünge hin. Die gotisch erscheinenden Teile der Kirche sin das Ergebnis der 1878 nach Entwürfen von Christian Friedrich Leins erfolgte Regotisierung. Der Baumeister des Neubaus von 1601 ist Michael Kintzelmann gewesen, wie Inschrifttafeln an Turm und Langhaus bekunden. Eine guten Eindruck vom Aussehen dieses Baus vermitteln qualitätvolle Wand

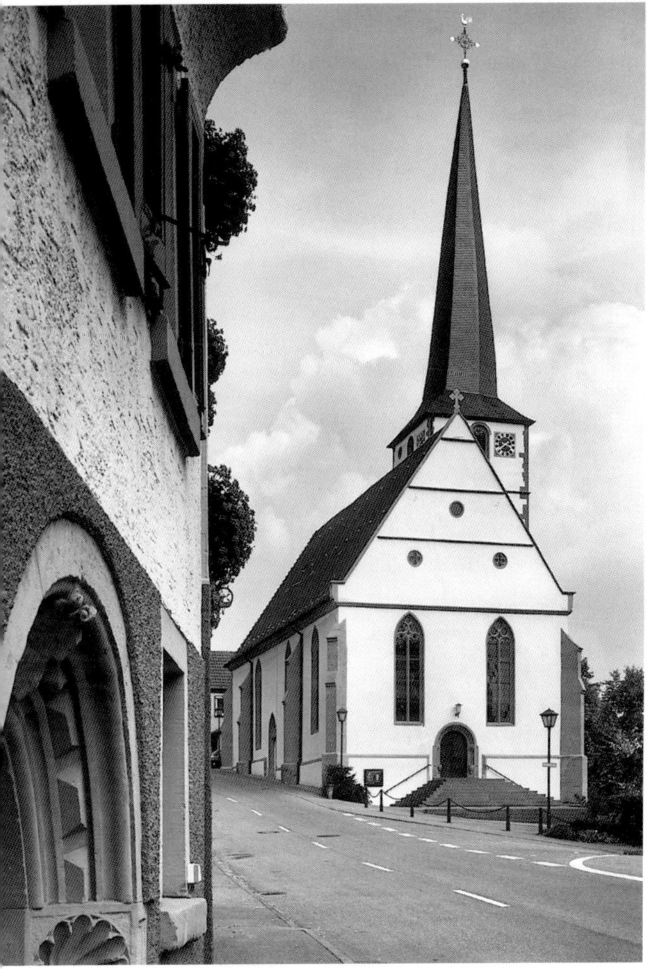

Hardthausen am Kocher-Gochsen.
Ev. Pfarrkirche

malereien im Stil der deutschen Renaissance im Kircheninnern und das Westportal.
Der markante Sichtziegelbau des 1889 erstellten *Rathausneubaus* zeigt die reduzierte Formensprache der Neorenaissance, die für das späte 19. Jh. typisch war. Das weiter nördlich am Hang stehende *Pfarrhaus* stammt aus dem Jahre 1772, der barocke Putzbau zeigt das übliche profilierte Eingangstürgewände. Westlich vom Rathaus ist an einem Gebäude ein Portal mit der Jahreszahl 1601 und dem württembergischen Herzogswappen zu sehen; es verblüfft durch die Übereinstimmung mit dem Westportal der Kirche.

HARDTHAUSEN AM KOCHER-KOCHERSTEINSFELD

Der Ort liegt hübsch auf dem sanft ansteigenden rechten Kocherufer beherrscht von der *ev. Pfarrkirche*, die 1733 mit romanischem Ostturm erbaut wurde. Von der Ausstattung des Jahres 1733 sind im Innern vor allem die schöne barocke Kanzel mit dem Bildwerk des auferstandenen Christus auf dem Kanzeldeckel, der Taufstein und die zweigeschossige Empore zu nennen. An spätere Renovierungen erinnern das farbige Chorfenster von 1909 und wertvolle Arbeiten der fünfziger Jahre des 20. Jhs.: das Wandgemälde von Rudolf Yelin um die Kanzel, das Bronzekruzifix von Martin Scheible auf dem Altar und das Reliefbild des trauernden Ehepaares von Helmut Uhrig vor der Kirche. Hier sind auch mehrere Grabmale des 17.-19. Jhs. aufgestellt, im Chor der Kirche zwei weitere, u. a. von 1599. Unweit der Kirche steht das Ensemble des *Pfarrhauses* mit der Pfarrscheuer, datiert 1790.
Die ausgedehnten Wälder der Umgebung prädestinierten zu einer besonderen Nutzungsform: Als Jagdaufenthalt wurde der *Buchhof* 1720 angelegt und 1803 den Grafen Zeppelin verliehen, der *Schweizerhof* wiederum entstand für Herzog Karl Rudolf von Württemberg-Neuenstadt 1667-1742.

HARDTHAUSEN AM KOCHER-LAMPOLDSHAUSEN

Hoch über dem Ort steht die *ev. Pfarrkirche St. Nikolaus*. Sie weist mit dem romanischen Turmchor, in dem romanische und frühgotische Wandgemälde aufgedeckt wurden, ein bedeutendes kunstgeschichtliches Dokument sakraler Malerei auf. Das Kirchenschiff wurde 1745-49 erneuert, aus dieser Zeit stammen die hölzernen Emporen und die Kanzel mit ornamentalen Schnitzereien. Das Kruzifix ist offenbar ein Werk der Zeit um 1620.
Sehenswert sind noch das danebenstehende *Pfarrhaus* des Jahres 1758 und an

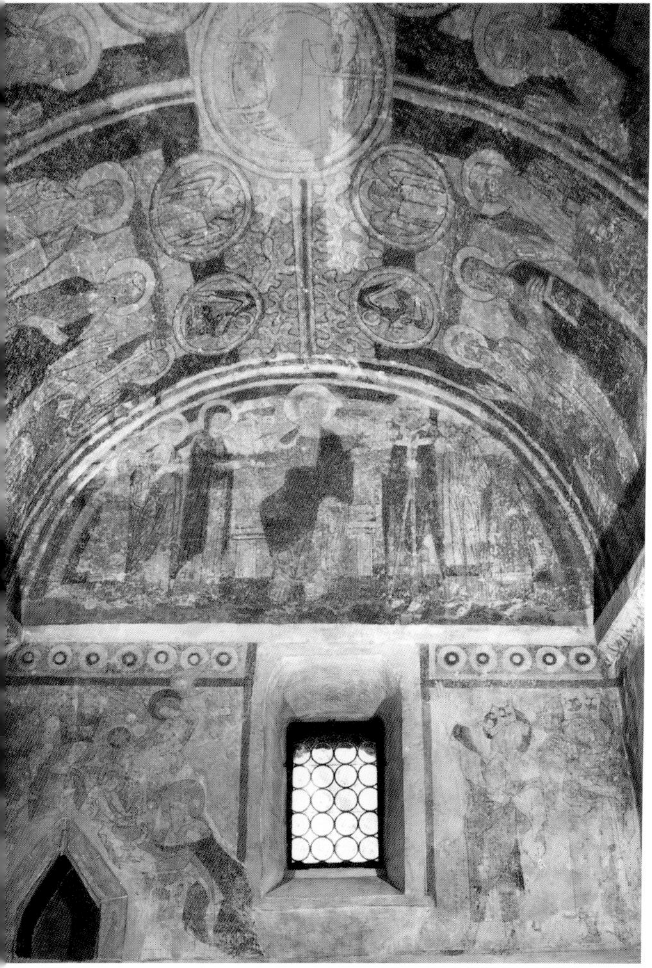

ɪardthausen am Kocher-Lampoldshausen.
v. Pfarrkirche, romanischer Turmchor

der Kochersteinsfelder Straße das *Gasthaus zum Löwen* von 1793 mit schönem Barockportal.

Hausen a. d. Zaber → Brackenheim
Heinsheim → Bad Rappenau
Herbolzheim/Jagst → Neudenau
Höchstberg → Gundelsheim
Hölzern → Eberstadt

ILSFELD

Der Ort war seit dem Spätmittelalter ein völlig ummauerter, mit Türmen bewehrter Marktort, dessen Kirche als Wehrkirche ausgebaut war. Seit dem verheerenden Brand des Jahres 1904 ist das Erscheinungsbild des Ortskerns wesentlich durch die Bauten von 1905/06 bestimmt, die, z. T. von prominenten Stuttgartern entworfen, die breite Palette der Stilbewegung der Jahrhundertwende dokumentieren. Bei einem überregional beachteten Wettbewerb zum Wiederaufbau des Ortes waren unter den Preisträgern u. a. Paul Schmohl mit Georg Staehelin, Richard Böklen mit Carl Feil, im Preisgericht Robert von Reinhardt und Ludwig Eisenlohr. Das Ensemble der Neubauten ist vorwiegend das Ergebnis der Beiträge von Schmohl & Staehelin sowie des nicht minder prominenten Stuttgarter Teams Bihl & Wolz, die Bauleitung hatte Oberbaurat Richard Leibbrand aus Stuttgart.

Im Zentrum des Ensembles steht in erhöhter Lage die *Bartholomäuskirche*, entworfen von Paul Schmohl und 1906 fertig gestellt. Von dem mittelalterlichen Vorgängerbau konnten der spätgotische kreuzrippengewölbte Chor und Teile des Turms sowie des Westgiebels übernommen werden, ebenso der reich skulpierte Taufstein der Übergangszeit von der Spätgotik zur Renaissance und die Grabplatte des Ritters Nothafft (an der Chorwand) aus dem späten 15. Jh. Der Sakralbau ist durch den barockisierenden Jugendstil, qualitätvolle bildhauerische Arbeiten des Stuttgarters Josef Zeitler, die florale Dekorationsmalerei an der trapezförmigen Decke und die noch weitgehend vorhandene originale Einrichtung (Gestühl, Kanzel, Altar, Orgel, Emporen etc.) mit ihren Schnitzereien geprägt. Die farbigen Chorfenster schuf Albert Klaiber 1948, die Wandgemälde offenbar Rudolf Yelin 1957.
Um die Pfarrkirche gruppieren sieh die gleichzeitig und überwiegend stilgleich entstandenen Bauten des Rathauses (mit schönem Portal), des Pfarrhauses, des Dorastifts (von Bihl & Wolz entworfener Kindergarten mi

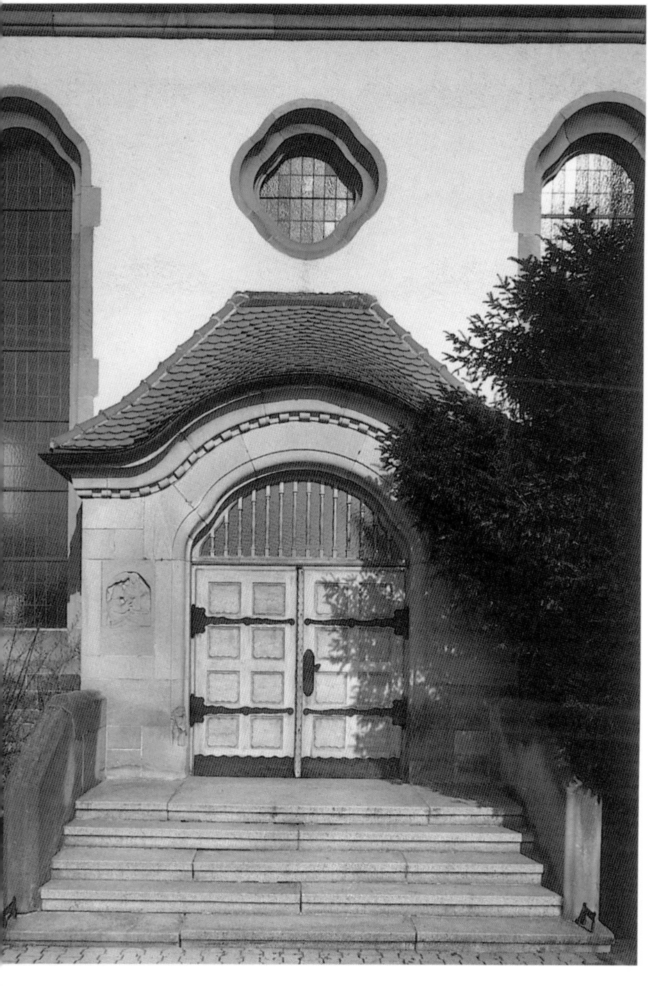

sfeld.
artholomäuskirche, Südportal

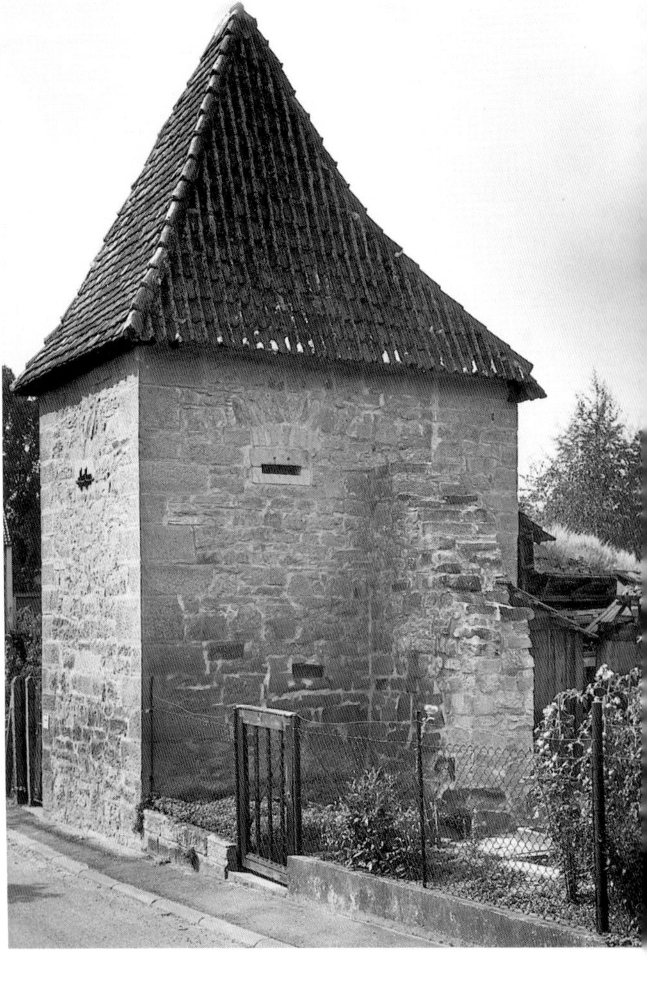

Ilsfeld.
Südturm der ehem. Ortsbefestigung

humorvoller Plastik) und mehrerer Wohn- bzw. Gasthäuser entlang der König-Wilhelm-Straße (diese auch mit Zierfachwerk im barockisierenden Heimatstil).

Den Brand von 1904 haben nur wenige bedeutende Bauten überstanden, darunter zwei *Türme* der um 1500 angelegten Ortsbefestigung (an der Bollwerkstraße und Turmstraße), das 1585 datierte, mit dem Ritter Nothafft in Verbindung gebrachte Steinhaus an der Mühlstraße, der 1596 angelegte, 1625 erweiterte Friedhof mit alten Grabplatten am Südeingang und dem klassizistischen Grabmal der 1817 verstorbenen Mutter Justinus Kerners, und schließlich das barocke Erdgeschoss des Gasthauses Krone mit prächtigem Portal aus dem Jahre 1766.

Im *Weiler Wüstenhausen* finden sich in einer Scheune (Lindenstr. 5 a) Reste der Mitte des 15. Jhs. urkundlich bezeugten Kapelle: frühgotischer Chorpolygon, Kreuzgewölbe, Halbsäule etc. Etwas südlich, an der Straße nach Auenstein, steht noch der massive gotische Turm der württembergischen Landhege, der *sog. Landturm*. Dieser war lange Zollstätte und erinnert – gemeinsam mit den noch ablesbaren Resten des Landgrabens bei Auenstein und Schozach – an die nördliche Befestigung Württembergs mit Graben, Hecken und Türmen, die sich von der Heuchelberger Warte bis zu den Löwensteiner Bergen bei Helfenberg erstreckte und 1456 begonnen wurde.

ILSFELD-AUENSTEIN

Der schlichte klassizistische Bau der 1832 wahrscheinlich nach einem Entwurf des Heilbronner Baurats von Bruckmann oder zumindest unter seiner Mitwirkung errichteten, innen modernisierten *ev. Pfarrkirche* birgt eines der schönsten Rokoko-Orgelgehäuse des Unterlandes mit figürlichen Schnitzarbeiten, Kartuschen etc. Unweit der Kirche steht der in das Jahr 1766 datierte Barockbau des *Rathauses* mit reich gestaltetem Portal – der Bau ist ursprünglich als das Wohnhaus des damaligen Schultheißen und Kronenwirts J. L. Kreh erbaut worden.

Von der zu Beginn des 13. Jhs. erbauten *Burg Helfenberg* östlich der Gemeinde ist die Ruine des Wohnturms erhalten. Auf spätere Veränderungen weist ein rundbogiger Eingang mit der Jahreszahl 1579 und dem Wappen der Herren von Wittstadt – die Anfang des 16. Jhs. von Württemberg das Lehen über die Burg erhielten – hin.

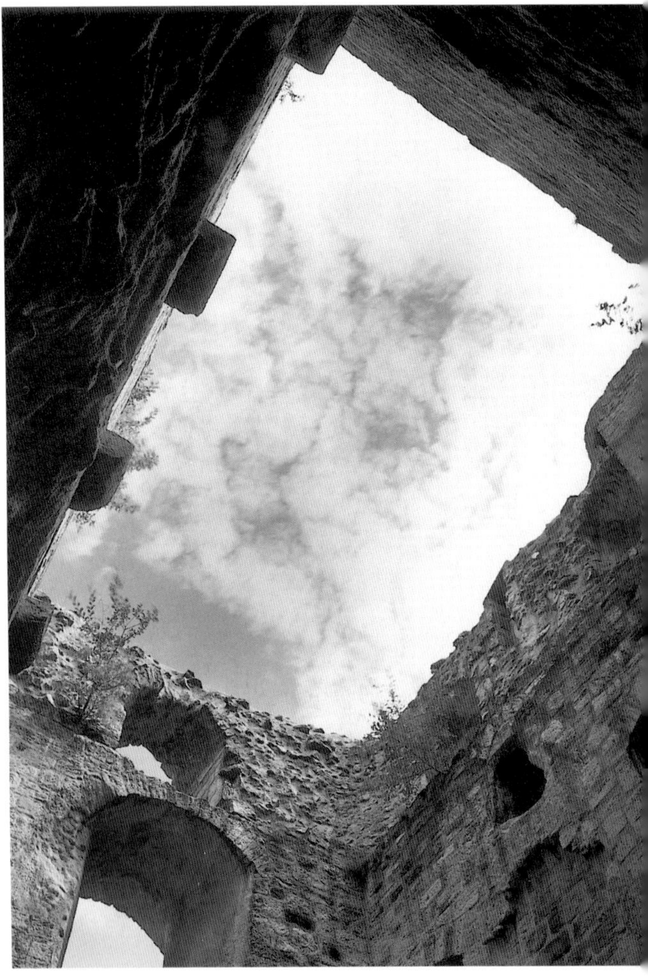

Ilsfeld-Auenstein.
Burg Helfenberg

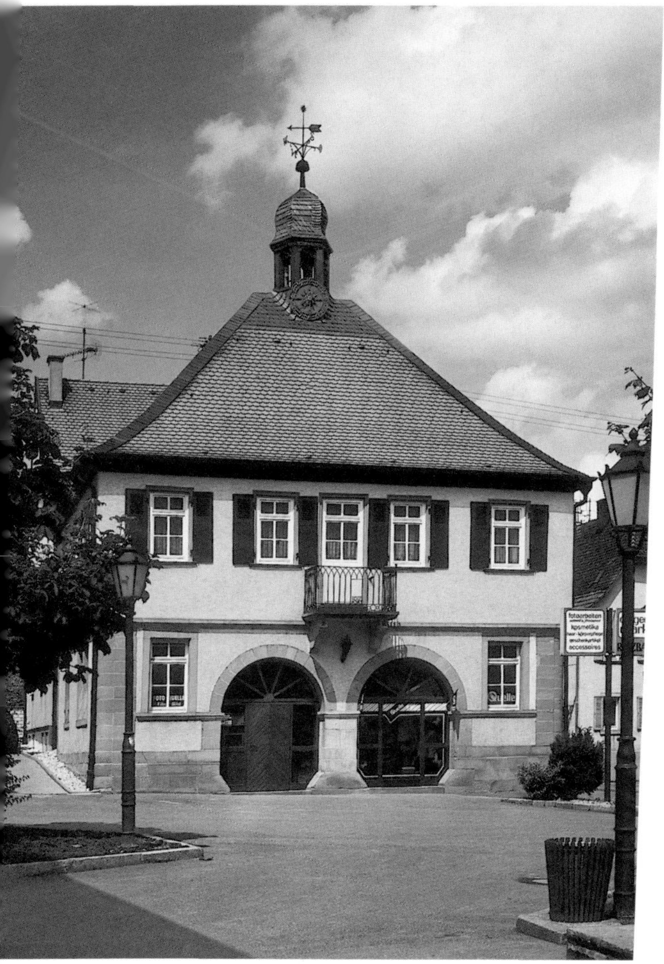

lingen.
tes Rathaus

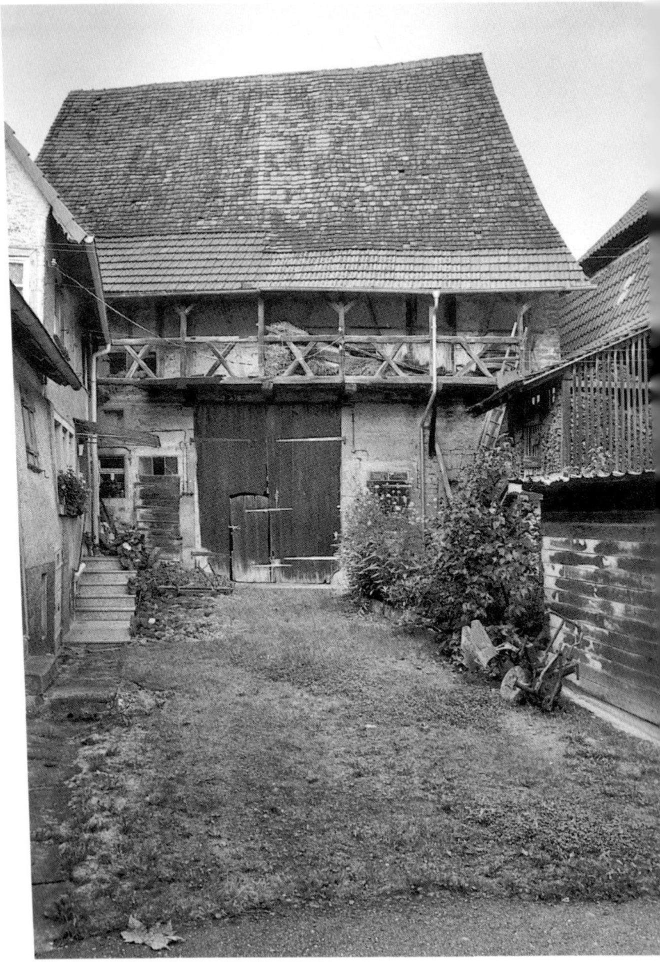

Ittlingen.
Bauerngehöft mit Galerie

TTLINGEN

)er Ort war der schwäbischen Reichsritterschaft im Kanton Kraichgau inkor-
oriert und gehörte überwiegend den Herren von Gemmingen. Sie bauten
577 das Herrenhaus des *sog. Bauhofes* mit Zehntscheuer, Stallungen und Kel-
er, das 1649 nach den Zerstörungen des Dreißigjährigen Krieges und 1768-
'2 wiedererbaut wurde. Qualitätvolle spätbarocke Architektur weist auch die
Iofanlage des *Gemmingenschen Zehntverwalters* in der Hauptstr. 91-93 auf,
801-04 erbaut. Von 1816 stammt das alte *Rathaus* an der Hauptstraße, nach
:ntwürfen des Karlsruher Architekten Weis. Weis entwarf auch die Erwei-
erung der *ev. Pfarrkirche* (1828) – ursprünglich eine Wehrkirche des 13. Jhs.
nit Chorturm –, 1732 neu erbaut mit einer reich verzierten Orgel.
'ür die *Bauernhäuser* des Ortes waren die traufseitigen Galerien der Wirt-
chaftsgebäude mit Aufzugsvorrichtungen im Obergeschoss kennzeichnend,
in typisches ist in der Friedhofstr. 2 (1854-57) erhalten.

ıgstfeld → Bad Friedrichshall

AGSTHAUSEN

*)er Ort liegt mit seiner nördlichen Hälfte im Bereich eines römischen Kastells,
uf den Trümmern der Römersiedlung legten erst die Franken wieder einen Ort
n, der 1090 urkundlich genannt wird. Bis 1370 ist der Ortsadel unter den
Iinisterialen der Grafen von Dürn und später der von Hohenlohe nachweisbar.
n Laufe des 14.-15. Jhs. kam der Ort dann an die Herren von Berlichingen.*

on den drei im Bereich des früheren Römerkastells im Norden des Ortes
efindlichen Schlössern– dem *Alten Schloss* mit mittelalterlichem Kern, dem
oten Schloss aus dem 17., dem *Neuen Schloss* aus dem späten 18. Jh. – sind die
vei letztgenannten einfachere Herrenhäuser. Das *Alte Schloss* ist identisch mit
er Burg des Götz von Berlichingen, hervorgegangen aus einer Burg der Her-
n von Hausen. Durch die Berlichingen mehrmals, zuletzt 1876-78 nach den
ıtwürfen des Ulmer Münsterbaumeisters August von Beyer umgebaut und
ergrößert, weist sie noch beträchtliche Teile aus dem 15. und besonders aus
em 16. Jh. auf. Sie dient heute u. a. als „Götzenburg" den bekannten Freilicht-
ielen. Die Burg besteht aus dem östlichen Palas mit Rittersaal, dem südlichen
g. Frauenhaus mit Kemenate, Bergfried und Brücke sowie einem Nordbau
r Dienstboten mit zwei gewaltigen Ecktürmen. In einem davon wird eine
ısehnliche Sammlung von Waffen und römischen Altertümern aufbewahrt

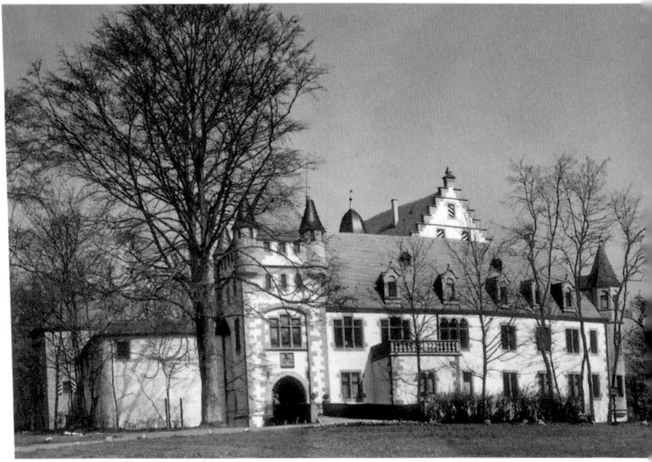

Jagsthausen.
Die Götzenburg

und vor allem die kunstreiche eiserne Hand, die sich Götz von einem Waffen-schmied nach 1504 hat anfertigen lassen. Der dunkel getäfelte Rittersaal unt[er] schweren Eichenbalken ist teilweise noch mit alter Ausstattung. Das Schlo[ss] umgibt ein Park mit romantischer Ruinenarchitektur des 19. Jhs. und de[m] ehem. Gärtnerwohnhaus des 16./17. Jhs. Das *Rote Schloss* aus den Jahre[n] 1572-95 liegt in der Mitte des ehem. römischen Kastells nahe der Götzenbur[g]. Der mächtige zweigeschossige Putzbau wurde im 18. Jh. zum Dorf hin um ei[ne] breite Fassade mit riesigem Mansarddach erweitert. Im Innern befinden sic[h] noch Räume mit Wandmalereien aus der ersten Bauphase.

Das „neue" oder auch *Weiße Schloss* aus dem Jahre 1792 ist im Kern ein ein-faches Herrenhaus, wesentlich geprägt von der neubarocken Umgestaltung d[es] späten 19. und frühen 20. Jhs. Dazugehörig ist der Park mit Spolien aus d[er] Antike und der Renaissance.

Die dem Roten Schloss gegenüberstehende *ev. Pfarrkirche Unserer Lieben Fr[au]* wird 1294 erstmals erwähnt. Sie ist eine im 17. und 18. Jh. umgebaute gotisc[he] Chorturmkirche mit unregelmäßigem polygonalem Turm, der ebenfalls i[m] 17. bzw. 18. Jh. nach oben ausgebaut wurde. Im Kircheninnern befinden si[ch]

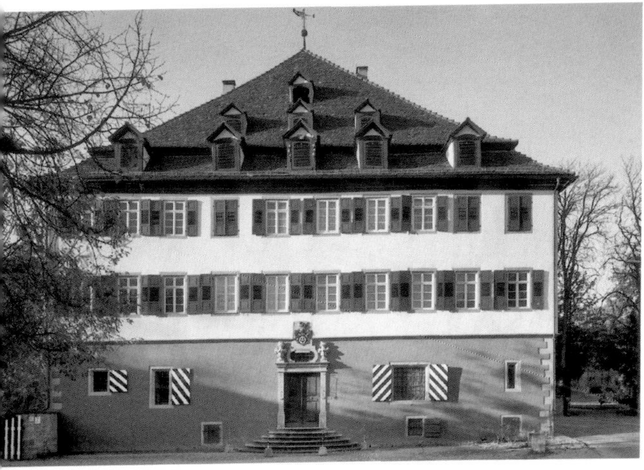

gsthausen.
as Rote Schloss

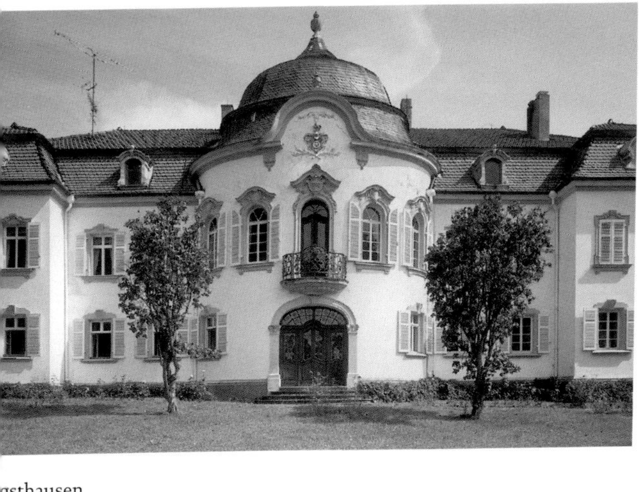

gsthausen.
as Weiße Schloss

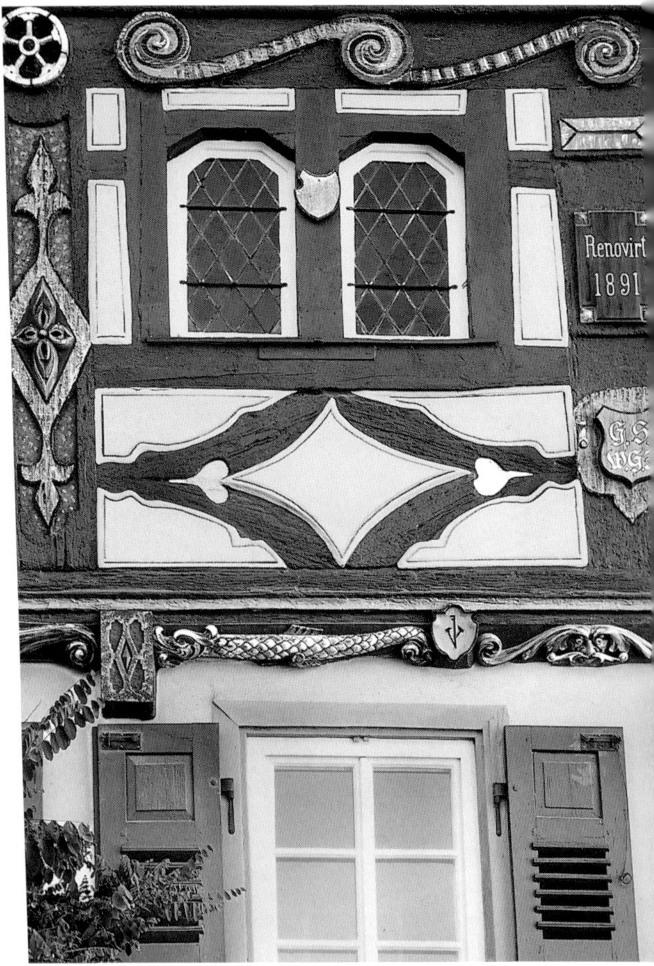

Jagsthausen.
Zierfachwerk des 16. Jahrhunderts am Alten Rathaus

eine zweigeschossige Empore der Zeit um 1800 mit Herrschaftsloge und zahlreiche Grabmäler der Berlichingen, darunter ein figürliches der Zeit um 1700, offenbar von einem der Sommer in Künzelsau.
An der Nahtstelle zwischen den Schlössern und dem Dorf sind die historischen Profanbauten Jagsthausens konzentriert: unweit der Pfarrkirche das 1565 datierte *Alte Schulhaus* mit geschnitztem Eckständer, dann der *Pfarrhof* des späten 18. Jhs. Im südlichen Dorfkern steht das *Alte Rathaus* aus dem späten 16. Jh. mit Zierfachwerkgiebel mit bemalter Schnitzerei und dem Wappen der Herren von Berlichingen. Im Friedhof an der Edelmannshofer Straße st die Begräbnisstätte der von Berlichingen mit umfangreichem Grabmalbestand aus dem 19./20. Jh. zu finden.

AGSTHAUSEN-OLNHAUSEN

Die im Kern 1408 datierte *ev. Kirche St. Johannes Baptist* ist eine gotische Chorurmkirche mit jüngerem Langhaus, 1810 erneuert. Im Innern befinden sich ömische Altarsteine aus dem 2. Jh., ein frühgotischer Kruzifixus, Wandtabernakel und eine schöne Barockorgel.
Vor 1654 nahm die Ortsherrschaft Berlichingen hier Juden auf, ihr Anteil an der Bevölkerung stieg in der 1. Hälfte des 19. Jhs. auf über 30 Prozent. Überliefert ist die *jüdische Schule* mit Frauenbad aus dem Jahre 1842 in der Lindentr. 32.

KIRCHARDT

Das ehemals kurpfälzische Dorf erhielt seine an der Hauptstraße des Ortes stehende *Pfarrkirche St. Egidien* 1791, der barocke Neubau wurde 1821 im frühklassizistischen Stil qualitätvoll ausgestattet (Orgel, Kanzel). Ebenfalls an der Hauptstraße und im Burggärtenweg stehen noch einige alte *Fachwerkhäuser*, überwiegend 16./18. Jh., häufig mit einem Treppenvordach auf kunstvoll eschnitzten Holzständern.

n *Berwangen* lebten früher viele *Juden*. Ihre 1845 nach Entwürfen des Karlsuher Hofbaumeisters Kuenzle und des Salinenbaumeisters Fritschi aus Bad Rappenau erbaute Synagoge wurde 1938 zerstört, erhalten ist der jüdische riedhof am Fürfelder Weg, um 1845 angelegt, und das jüdische Schlachthaus, Neubaugasse 4, aus dem ersten Viertel des 20. Jhs.
Die *ev. Kirche* stammt aus den Jahren 1823-24 und ist umgeben vom Kirchhof.

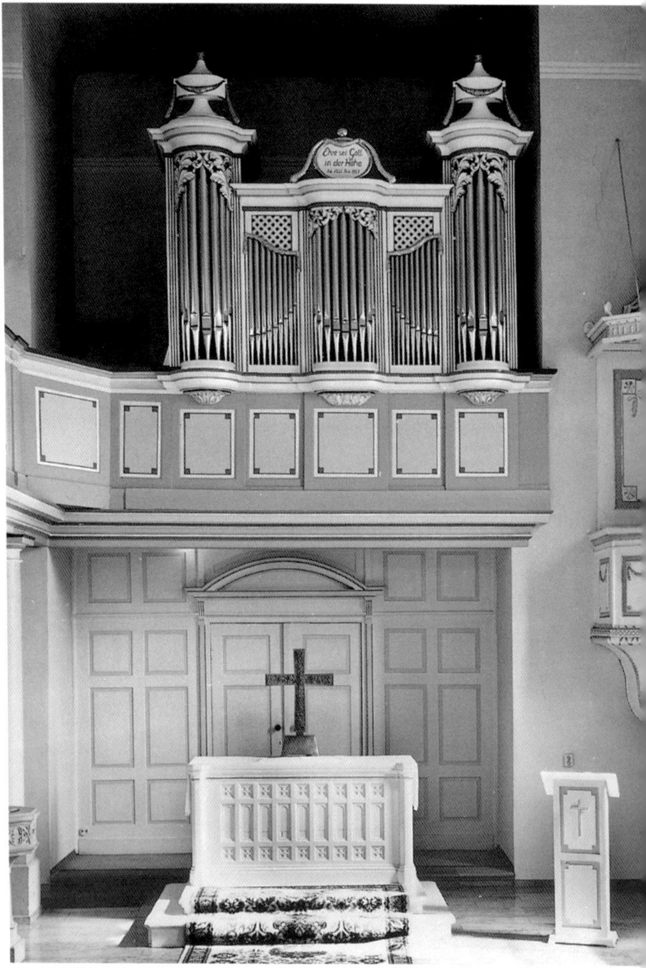

Kirchardt.
Ev. Pfarrkirche St. Egidien

Im Ortsteil *Bockschaft* ist ein Hofgut des Adeligen Damenstifts Pforzheim an der Neuhäuser Straße aus den Jahren 1833 bis1902 nennenswert.

Kleingartach → Eppingen
Kochendorf → Bad Friedrichshall
Kochersteinsfeld → Hardthausen am Kocher
Kochertürn → Neuenstadt am Kocher
Korb → Möckmühl
Lampoldshausen → Hardthausen am Kocher
Langenbeutingen → Langenbrettach

LANGENBRETTACH

Der Ort entstand aus dem Zusammenschluss der Gemeinden Langenbeutingen und Brettach.

LANGENBRETTACH-BRETTACH

Der Ort fällt durch mehrere qualitätvolle Kunstdenkmäler der Renaissance auf. Auch die *Pfarrkirche St. Peter und Paul* (ehem. St. Ägidius) wird stark von der Kunst der Renaissance mitbestimmt. 1264 erstmals erwähnt, wurde sie im ummauerten Kirchhof als Wehrkirche mit Chorturm, Längstonne und großem romanischem Ostfenster wohl Ende des 10. Jhs. erbaut, das Langhaus wurde jedoch 1578 durch Meister Clemens Vock neu erbaut, offenbar 1514 mit dem Westportal begonnen. Im Innern gibt es Wandmalereien aus der Renaissance, ebenso Grabsteine. Aus dem Hochbarock stammen die Apostelbilder (1681) von Hans Veit Becker. Der 1778 datierte Westeingang weist auf eine Renovierung des Barock hin. Die Kirche wurde 1886 von Heinrich Dolmetsch, in den fünfziger Jahren des 20. Jhs. von Hannes Mayer erneuert, der letztgenannten Phase gehört auch das Gefallenendenkmal von dem prominenten Stuttgarter Bildhauer Helmut Uhrig an, das außen am Chor angebracht ist.
Im umgebenden *Kirchhof* mit 1613 datiertem Portal findet sich u. a. ein schönes Rokoko-Grabmal von 1761 und einige klassizistische. Vor der Kirche, unter einem brückenartigen Gewölbe, befindet sich der laut Überlieferung frühmittelalterliche Kirchbrunnen im ehem. Graben der Wehrkirche, der um 1570 und im 19. Jh. überwölbt wurde. Daneben steht der letzte der 23 sog. Gaden, später als Armenhaus, Nachtwächterhaus und Gefängnis dienender Bau. Dem Kirchhoftor gegenüber fällt ein aufwendiges Renaissance-Portal auf,

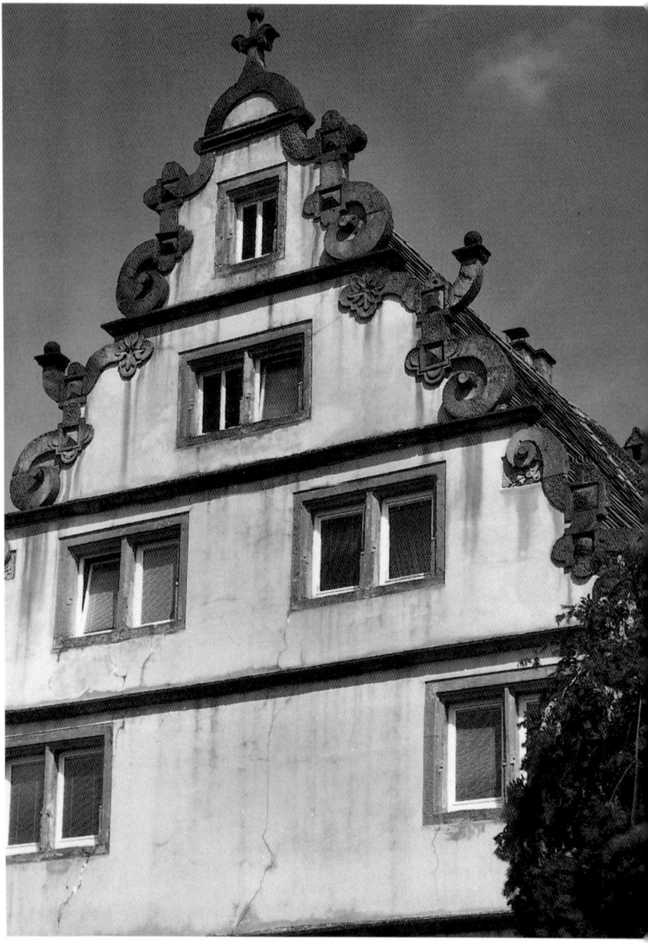

Langenbrettach-Brettach.
Schlösschen, Volutengiebel

das zum dahinterstehenden früheren Gesindehaus des Schlosses gehörte und um 1580 entstand. Das südlich des Kirchbrunnens sich erhebende *Pfarrhaus* ist ein Fachwerkbau des Jahres 1740. Darunter steht an der Brettach der Renaissancebau der *Mühle* aus dem Jahre 1601/02 mit reicher Bauplastik – der aufwendigste Mühlenbau des gesamten Landkreises.

An der Hauptstraße des Ortes stehen weitere Baudenkmäler der Renaissance: Das manieristische *Schlösschen* wurde 1594 für Heinrich Chanovsky mit hohem Volutengiebel errichtet, 1664 von Herzog Friedrich von Württemberg erworben. Das Geschlecht der Chanovsky stammte aus Böhmen und kam um 1580 als Glaubensflüchtling an den kurpfälzischen Hof nach Heidelberg, Heinrich Chanovsky wurde herzoglicher Oberforstmeister im nahen Neuenstadt. Das in Sichtweite stehende *Gasthaus Zum Lamm* stammt von 1601, mit spätmanieristischem Portal und plastischem Schmuck. Das Zierfachwerkhaus in der Cleversulzbacher Straße aus dem Jahre 1593 schließt die Reihe der Bauten aus der Zeit der Renaissance ab.
An der Hauptstraße stehen auch einige Häuser mit schönen barocken Portalen, geschnitzten Eckständern, ebenso der typischerweise im Stil der Neurenaissance 1888 nach dem Entwurf von Lell errichtete Bau des *Rathauses*, unweit dahinter das 1873 stilgleich erbaute *Schulhaus*, ebenfalls vom Oberamtsbaumeister Lell entworfen.

LANGENBRETTACH-LANGENBEUTINGEN

Das lang gestreckte Straßendorf verrät schon mit seinem Namen die topografische Situation. Der Ort hat zwei Kirchen. Die Hauptkirche, die *ev. Pfarrkirche St. Martin*, steht am östlichen Ende des Dorfes in leicht erhöhter Lage. Sie ist im Kern eine romanische Chorturmkirche, die 1609/10 durch den hohenlohischen Baumeister Georg Kern erweitert wurde – er heiratete hier 1611 die Tochter des Langenbeutinger Vogtes. Der romanische Teil ist im Chorturm erhalten, der im vierten Stockwerk Zwillingsfenster von hoher Qualität aufweist. Im Kirchenschiff erinnern Renaissance-Wandmalereien, Emporen auf geschnitzten Holzständern und die bemalte Kanzel an die Erweiterung von 1609/10. Hinter dem Kirchturm steht das *ev. Pfarrhaus*, das insbesondere wegen seines volutengerahmten Eingangsportals aus dem Jahre 1715 sehenswert ist.
Die zweite Kirche des Ortes, die *ehem. Marienkirche*, steht im westlichen Teil des Ortes, sie war die katholische Frühmesskapelle. Im Kern stellt sie eine romanische Chorturmkirche dar, die 1509, 1629, 1830 umgestaltet wurde

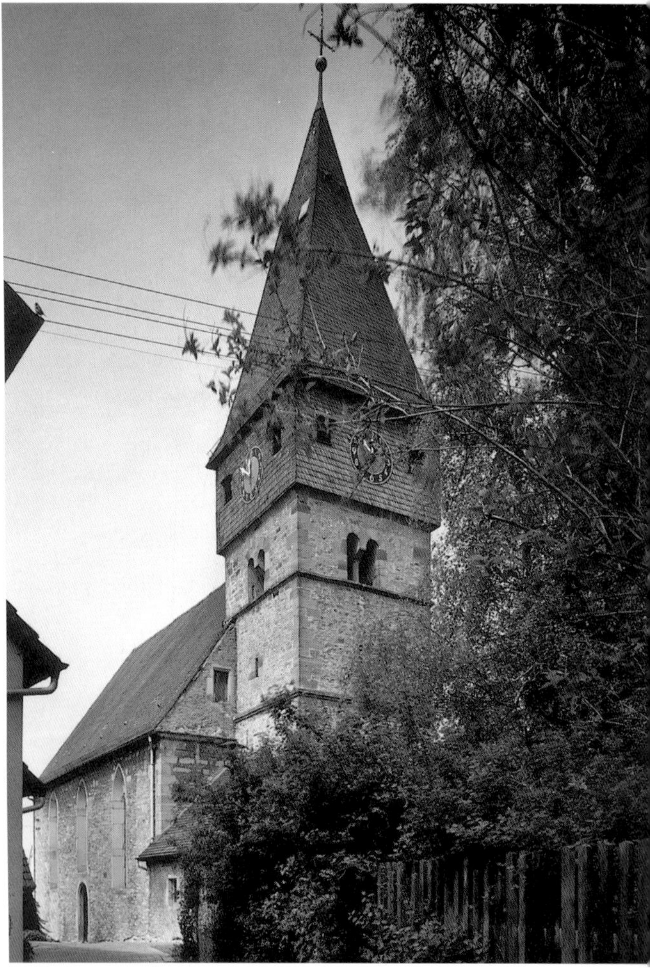

Langenbrettach-Langenbeutingen.
Ev. Pfarrkirche

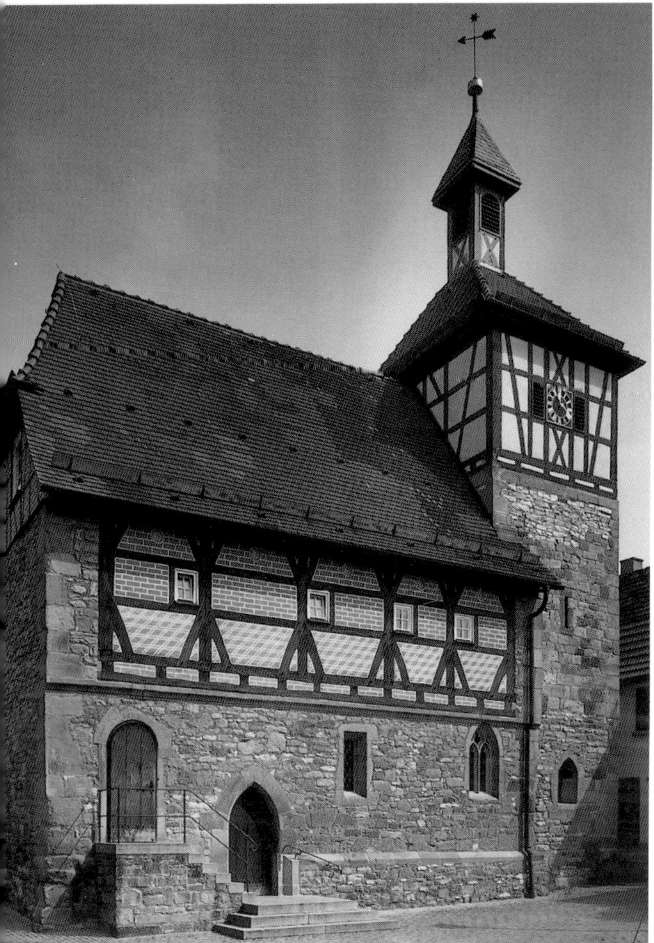

Langenbrettach-Langenbeutingen.
Ehem. Marienkirche

und 1892 die Funktion einer Gemeindeturnhalle erfüllte. Der Umgestaltung von 1629 wird die Aufstockung über dem Kirchenschiff zugeschrieben, die merkwürdigerweise Fachwerk mit Verblattungen – eine damals längst überholte Konstruktionsweise – zeigt. Im Inneren der profanierten Kirche ist an Ausstattung nur noch ein spätgotischer Steinbaldachin erhalten. Vor der Kirche eine der regionaltypischen Dorflinden, von Holzstützen gehalten.
Verstreut im Ort stehen noch einige alte *Fachwerkhäuser*, das älteste in der Schleife aus dem Jahre 1477, entlang der Hohenloherstraße dann weitere aus dem 16.-18. Jh., z. T. mit geschnitztem Eckständer, darunter das *alte Rathaus* (Nr. 91), das ins 16. Jh. datiert wird, das *Hohenlohische Amtshaus* (Nr. 98) und das Haus Franck (Nr. 57).

Das stimmungsvoll ländlich gelegene *Neudeck* weist insbesondere eine Schafscheuer von 1589 mit der Kopie des römischen Merkursteins auf.

LAUFFEN AM NECKAR

Auf schmalem Muschelkalksporn rechts des Neckars erhebt sich die Altstadt gegenüber dem sog. Dorf am linken Hang. Das Dorf entstand wohl in alamannischer Zeit, in karolingischer Zeit die Befestigung der Neckarinsel bei den namengebenden Stromschnellen. Das Dorf war immer stärker bevölkert als die Stadt – diese wird als solche 1234 erstmals genannt, die Stadtgründung erfolgte aber wohl ein halbes Jahrhundert vorher. Beides erwarb ab 1361 Württemberg und baute es zu einer bedeutenden Festung im Norden des Landes aus mit Amts- bzw. Oberamtssitz. Dorf und Stadt – erst seit 1914 vereint – verbindet seit 1474 die 1532 neu gebaute, heute fragmentarische Neckarbrücke.

Die mittelalterlichen *Befestigungen* der Stadt, der unteren westlichen Vorstadt und des Dorfes, sind teilweise noch gut erhalten. Eindrucksvoll ist vor allem der Blick auf die Stadtbefestigung von den (ebenfalls sehenswerten, ab 1938 erbauten) Neckarschleusen. In der Stadt stehen außerdem noch *das Alte Heilbronner Tor* (Heilbronner Str. 34) aus dem 13. Jh., nach dem Bau neuer Festungsanlagen durch das 1772 erbaute *Neue Heilbronner Tor* am Ostrand der Altstadt ersetzt (1954 erneuert), und schließlich der sog. *Gefängnisturm* des 13. Jhs. mit Schießscharten (Heilbronner Str. 29).

Auf einer Felseninsel im Neckar erheben sich die Reste der Burg, das *sog. Untere Schloss* – im 11. Jh. anstelle der früheren Pfalz auf dem gegenüberliegenden Kirchberg erbaut, diente es später als Vogtei. Erhalten ist ein vier-

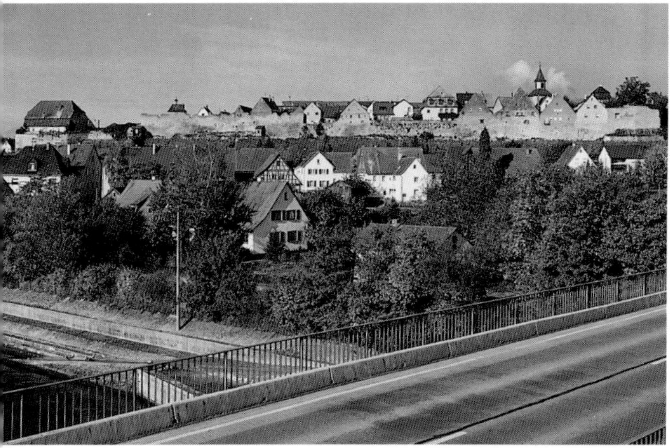

Lauffen a. N.
Panorama der Stadt von den Neckarschleusen

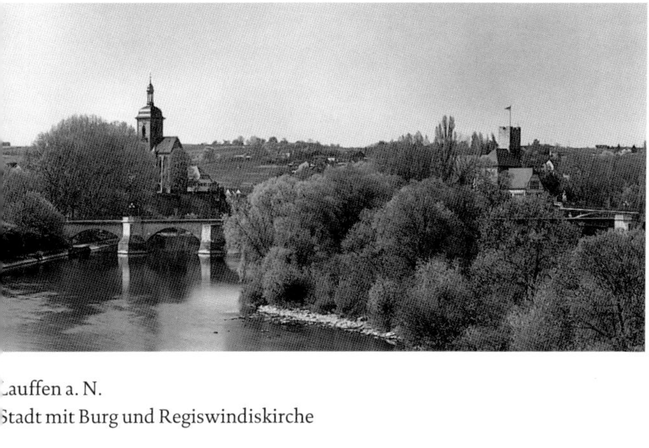

Lauffen a. N.
Stadt mit Burg und Regiswindiskirche

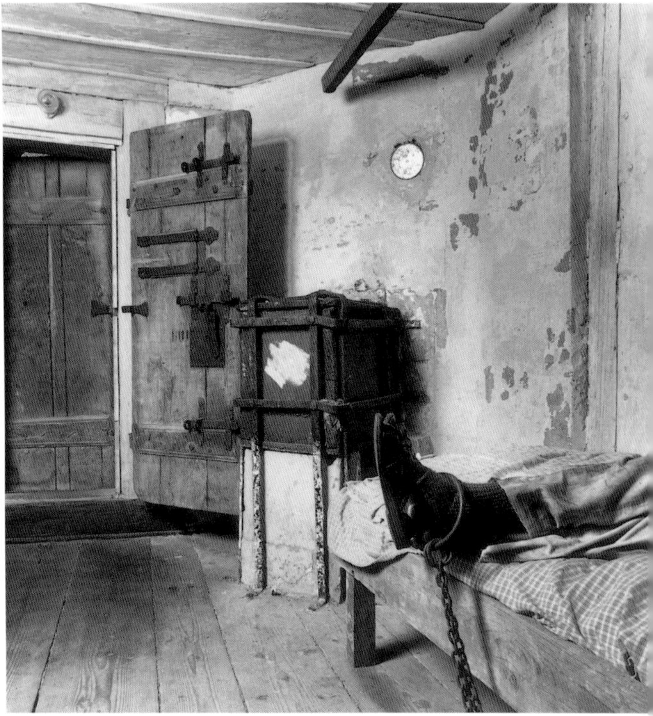

Lauffen a. N.
Das ehem. Gefängnis in einem Turm der nördlichen Stadtmauer

eckiger romanischer Turm des Bergfrieds mit südlich anschließendem Steinmantel, der Rest wurde im Dreißigjährigen Krieg zerstört, nach 1648 als Sitz des Oberamtmanns neu gebaut, 1716 mit einem Anbau versehen und ist seit 1817 Rathaus. Weitere Umbauten erfolgten u. a. 1903 und 1953. Im barocken Vorgarten fanden ein spätbarocker Brunnen mit Obelisk und die Nachtwächter-Skulptur vom alten Rathaus Aufstellung.
An der Südwestmauer der Stadt stand das mittelalterliche *Obere Schloss* (Heilbronner Str. 24), an dessen Stelle sich seit 1807 ein neu erbautes Privathaus mit Mauerresten des Schlosses erhebt. Auf der nördlichen Stadtmauer gegen den

Neckar steht der *Neue Bau*, ein Renaissancebau Herzog Christophs von 1568, einst Zeughaus, später Kelter und Speicher, mit qualitätvoller Wendeltreppe. Auf der anderen Straßenseite lag das herrschaftliche Korn- bzw. Haberhaus. Ein weiteres Speichergebäude, die städtische Zehntscheuer, stand zwischen dem Alten Heilbronner Tor und dem Oberen Schloss, südlich davon, unten an der Straße der bedeutende sog. Drittelhof.

Die *Nikolauskapelle* in der Stadt wird fälschlich als Martinskirche bezeichnet – sie entstand als spätgotischer Umbau einer romanischen, wohl ins 11. Jh. zurückgehenden Anlage. An den Seiten des Chorbogens sind Fragmente früherer Ciborienaltäre erhalten. Nach der Reformation verfiel die Kapelle und wurde profanen Zwecken zugeführt. Erst seit den Renovierungen von 1883/84 dient sie wieder gottesdienstlichen Zwecken (weitere Renovierungen 1949 nach Kriegsschäden und 1977/78).
Auch das Dorf auf der anderen Neckarseite war befestigt: Die *Regiswindiskirche* war eine umfangreiche Wehrkirche, die 20 Haushalte aufnehmen konnte, geschützt durch Mauern und Gräben, von denen noch Reste vorhanden sind. Sie ist eigentlich eine Martinskirche, nach 741 vom fränkischen Hausmeier Karlmann dem Hochstift Würzburg übergeben. An ihrer Stelle wurde nach 1227 die Kirche St. Regiswindis erbaut, geweiht zu Ehren der offenbar in diesem Jahr heilig gesprochenen Enkelin Karls des Großen, die, 832 geboren, auf der Burg in Lauffen gelebt hatte. Die Ostteile der Kirche entstanden um 1300, der Rohbau muss um 1341 fertig gestellt worden sein. Chor und Nebenchöre hatten unter Wimpfener Einfluss Fünfachtelschluss, über der Vierung erhebt sich ein Turm mit profilierten Fenstern. Das Schiff der gotischen Kirche entstand wahrscheinlich unter dem Einfluss der Dominikanerkirche St. Paul in Esslingen. 1506 und 1507 entstanden die Sonnenuhr an der Westseite und der Ölberg. Das Schiff wurde nach einem Brand von 1564 als spätgotische Hallenkirche umgebaut, vom zerstörten Netzgewölbe sind noch Fragmente vorhanden, jetzt ist die Kirche flach gedeckt. Der Glockenstuhl ist 1676 datiert. In den beiden Seitenkapellen haben sich mittelalterliche Fresken erhalten, die Wandmalereien mit „wilden Männern" (1564-73) wurden 1957 aufgedeckt. Von der Neuausstattung der Barockzeit zeugen die Chororgel, der Taufstein und der Altar mit seinem Kruzifixus. Typische Neuaustattung des 20. Jhs. dokumentieren die Farbfenster von Adolf V. Saile, 1958 und 1962. Außen am Chor steht ein fragmentarischer Ölberg von Hans Seyffer aus Heilbronn, 1507 entstanden.
Der Kirche benachbart ist die kleine *Regiswindiskapelle* – eine der hl. Anna geweihte Friedhofskapelle des 13. Jhs. mit einem Chörlein aus der Zeit um 1340, mit achteckiger Steinpyramide, die als Decke und Dach zugleich dient.

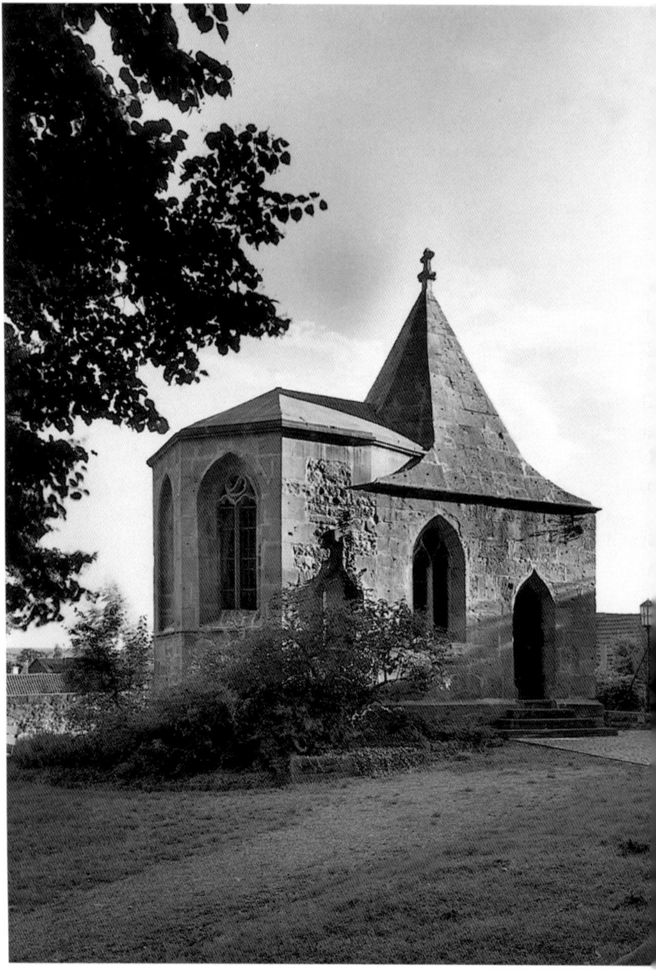

Lauffen a. N.
Regiswindiskapelle

Die polygonale Apsis wurde später angebaut. Im Innern der in der 2. Hälfte des 19. Jhs. durch K. F. Beisbarth renovierten Kapelle befindet sich der Sarkophag der Heiligen aus dem Jahre 1227.

Um 990 gründete Bischof Heinrich von Würzburg zu Ehren der Regiswindis ein Benediktinerinnenkloster nördlich des Dorfes, dem Kaiser Heinrich II. 1003 reiche Schenkungen machte. Vor 1285 wurden Dominikanerinnen hierher verlegt, 1476 die Zisterzienserinnen von Adelberg. In diesem Zusammenhang baute Aberlin Jörg den *Kreuzgang*. Das *Kloster* wurde 1525 von den Bauern schwer beschädigt, die letzten Baulichkeiten 1807/08 abgebrochen. Erhalten sind jedoch die Reste des Kreuzganges mit alten Epithaphien und Mauerreste der Kirche im heutigen Museum (1924 gebaut) sowie gegenüber die *ehem. Klostermühle,* eine 1756 erbaute Ölmühle an der Zaber, mit Kollergang. Das *Hölderlin-Denkmal* auf dem ehem. Klosterareal schufen 1873 der Bildhauer Ernst Rau und der Architekt Christian Fr. Leins als Stuttgarter Gemeinschaftswerk (1918 verändert). Es erinnert daran, dass der Dichter hier geboren ist: 1730 zog hier sein Großvater als Klosterhofmeister ein, er erwarb 1743 das neben dem Klosterhof stehende Wohnhaus Nordheimer Str. 5 und baute es 1751 um – dies war wohl auch das Geburtshaus Hölderlins.

Stadt und Dorf sind reich an historischen *Fachwerkhäusern*. Die ältesten stammen aus dem 16. Jh. (z. B. Heilbronner Str. 33 und 40), mehrere aus dem 17. Jh. – darunter die beiden Pfarrhäuser in der Kirchbergstraße (Nr. 9 u. 18), die alte Lateinschule (Nr. 11) und das sog. Erkerhaus (Mühltorstr. 1) – und vor allem im Dorf aus dem 18. Jh. (Lange Str. 6-44, Stuttgarter Str. 7-22 etc.). Im Dorf sind auch zahlreiche *Weingärtnerhäuser* des 16.-18. Jhs. mit anspruchsvollen kunsthandwerklichen Details sehenswert.

Am 24.8.1891 war Lauffen Standort der ersten Fernübertragung elektrischer Energie – sie erfolgte vom Wasserkraftwerk des *Portland-Cement-Werks* zur Elektrotechnischen Ausstellung in Frankfurt/Main. Ein Jahr später wurde die Stromlieferung nach Heilbronn aufgenommen, sie war damit die erste Stadt der Welt, die mit Drehstrom versorgt wurde. Ein weiteres beachtenswertes Denkmal der Technikgeschichte stellt die *Staustufe der Neckarkanalisierung* dar, begonnen 1938, in Betrieb genommen 1942, die Schifffahrt 1950 eröffnet – dies alles im Zuge der Kanalisierung des Neckars von der Rheinmündung bis nach Plochingen.

Der *Landturm* östlich der Stadt entstand im späten 15. Jh. auf der Hochfläche am ehem. württembergischen Landgraben und diente als Schutzturm für die Landstraße bzw. als Zollstätte an der Nordgrenze Württembergs – gemeinsam mit der Heuchelberger Warte und dem Landturm bei Ilsfeld.

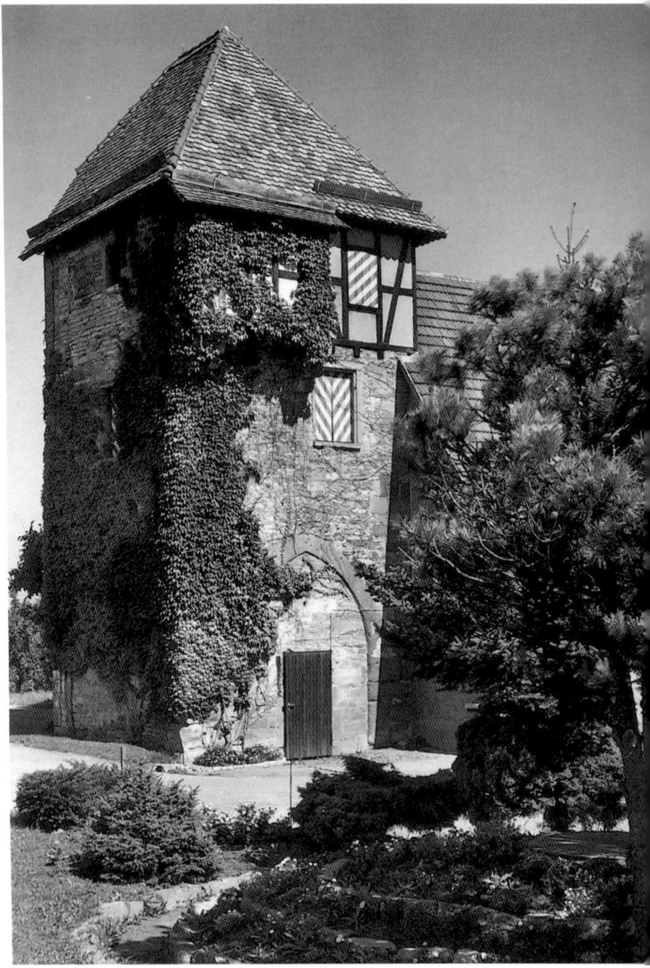

Lauffen a. N.
Landturm

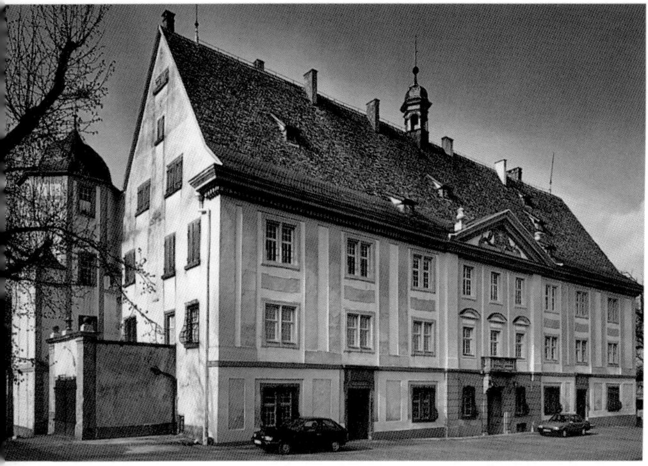

ehrensteinsfeld.
chloss, Südfassade

EHRENSTEINSFELD

Die Gemeinde erscheint in ersten urkundlichen Erwähnungen 1254 bzw. 1384 mit den Ortsteilen Lehren und Steinsfeld, die jedoch schon im Mittelalter eine Einheit bildeten. Im 14. Jh. gehörte sie den Herren von Weinsberg – in dieser Zeit dürfte das Wasserschloss, das auf der einstigen (1947 abgetragenen) Insel im See am Südostrand des Ortes angenommen wird, entstanden sein. Wahrscheinlicher für die Lage ist aber, dass die Wasserburg sich an der Stelle des heutigen Schlosses befand.

Dass sich am See trotzdem der Entwicklungskern des Ortes befunden haben könnte, legt der noch erhaltene Turm der einstigen Wehrkirche nördlich nahe. Der *Chorturm* ist an einem Eckquader in das Jahr 1466 datiert, sein (ausgelagerter) Fachwerkaufsatz weist z. T. noch Verblattungen auf. Das Schiff wurde 1969 abgebrochen.
Die neue *ev. Pfarrkirche St. Laurentius* wurde 1903 von Heinrich Dolmetsch im neuromanischen Stil am Friedhof gebaut. Von der Ausstattung des bis auf den Chorturm abgebrochenen Vorgängerbaus wurden das barocke Kruzifix

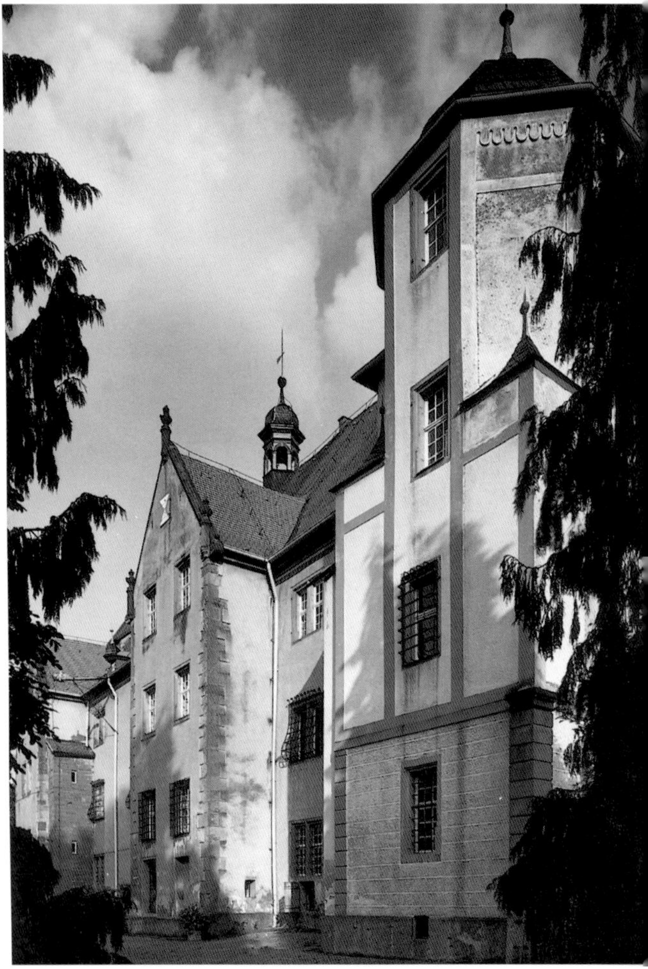

Lehrensteinsfeld.
Schloss, Parkseite

ınd der 1759 datierte Taufstein übernommen. Erhalten ist die komplette nneneinrichtung der historistischen Kirche, darunter die farbigen Chorfens-:er von Gustav von Treeck aus München, die aufwendig gearbeitete Kanzel, die Herrschaftsloge rechts vom Chor etc. Die Grabdenkmäler der Herren von Schmidberg aus dem 17. und 18. Jh. – sie erwarben den Ort 1649/50 von den von Gemmingen – und anderer Angehörigen der Ortsherrschaft wurden aus der alten Kirche in die herrschaftlich Gemmingensche *Grabkapelle* auf dem Friedhof translozier . Der in einer Ecke des Friedhofs 1816/17 errichtete Bau st ein gutes Beispiel des Klassizismus. Die Statue der „Religion" ist ein Werk les Mannheimer Hofbildhauers Maximilian Joseph Pozzi.

Das in Sichtweite stehende *Schloss* der Freiherren von Gemmingen wurde im 16. Jh. über mittelalterlichen Fundamenten errichtet: Ein Burgplatz wird hier m 14. Jh. bezeugt. Der Renaissancebau hat wichtige Teile des Vorgängerbaus nitverwendet, dies zeigen die Kellergewölbe und zwei Türme. Das neue Treppenhaus der Renaissance gilt mit seinen geradläufigen Treppen als eine für die damalige Zeit ausgesprochen moderne Leistung. Auch der Dachstuhl stammt noch aus der Renaissance, er zeigt gelbes Fachwerk mit Begleitstrichen. 1649 hatte Feldmarschall Ludwig von Schmidberg Schloss und Dorf Lehrensteinsfeld erworben, 1778 fiel das Anwesen zurück an die Herren von Gemmingen, die verschiedene Räume im Regencestil neu dekorieren und die Südfassade des Schlosses im Stil des französischen Frühklassizismus umgestalten ließen. Der Architekt ist im Umkreis des Stuttgarter Residenzbauwesens zu suchen. Im Innern erinnert u. a. ein 1778 datierter Tonofen, zwei Rokoko-Porzellanöfen, Stuckdecken und vor allem ein Raum mit auf Leinwand gemalter Wandbespannung – sie zeigt antike Ruinenlandschaften von dem Fürstlich Hohenloheschen Hofmaler Johann Jakob Schillinger – an diese wichtige Umgestaltungsphase. Den stattlichen Bau umgibt eine in das Jahr 1717 datierte Umfriedung im Süden und ein sehenswerter, im Landschaftsgartenstil angelegter Park des 19. Jhs. mit Orangerie im Norden. 1886 wurde das Schlossgut an Julius Dietzsch aus Stuttgart veräußert, ihm sind Innenumbauten und zwei vollständig überlieferte, im Geiste der Gründerzeit neu dekorierte Räume zu verdanken, die E. Bischoff aus Karlsruhe 1887 entwarf.

Etwa gleichzeitig mit dem Kirchenneubau, 1906, erfolgte auch die Umgestaltung des im Kern 1521 oder 1591 erbauten *Rathauses*, dessen Ecken noch die im Stil der Renaissance gehaltenen Konsolen des Altbaus zieren. Dahinter steht einer der schönsten Zierfachwerkgiebel der Region mit aufwendigen Schnitzereien, am Eckständer in das ausgehende 16. Jh. datiert, gegenüber wiederum steht das *Pfarrhaus* der Stuttgarter Architekten Böklen und Feil aus dem frühen 20. Jh.

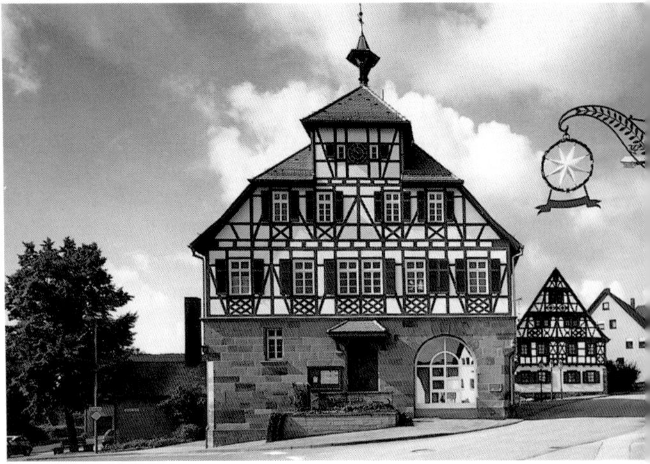

Lehrensteinsfeld.
Das renovierte Rathaus

Im 17. Jh. nahmen die Herren von Gemmingen im Ort Juden auf, die um 185 mehr als ein Drittel der Bevölkerung ausmachten und hier 1832 ein Rabbina einrichteten. Ihre Synagoge stammt aus dem 17. Jh., sie wurde 1938 verkau und ist in Resten in dem Gebäude Lehrener Str. 41 vorhanden. Weitere jüdi sche Gebäude sind entlang der Lehrener Straße erhalten.

LEINGARTEN

Die aus den Nachbarorten Großgartach und Schluchtern gebildete Gemeind im breiten Leintal vollendete mit dieser Vereinigung alte kirchliche Traditio denn Schluchtern war schon 1496 Filial von Großgartach.

LEINGARTEN-GROSSGARTACH

Der alte Ortskern des im Jahre 765 erstmals erwähnten Dorfes ist entlang d Hauptstraße noch gut ablesbar, hier sind noch einige Fachwerkhäuser in

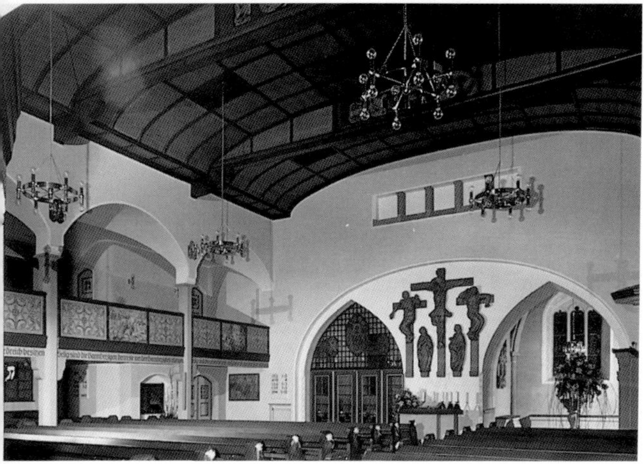

eingarten-Großgartach.
v. Pfarrkirche St. Laurentius

esondere des 18. Jhs. erhalten. Hier steht in erhöhter Lage auch die *Pfarrkirche t. Laurentius.* Sie wird 1190 erstmals erwähnt, 1913 wurde sie dann nach ntwürfen von Martin Elsässer neu gebaut, wobei das spätromanische Erdeschoss des ehem. Chorturms als Taufkapelle übernommen wurde. Beachtch ist hier ein kräftiges Kreuzgewölbe mit ungleichen Rippen auf romanichen kapitellgeschmückten Säulen, die 1470 datierte Sediliennische an der üdwand sowie die reich verzierte spätgotische Sakramentsnische. Aus dem ltbau übernommen wurden auch das Taufbecken von 1662 und das zwei hre jüngere Epitaph des bruchsalischen Amtsmannes Flinspach mit der Taufe hristi. Die Kreuzigungsgruppe – ein Werk des Bildhauers Christian Scheufele sowie die Emporen und Farbfenster entstanden für den Neubau von 1913. uch die Orgel ist anlässlich dieses Neubaus angeschafft worden, sie stammt ıs der bekannten Werkstatt Walcker und weist als seltene Besonderheit eine ıtomatische Spieleinrichtung auf, die mit Hilfe von gestanzten Papierrollen ıch ohne den Organisten spielen kann.
uf dem südwestlich des historischen Dorfkerns errichteten, am zugemauten ehem. Rundbogentor in das Jahr 1577 datierten *Friedhof* stehen einige henswerte Grabmale, darunter zwei klassizistische aus der Zeit um 1800.

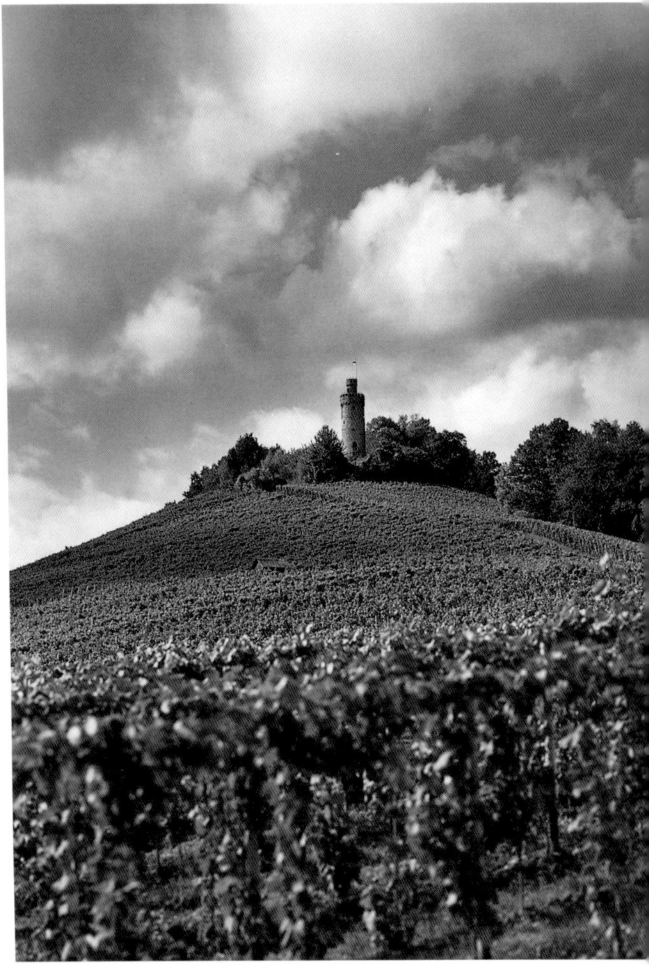

Leingarten-Großgartach.
Wartturm auf dem Heuchelberg

)er *Wartturm* auf dem Heuchelberg wurde von Graf Eberhard im Bart 1483 ur Kontrolle der württembergischen Landwehr erbaut. Diese 1456 begonene nördliche Grenzbefestigung Württembergs zog sich von hier bis zu den öwensteiner Bergen bei Helfenberg und bestand aus einer Reihe von sog. andtürmen mit Graben und Hecken dazwischen. Das heutige Aussehen der Ieuchelberger Warte wird durch die 1897/98 erfolgte romantische Umforaung durch den Oberamtsbaumeister Eckert mitgeprägt.

EINGARTEN-SCHLUCHTERN

)er bereits im Jahre 767 urkundlich bezeugte Ortsteil gehörte bis 1803 zum urpfälzischen Oberamt Mosbach und dann bis 1945 zu Baden. Die im Jahre 305 erstmals bezeugte *kath. Pfarrkirche St. Pankratius* ist im Kern spätgotisch nd weist aus dieser Zeit vor allem das Fresko mit der hl. Odilia in einer Türibung am Chor, die spätgotische Madonna im barocken Seitenaltar, Fenster nd die Fragmente eines Rippengewölbes an der Turmaußenwand auf. Ab ı. 1700 befand sich das Gotteshaus im Simultangebrauch zweier Konfessioen und wurde nach Kriegsschäden erneuert – an diese Barockisierung erinern die Altäre, das Taufbecken und das Gestühl. 1823 kam die Kirche nach ngjähriger zwischenzeitlicher Alleinbenutzung durch die Protestanten an die atholiken zurück, 1912/13 wurde sie dann umgestaltet (Langhauserweirung, Turmzwiebel).

ie *ev. Kirche* wurde 1843 erbaut, sie dokumentiert den typischen romanierenden Rundbogenstil der Karlsruher Architekturschule. In den Jahren 964/65 wurde sie unter Beseitigung der historistischen Ausstattung renoert, das alte Kruzifix stammt noch aus der kath. Kirche. Zwischen den beiden irchen stehen entlang einer Hangstraße das 1727 bzw. 1858 gebaute *kath.* zw. *ev. Pfarrhaus* und das *Rathaus* von 1902. An die jüdische Gemeinde des rtes erinnert die heute in den Neubau Brunnengasse 15 einbezogene *ehem.* *ynagoge* und der um 1900 angelegte Friedhof.

onbronn → Zaberfeld

ÖWENSTEIN

er 1123 erstmals urkundlich bezeugte Ort entstand um die wohl um 1100 baute Burg der Calwer Grafen und erhielt 1287 Stadtrechte.

Die *Burg* über der Stadt brannte angeblich 1512 aus, wurde 1634 von de Kaiserlichen zerstört bzw. nach der Erbauung des Stadtschlosses 1571 allmäh lich von der Herrschaft aufgegeben. Erhalten sind Reste vom spätromanische Buckelquadermauerwerk, die zerklüfteten Ruinen einer gewaltigen doppelte Ringmauer mit Maulscharten, auf dem höchsten Punkt der Burg ein in di hohe Schildmauer einbezogener Turm, gegen Westen zwingerartige Erwei terungsbauten des 14.-16. Jhs., der Torbau mit doppeltem Tor und halbrur dem, nach innen offenem Flankierungsturm und im Norden die Turmruin mit ebenerdigen Schießscharten nach drei Seiten. Die Burg war mit der Stac durch zwei steil herabführende Flügelmauern verbunden, von denen ebenfal noch Reste stehen.

Die Stadt wurde im letzten Weltkrieg stark zerstört. Die *Stadtmauer* de 14. Jhs. ist nur noch in den Außenwänden der Häuser an der Freihausgasse un am Kelterplatz teilweise erhalten. An der Stadtmauer beim unteren Stadteir gang steht auch das *ehem. Freihaus*, ein Fachwerkbau auf Steinsockel, mit 161 datiertem Portal. Direkt daneben steht das 1739 und 1744 datierte *Gasthau Schatten*, das Sterbehaus der bekannten Seherin von Prevost, und ein alte Fachwerkhaus des Spätmittelalters mit langen Knaggen (Maybachstr. 23). Da *Rathaus* wurde nach der Kriegszerstörung 1952 im Heimatstil mit ortsbezo genen Reliefbildern wiederaufgebaut. Ebenfalls im 2. Weltkrieg zerstört wurc das 1571 von Heinrich Schickhardt erbaute *Schloss* der Fürsten von Löwer stein, erhalten sind nur noch die mächtigen Stützmauern. Zwischen der Burg ruine und dem ehem. Schloss in der Stadt (an seiner Stelle steht heute da Fürstlich Löwensteinische Forstamt) erstrecken sich romantische Terrasse und Treppenanlagen des 19. Jhs. mit Ritterfigur, Treppentürmchen, Lustga ten etc.

Ein Dokument der starken Kriegsschäden – etwa 70 Prozent des Ortes wurde 1945 zerstört – und des Wiederaufbaus ist auch die 1946-53 nach Entwürfe von Hannes Mayer erneuerte *Pfarrkirche*. Zwischen Burg und Stadt stehen ist sie 1762 nach Entwürfen des Weinsberger Baumeisters Johann Ada Reulin erbaut worden. Im Innern sind vier Epitaphien der Renaissance und d Barock, das Chorwandgemälde der Nachkriegserneuerung sowie vor d Kirche das figürliche neoklassizistische Gefallenendenkmal sehenswert.

Unterhalb der Stadt im Tal liegt *Teusserbad*, 1543 erwähnt, ursprünglich e fürstliches Schlösschen aus dem 17. Jh., an einem kleinen See erbaut. Schon i 16. Jh. kannte man die Mineralquelle, bis ins 19. Jh. herrschte reger Badebetrie 1801 erfolgte noch ein Badneubau. Eine Kapelle von 1731 wurde spät Brauerei.

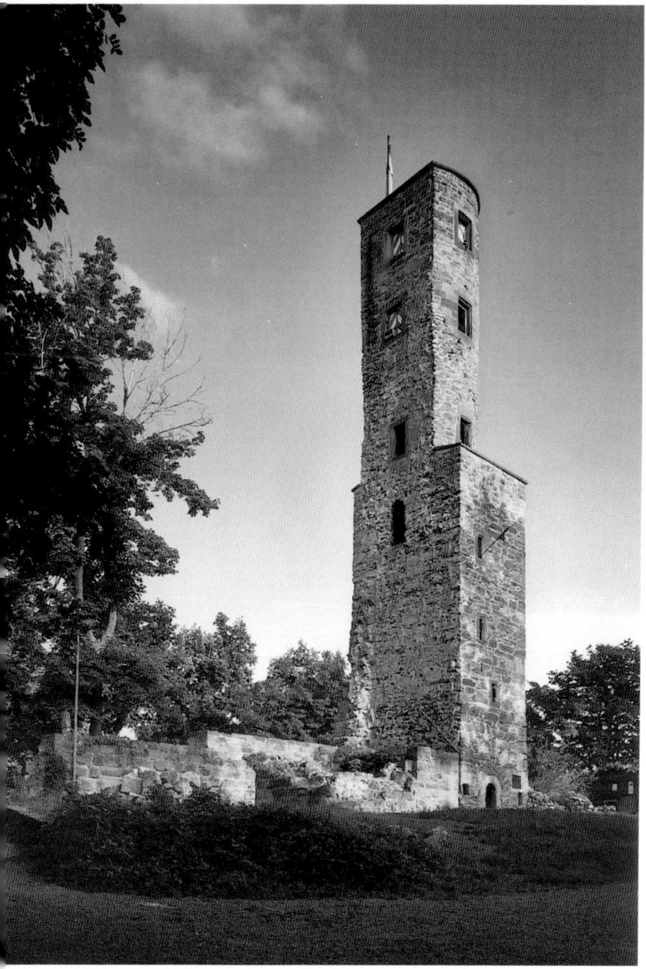

̔wenstein.
ırgruine

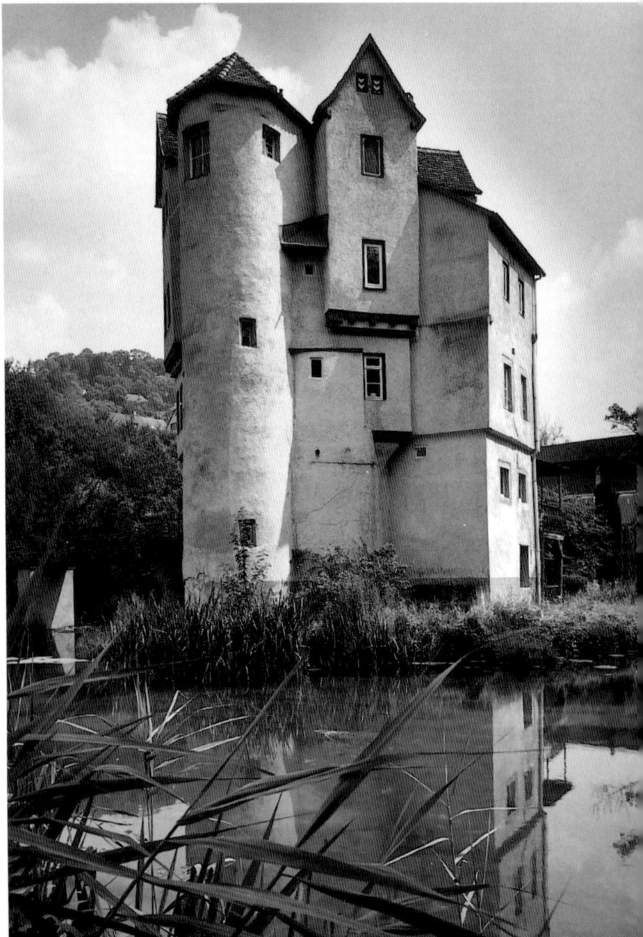

Löwenstein.
Schloss Lautereck in Teusserbad

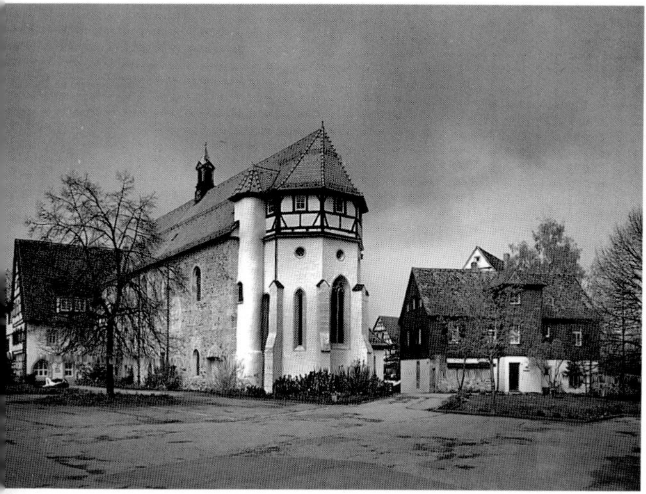

ɔwenstein.
loster Lichtenstern

'on dem abgeschieden im Wald des Sulmtales liegenden ehem. *Zisterzien-erinnenkloster Lichtenstern* – 1242 bezeugt, eines der reichsten in Württem-erg, im Bauernkrieg zerstört, 1554 im Zuge der Reformation aufgehoben und ı ein Klosteroberamt mit neu erbauter Oberamtei umgewandelt – ist inner-alb der alten Klostermauern mit der Kirche, mit Teilen des Kreuzgangs in ei-er Kapelle sowie Wohn- und Wirtschaftsgebäuden des 16. Jhs. das ausge-eichnete Bild einer alten Klosteranlage überliefert.

'ie *ehem. Klosterkirche* ist ein im Kern frühgotischer Bau, ursprünglich weigeteilt in Nonnen- und Laienkirche. Im Chor der von Heinrich Schick-ardt aufgestockten Kirche steht noch ein frühgotischer Steinaltar und ein ɔätgotischer Wandtabernakel der Zeit um 1450, im Schiff eine geschnitzte Iolzsäule mit Würfelknauf, ähnlich der in der Maulbronner Prälatur, sowie rabdenkmäler aus dem 13. und 14. Jh., u. a. das der Stifterin des Klosters, ıitgard von Weinsberg, geb. von Limpurg. Die Kirche wurde im 19. Jh. einige Iale neu gestaltet, u. a. 1880, als Jakob Grünenwald ein neues Altarbild und obert Heck an die Kirchennordwand das Bild des verlorenen Sohnes malten ıd Benjamin Möhrlen das Kirchenportal und den Taufstein meißelte. Ende des 19. Jhs. folgte dann eine weitere Renovierung unter der Leitung von Hein rich Dolmetsch mit der Neuausmalung durch Woernle.

1859 wurde auch die neugotische *Gartenkapelle* mit den Resten des Kreuz gangs erbaut – sie geht auf die bereits 1482 geweihte Kapelle der hll. Benedik und Bernhard zurück. Die *Profanbauten* des Klosters sind im Wesentlichen in 16. Jh. errichtet worden, nach der 1554 erfolgten Einrichtung des Kloster oberamts: Für den Klosterhofmeister wurde an die Westmauer der Kirche da dreigeschossige Wohnhaus der sog. Oberamtei angebaut, die Meierei wurde i der ehem. Klosterschmiede eingerichtet, für den Küfer entstand an der west lichen Klostermauer der Neubau des späteren Forstamtes, 1586 ist nördlic der Kirche das stattliche Bandhaus erbaut worden (für Frucht, Heu, Wein etc 1907 nach Brand durch den Oberamtsbaumeister Hämmerle wiederaufge baut). Im Jahre 1836 wurde im Kloster eine Anstalt der Inneren Mission ein gerichtet.

MASSENBACHHAUSEN

Der bereits im Jahre 773 urkundlich bezeugte Ort verödete im Dreißigjährige Krieg fast völlig und wurde dann von den Echter von Mespelbronn, der neue Ortsherrschaft, mit ausländischen Katholiken neu besiedelt. Auch die von Neip perg – die Ortsherren ab 1737 – konvertierten zum Katholizismus.

Die *kath. Pfarrkirche St. Kilian* – die Dominante des Ortes – wurde 1905 nac Entwürfen von Ulrich Pohlhammer im neugotischen, an Norddeutschlan erinnernden Stil als dreischiffige Basilika erbaut. Im Innern birgt sie einen kos baren Rokoko-Altar aus dem Jahre 1741 vom Vorgängerbau sowie die vol ständige neugotische Ausstattung von 1905/06: u. a. den Hauptaltar vo Müller in Saulgau, die von Neipperg gestiftete Kanzel von Zeller und Geise hart in Ellwangen, außerdem Seitenaltäre, Chorgestühl, Orgelgehäuse, Tau becken, Fenster. Sehenswert ist auch das Ölgemälde mit der Geburt Christi vo dem Freiburger Historienmaler Sebastian Luz (1872) und das Neippergsch Epitaph des 18. Jhs. Sehenswerte Neippergsche Grabmäler stehen auch au dem *Friedhof*, u. a. schöne klassizistische Arbeiten von 1792 und 181 Gleich am Eingang fällt das monumentale figürliche Grabmal der Eltern des au dem Ort gebürtigen Düsseldorfer Bildhauers Josef F. Wickenhäuser auf, vo ihm selbst um 1905 gefertigt. Er schuf auch die bildhauerischen Arbeiten a Eingangsportal der kath. Kirche und einige Wegkreuze im Ort. *Wegkreuze* un *Bildstöcke* – für katholische Gemeinden typisch – sind zahlreich aus dem 1 und 19. Jh. vorhanden.

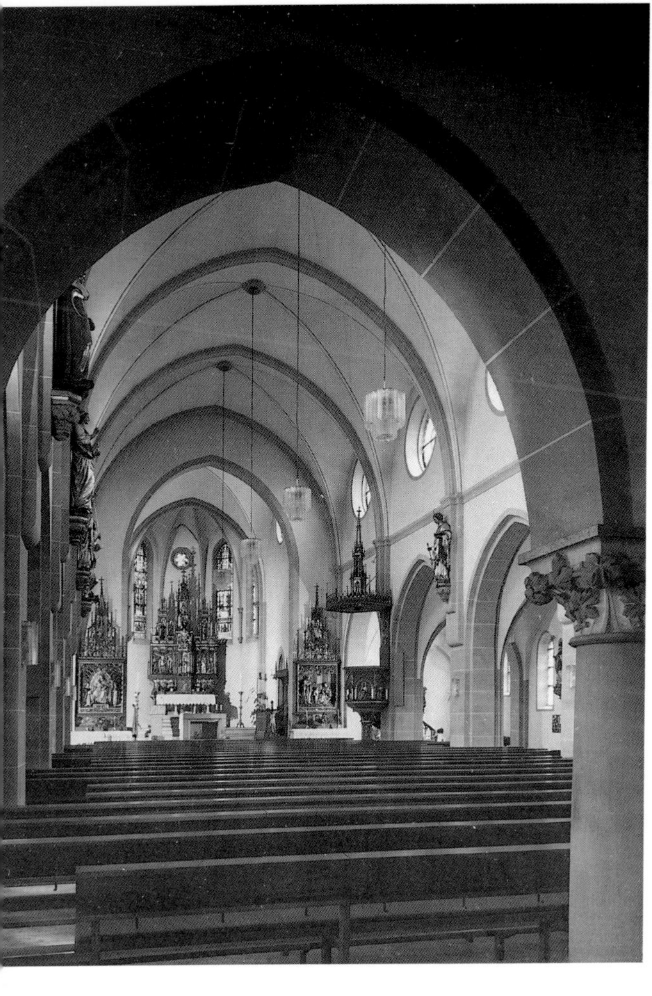

/lassenbachhausen.
:ath. Pfarrkirche St. Kilian

An die jüdische Gemeinde erinnert die 1826 erbaute, 1865 geschlossene und zu einem Wohnstallhaus umgebaute *Synagoge* in der Gartenstraße (Nr. 3). Das Haus war zugleich Geburtsort des Bildhauers Wickenhäuser.

Maienfels → **Wüstenrot**
Massenbach → **Schwaigern**
Meimsheim → **Brackenheim**
Michelbach a. H. → **Zaberfeld**

MÖCKMÜHL

Im Mündungswinkel zwischen Seckach und Jagst lagert sich die alte Stadt um den Burgberg. Der Ort war im 13. Jh. würzburgisches Lehen der Herren von Dürn, von denen wohl Konrad die Stadt zu Füßen seiner Burg anlegte (1251-58). Im Spätmittelalter war Möckmühl der Mittelpunkt einer bedeutenden Zent, zu der 23 Orte der Umgebung zählten.

Die mittelalterliche Stadtbefestigung ist in einigen Teilen gut erhalten, sie schließt auch die *Burg* mit dem 28 m hohen Bergfried (Götzenturm genannt, weil Götz von Berlichingen hier 1518/19 als württembergischer Amtsmann saß, Fachwerkaufsatz 1519) mit ein. Die Burg ist vom Berg durch einen mächtigen Graben mit z. T. noch erhaltenen hohen Zwingermauern abgeschnitten. Angeblich erhalten sind auch die unterirdischen Wehrgänge und Kasematten, die über Wendeltreppen in den runden Ecktürmen erschlossen sind. Die Burg, bis 1901 Armenhaus mit Hochwächterwohnung auf dem Turm, wurde 1902 in neugotischen Formen als Schloss des Generals von Alvensleben neu aufgebaut.

Die mitten im Ort stehende *ev. Pfarrkirche St. Bonifatius* wird 815 erstmals erwähnt. Ursprünglich frühromanische, dann spätkarolingische Kapelle, wird sie um 1300 neu erbaut und 1513 von Hans Haien spätgotisch erneuert, sie brennt 1898 ab und wird 1899/1900 in neugotischem Stil durch Heinrich Dolmetsch wiederaufgebaut. Erhalten blieben zwei Stockwerke des Turms von 1513 und Teile des Chors mit Wandmalereien aus dem 15. Jh. Neben der Kirche befindet sich der untere Marktplatz. Hier stehen das Rathaus, das Diakonathaus und das Stadtpfarrhaus von 1750. Das 1589 von Hans Friedberger erbaute *Rathaus* befindet sich mit seinen beiden Fronten zwischen dem unteren Marktplatz, dem ehem. Kirchhof und dem oberen Marktplatz. Seinen 1590 fertig gestellten Innenausbau kann man dank einer Inschrift dem Zim-

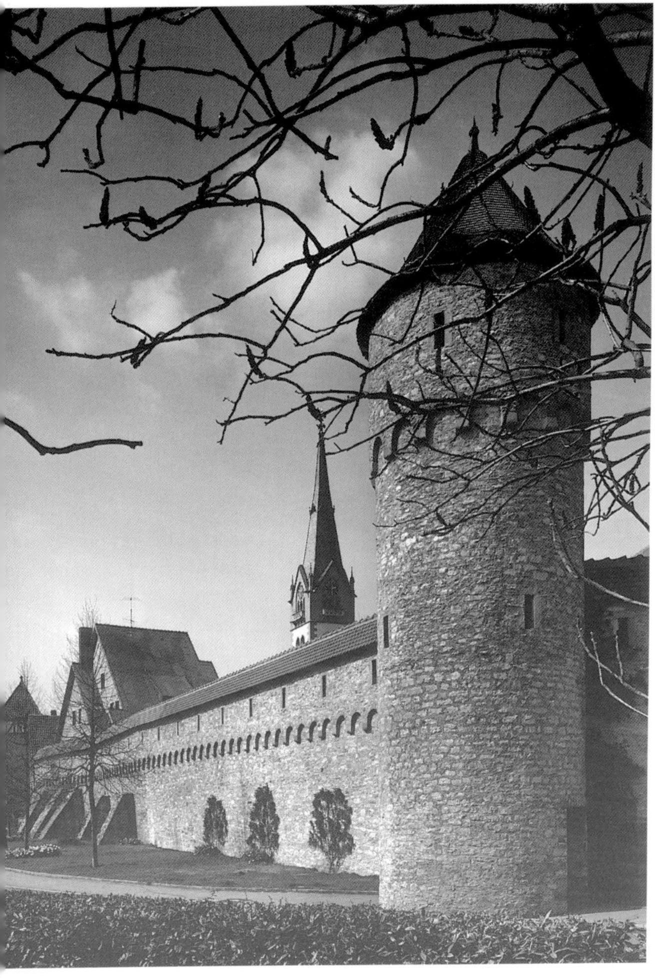

Möckmühl.
Stadtmauer, im Hintergrund der Turm der ev. Pfarrkirche

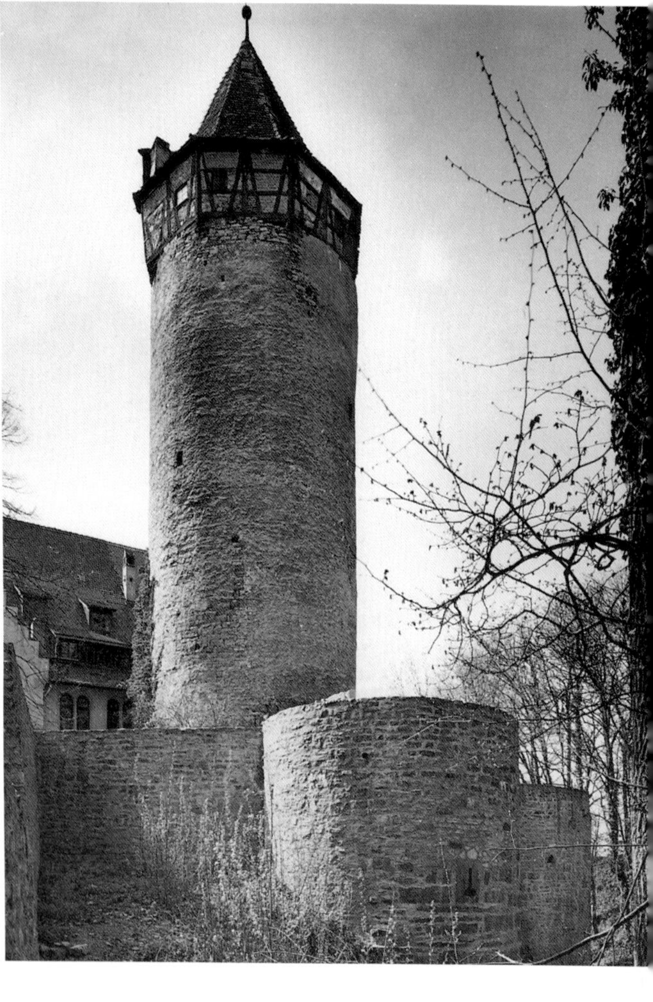

Möckmühl.
Burg, sog. Götzenturm (Bergfried)

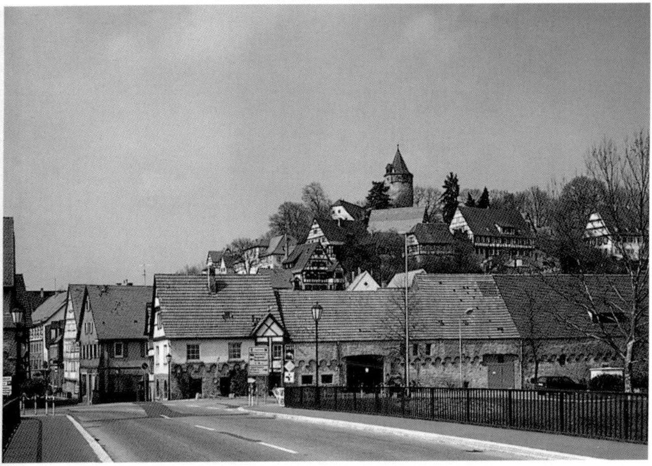

Möckmühl.
Ansicht von Südosten mit Stadtmauer und Bergfried

mermann Michael Berchtenbraiter aus Kochersteinsfeld zuweisen. Die qualitätvolle Renaissancetafel ist ein Werk Jakob Müllers.
Von 1379 bis 1553 bestand im Ort auch ein Stift mit einer Kirche, die bis 1642 neben dem Schloss aufragte. Bruchstücke aus diesem Sakralbau findet man heute in der *Friedhofskapelle* (Grabsteine der Chorherren etc.) und im Haus Schlossberg 18. Die Kapelle selbst ist 1581 von dem Roigheimer Baumeister Hans Friedberger erbaut worden, der anschließende Friedhof 1617. Das ehem. Sakramentshäuschen der Friedhofskapelle befindet sich heute am historischen Standort in der Stadtkirche. Dagegen ist das von Balthasar Albrecht gefertigte Denkmal an der Nordseite erhalten. Von den Profanbauten des Stifts steht u. a. noch die ehem. Propstei östlich der Stadtburg, ein verputzter Fachwerkbau. Von den alten Fachwerk-Wohnhäusern des Mittelalters ist Mühlgasse 6 am besten erhalten. In Möckmühl nimmt die technikgeschichtlich bedeutende Jagsttalbahn der Jahrhundertwende ihren Ausgang.

In *Möckmühl-Bittelbronn* ist in der Mosbacher Str. 28 eine Dorfschmiede mit bemerkenswert originaler technischer Einrichtung der Jahrhundertwende erhalten, in *Möckmühl-Korb* die 1824 im Hause Sennfelder Str. 4 eingerichtete

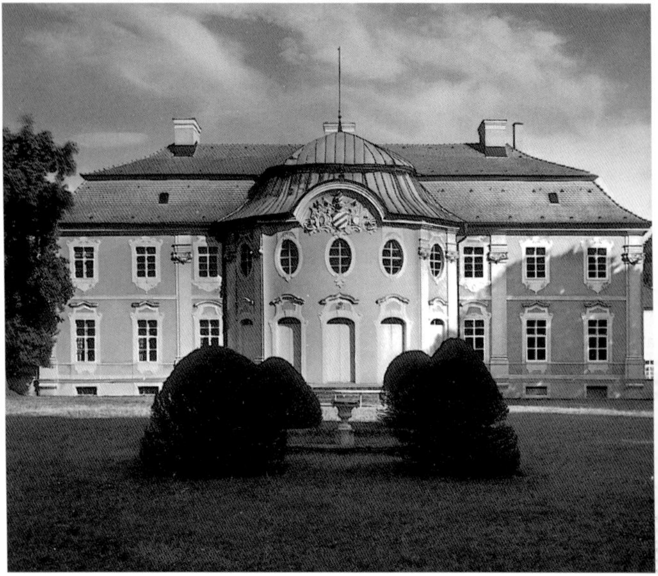

Möckmühl-Züttlingen.
Schloss Assumstadt, Gartenseite

Synagoge in Resten im heutigen Wohnhaus (mit einem kleinen Reststück der blau gestrichenen und mit goldenen Sternen bemalten Innenverkleidung) und die kleine Kirche mit mittelalterlicher Wandmalerei im Turmchor.

MÖCKMÜHL-ZÜTTLINGEN

Die *ev. Pfarrkirche St. Lukas* wurde 1856/57 von dem Heilbronner Stadtbaumeister Louis De Millas im Rundbogenstil erbaut. Der gotische Polygonalchor der Vorgängerkirche dient seit 1873 auf dem Friedhof als Gruftkirche der Freiherren von Ellrichshausen. Die kath. Kirche St. Lukas wurde 1883 erbaut. Nahe bei Möckmühl an der Jagst liegt der schon im Mittelalter bezeugte Ort Assumstadt, damals Asmanstat genannt und zum nahen Domeneck gehörig, wo sich eine über der Jagst gelegene Burg befand. Um 1600 siedelte der dama-

lige Besitzer – Hans Kaspar von Herda, der Ritterhauptmann des Kantons Odenwald – nach Assumstadt über und ließ dort 1624 ein Schloss erbauen. Die ganze Herrschaft kam 1676 an die Herren von Ellrichshausen. Im 18. Jh. gelangte ein Mitglied der Familie, Karl Reinhard von Ellrichshausen, als Generalfeldzeugmeister in kaiserlich österreichischen Diensten zu hohem Ansehen – als er den Dienst quittierte und nach Assumstadt zurückkehrte, erhielt er als Geschenk der Kaiserin Maria Theresia ein neues Schloss.
Das *Schloss Assumstadt* wurde ab 1769 unter der Leitung des Prager Architekten Paul Wiedhopf möglicherweise nach Entwürfen seines Landsmannes Johann Joseph Wirch erbaut, auch große Teile der festen Innenausstattung wie Boisserien, Türen, Kamine und Öfen wurden fertig aus Prag angeliefert. Gleichzeitig mit dem Schlossbau wurde auch ein großer geometrischer Garten angelegt. Der Rokokobau mit einem ovalen, pavillonartigen Mittelbau an der Gartenseite ist als Landsitz erkennbar, dies zeigen das direkt von außen über eine Freitreppe erreichbare Hauptgeschoss und die zum Garten bestehende nahezu ebenerdige Verbindung. Die im Stil des Rokoko gehaltenen Innenräume kulminieren in einem Kuppelsaal, der nach der Gartenseite halbrund hervortritt. Unter Verzicht auf Stukkaturen ist der ganze Raum ausgemalt mit Louis-Seize-Dekorationen, die Kuppel mit Deckenmalerei allegorischen Inhalts, die Nicolas Guibal zugeschrieben wird.

Schloss Domeneck steht auf einem Vorsprung über dem steilen rechten Ufer der Jagst, dicht bei den Ruinen der bedeutenden mittelalterlichen Burg der Tumminge von Domeneck, einer Familie unbekannter Herkunft, 1270 bezeugt. Das Schloss ist ein schlichtes Wohngebäude mit Nebenbauten aus der Barockzeit.

Mühlbach → Eppingen

NECKARSULM

Die an der Einmündung der Sulm in den Neckar liegende Stadt Neckarsulm – bereits 771 im Lorscher Codex genannt – gehörte im 13. Jh. den Herren von Weinsberg, von denen der Ort um 1310 zur Stadt erhoben wurde. 1335 wurde sie an das Erzstift Mainz verkauft, das hier eine Münzstätte unterhielt, 1484 an den Deutschen Orden vertauscht, der dann bis 1805 Ortsherrschaft blieb. Seit der Zerstörung der Burg Scheuerberg 1525 war das hiesige Stadtschloss Sitz eines Amts des Ordens. Neckarsulm war eine planmäßig angelegte, ein Viereck bildende Stadt mit schönen Fachwerkhäusern, mit barocker Pfarrkirche und

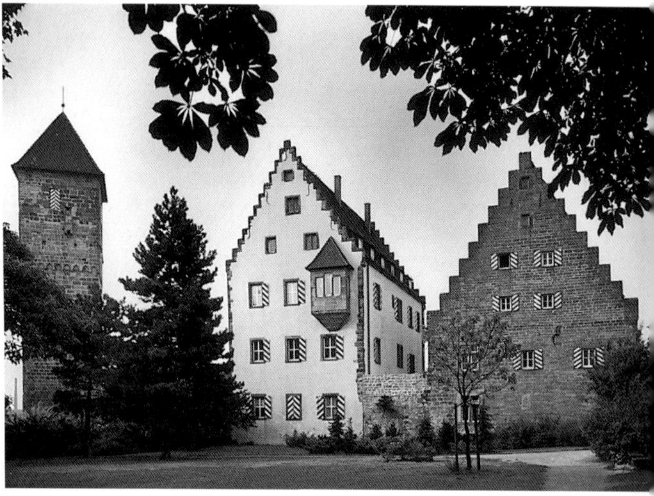

Neckarsulm.
Deutschordensschloss

Schloss als städtebauliche Kristallisationspunkte. Die Stadtbefestigung wurde im 19. Jh. größtenteils abgetragen, Reste sind noch erhalten, darunter der markante Centturm mit dem wiederaufgebauten barocken Erscheinungsbild.

Seit der verheerenden Zerstörung im letzten Weltkrieg sind nur noch wenige historische Bauten überliefert, und auch die im rekonstruierten Zustand. An erster Stelle ist das in der Südwestecke des Altstadtvierecks stehende *Stadtschloss* des Deutschen Ordens mit Wehrturm zu nennen. Der Wehrturm stammt in seinem unteren Teil aus dem 14. Jh., der Aufsatz aus dem Jahre 1551. Der daneben stehende gotische Burgpalas mit Staffelgiebeln und Erkern die spätere Deutschordensresidenz, ist um 1364 erbaut worden. Die noch ebenfalls erhaltene Schlosskapelle ist offenbar um 1500 erbaut worden. Zum Schlossensemble gehört auch das ehem. Bandhaus von 1567 mit Staffelgiebeln, die Schlosskelter und eigentlich auch die Ordenskelter unweit des Rathauses, 1567 erbaut. Seit 1956 ist das Schloss Deutsches Zweiradmuseum. Das städtebauliche Gegenstück zum Schloss, die erhöht stehende *Pfarrkirche St. Dionysius* ist 1706-12 anstelle einer Kirche des 13. Jhs. von dem Mergent-

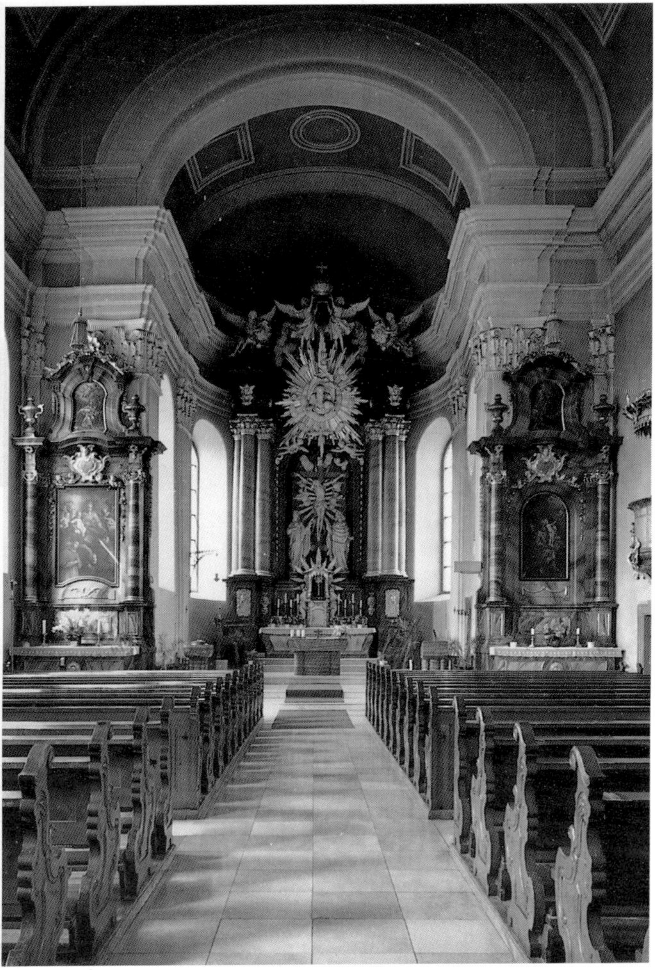

Neckarsulm.
Kath. Pfarrkirche St. Dionysius

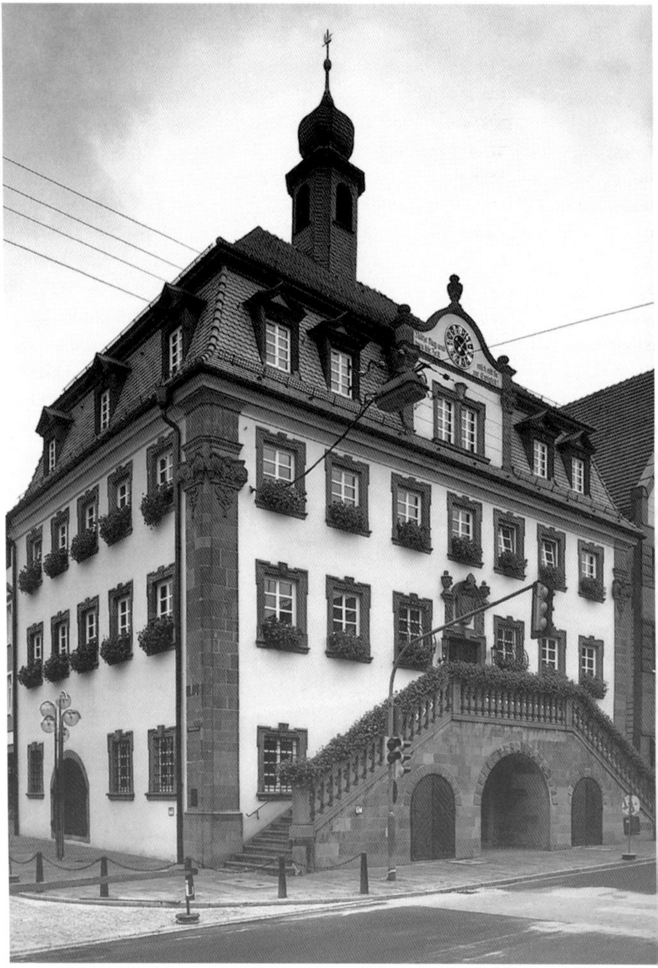

Neckarsulm.
Rathaus

eimer Baumeister Johann Wolfgang Fichtmeyer und dem Heidelberger Carasky erstellt worden, der Turm stammt von 1757, entworfen von dem Neckarsulmer Franz Häffele. An die Erneuerung des 19. Jhs. erinnern die 1879 us München gelieferten Kreuzwegstationen. Die nach dem 2. Weltkrieg wieeraufgebaute Kirche ist ein wohlproportionierter Saalbau mit Tonnengewölbe nd Apsis, die Hauptfassade mit bewegtem Umriss und reicher Gliederung urch Pilaster, Figurennischen, Vasenaufsätze etc. Die bildhauerischen Arbeien der reichen Schauseite stammen von Hollbusch. Die Innenausstattung ist n Stil des Rokoko gehalten, gut ist die Kanzel, ebenso ein qualitätvolles Bild on G. B. Crespi („Madonna des Sieges" als Erinnerung an die Schlacht von epanto am 7. 1.1571) und eine Pieta aus der Zeit um 1500.

Neben der kath. Pfarrkirche gibt es noch drei Sakralbauten in der Stadt. Das ast an der Marktstraße stehende *Kapuzinerkloster mit Kirche* stammt von 661-64, die Kirche wurde 1892-94 nach vorhergehender Profanierung nach ntwürfen des in der Region viel beschäftigten Stuttgarter Architekten Ulrich ohlhammer erneuert und von bedeutenden auswärtigen Künstlern neu ausestattet (Hofmaler Zettler und Bildhauer Eduard Rheineck aus München, llenbeck und Nachbauer aus Stuttgart; neben dem Eingang schönes Barockreuz). Die neugotische Baugruppe der *ev. Pfarrkirche* mit Pfarrhaus östlich der tadtmitte ist 1888 bzw. 1893 erbaut worden.

Der am besten überlieferte Sakralbau ist jedoch die *Wallfahrtskirche St. Maria ur Steinach* auf dem Friedhof. Sie ist erstmals 1364 genannt, wurde 1668-82 mgebaut und um 1900 erneuert. An die Barockisierung erinnert der reiche Hochaltar von 1682 und das 1668 datierte Chorgestühl, an die Renovierung er Jahrhundertwende u. a. die Kreuzwegstationen. Am Kircheneingang steen zwei Steinbildwerke des 18. Jhs., eine qualitätvolle Nepomukstatue und in Hl. Wendelin.

on den noch erhaltenen bzw. rekonstruierten bürgerlichen Profanbauten der orkriegszeit sind nennenswert: das barocke *Rathaus* von 1748/1780, der *ehem. Gasthof Sonne* an der Marktstraße (17. Jh.), von den wenigen Fachwerk-Wohnhäusern die zwei spätmittelalterlichen in der Löwengasse und Kurzen asse sowie das Zierfachwerkhaus von 1685 in der Lammgasse.

er *Stadtteil Amorbach* wurde 1953-56 entlang der Straße nach Neuenstadt K. als eine bedeutende, viel beachtete Siedlung der fünfziger Jahre mit Kirhen beider Konfessionen von dem Stuttgarter Architekten Helmut Erdle baut.

NECKARSULM-DAHENFELD

Im Jahre 1484 kam der 1177 bezeugte Ort vom Erzstift Mainz an de
Deutschen Orden, der 1745 nach Entwürfen von Franz Raffele die kath. Pfarr
kirche – zugleich *Wallfahrtskirche zum Hl. Kreuz* – errichtete: ein Spätbarock
bau mit reicher Stuck- und Freskenzier, am Hochaltar und an der Decke mi
dem Wappen des Ordenskomturs Johann Christoph von Buseck, die Inschrif
weist ihn als Bauherrn aus. Das direkt daneben stehende, ebenfalls barock
Pfarrhaus wurde 1758 nach Entwürfen von Georg Philipp Wenger erbau
Bemerkenswert ist die zwischen Kirche und Pfarrhaus sich erstreckende Gar
tenanlage mit Kreuzweg, Grotten etc. des 19. Jhs. Barock ist auch das unten ir
Dorf stehende *Rathaus* (unweit steht ein Backhaus des 19. Jhs.) sowie einig
Bildstöcke.

Auf dem Weg vom Dorf zur Kirche hinauf sind einige wenige ältere *Fach
werkhäuser* erhalten, darunter das 1602 datierte Zierfachwerkhaus, das ei
herrschaftliches Jägerhaus gewesen sein soll, sowie das älteste Fachwerkhau
Neckarsulms mit ausgemalter Dachstube.

NECKARSULM-OBEREISESHEIM

Die nach dem letzten Weltkrieg modernisierte, im Kern gotische, 1496 be
zeugte, 1601 erweiterte *ev. Mauritiuskirche* weist noch sehenswerte Aussta
tungsstücke aus dem Barock auf, darunter Reste der Wandmalerei, Kanze
Taufstein (bez. HMG 1749) und Ölgemälde von Johannes Stiegler aus de
Jahre 1750 an der Emporebrüstung. Außerdem sehenswert das neugotisch
Orgelgehäuse von 1861 und die Chorfenster von Adolf Saile (1977) bzw. Wa
ter Kohler.

Eine harmonische Einheit mit der Kirche bildet das barocke, 1684 erbaute un
1700 renovierte *Pfarrhaus* mit Zierfachwerk.

Das *Denkmal der Schlacht bei Wimpfen* ist westlich außerhalb des Ortes u
1900 aufgestellt worden.

NECKARWESTHEIM

Das im Jahre 1122 erstmals erwähnte, 1555 zu einer Marktgemeinde erhober
Dorf wurde daraufhin von einer Befestigung umgeben, ein Teil der Mauer i
u.a. in der Außenwand der ehem. Pfarrscheuer (Schulstr. 24) in der Nähe d
Pfarrkirche erhalten, die drei Tore wurden im 19. Jh. abgebrochen.

Die am Ostrand des historischen Dorfkerns in erhöhter Lage stehende *ev. Pfarrkirche St. Gregor* wird 1275 erstmals erwähnt. Von dem mittelalterlichen Bau ist seit 1844 nur noch der gotische kreuzrippengewölbte Turmchor erhalten. 1843/44 wurde das heutige Kirchenschiff nach Entwürfen des Stuttgarter Oberbaurats Ludwig von Gaab an den gotischen Kirchturm angebaut. Der noch bemerkenswert gut überlieferte Bau Gaabs zeigt den für den Historismus der Zeit typischen Mischstil des Übergangs von der Romanik zur Gotik, das Ganze in einer dem Klassizismus eigenen Bauauffassung gehalten und teilweise auch klassizistisch in der Ausstattung: im Inneren des als Saalkirche konzipierten Sakralbaus Dreiseitemporen im Stil des Klassizismus mit Palmettenkapitellen, die Flachdecke kassettiert. Auf der Empore ist auch die neoromanische Orgel von 1847 erhalten. An die letzte Renovierung – die offenbar die klassizistische Farbigkeit des Kircheninnern in den Farben Blau und Gold beseitigte – erinnert das Chorfenster des Jahres 1962 von dem Stuttgarter Wolf-Dieter Kohler.
Unterhalb der Kirche erstreckt sich das alte Dorfzentrum mit dem 1751 gebauten ehem. *Rathaus*, dessen Torkeilsteine kunsthandwerkliche Arbeiten zieren. Von den Fachwerkhäusern ist vor allem das an aufwendigen Schnitzarbeiten reiche, Ende der 1990er Jahre mustergültig restaurierte Gebäude *Hauptstr. 30* mit Datierungen in die Jahre 1603 und 1673 zu nennen.

Das südlich des Ortes auf einer Bergzunge erbaute *Schloss Liebenstein* geht auf die gleichnamige Adelsfamilie zurück, die seit 1235 urkundlich bezeugt ist und wahrscheinlich staufisches Ministerialengeschlecht war. Um 1440 teilte sie sich in die Linie des oberen und unteren Hauses. 1673/79 verkaufte die Familie Schloss und Herrschaft an Württemberg. Von der mittelalterlichen *Burg* sind der vom Neckar her noch immer dominierende viereckige romanische Bergfried und der Halsgraben mit Mauerresten sowie die Grundmauern dreier Burggebäude erhalten. Der schon im 19. Jh. von einem Zeltdach bekrönte und für die Öffentlichkeit zugänglich gemachte Bergfried lässt noch immer das Burgverlies und die Reste eines Kamins erkennen.
Die neueren *Schlossgebäude* mit Staffelgiebeln und reichen Renaissancebrüstungen entstanden im 16. Jh. bergseitig als eine malerische Gebäudegruppe mit dazugehörigen Wirtschaftsbauten. Der Wohntrakt des Schlosses besteht aus zwei Baugliedern, von denen das kleinere das herrschaftliche Jägerhaus gewesen ist. Beiden Gebäuden wie auch den zwischen ihnen liegenden Tor- und Verbindungsbauten ist die in dezenten Grautönen gehaltene Quadermalerei charakteristisch, die Fenster und Türen krönen Wandmalereien mit dekorativem Rollwerk. Im Innern sind noch einige gewölbte und kassettierte Räume überliefert.
Die an der Nordspitze des Schlosskomplexes mit ihrem reichen Ziergiebel den

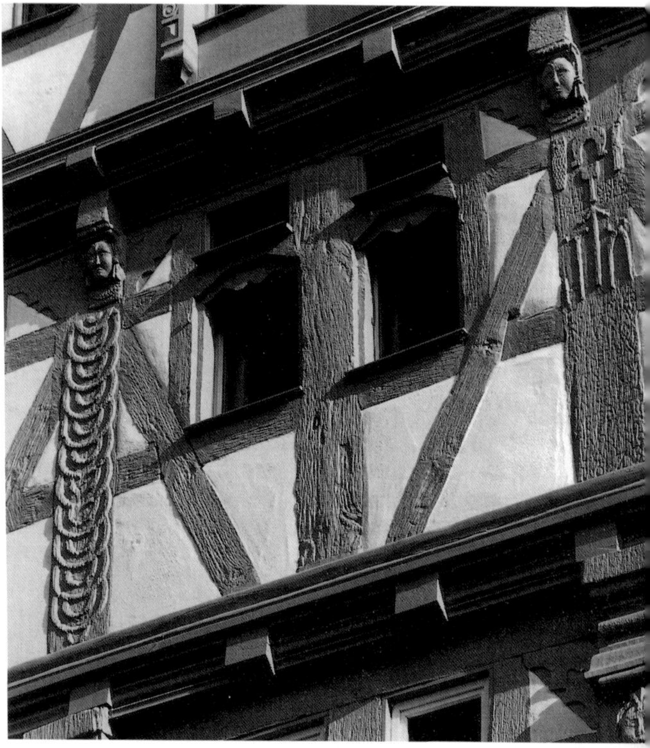

Neckarwestheim
Hauptstraße 30, Detail vom Zierfachwerk,
mit Handwerkszeichen des Erbauers

Ankommenden begrüßende *Schlosskapelle* wurde 1599/1600 erbaut, die bildhauerischen Arbeiten führte der Heilbronner Jakob Müller aus. Die das Bauwerk kennzeichnende starke Präsenz der Gotik ist eine für die Erbauungszei konservative Haltung, kompensiert allerdings durch die qualitätvolle Bildhauerei im üppigsten Renaissancestil. Während der gotische Turmchor mittelalterliche Traditionen fortführt, ist der anschließende Quersaal mit Herrschaftsempore in der Nachfolge der wegweisenden Stuttgarter Schlosskirche ausge

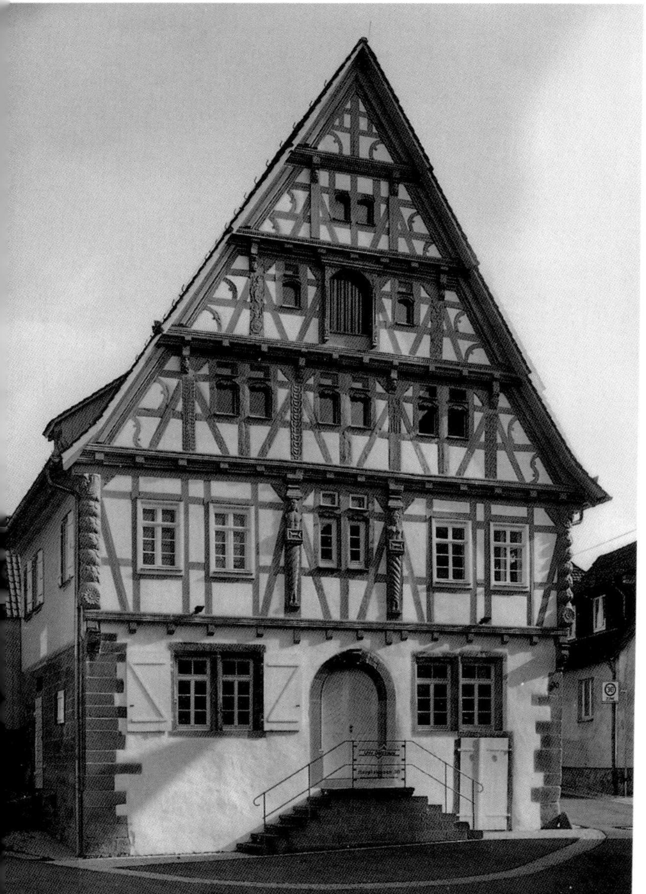

ckarwestheim.
s Haus Hauptstraße 30,
er der aufwendigsten Zierfachwerkbauten der Region

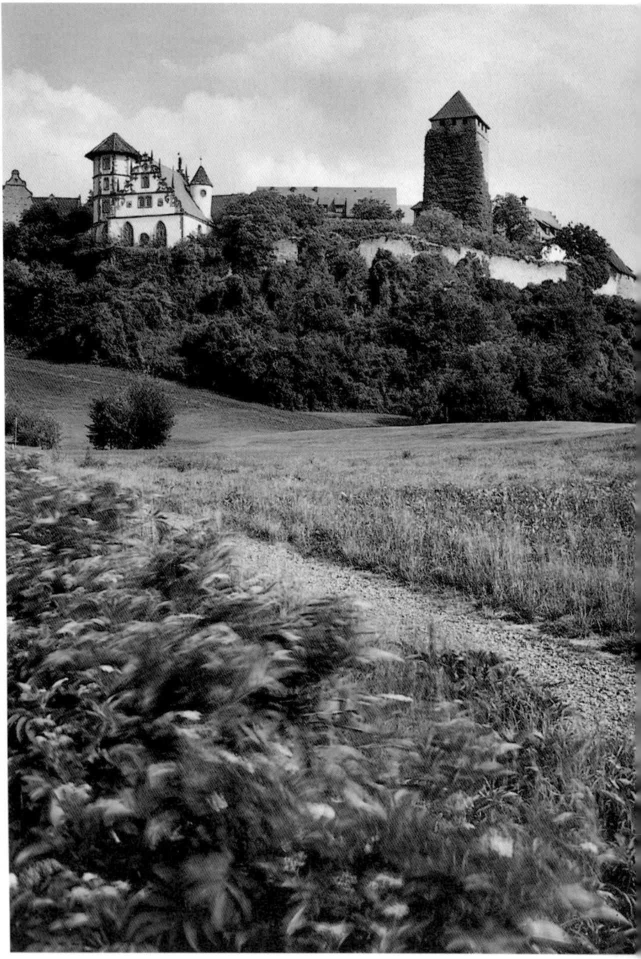

Neckarwestheim.
Schloss Liebenstein

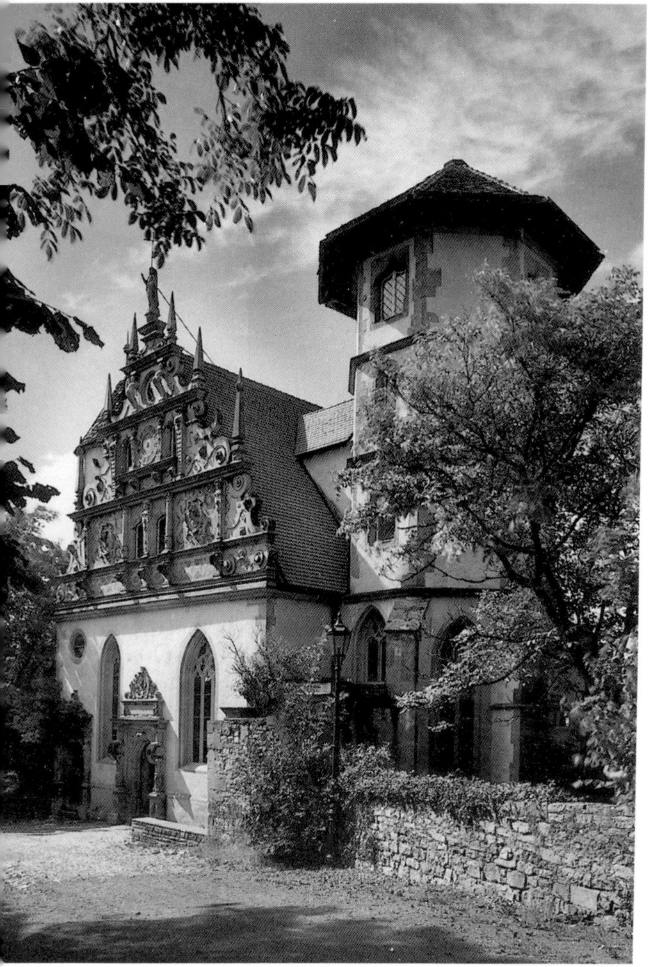

ckarwestheim.
hloss Liebenstein, Schlosskapelle

sprochen fortschrittlich. Auch für das Innere gilt das späte Ineinanderfließe gotischer (Gewölbe) und Renaissance-Architektur (Säulen mit Beschlagwerk Masken und antikischen Kapitellen). Diese Diskrepanz zwischen Architektu und bildhauerischer Ausstattung legt die Annahme nahe, dass hier zwei Küns ler unterschiedlicher Auffassung am Werk waren.

Neipperg → Brackenheim

NEUDENAU

Das alte Städtchen über elliptischem Grundriss und mit kleinem trapezförmige Markt in der Mitte wird 1251 erstmals erwähnt. Gründer der Stadt und der berg seitigen Burg waren vermutlich auf einst Amorbacher Besitz die Herren vo Dürn, ihnen ist die im 13. Jh. erfolgte Verlagerung einer älteren, im Tal liegende Siedlung in den Schutz der wohl 1216 erbauten Burg zuzuschreiben.

Die *Burg* wurde um 1840 unter den Grafen von Leiningen zum Schlos erweitert, dann 1871 zum Schulhaus umgebaut, erhalten sind auch ein got scher Palas mit Renaissance-Malereien im Innern und der Bergfried des 13. Jh mit Kanten aus Buckelquadern. Die *Stadtbefestigung* ist nur noch in Teilen i Osten, Süden und Westen der Stadt ablesbar, z. T. durch die Neuen Anlage des 19. Jhs. markiert.

Die Mutterkirche von Neudenau war vermutlich die talaufwärts liegende al *St.-Gangolf-Kirche*, ein Brunnenheiligtum mit seit 1497 bezeugter Pferd wallfahrt, die noch heute im Mai stattfindet. In der Quelle neben der Kirch vermutet man ein keltisches Quellheiligtum, um die im 12. Jh. entstander Kirche lag schon seit der alamannischen Landnahme ein Dorf namens Deiti gen, das erst im 14. Jh. allmählich aufgegeben wurde. Von der romanische Kirche vom Ende des 12. Jhs. ist noch der Turm mit gewölbter Eingangshal erhalten, der Turmhelm stammt von 1891. Der Turm ist in die Südwestecl des fast quadratischen Langhauses aus dem Jahre 1363 einbezogen, dara schließt ein rechteckiger Chor mit Nebenchor an. Erhalten ist auch d (z. T. ausgelagerte) mittelalterlich-frühneuzeitliche Inneneinrichtung, daru ter Flügelaltäre des 15. Jhs. und Wandmalereien des 14. und 15. Jhs. Der 15(datierte Hauptaltar zeigt drei Ritter: den hl. Gangolf in der Schreinmitte, d hl. Martin und den hl. Mauritius, die Flügelbilder erzählen die Gangolfsl gende. Der rechte Seitenaltar, ein Marienaltar, dürfte um 1460/70 entstand sein. Zu einer Predella der Zeit um 1410/20 gehören die 13 Terr kottafiguren einer Apostelgruppe, die z. Zt. unter Verschluss gehalten werde

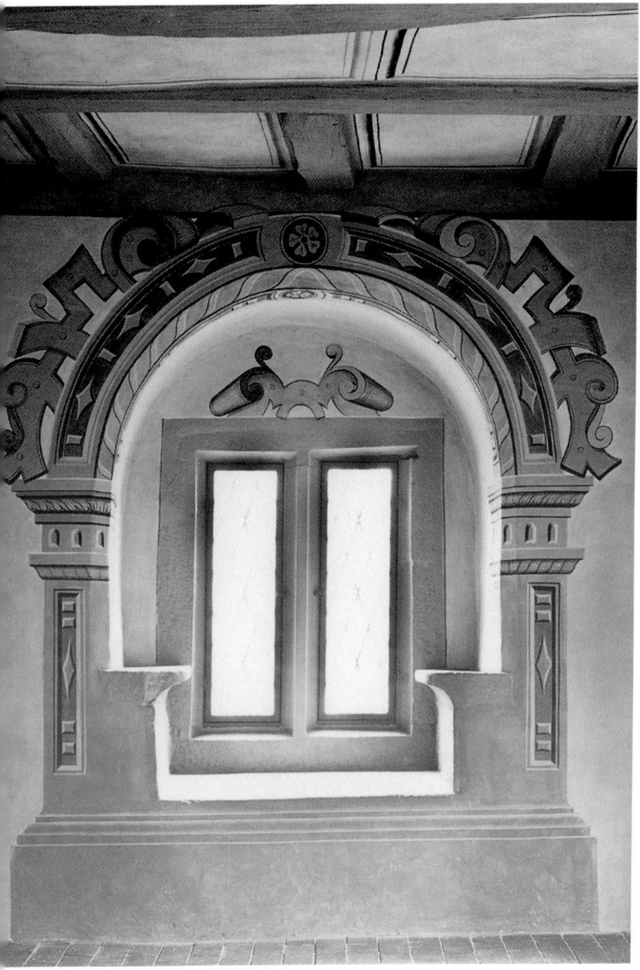

·udenau.
hloss mit Renaissance-Ausmalung

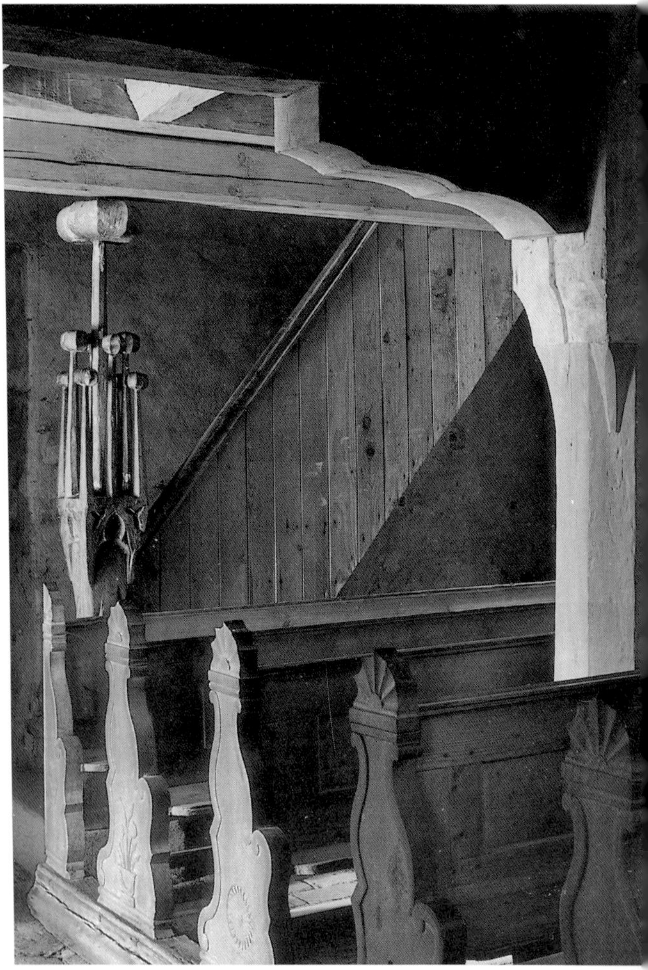

Neudenau.
St.-Gangolf-Kirche

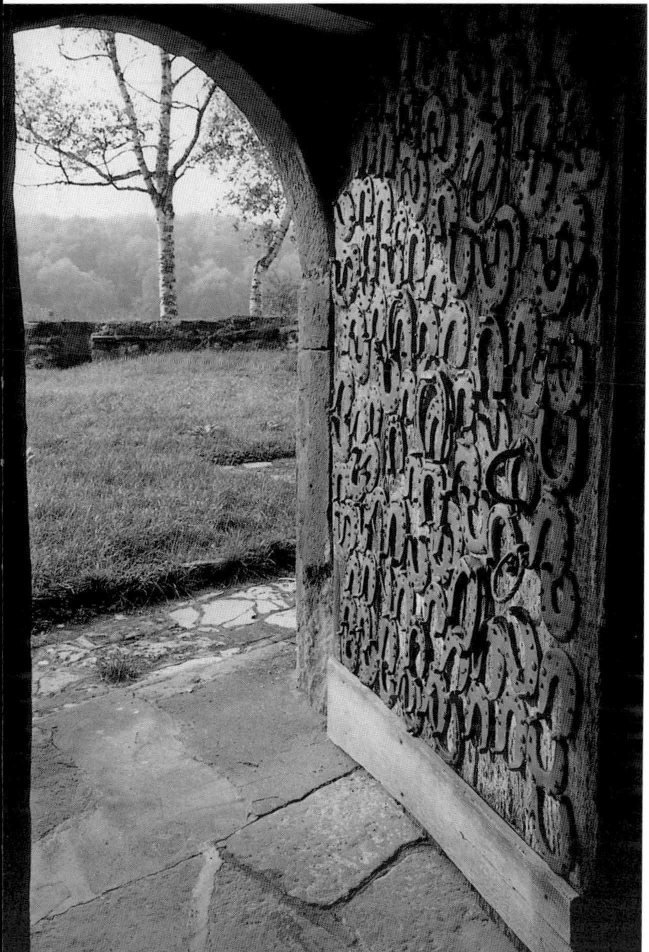

Neudenau.
St.-Gangolf-Kirche, Hufeisen als Votivgaben

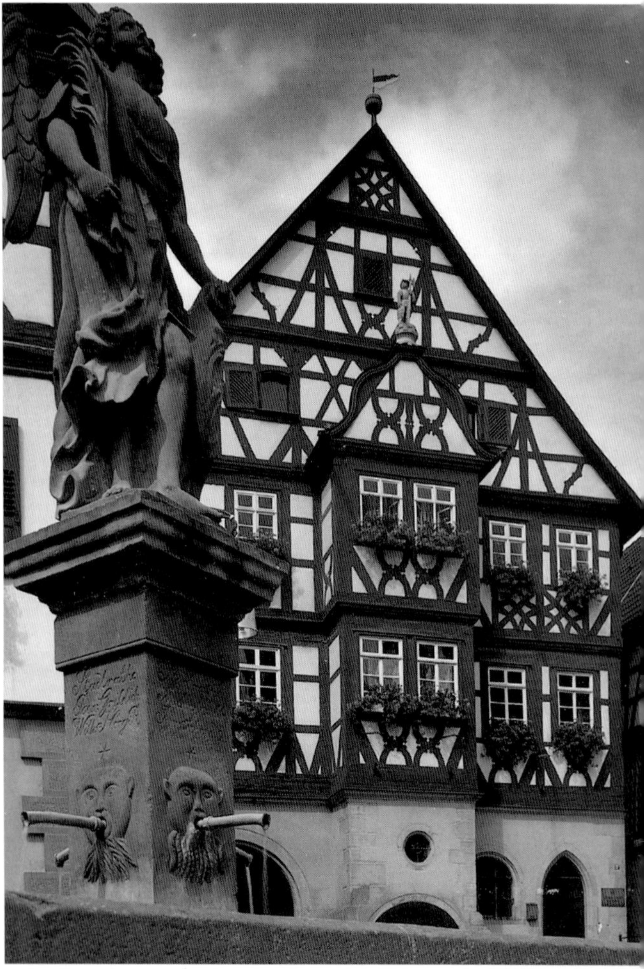

Neudenau.
Rathaus mit Brunnen

Die Wandmalereien zeigen im Chor das Weltgericht Christi, an den Wandfeldern Märtyrerszenen aus dem Leben der hll. Stephanus, Laurentius, Georg, Victorinus u. a., auf der Westwand das Fegefeuer, an der Chorostwand Christus, die mittleren Bildflächen mit Königen und Propheten, die rechte Wandhälfte mit der Krönung Mariä. Das umfangreiche Bildprogramm wird mit den Dominikanern in (Bad) Wimpfen in Verbindung gebracht, die für ihre Marienverehrung bekannt waren. Beachtenswert sind auch die zahlreichen Hufeisen als Votivgaben, ebenso die spätgotische Empore und die geschnitzte Kanzel, die Weihekreuze im Schiff und eine Johannes-Schüssel.

Die innerhalb der Stadt liegende *Pfarrkirche St. Laurentius* besitzt noch den Westturm aus dem frühen 14. Jh., an diesen wurde 1742 nach Entwürfen von Georg Philipp Wenger aus Neckarsulm das große barocke Langhaus mit halbkreisförmigem Chor angebaut. Die Kirche birgt noch die einheitliche barocke Innenausstattung und Stuckierung bzw. Deckenmalerei.

Einheitliche alte Bebauung ist um den *Marktplatz* mit dem Rathaus von 1587, dem barocken ehem. Schul- und späteren Frühmesshaus und dem kath. Pfarrhof von 1744 (mit Stuckdecke im Erdgeschoss), dem barocken Röhrenbrunnen sowie zahlreichen fränkischen Fachwerkhäusern erhalten. Westlich an die Pfarrkirche schließt sich die Keltergasse mit der Kelter des 16.-18. Jhs. und Wohnhäusern der Zeit um 1600 an. Unterhalb der Stadt längs der Jagst erstreckt sich die 1395 erstmals erwähnte, wohl im Anschluss an die seit 1364 nachweisbare Stadtmühle entstandene Vorstadt mit Jagstbrücke, davor steht die im Kern spätgotische, um 1720 erneuerte *Kapelle St. Wolfgang* mit dem Friedhof von 1780.
Einige qualitätvolle *Bildstöcke* und *Wegkreuze* zeugen von katholischer Volksfrömmigkeit, so z. B. die Kreuzigungsgruppe der Zeit um 1600 am Lindenplatz oder die Bildstöcke an der Bergstraße (1710) und am Kapellenweg (um 1600).
Der *jüdische Friedhof* am Eichklingenweg zählt zu den ältesten noch erhaltenen Repräsentanten seiner Gattung im deutschen Südwesten, angelegt bereits vor 1492.

NEUDENAU-HERBOLZHEIM/JAGST

Den Ort beherrscht die *Burg*, im 13. Jh. urkundlich bezeugt, ehemals eine kleine, nahezu quadratische Anlage, von der nur der runde Turm des Bergfrieds und der Ringmauer erhalten sind, etwas östlich das Schafhaus von 1594

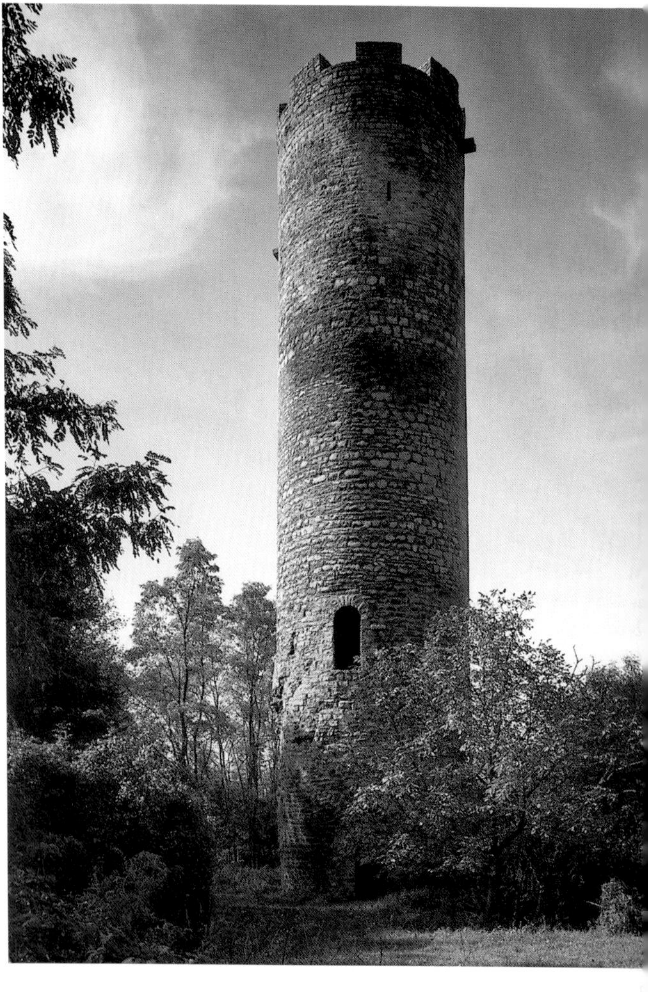

Neudenau-Herbolzheim.
Bergfried

und eine gegen das Dorf hinabziehende Vorburg mit dem 1564 datierten ehem. Amts- bzw. späteren Pfarrhaus und Ökonomiegebäuden. Ein Teil der Burg wurde 1565 unter kurmainzischer Herrschaft zum Schloss ausgebaut.

NEUDENAU-SIGLINGEN

Der Ort kam offenbar im 14. Jh. an die Herren von Weinsberg, die angeblich 1363 die Erhebung zur Stadt (jedoch nicht genutzt) erreichten und die Befestigung durch Wall und Graben nachfolgen ließen. Reste hiervon sind noch erhalten, insbesondere im Nordwesten und Südosten. Das Ortsbild prägt die *Pfarrkirche* von 1650 mit barocker Orgel und Wehr-Kirchhof, die Kelter von 1565, im unteren Dorf das Rathaus von 1739/1889 (ehem. Schafhaus) und der frühere Pfarrhof (17./18. Jh.), dazwischen Weingärtnerhäuser und Gehöfte des 16.-18. Jhs. Das Gefallenendenkmal an der Jagstbrücke ist ein Werk von Fritz Nuß aus dem Jahre 1951.

NEUENSTADT AM KOCHER

Wohl um 1320 legten die Herren von Weinsberg die „neue Stadt Helmbund" an und veranlassten die Einwohner von Helmbund – angeblich nach einem Erdbeben – zur Übersiedlung. An den aufgegebenen Ort erinnert heute nur noch der Chor der 1286 erstmals erwähnten Pfarrkirche St. Kilian. Ein Herrenhof in der Nähe der als Gerichtsplatz bedeutsamen Linde bildete den Kern der neuen Siedlung, die sich wegen ihrer Lage an der Straße Worms – Regensburg gut entwickelte und den Herren von Weinsberg als Residenz diente. 1504 wurde die Stadt von Württemberg erobert und war 1618-1781 dann Residenz der Linie Württemberg-Neuenstadt.

Die Zerstörungen des 2. Weltkriegs haben die wertvolle historische Bausubstanz des Ortes stark dezimiert. Von der mittelalterlichen *Stadtbefestigung* der auf trapezförmigem Grundriss auf der Höhe zwischen dem Kocher und der Brettach gelegenen Altstadt sind der Obere Torturm im Westen und Teile der Stadtmauer im Süden und Norden erhalten. Das am Oberen Tor stehende, von Herzog Christoph von Württemberg ab 1565 anstelle eines 1392 bezeugten weinsbergischen erbaute *Schloss* umfing mit seinen späteren Neubauten einen viereckigen Hof. Der älteste Teil des Schlosses ist der nördliche Dürnizbau, an dessen Errichtung wahrscheinlich Heinrich Schickhardt beteiligt war (1619 ist sein Wirken in Neuenstadt bezeugt). Ab der Mitte des 17. Jhs. folgte mit

dem Renaissance-Portal (an der Durchfahrt) und dem runden äußeren Eckturm aus dem 16. Jh. der Ostflügel bis zur Kirche und der Westbau des Marstalls. 1621 legte Herzog Friedrich Achilles den Schlosspark vor dem Oberen Tor an. Auch das schon 1781 aufgegebene und u. a. als Fruchtspeicher und Kaserne genutzte Schloss wurde nach 1945 umgebaut, im Marstall war von 1956 bis 1966 die kath. Kirche untergebracht.
Die *ev. Pfarrkirche St. Kilian*, mit dem Schloss hofbildend, ebenfalls neben dem Oberen Torturm, ist 1595 durch den Umbau einer gotischen Kirche entstanden, der Torturm von 1703 (1831 im oberen Teil erneuert) dient ihr als Kirchturm. Das Kircheninnere birgt im gotischen Chor reich geschnitzte Renaissance-Epitaphien und mehrere Steinepitaphe (u. a. das der Anna von Weinsberg, gest. 1413), den spätgotischen Taufstein von 1499, das hochbarocke Altarkruzifix aus Alabaster von 1703 mit dem Herzogswappen auf der Rückseite, im flach gedeckten Kirchenschiff den spätbarocken Orgelprospekt von 1741 auf einer seltenen dreigeschossigen Holzempore. An die Erneuerung des 19. Jhs. erinnern die neugotische Kanzel und der Altar (1891). In der Gruft der Herzöge von Württemberg-Neuenstadt unter dem Chor fanden schöne, z. T. bemalte Sarkophage des 17.-18. Jhs. Aufstellung. Auffallende Zeugnisse der Nachkriegserneuerung sind das Sgraffito an der Stirnseite der Kirche zum Marktplatz hin und die farbigen Chorfenster (1949/50).

Die Hauptstraße steigt auf dem Bergrücken hinauf und ist wegen der Zerstörungen des letzten Krieges nur noch von wenigen alten repräsentativen Gebäuden gesäumt. Sehenswert ist vor allem die klassizistische *Hof- und Stadt-Apotheke* von 1801 am Marktplatz, ein stattliches Fachwerkhaus mit reich verziertem Erdgeschoss, das dem Urgroßvater Mörikes gehörte (1955 erneuert). Im *ehem. Stadthaus* direkt daneben (Hauptstr. 17), einem Zierfachwerkhaus der Zeit um 1600 mit polygonalem Renaissanceerker und Volutenportal sowie 1802 datiertem rückwärtigem Altanbau auf toskanischen Wandsäulen, ist das Erdgeschoss barock. In der nach Süden führenden Brunnengasse steht vor dem alten Schulhaus von 1795 ein barocker *Brunnen* mit Säule von 1703 und Kasten von 1876. In der westlich parallel verlaufenden Pfarrgasse steht das spätgotische *Steinhaus* von 1561 und das *Pfarrhaus* von 1749, am Südende das 1488 von einem Abt des Klosters Schöntal als Amtshaus erbaute heutige *Dekanat*. Den Ostrand der ehem. Stadtbefestigung markiert der *Löwenbrunnen* – ein spätbarocker Brunnen mit Geländer von 1744 an der Einmündung des Mühlwegs in die Hauptstraße.

Die westlich des Schlosses stehende alte *Gerichtsstätte* des Brettachgaus, die 1448 erstmals erwähnte bekannte Gerichtslinde, wurde 1945 zerstört. Erhal-

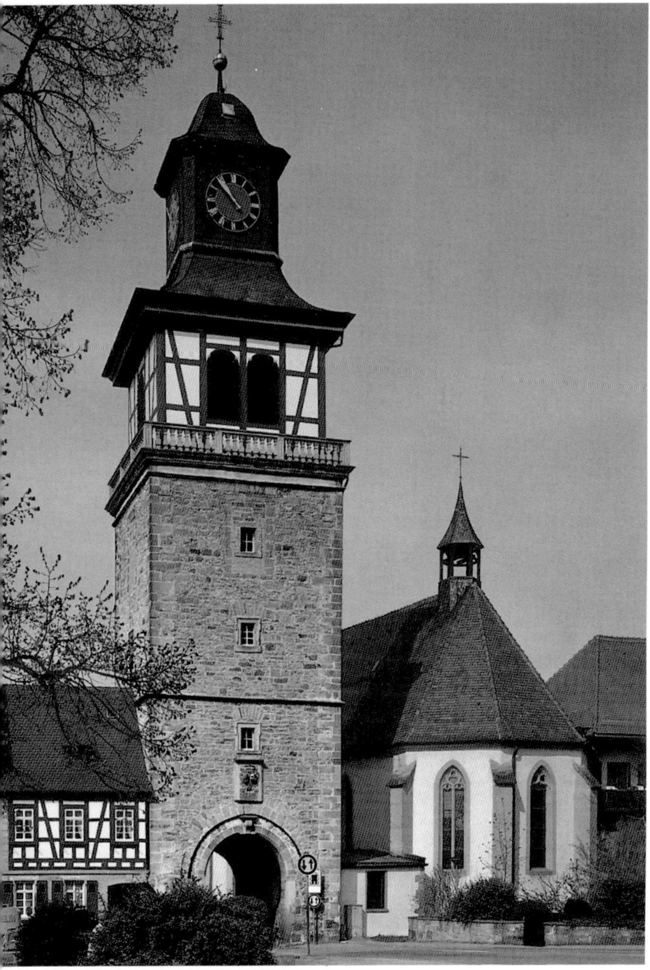

Neuenstadt am Kocher.
Oberes Tor und Chor der ev. Pfarrkirche

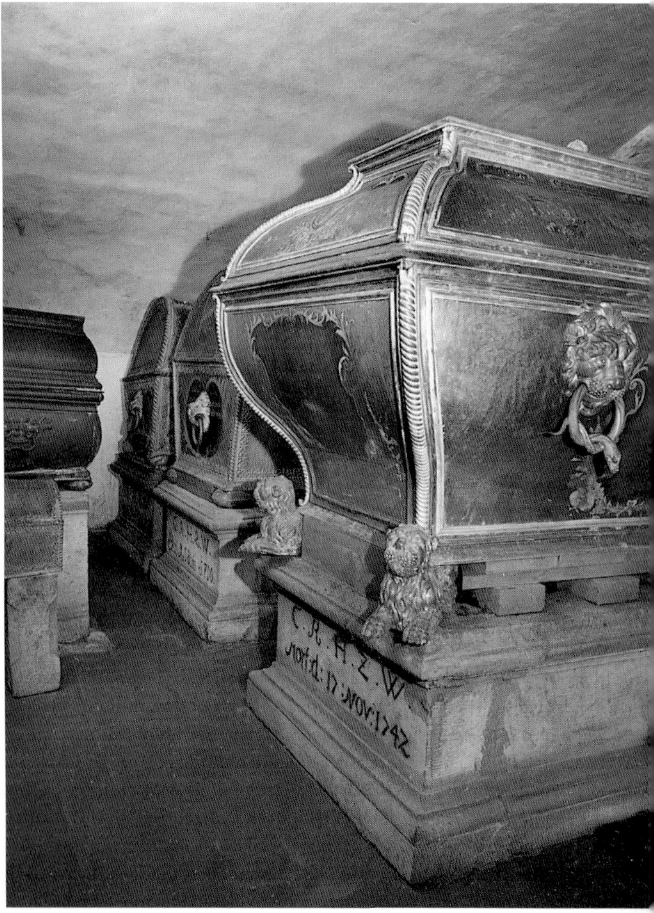

Neuenstadt am Kocher.
Ev. Pfarrkirche, bemalte Sarkophage

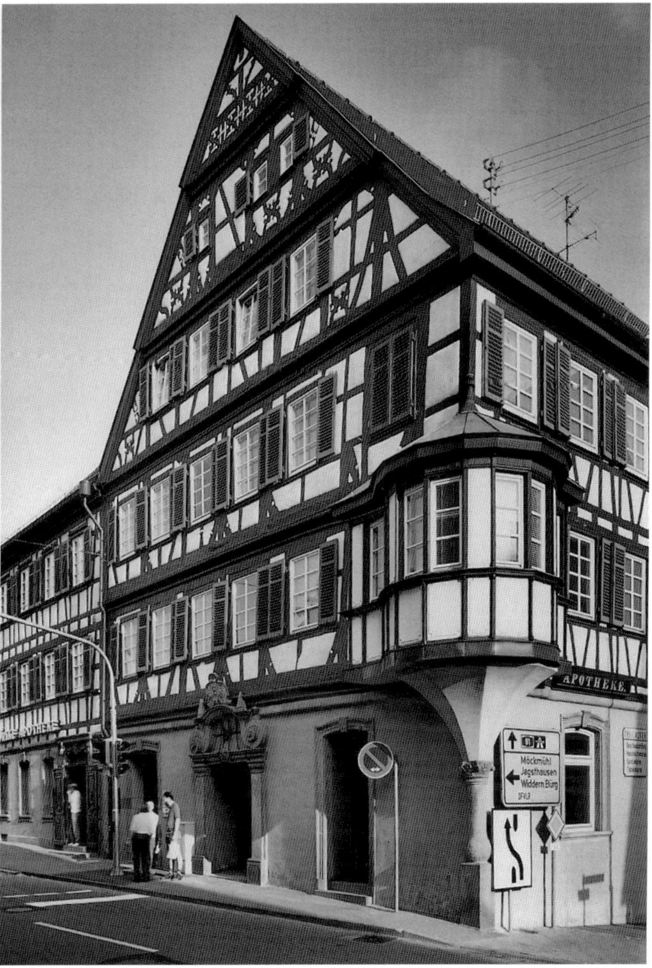

Neuenstadt am Kocher.
Mörike-Apotheke, davor das ehem. Stadthaus

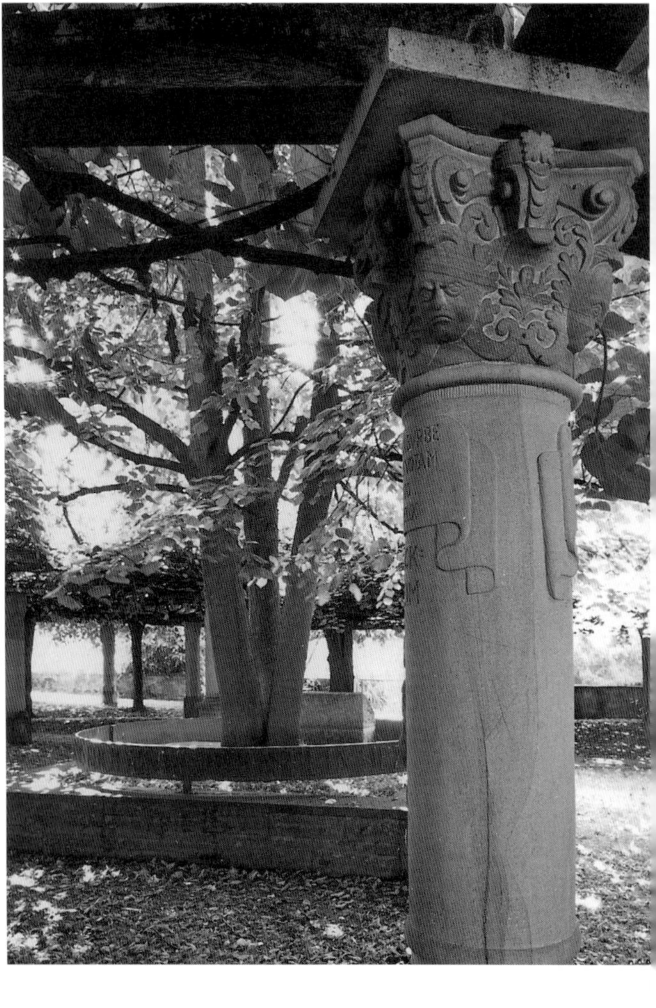

Neuenstadt am Kocher.
Gerichtsstätte mit Linde

ten sind die von Herzog Christoph stammende *Ummauerung des Platzes* mit dem 1558 (anlässlich der Umwandlung in einen geselligen Park) durch Herzog Christoph errichteten Renaissance-Portal sowie die 90 steinernen und acht hölzernen Säulen, die die Linde gestützt haben – sie wurden seit dem Mittelalter bis 1751 vor allem von Adelsgeschlechtern der Umgebung gestiftet (mehrere erneuert). Gleich daneben steht das klassizistische Gebäude des *Mörickestiftes* (Frauenstift, von dem Apotheker Möricke 1874 in einem um 1830 gebauten Haus untergebracht) und anschließend der teilweise bebaute ehem. Schlosspark mit einer romantischen neugotischen Ruine. Ebenfalls außerhalb der alten befestigten Stadt stehen vereinzelte barocke *Fachwerkhäuser*, so im Mühlweg (Nr. 28, 1782 dat., Nr. 15 a, 1789) und an der Cleversulzbacher Straße (1778 dat. mit dem Lamm Gottes). Daneben liegt der 1636 eröffnete alte *Friedhof* mit dem 1767 datierten Barockportal von Georg Wilhelm Ortner und mehreren barocken Epitaphien bzw. Grabkreuzen. Malerisch wirkt die barocke *Steinbrücke* von 1788/90 über den Kocher.

NEUENSTADT AM KOCHER-BÜRG

Neuenstadt gegenüber, auf dem steilen Rand des Kochertals, liegt das *Schloss* der Herren von Gemmingen, 1545 an der Stelle der Burg des 12. Jhs. erbaut, ein spätgotischer Steinbau mit stattlichen Treppengiebeln auf hohen Stützmauern, von Graben und Brücke umgeben, unter den schön gewölbten Innenräumen befindet sich eine Hauskapelle. Jenseits der Straße ist der Schlossgarten mit altem Baumbestand und Weiher erkennbar.
Die westlich des Schlosses stehende kleine *ev. Kirche* ist ein frühbarocker Bau von 1650 mit zahlreichen qualitätvollen barocken Grabdenkmälern der Herren von Gemmingen und ebenso bedeutender Ausstattung des Übergangsstils vom Barock zum Klassizismus (Altarkanzel, Orgel). Das *ehem. Rathaus* zwischen Kirche und Schloss ist das einstige Pfarrhaus von 1767.

NEUENSTADT AM KOCHER-CLEVERSULZBACH

Das *Mörike-Museum* und das 1755 erbaute Pfarrhaus erinnern an das Wirken des Dichters im Ort als Pfarrer 1834-43. Die Dorfkirche mit ihrem Turmhahn und kreuzgewölbtem gotischem Chor ist ebenfalls ein Erinnerungsmal seines Wirkens. Auf dem 1764 datierten Friedhof ist neben Mörikes Mutter auch die Mutter Friedrich Schillers begraben. Schillers Schwester war mit dem hiesigen Pfarrer verheiratet.

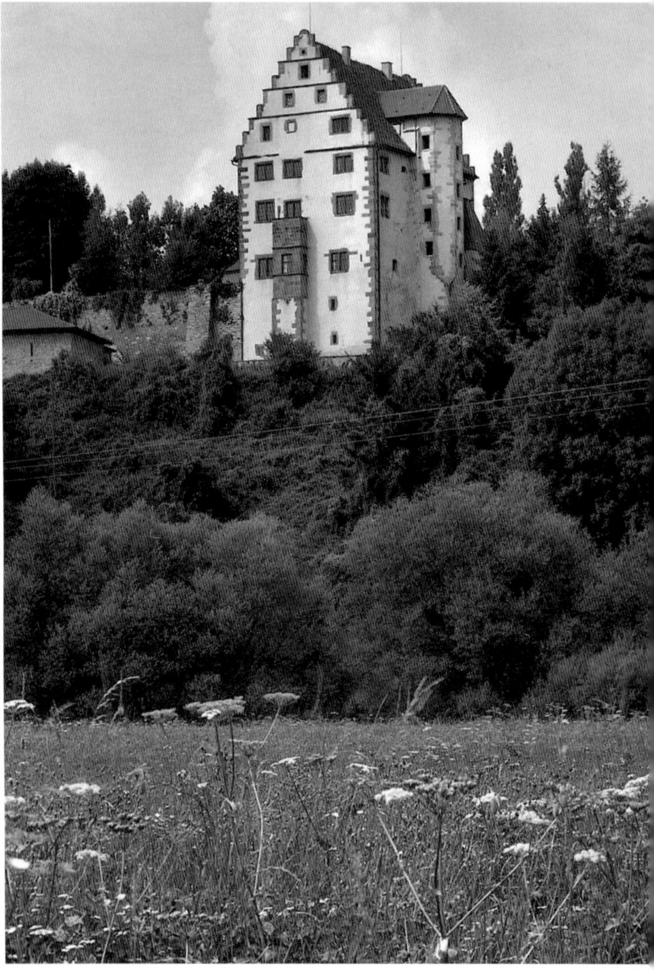

Neuenstadt am Kocher-Bürg.
Schloss

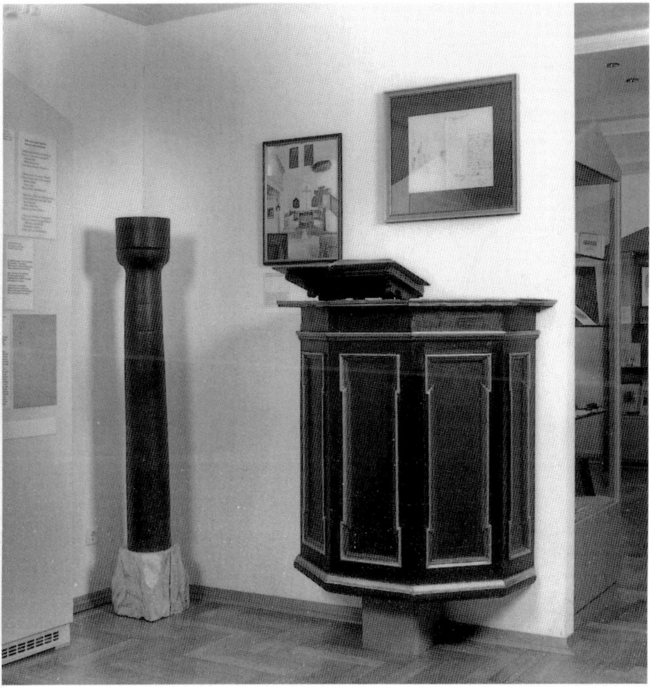

Neuenstadt am Kocher-Cleversulzbach.
Blick in das Mörike-Museum mit Erinnerungsstücken an den Dichter

NEUENSTADT AM KOCHER-KOCHERTÜRN

Der ebenfalls 1484 Deutschordensbesitz gewordene Ort ist vom Barock geprägt. Die *kath. Pfarrkirche St. Maria* wurde 1752/53 nach Entwürfen von Georg Philipp Wenger und Ferdinand Kirchmeyer aus Mergentheim mit Fassadenskulptur von K. Hollbusch erbaut und nach einem Brand 1809/13 erneuert, 1886 erhielt sie einen neuen Hochaltar, 1906 die schönen Kreuzwegstationen von O. Voelkel aus München. Sie weist auch noch einige barocke Statuen, die barocke Orgel und Altäre auf. Der die Kirche umgebende Kirchhof fällt durch den Kreuzweg und den Ölberg des 19. Jhs. auf. Barock ist auch das benachbarte Pfarrhaus mit dem Ordenswappen, einige Wohn- und Gasthäuser und Bildstöcke im Ort, ebenso das stattliche, ehemals herrschaftliche Gehöft an der Brücke.

NEUENSTADT AM KOCHER-STEIN AM KOCHER

Das Ortsbild wird beherrscht von der *Pfarrkirche*, die an der Stelle einer abgegangenen, im 13. Jh. bezeugten, im 19. Jh. abgetragenen Burg steht. Sie ist aus der Burgkapelle hervorgegangen und wurde 1884 neugotisch neu gebaut. Der flach gedeckte Saalbau mit bemalter Holzdecke und Emporenbrüstungen birgt aus dem barocken Vorgängerbau eine Madonna, den hl. Joseph und den 1755 datierten Taufstein.
Wie zu Beginn der Neuzeit üblich, ist auch in Stein im 16. Jh. die unbequeme Burg durch ein modernes Schloss unten im Ort ersetzt worden. Das *Wasserschloss Presteneck* stammt aus den Jahren 1579-83, erbaut für Hans Walter Freiherr von Gemmingen, wahrscheinlich durch Thomas Knoll. Heute ist es eine umgebaute dreiflügelige Renaissance-Anlage mit geschwungenen Giebeln und reich gestaltetem Wappenstein über dem Hauptportal. Umrahmt wird sie von dem 1582/83 datierten Torhaus, von einem großen Ökonomiegebäude des Jahres 1579 und von dem noch in etwa ablesbaren früheren Schlossgarten mit laufendem Brunnen.
Um das Schloss verteilt stehen die kleine barocke *Friedhofskapelle*, und ein barockes *ehem. Gasthaus* mit 1801 datiertem Ökonomiegebäude und Nepomukstatue davor. Dieses und das um 1900 erbaute *ehem. Gasthaus zum Lamm* mit noch erhaltenem Saalbau prägen durch ihre Lage das Ortsbild mit. Unweit davon fällt das aufwendige *Gefallenendenkmal* für 1871 mit Herrschermedaillons von dem badischen Bildhauer Franz Sieferle auf, auf dem Weg zur Kirche ein stattliches barockes Wohnhaus von 1782 und unterhalb der Kirche ein schönes Renaissance-Torgewände aus dem Jahre 1686. Einige für katholische Orte typische Wegkreuze, u. a. eine Madonna von 1772 auf gut gearbeiteter Säule, befinden sich an der Hauptstraße.
Im *Weiler Buchhof* steht eine 1909 erbaute neuromanische Kapelle mit bemerkenswert vollständiger Inneneinrichtung.

Niederhofen → Schwaigern
Nordhausen → Nordheim

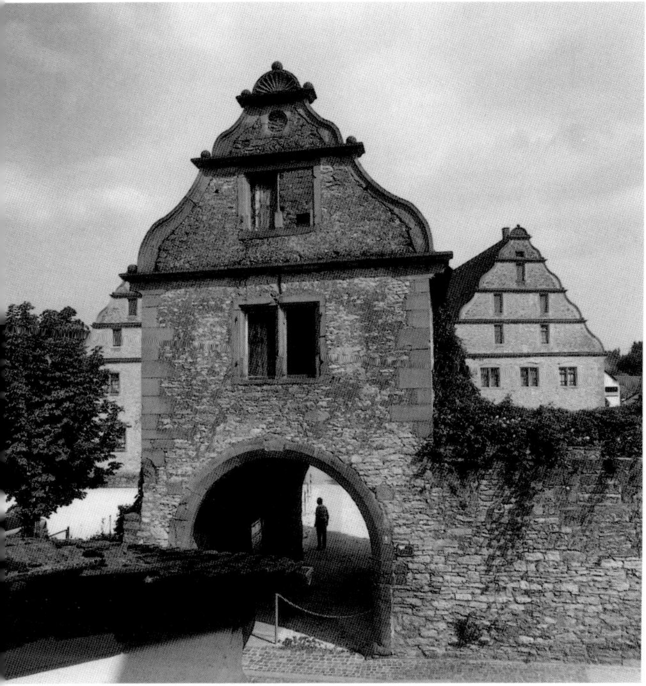

Ieuenstadt am Kocher-Stein a. K.
)as ehem. Wasserschloss Presteneck
nit dem Torhaus im Vordergrund

IORDHEIM

:ntlang der Hauptstraße des Ortes sind die wichtigsten Bauten aufgereiht, arunter die im 2. Weltkrieg zerstörte, 1946 durch Hannes Mayer wieder- ufgebaute *ev. Pfarrkirche St. Bartholomäus* (1307 erstmals erwähnt, das :irchenschiff 1820 unter Verwendung des gotischen Ostturmes erbaut, Turm 872/73 von Christian Friedrich Leins). Gegenüber steht das schönste *:okokopfarrhaus* des Landkreises aus dem Jahre 1763 (erbaut über 1706 atiertem Keller mit seltenem Kreuzgratgewölbe durch den Bischof von Mainz

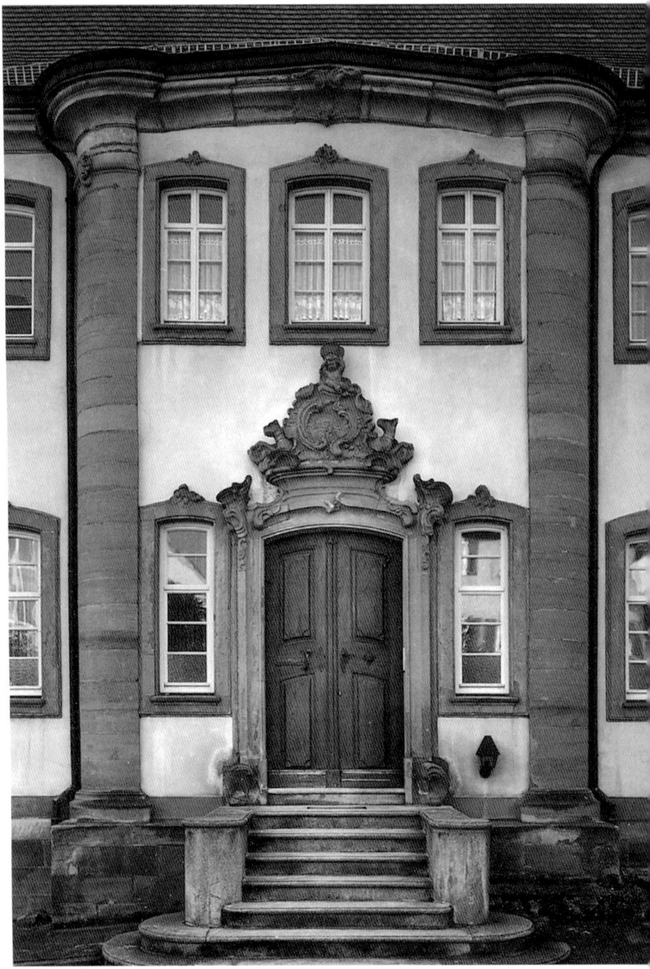

Nordheim.
Pfarrhaus, Mittelrisalit mit Rokokoportal

und Worms als Amts- und Pfarrhaus, daher von zwei Wappen bekrönt). Daneben sieht man das *ehem. Rathaus* von 1593 in ortsbildprägender Lage (1722 und 1863 renoviert), dahinter das heutige *Rathaus* im früheren villenartigen Wohnhaus des Generalkonsuls von Seybold aus dem Jahre 1854 (Architekt: Louis De Millas, Heilbronn) mit dem dazugehörigen Park. Unweit, an der Kelterstraße, fällt eine große *Hofanlage* mit Renaissance-Toren und lesenswerter Inschrifttafel aus dem 16./17. Jh. auf, schräg gegenüber die frühere Kelter mit eindrucksvoller Konstruktion aus der gleichen Zeit, und ein stattliches Fachwerkhaus der Zeit um 1740.

NORDHEIM-NORDHAUSEN

Nordhausen ist der jüngste der württembergischen Waldenserorte und wurde um 1700 für 55 zunächst in Hessen angesiedelte Waldenserfamilien aus dem Piemont angelegt. Ihre ursprünglich eingeschossigen Wohnhäuser aus der Gründungszeit des Ortes sind zwar weitgehend umgebaut, trotzdem vermittelt die schnurgerade Hauptstraße mit ihren überwiegend giebelständigen Satteldachhäusern und rückwärtig anschließenden Scheunen sowie Obstgärten noch das authentische Bild eines Waldenserdorfes.
Das historische Dorfzentrum markiert noch immer die *ev. Pfarrkirche,* die 1821 mit Teilen des Vorgängerbaus von 1721 vergrößert wurde: ein bewusst schlichter klassizistischer Saalbau mit Emporen und Fachwerkturm. Mit diesem Bau bilden die gegenüberstehenden Gebäude des *Pfarrhauses* von 1714 und des *Rathauses* von 1831-36 (Architekt: Kreisbaurat Ludwig Abel) ein schönes Ensemble.

Obereisesheim → Neckarsulm
Obergimpern → Bad Rappenau
Obergriesheim → Gundelsheim

OBERSULM

Der Ort wurde südlich der Höhen der Sulmer Ebene 1972 aus den Orten Affaltrach, Eichelberg, Eschenau, Sülzbach (1975), Weiler und Willsbach neu gebildet.

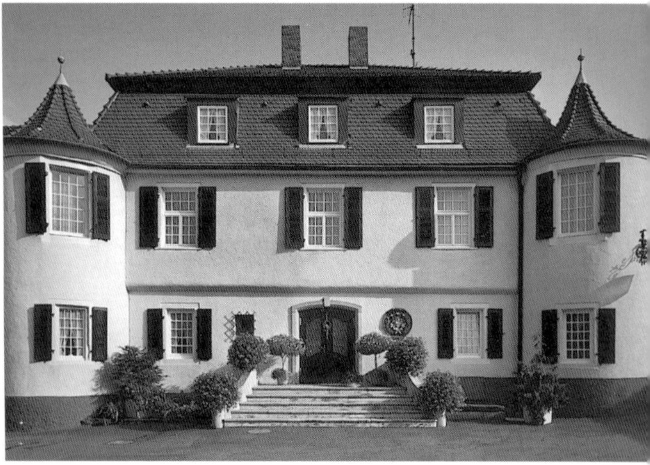

Obersulm-Affaltrach.
Ehem. Komturgebäude, auch Schlösschen genannt

OBERSULM-AFFALTRACH

Der Ort gehörte im 13. Jh. den Grafen von Löwenstein und den Herren von Weinsberg, der löwensteinische Teil gelangte zwischen 1278 und 1322 an die Johanniterkommende Hall, die um 1600 den Sitz der Kommende hierher verlegte.

Das mehrfach umgestaltete *Komturgebäude,* auch „Schlösschen" genannt, ist heute Sitz einer Weinkellerei und steht am nordwestlichen Eingang des Ortes. Das heutige Erscheinungsbild des 1694 erbauten Hauses wird vor allem durch die 1723 und 1788 erfolgte Neugestaltung geprägt.
Die in der Mitte des Dorfes stehende *ev. Pfarrkirche St. Johann* ist im Kern spätgotisch aus der Zeit um 1500, mit kreuzgewölbtem Turm zwischen Schiff und Chor. 1901-03 wurde sie neubarock umgebaut und vergrößert, die Ausstattung dieser Zeit prägt noch heute das Kircheninnere (u. a. farbiges Chorfenster von Waldhausen und Ellenbeck aus Stuttgart), gemeinsam mit einem Epitaph von 1592 im Chor und einem aufwendigen barocken Wappen über dem Chorbogen. Neben der Kirche steht das barocke Pfarrhaus mit Zierfachwerk. Vor

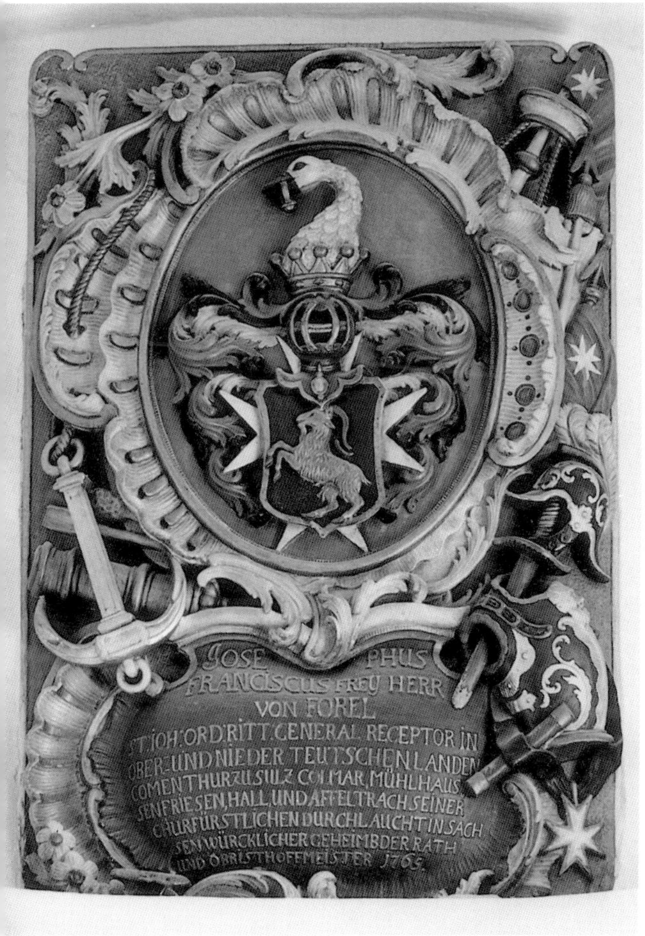

bersulm-Affaltrach.
as reich ornamentierte Wappen des Freiherrn von Forel in der ev. Kirche

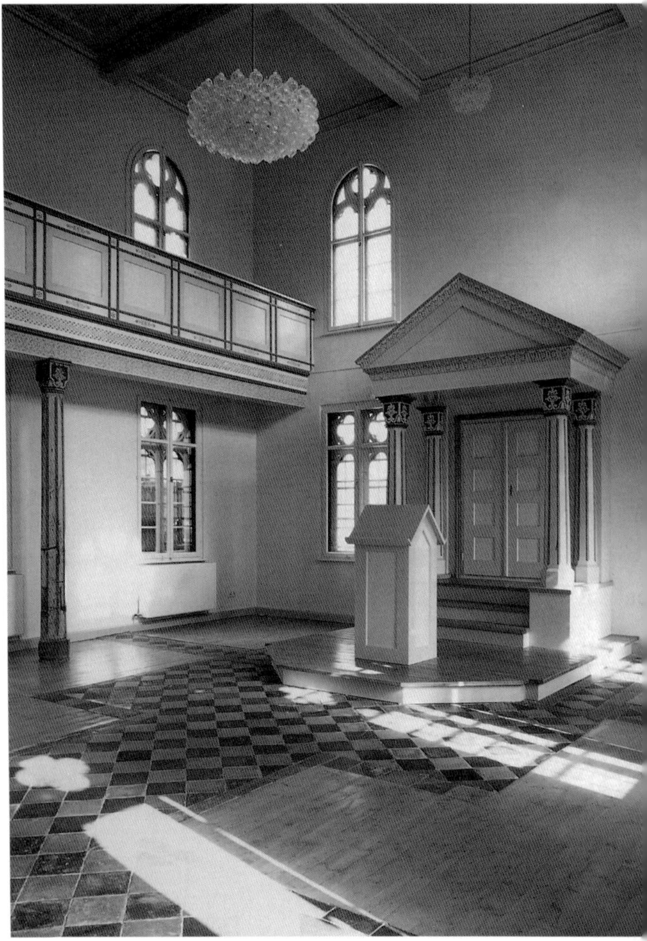

Obersulm-Affaltrach.
Ehem. Synagoge, heute Museum

I706 bis 1896 war die heutige ev. Pfarrkirche die Simultankirche beider Kon-
'essionen des Ortes.

)ie heutige *kath. Pfarrkirche* wurde 1896-1902 nach Entwürfen des Stuttgarters Richard Raisch im Stil des Übergangs von der Romanik zur Gotik erbaut. Aus der Erbauungszeit erhalten sind u. a. die Kreuzwegstationen, der Taufstein, die trapezförmige Holzdecke, die Orgelempore mit Orgel. Von der Johanneskirche wurden Figuren des früheren Johannes-Altars übernommen: vier Standfiguren aus Lindenholz, um 1480 entstanden, Maria, Johannes Ev., Barbara und Johannes d. T. darstellend. Zwischen ihnen hängt ein schönes spätgotisches Kruzifix aus dem späten 15. Jh., wohl von Conrad Seyffer aus Heilbronn. Ein weiteres bedeutendes Kunstwerk der Kirche ist die vollplastische Holzfigur einer apokalyptischen Madonna, eine unter ulmischem Einfluss um 1460/70 entstandene Arbeit.

Um 1590 nahmen die Johanniter einige Juden auf, an die heute die 1851 nach Entwürfen des Weinsberger Oberamtswerkmeisters Bürk erbaute *ehem. Synagoge* erinnert (Untere Gasse 6). Sie beherbergte zugleich auch die jüdische Schule, die Vorsängerwohnung und das rituelle Bad. Der vorbildlich restaurierte Bau des Historismus mit bemalten Emporen ist heute ein kleines Museum. Der *jüdische Friedhof*, um 1670 angelegt, ist außerhalb des Ortes erhalten.

)BERSULM-EICHELBERG

)er *Friedrichshof* wurde 1799 von Freiherr Friedrich von Weiler angelegt. Das über den Weinbergen thronende Gehöft übermittelt mit dem Wohngebäude, den Ökonomiebauten, dem Hof etc. ein gutes Bild von einem herrschaftlichen Gehöft des Spätbarock.

Im Ort selbst ist die 1904 in Randlage erbaute *Villa Sonnenberg* sehenswert.

)BERSULM-ESCHENAU

Im 13. und 14. Jh. erscheinen die Herren von Eschenau als Lehensleute der Grafen von Löwenstein. Ihre Burg wurde im pfälzischen Krieg 1504 zerstört, an deren Stelle erbaute vor 1573 Pleikard von Gemmingen (der Ort kam im späten 15. Jh. an die Freiherren von Gemmingen) ein *Schloss*, das als großes rechteckiges Haus mit Satteldach und zwei Giebeln durch einen Baumeister aus dem Umkreis von Balthasar Wolff entstand. Der an der Nordwestecke des Baus stehende quadratische Turm trägt in seinem Unterbau die letzten Reste der Burg Eschenau.

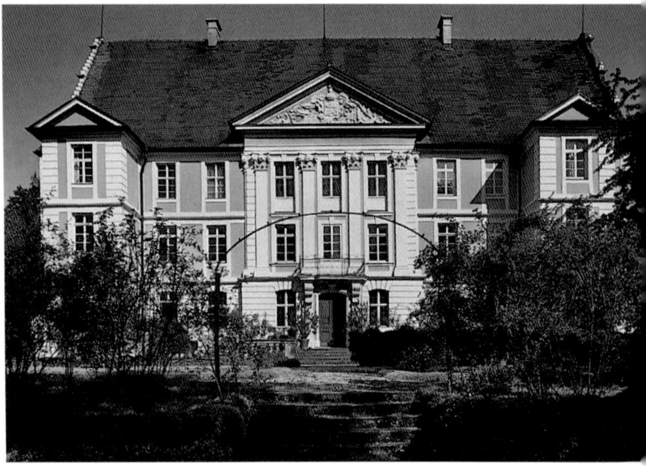

Obersulm-Eschenau.
Schloss

Um 1740 kam das Schloss in den Besitz des herzoglich württembergische Oberkriegskommissars Johann Melchior von Killinger, der ab 1745 das Ge bäude nach Entwürfen von Leopoldo Retti und unter der Leitung des Neckar sulmer Baumeisters Georg Philipp Wenger zu seinem Sommersitz umbaute Retti begnügte sich damit, im Äußeren die Front gegen den Ort in eine Forr zu bringen und sonst lediglich die Giebel und teilweise auch die Rückseite barock umzuformen. Es entstand ein ansehnliches Gebäude mit schmalen Eck risaliten, einem Mittelrisalit mit Kolossalpilastern und Giebeldreieck (da Wappen der Freiherren von Hügel, der späteren Besitzer, stammt aus der 19. Jh.). Im Erdgeschoss hat Retti ein Portal angeordnet, über dem auf vorkra genden Konsolen ein Balkon mit Fenstertür erscheint – ein Motiv, das an de Gartenflügel des Stuttgarter Neuen Schlosses erinnert. Im Schlossinnern is von Kunsthandwerkern aus Ansbach eine Fülle reicher Rokokostukkature entstanden, die zu den Höhepunkten dieser Kunstgattung in der Regio zählen. Auf Leopoldo Retti gehen auch das Gartenhaus und die Orangerie in kleinen Schlossgarten zurück; sie sind Spätrokoko aus der Mitte des 18. Jh Harmonisch in die Schloss-Innenraumgestaltung des 18. Jhs. fügt sich ei reicher Porzellanofen aus der 2. Hälfte des 19. Jhs. ein.

;egenüber, auf der anderen Straßenseite, steht das herrschaftliche Amtshaus, ıeute *Rathaus*. Es wurde von den von Gemmingen erbaut und 1649 noch als Vitwensitz bezeichnet, 1890 dann gründlich renoviert. Das *alte Rathaus* tammt aus der Zeit vor dem Dreißigjährigen Krieg, direkt an der Schloss-nauer wurde es 1546 erbaut. Die *Kelter* an der Kirche stammt aus dem Jahre 579.

Jnmittelbar neben dem Steinbau der älteren Kelter steht auf einer leichten ınhöhe am westlichen Ende des Ortes die 1565-85 erbaute und 1756 rneuerte *ev. Pfarrkirche St. Wendelin*. Vom ehem. Wendelinsaltar der Kirche ind drei Standfiguren aus Lindenholz überliefert, die um 1480 entstandenen ırbeiten zeigen die Madonna mit dem Kind und die hll. Wendelin und Leon-ard. Im Turmerdgeschoss sind noch gute Fresken der Zeit um 1420 erhalten, ie auf den mittelalterlichen Kern der Kirche hinweisen. Der Neubau des irchenschiffs im Jahre 1756 wird mit dem Architekten Philippe de la uêpière in Verbindung gebracht, die Bauausführung besorgte der Baumeister ohann Michael Krauß aus Windsheim in Mittelfranken. An die barocke usstattung der Kirche erinnert heute u. a. der 1706 datierte hölzerne Tauf-tein mit einer verschwenderischen Pracht der floralen Ornamentik. Die im ıhre 1959 unter der Leitung von Hannes Mayer erfolgte Renovierung der irche hat mit der barocken Herrschaftsempore und anderen Ausstattungs-tücken gewichtige Dokumente des historischen Innern beseitigt.

)er Begräbnisplatz des Ortes ist im Jahre 1617 vom Kirchhof an den Westrand es Dorfes verlegt worden. An der *Friedhofsmauer* sind Epitaphien der Orts-errschaft aus dem 17. und 18. Jh. einen Besuch wert.

Jnweit der Kirche und der Kelter fällt der Barockbau des *Gasthauses zum)chsen* auf, am Portal in das Jahr 1788 datiert. Die 1797 erbaute *ehem. Syna-oge* (mit rituellem Bad, Schulhaus und Vorsängerwohnung), Treutlinger tr. 9, erinnert an die im 17. Jh. erfolgte Ansiedlung jüdischer Bewohner.

er sog. *Bonzighof* der Freiherren von Hügel, nach 1851 mit Park angelegt, eht im Wald außerhalb des Ortes.

BERSULM-SÜLZBACH

ie *Pfarrkirche St. Kilian*, 1243 erstmals erwähnt, war ursprünglich eine goti-che Chorturmanlage, umgeben von einem befestigten Kirchhof (einige chießscharten erhalten). Sie wurde 1619 durch den Kirchenratsbaumeister riedrich Fischlin im Stil der Renaissance umgestaltet, wie drei Portale mit icher bildhauerischer Dekoration ankündigen. Im Innern beeindruckt die

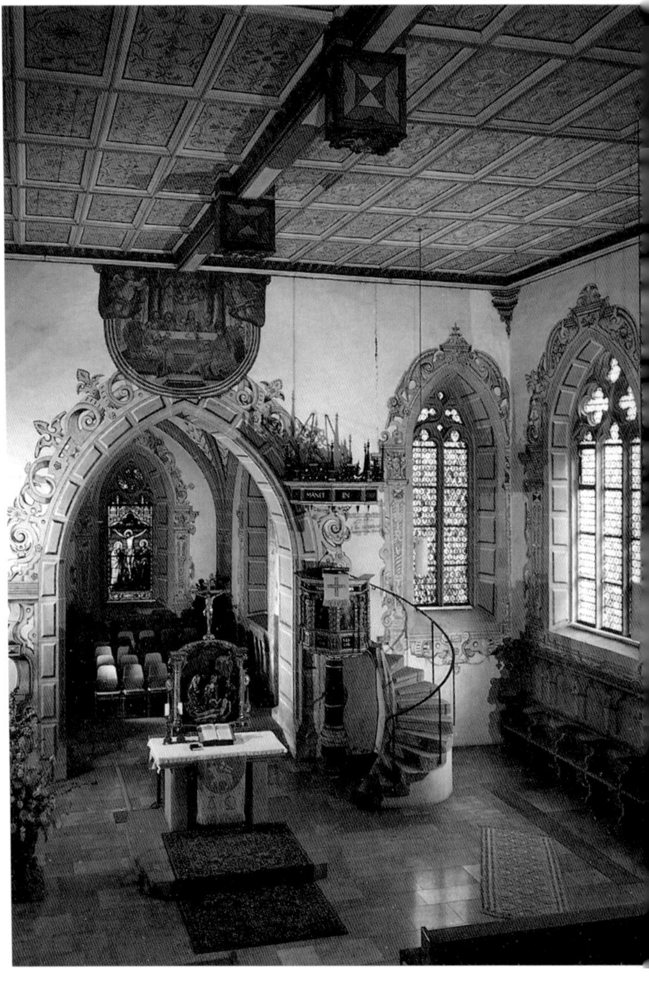

Obersulm-Sülzbach.
Ev. Pfarrkirche

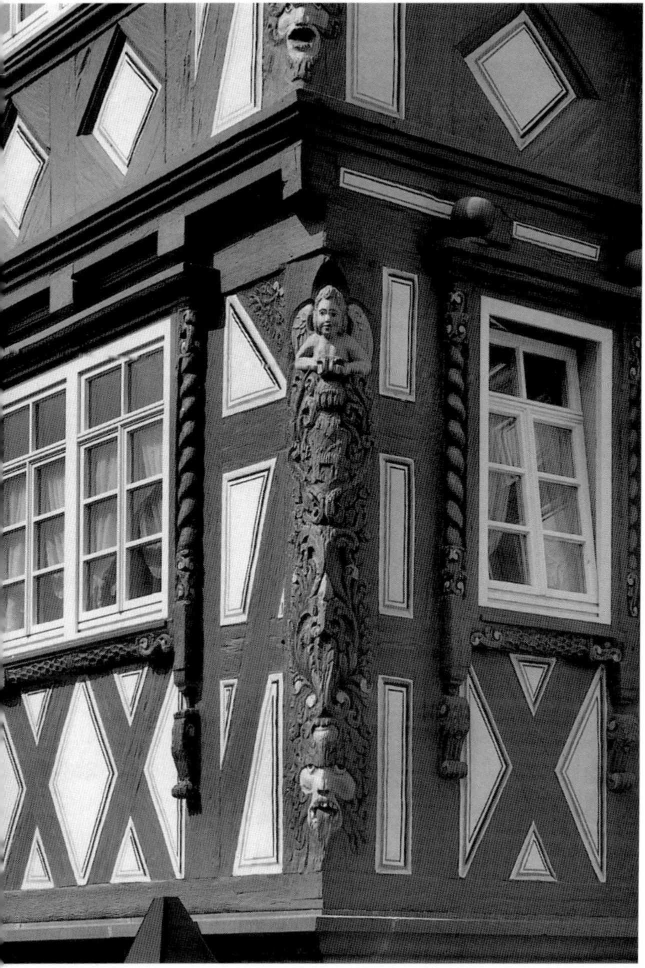

Obersulm-Sülzbach.
Zierfachwerk in der Eberstädter Straße

vollständige und qualitätvolle Ausstattung des 17. Jhs., die im Landkreis ihres
gleichen sucht: die flache hölzerne Kassettendecke mit floraler Dekorations
malerei und dem bemerkenswert umgeformten traditionellen Motiv der hän
genden Schlusssteine, die 1665 datierte Wandmalerei mit Roll- und Beschlag
werk, der Altar von 1630, die in das Jahr 1662 datierte Kanzel, der Taufstei
von 1675, das geschnitzte Renaissance-Chorgestühl, die Orgelempore mi
gedrechselten Balustern sowie drei Epitaphien des 17. Jhs. von beachtlichen
gestalterischem Können. Die farbigen Chorfenster des 19. Jhs. von dem Mün
chener Glasmaler Christian Heinrich Burckhardt harmonieren wohltuend mi
der Renaissance-Ausstattung. Im Altarrahmen von 1630 neu gewürdig
wurde die um 1480 entstandene Grablegung aus der alten Kirche.

Westlich der Kirche entlang der Eberstädter Straße sind mehrere *Fach
werkhäuser* des späten 17. und des 18. Jhs. aufgereiht, die mit Blick auf ihr
kunsthandwerkliche Gestaltung zu den aufwendigsten Bauten dieser Gattun
in Württemberg zu zählen sind. Auch an der Hauptstraße kündet ein Zier
fachwerkbau der Zeit um 1700 wie auch das 1744 erbaute barocke *Pfarrhau*
mit den reichen Fenstergewänden südwestlich der Kirche und das massive, i
das Jahr 1790 datierte Wirtschaftsgebäude – die frühere Herrschaftskelter de
Schöntaler Pfleghofes – am Westrand des Dorfkerns vom Reichtum der Wein
baugemeinde im Zeitalter des Barock.

OBERSULM-WEILER

Die Mitte des Ortes nehmen das *Schloss* der Freiherren von Weiler, einer se
1127 bezeugten Adelsfamilie, die 1274 den Ort erwarb, und die 1399 al
Schlosskapelle erbaute *ev. Pfarrkirche* ein. Das früher von einem Burggrabe
umgebene, sicherlich als Wasserburg erbaute Schloss wurde ab 1588 spät
manieristisch neu gebaut, das Weilersche Wappen mit der Jahreszahl 159
ziert das Hauptportal. Rechts davon entstand in der 1. Hälfte des 19. Jhs. – a
sich die von Weiler durch Heirat mit der Familie von Cotta verbanden – ei
neuer Wohntrakt, erkennbar u. a. an der Serliana des Turmes. Der Stuttgarte
Hofgärtner J. W. Bosch legte gleichzeitig den prächtigen Schlosspark neu ar
von den früher zahlreichen Parkbauten ist noch am Südrand ein an barock
Orangerien erinnernder Kleinbau überliefert.
Südöstlich vom Schloss steht auch noch das 1559 datierte Zierfachwerkge
bäude der *ehem. Rentamtei* mit geschnitzten Holzstützen. Die 1832 datiert
herrschaftliche *Kelter* steht am Nordrand des Schlossparks. Die *ev. Kirch*
wurde 1399 als Chorturmanlage erbaut und 1758 erweitert. Der mehrfac

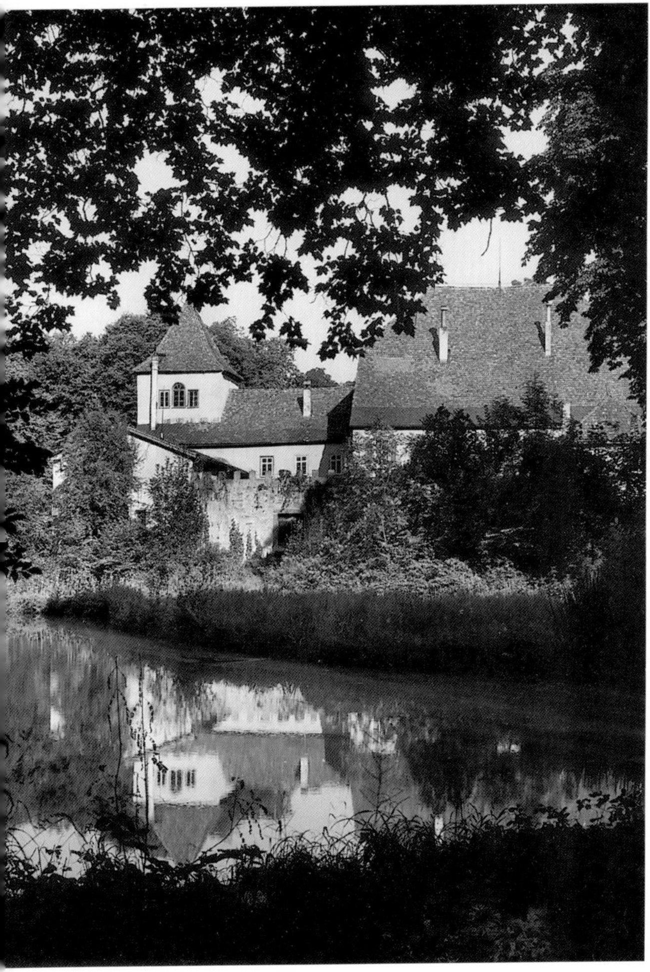

)bersulm-Weiler.
chloss

erneuerte Sakralbau (ein Farbfenster von Rudolf Yelin d. J.) dokumentiert die Neugestaltung der Nachkriegszeit (bis auf den Turm neu gebaut).
Die *Familiengruft* der Freiherren von Weiler wurde auf dem Friedhof Mitte des 19. Jhs. in einer ehem. Wallfahrtskapelle eingerichtet. – Die Hauptstraße des Ortes säumen einige stattliche, auch spätmittelalterliche und barocke *Fachwerkhäuser*, die Nr. 56 mit geschnitzten Eckständern und Holzstützen. Das klassizistische *Backhäusle* des 19. Jhs. an der Kirche ist noch heute in Betrieb.

OBERSULM-WILLSBACH

Der verkehrsreiche Ort besitzt in der leicht erhöht stehenden *ev. Pfarrkirche St. Georg* seinen bedeutendsten Bau. Die Kirche ist aus einer im 14. Jh. gebauten Kapelle hervorgegangen, die 1486 zu einer Chorturmkirche erweitert wurde und als Wehrkirche von einer hohen Steinmauer umgeben war. Der Turm erhielt seine Zwiebelform im Jahre 1732, weitere nennenswerte Erneuerungen folgten u. a. 1927 und 1970. An die Ausstattung aus der Zeit der Renaissance erinnert die Kanzel mit dem üppig geschnitzten Schalldecke und den Ölmalereien auf der Kanzelbrüstung. Die barocke Ausstattungsphase wird mit dem 1683 datierten Taufstein des Steinmetzen Hans Jakob Bohle und mit den neun Holztafelbildern der früheren Emporenbrüstung dokumentiert, die der Prager Maler Johann Stiegler um 1750 fertigte. Von der 1927 unter der Leitung des Stuttgarters Wilhelm Jost erfolgten Renovierung kündet u. a. der Kronleuchter, 1970 schließlich lieferte der bekannte Stuttgarter Wolf-Dieter Kohler das farbige Chorfenster mit einem Thema aus Matthäus 28,18-20.
Unweit der Kirche bildet das *frühere Rathaus* das profane Zentrum der Gemeinde. Im Jahre 1845 im klassizistischen Stil erbaut, beherbergte es ursprünglich auch die große Kelter mit vier Bäumen und das Ortsgefängnis.

Ochsenburg → Zaberfeld

OEDHEIM

Ungefähr in der Dorfmitte steht die dem hl. Mauritius geweihte *kath. Pfarrkirche*, deren Chorturm aus dem 14., ihr Kirchenschiff aus dem 18. Jh. stammt (1716/29 nach Entwürfen von Ignaz Jochum oder Johann Michael Keller, 1874 erweitert). Im ehem. Turmchor haben sich noch Wandmalereien des Mittelalters erhalten, weitere wichtige Ausstattungsstücke dieser Zeit sind de

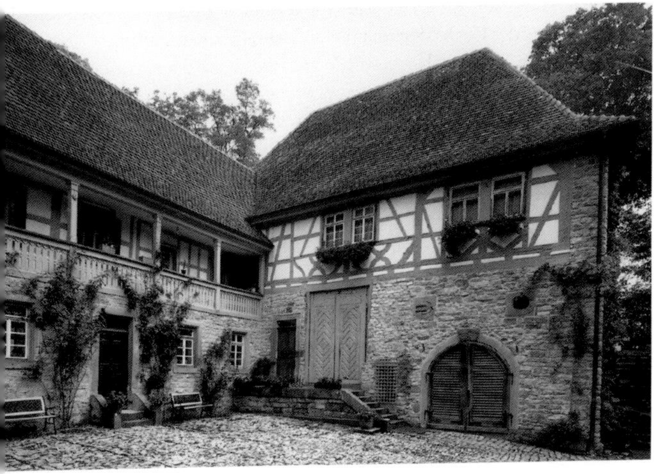

Oedheim.
Der stimmungsvolle Innenhof des liebevoll restaurierten Schlosses

um 1500 entstandene Marienaltar im nördlichen Seitenschiff in einem Schrein des 19. Jhs. sowie vier an der Nordwand des Kirchenschiffs verteilte Einzelfiguren der hll. Kilian, Annaselbdritt, Dorothea und Ulrich, zwischen 1490 und 1525 entstandene Arbeiten verschiedener Künstler und offenbar auch von verschiedenen Altären. Von der barocken Ausstattung der Kirche kündet der Hochaltar von 1775 mit bildhauerischen Arbeiten des Würzburger Hofbaumeisters Wagner und dem Altaraufbau des Neckarsulmer Bildhauers Johann Ignaz Metzger, die Kreuzwegstationen sowie mehrere barocke Figuren, die in der Kirche verteilt sind. An den Wiederaufbau nach den Kriegsschäden erinnert u. a. das Deckengemälde von Josef Braun im Kirchenschiff. Das unweit der Kirche stehende *Pfarrhaus* wurde 1729 durch das Kloster Schöntal gebaut und von einem großzügigen Hof mit Garten umgeben.
Die zweite Dominante des Ortsbildes ist das unmittelbar am Flussufer stehende *Schloss*, das gegen den Kocher zu Recht den Eindruck einer Burg vermittelt, denn mittelalterliche Reste sind im Wohnturm, in der Burgmauer u. a. überliefert. Die Burg beherrschte einst den Flussübergang bei der Fähre. Die noch stehenden Bauten des Schlosses der Freiherren von Capler stammen überwiegend aus dem 16./17. Jh.: eine Kelter ist am Kellerbogen 1533, der Tor-

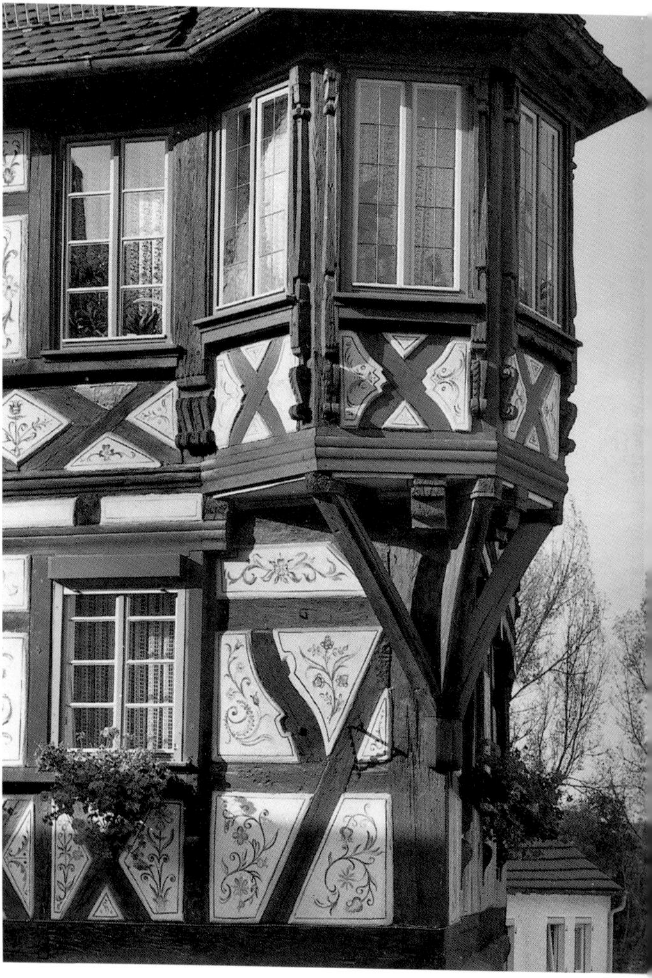

Oedheim.
Das sog. Frauenhaus

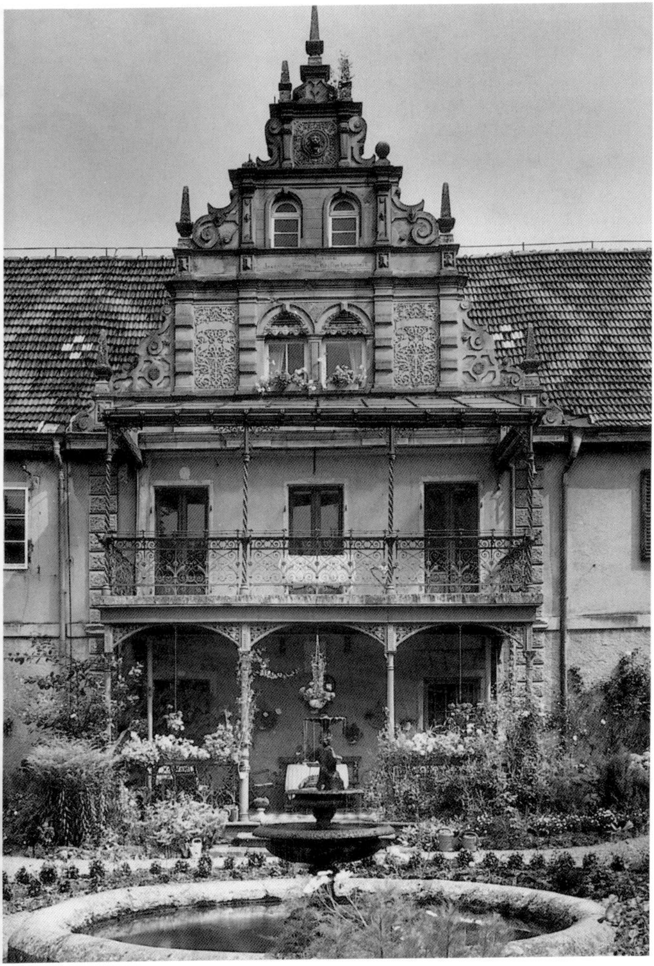

Oedheim.
Schloss Lautenbacher Hof

bogen 1692 datiert, ebenso das Hoftor. Innen zeigen die Bauten qualitätvolle Ausstattung von der Renaissance bis um 1900 – sie sind anlässlich der beispielhaften Restaurierung der 1990er Jahre zutage getreten.
Das zum Schloss gehörende *sog. Frauenhaus* – ein ehem. Witwenhaus – steht in einer Gasse, die zur Fähre führte. Es ist als herrschaftliches Wohnhaus im Kern um 1500 bzw. 1528 von dem Junker Konrad von Helmstatt und seiner Frau Kunigunde erbaut, 1699 dann umgebaut und an Bürgerliche verkauft worden. Der Bau beeindruckt durch seinen geschnitzten Fachwerkerker, an der Südwand durch das Kreuzigungsrelief von 1620. Das in der Nähe der Pfarrkirche an der Hauptstraße stehende *Rathaus* stammt ursprünglich aus dem Jahre 1592/1600, damals wurde es vom Deutschen Orden offenbar als Amtshaus erbaut. Der Bau wurde aber 1954 nach Kriegszerstörung im Heimatstil grundlegend erneuert und 1992 erweitert. Rund um das Rathaus stehen einige sehenswerte *Fachwerkhäuser*, direkt neben dem Rathaus ein 1661 datierter Bau mit geschnitztem Eckständer, davor der Marktbrunnen mit wappenhaltendem Löwen.
Der katholische Ort ist reich an barocken *Wegkreuzen, Bildstöcken* und anderen Zeugnissen der Volksfrömmigkeit – u. a. an der Neuenstädter Straße und der Steige. Auch die weit südlich des Ortes an der Umgehungsstraße stehende *Kapelle* zählt zu diesen Denkmälern – sie wurde 1850 der hl. Dreifaltigkeit geweiht und soll einer Überlieferung nach mit den Steinen eines römischen Gebäudes gebaut worden sein. Daneben steht ein typisches Wegkreuz des Barock.

Zu Oedheim zählen auch zwei schlossartige herrschaftliche Gutshöfe in der weiteren Umgebung: der Lautenbacher und der Willenbacher Hof. Der südliche *Lautenbacher Hof* ist bereits 1335 urkundlich bezeugt, kam 1483 an den Deutschen Orden, 1772 an die Reichsstadt Heilbronn und 1823 schließlich an die Freiherren von Wächter. Im letzten Drittel des 19. Jhs. entstand auch das Neurenaissance-Schloss über einem Kern des 17./18. Jhs., das die Dominante des umfangreichen Gehöfts darstellt. Schlosspark und Ökonomiebauten des 19. Jhs. vervollständigen die eindrucksvolle Anlage.
Der nordwestlich Oedheims liegende *Willenbacher Hof* wurde 1603 von Hans Wolf Capler von Oedheim gebaut, das schlossartige Hauptgebäude zeigt Renaissance-Giebel mit figürlichem Wappenstein und einen runden Treppenturm – trotz der Zerstörungen im 2. Weltkrieg noch immer beeindruckend.

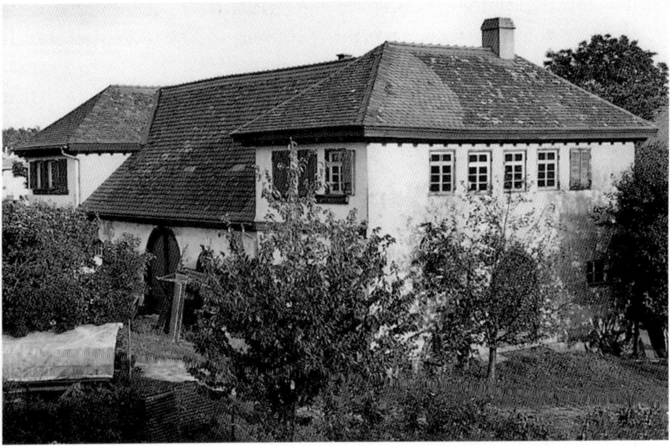

Offenau.
Eines der letzten baulichen Dokumente der ehemals bedeutenden Saline

OEDHEIM-DEGMARN

Das hart am Rande eines steilen Abfalls zum Kochertal liegende Dorf kam im 15. Jh. an den Deutschen Orden, der auch die *kath. Pfarrkirche St. Pankratius* 1723-25, wahrscheinlich nach Entwürfen von Keller, erbaute (1945 ausgebrannt, jedoch mit qualitätvoller Stukkatur im Chor). Das daneben stehende barocke *Pfarrhaus* wurde 1764 ursprünglich als Schulhaus erbaut und ab 1792 als Pfarrhaus benutzt. Barocke Wegkreuze und Bildstöcke (Alte Schulstraße, Kirchstraße, Oedheimer Straße) sowie der pittoreske *Kreuzweg* im Plattenwald (um 1900 angelegt) vervollständigen das typische Erscheinungsbild eines ehem. Deutschordensdorfes.

OFFENAU

Das Dorf ist z. T. eine systematisch angelegte Arbeitersiedlung des 18. Jhs., entstanden im Anschluss an die *Saline*, von der nur noch einige wenige Bauten südlich des Ortes erhalten sind – die Bohrhäuser von 1827 in den Wehräckern und das Salzmagazin von 1780 in der Jagstfelder Straße. Die *kath. Pfarrkirche*

St. Albanus ist ein guter Spätbarockbau von 1751, erbaut nach Entwürfen von Fr. Häffele mit altem kreuzrippengewölbtem Turmchor aus der Gotik, Sakristei und Sakramentshäuschen (möglicherweise von A. Pilgram) aus der Spätgotik. Den barocken Hochaltar schuf Hollbusch, das Gemälde mit dem hl. Wendlin 1749 Gihser. Die Kirche wurde 1939 westlich erweitert.
In den Wehräckern steht auch die *Württembergische Rebveredelungsanstalt* von 1907.

Olnhausen → Jagsthausen

PFAFFENHOFEN

Die Entstehungsgeschichte des bedeutendsten Denkmals des Ortes, der *ev. Pfarrkirche St. Lambert und St. Veit*, ist mit den Namen dreier herausragender württembergischer Architekten unterschiedlicher Zeiten verbunden: mit Hans Wunderer, Heinrich Schickhardt und Martin Elsässer. Der Sakralbau wurde im Kern mit gotischem Chorturm in der Art der Maulbronner Hütte um 1300 erbaut, das Südportal von 1435 legt die Entstehungszeit eines Langhauses in diese Zeit nahe. Die Sakristei wurde dann 1515 von Hans Wunderer angebaut und das Schiff 1610/12 von Heinrich Schickhardt umgebaut. Weitere Neugestaltungen folgten 1770 und 1910, die letztgenannte unter der Leitung von Martin Elsässer.
Die Kirche zeigt innen heute überwiegend Renaissancecharakter: hölzernes Tonnengewölbe, Emporen mit gedrechselten Balustern auf ionischen Säulen und bemalten Holzstützen, Wandmalerei im Stil der Renaissance (wahrscheinlich von Hans Noller aus Kürnbach), steinerne Renaissancekanzel neben dem Chorbogen. Die spätgotische Sakristei des Meisters Hans Wunderer von 1515 mit ihrem schönen Netzgewölbe ist erhalten geblieben, ebenso ein Triumphbogenkruzifix aus der Zeit um 1300. Auf die Neugestaltung unter Elsässer gehen u. a. der gedeckte Aufstieg zur Empore an der Südseite sowie neue Türen und Uhrtafeln zurück. Zuletzt wurde die Kirche 1966/67 renoviert.

Das *Pfarrhaus* neben der Kirche stammt ebenfalls von Heinrich Schickhardt aus dem Jahre 1610. Der stattliche Fachwerkbau mit aufwendigen Konsolen und Türgewände ist von einem ummauerten Pfarrgarten umgeben – Teile dieser Ummauerung sind mit der Dorfmauer des 15. Jhs. identisch, vor allem der Rundturm mit Schießscharte an der Gartenrückseite. Eine Inschrifttafel an der Dorfmauer besagt, dass diese zwischen 1460 und 1470 von Maurermeis-

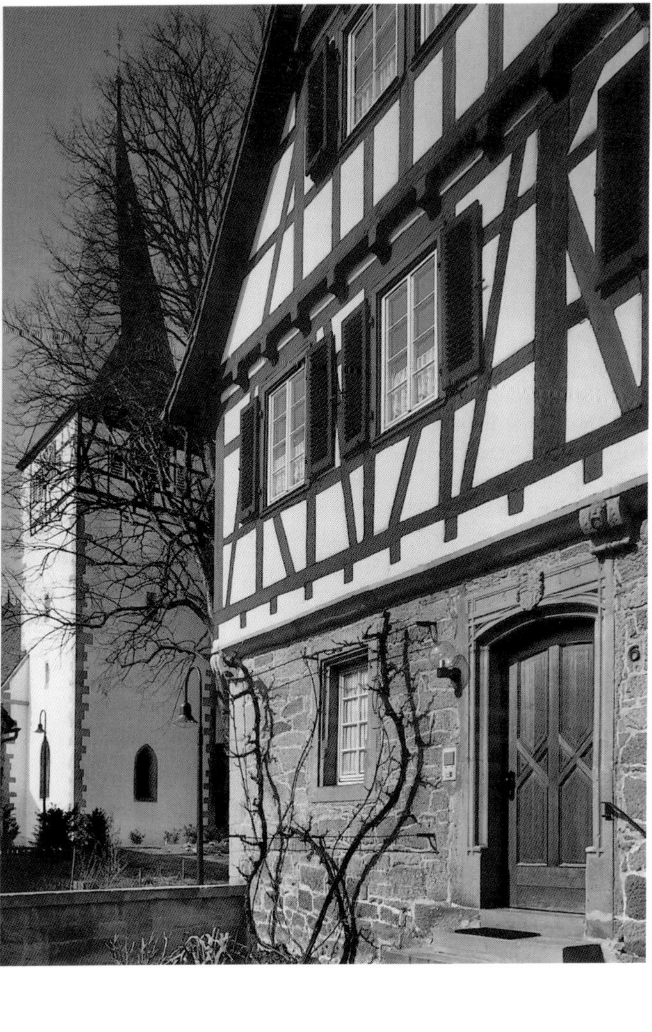

Pfaffenhofen.
Ev. Kirche und Pfarrhaus

ter Balthasar errichtet wurde. 1817 wurde diese durch Doppelgräben verstärkte Befestigung bis auf geringe Reste im Norden des Ortes abgetragen. Mehrere schöne *Fachwerkhäuser* des 15. Jhs. zieren den Kern des im breiten Wiesental der Zaber gelegenen Dorfes. Auffallend reich ist der Bestand an Fachwerkbauten des 16. Jhs. entlang der Hauptstraße (Nr. 20 1583 dat., Nr. 21 1508?, Nr. 25 1563) und der Zeiltorstraße (Nr. 21 mit Steinmetzzeichen 1586 dat., Nr. 8 wahrscheinlich mit einem Kern aus dem 15. Jh.). Das unweit der Kirche in der Pfarrgasse stehende Haus Nr. 14 zeigt interessante Masken- und Inschriftsteine mit Steinmetzzeichen, datiert 1600.

PFAFFENHOFEN-WEILER AN DER ZABER

Der im oberen Zabertal liegende Ort wird von der auf dem höchsten Punkt des Dorfes stehenden *ev. Pfarrkirche* im ummauerten Friedhof beherrscht. Das Kirchenschiff wurde 1751 erbaut, unter Beibehaltung des frühgotischen Chorturmes, wohl der Maulbronner Hütte, und des ebenfalls frühgotischen Kruzifixes. Die Kirche beeindruckt im Innern durch die gut erhaltenen, 1767 entstandenen spätbarocken Wand- und Deckengemälde von Johann Stiegler aus Prag (u. a. Abendmahlsdarstellung), durch die vergleichsweise vollständige barocke Ausstattung mit bemalten Emporen und Kanzel, mit barocker Orgel, Herrschaftsloge etc.

Richen → Eppingen
Rohrbach am Gießhübel → Eppingen

ROIGHEIM

Die auf dem Kirchberg ortsbildprägend stehende *ev. Pfarrkirche* stammt von 1902, sie wurde unter Verwendung des spätgotischen Turmes und Chores des Vorgängerbaus von 1457 nach Entwürfen von Heinrich Dolmetsch neu gebaut. Chor und Turmerdgeschoss sind kreuzrippengewölbt, das Glockengeschoss des Turmes stammt aus dem 17. Jh. (1902 verbreitert, mit Resten des alten Glockenstuhls). Die Ausstattung des neuromanischen Baus von 1902 ist original überliefert. Unweit der Kirche steht das die Hauptstraße dominierende *Pfarrhaus* von 1722 mit aufwendig profilierten Fenster- und Türgewänden sowie noch originalem Treppenhaus. Seit dem Dorfbrand von 1719 wird die Bebauung des Ortes von der Architektur des 18. und 19. Jhs. bestimmt, aus dem frühen 20. Jh. ist das 1908 nach Entwürfen des Neckarsulmer Architek-

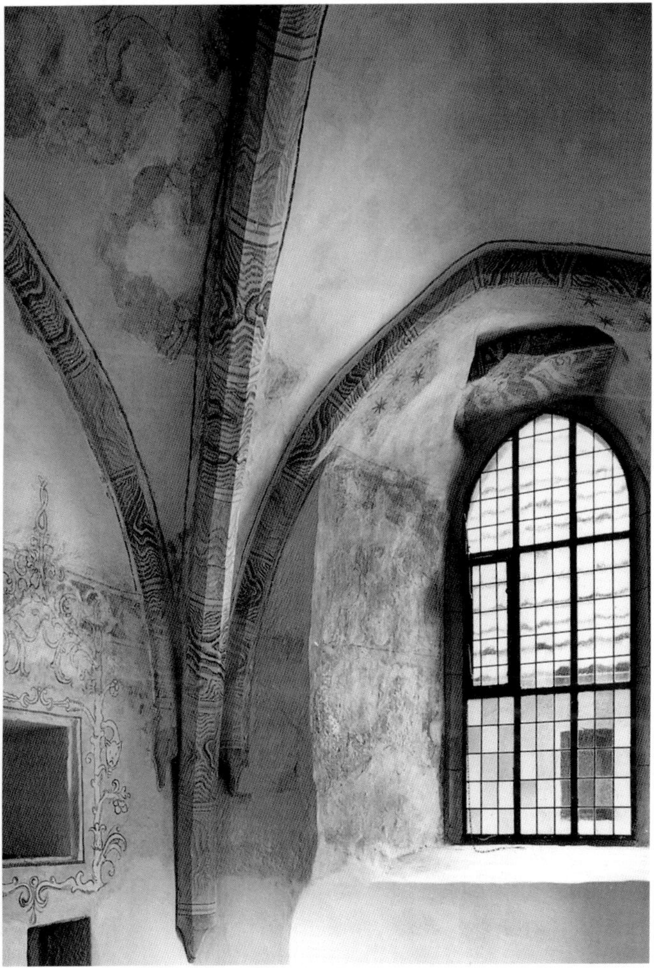

Pfaffenhofen-Weiler a. d. Zaber.
Ev. Kirche, Chor

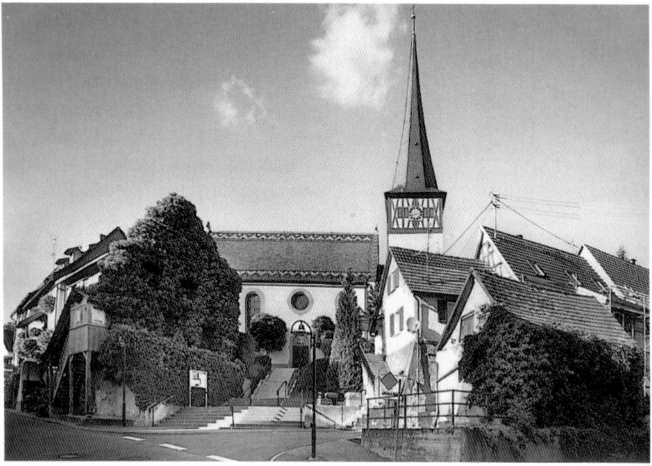

Roigheim.
Der historische Ortskern mit der prägenden ev. Pfarrkirche

ten Albert Bez erbaute landwirtschaftliche Anwesen an der Ecke der Haupt- und Bittelbronner Straße zu nennen.

Schluchtern → Leingarten

SCHWAIGERN

Die 766 erstmals bezeugte Ortschaft wird 1372 angeblich zur Stadt erhoben und befestigt (die Stadterhebung muss jedoch als fraglich bezeichnet werden).

Teile der im 15. Jh. vollendeten Stadtbefestigung sind gut erhalten, am südöstlichen Altstadteingang u. a. mit dem *sog. Hexenturm,* einem 1461 datierten Wehrturm. Obwohl der Stadtbrand von 1904 bedeutende alte Häuser vernichtet hat, hat Schwaigern mit dem Schloss, der Schlosskirche und der Stadtkirche überörtliche Kunstdenkmäler zu bieten.
Das im Kern 1702 für den kaiserlichen Generalfeldmarschall Eberhard von Neipperg erbaute *Schloss* wird heute entscheidend durch die Um- und Neu-

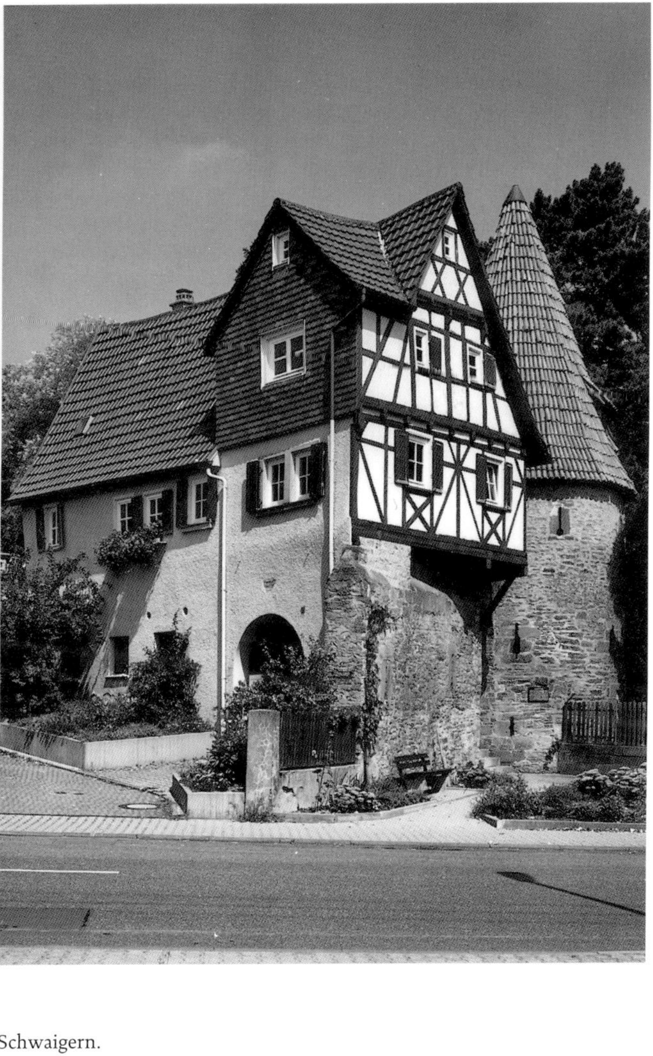

Schwaigern.
Der sog. Hexenturm der südöstlichen Stadtmauer, mit angebautem Wohnhaus

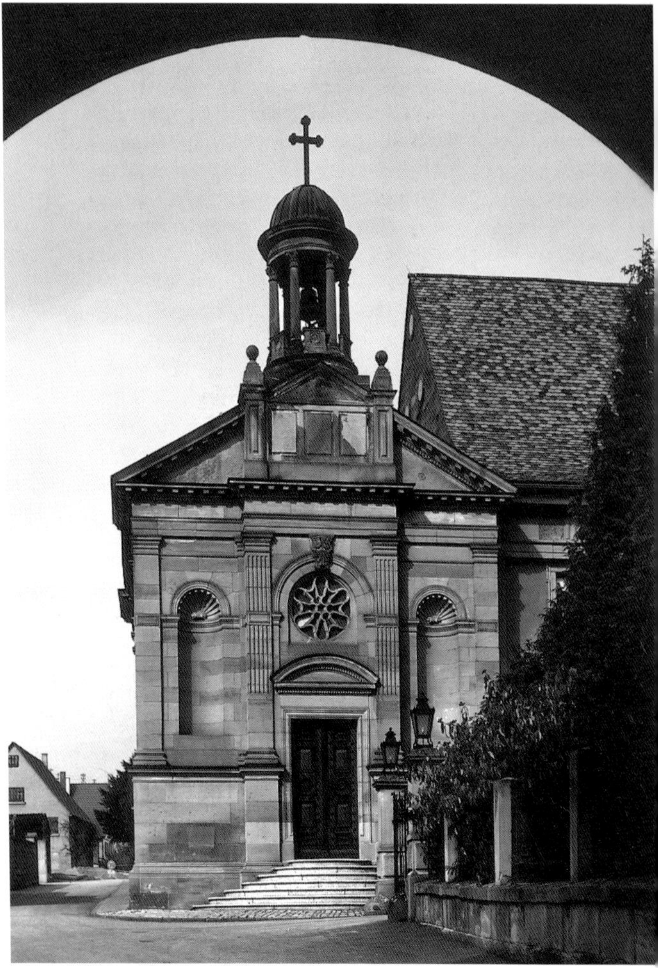

Schwaigern.
Schlosskirche

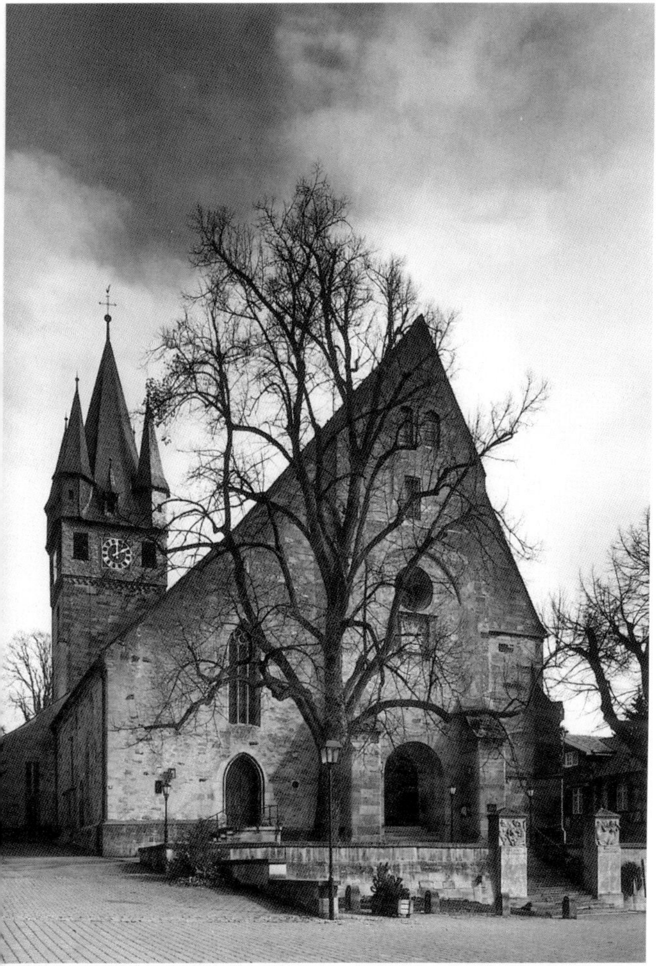

Schwaigern.
Stadtkirche St. Johannes

gestaltungen des 19. Jhs. bestimmt. Den ersten Entwurf zu einer Schlosserweiterung lieferte schon 1835 Gottlob Georg Barth, 1847 entstand der als Belvedere gestaltete Wasserturm im Garten, 1850 der Westflügel des Schlosses, 1866 der Südflügel nach Entwürfen von Barth. 1871-73 veränderte dann Christian Friedrich Leins den Westflügel. Die kleine *Schlosskirche* von 1869-71 entwarfen ebenfalls Leins mit Gottlob Georg Barth, ihre qualitätvolle Neorenaissance-Fassade kontrastiert mit dem einfacheren Schlossbau. Im Innern birgt die Kirche ein Altarbild von Eduard von Steinle. Das *ehem. Untere Schloss* von 1727 in der Schmiedgasse war das herrschaftliche Amtshaus.

Die *Stadtkirche St. Johannes* mit ihrem charakteristischen Turmaufsatz wurde von Bernhard Sporer, einem Gesellen Aberlin Jörgs, 1515-20 erbaut. Er hat dabei ältere Teile des Vorgängerbaus der Zeit um 1200 (im 15. Jh. erneuert), vor allem den Chorturm im Maulbronner Übergangsstil und die Nordhälfte des Langhauses, mitverwendet. Der Neubau ist von einem reich geschmückten Netzgewölbe bekrönt, das (ähnlich wie in der Öhringer Stiftskirche) die neue Raumauffassung der Renaissance ahnen lässt und ein Hauptwerk Sporers darstellt.

Die spätgotische Ausstattung ist gut erhalten, darunter Sporers Tabernakel von 1520, Taufstein, Kruzifixus, Steinkanzel und vier Altarschreine des 16. Jhs., der bedeutendste von Jörg Ratgeb aus dem Jahre 1510. Ratgebs signierter und datierter Barbara-Altar ist ein Tryptichon, in Öl auf Tannenholz gemalt. Der Altar ist Ratgebs bisher frühestes zweifelsfreies Werk. Im Chor befindet sich ein geschnitztes Retabel von Jörg Kugler aus dem Jahre 1523 – ein Marienaltar, der für die Flügelreliefs Szenen aus Dürers Marienleben und für den Marientod offenbar einen Stich Martin Schongauers zur Vorlage hatte. Der Crispinus- und Eligiusaltar der Zeit um 1525 zeigt in der Schreinmitte den Erzengel Michael, auf den Flügeln die Titelheiligen. In einer Seitenkapelle steht der Märtyreraltar mit dem Sturz der 10000 Märtyrer vom Berg Arrot, ebenfalls um 1525 entstanden. Vom Johannesaltar sind zwei bemalte Altarflügel erhalten, sie waren sicherlich Teile des früheren Hochaltars und sind in die Zeit um 1450/60 zu datieren. An der Wand einer Seitenkapelle wurde das Original des ursprünglich außen an der Südwestecke stehenden Schmerzensmannes von Bernhard Sporer aufgestellt.

1910 wurde die Kirche durch die prominenten Stuttgarter Paul Schmohl und Georg Staehelin renoviert, hieran erinnern u. a. das Farbfenster im Chor der alten Kirche, die neue Holzkanzel und der Kirchenvorplatz. Das Gefallenendenkmal ist ein Werk Daniel Stockers aus den 1920er Jahren.

Ebenfalls ein Werk des frühen 20. Jhs. ist das schräg gegenüberstehende *Rathaus*, 1905/06 nach Entwürfen des Heilbronners Ludwig Knortz erbaut.

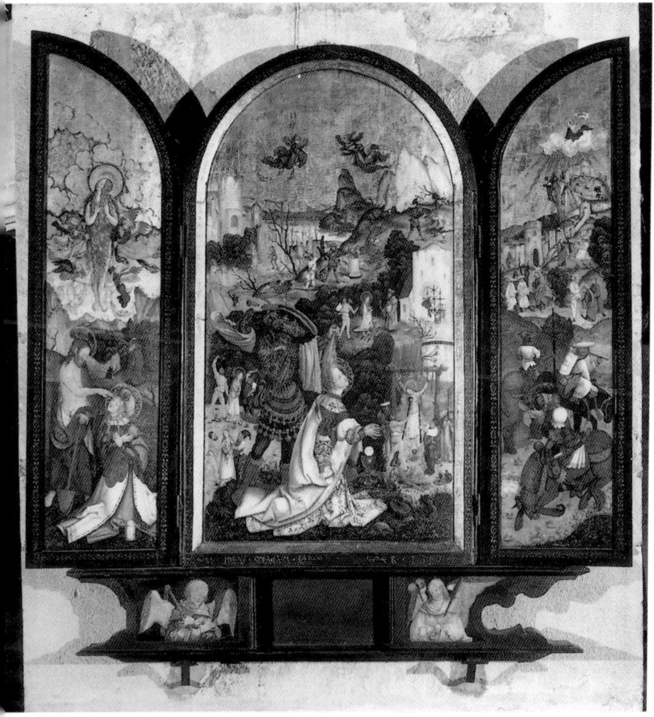

Schwaigern.
Ev. Stadtkirche, Barbara-Altar

Der alte Ortskern hat auch noch einige schöne *Fachwerkhäuser,* so z. B. in der Pfarrstraße auf der Stadtmauer mit Verblattungen, südlich des Marktplatzes das sog. Storchennest aus der Zeit um 1500, aus dem Barock die Gasthäuser Lamm (Marktstr. 1) und Krone (Hindenburgplatz) sowie das Diakonat von 1769 in der Pfarrstraße. Ebenfalls ein Barockbau ist die ehem. Fabrik an der Schmiedgasse (ehem. Weberei von 1750, 1811 erneuert). Der *Marktbrunnen* des bekannten Stuttgarter Bildhauers H. W. Brellochs von 1935 setzt die Barocktradition fort. Qualitätvolle Werke des 19. Jhs. sind die Friz-Halle von 1887 an der Straße zum Bahnhof und die neugotische Friedhofskapelle des

Heilbronner Architekten C. Beltz von 1870. In der ihr schräg gegenüber 1962 erbauten *kath. Pfarrkirche* sind aus der Martinskirche in Gemmingen stammende Ausstattungsstücke: der steinerne Martinus und das gotische Sakramentshäuschen, der Taufstein sowie Maßwerkfenster. Ein Dokument klassizistischer Landhausarchitektur stellt der ehem. Bühlerhof – heute *Marienhof* – des mittleren 19. Jhs. weit außerhalb der Stadt dar.

SCHWAIGERN-MASSENBACH

Der Ort besaß ehemals drei Schlösser des gleichnamigen Ortsadels. Davon ist nur noch das *Obere Schloss* – ein um 1760 entstandener Rokokobau mit hofbildenden Seitenflügeln – überliefert. Es wurde in den 1990er Jahren denkmalpflegerisch mustergültig instand gesetzt. Die nach Entwürfen von Martin Elsässer 1911/12 umgebaute *Kirche* enthält Ausstattungsstücke und Grabdenkmäler der Renaissance von Jakob Müller (Grabmal des Wilhelm von Massenbach, 1591-93, gemeinsam mit Adam Wagner) aus Heilbronn. Vom abgebrochenen Vorgängerbau des späten 15. Jhs. wurde nur die Sakristei übernommen.

SCHWAIGERN-NIEDERHOFEN

In der *ev. Kirche* – einem 1772 erweiterten Bau des 15. Jhs. – wurden Wandgemälde des 15. Jhs. aufgedeckt, im Chor befinden sich auch noch Reste des Chorgestühls von 1524.

SCHWAIGERN-STETTEN AM HEUCHELBERG

Der im 19. Jh. zu den schönsten Gemeinden des Oberamtes gezählte Ort wird von der erhöht stehenden *Pfarrkirche* des 15. Jhs. mit Erweiterungen des 16. und 18. Jhs. beherrscht. Hinter ihr steht das barocke *Pfarrhaus* von 1775 mit schönem Portal. Zum guten Ruf der Gemeinde haben früher die damals zahlreichen Fachwerkhäuser des 17.-18. Jhs. beigetragen, davon sind heute das *Rathaus* des 16. Jhs. mit Zierfachwerk und Kielbogenfenstern, an der Hauptstraße einige verputzte Bauten und die *Kelter* aus eben dieser Zeit erhalten.

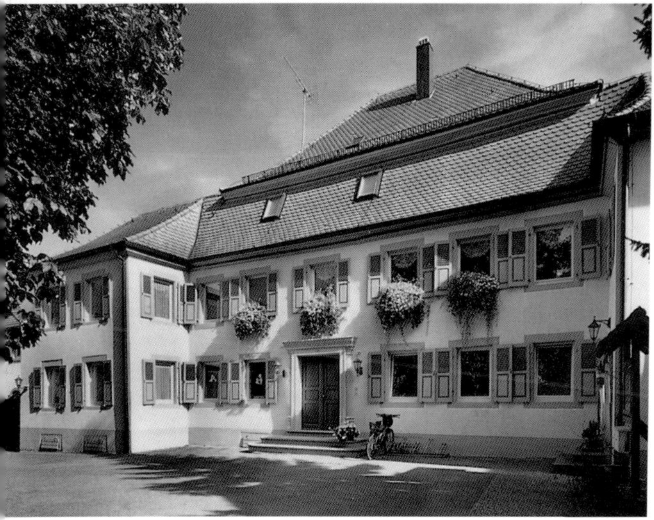

Siegelsbach.
Das barocke Herrenhaus der Freiherren von Wiser, heute ev. Pfarrhaus

SIEGELSBACH

Die Kraichgaugemeinde wird 1258 mit einem Fronhof urkundlich bezeugt, 1698 kam die Ortsherrschaft an die Freiherren von Wiser, die hier ein kleines barockes Herrenhaus errichteten: das heutige *ev. Pfarrhaus* (seit 1862). An die Herren von Wiser erinnert auch das Farbfenster mit dem Allianzwappen in der *ev. Pfarrkirche* – einem Barockbau aus den Jahren 1765-67, erbaut von dem Bonfelder Maurermeister Johann Melchior Weylbacher, mit einer schönen Overmann-Orgel von 1820.
Die *kath. Pfarrkirche* ist ein Bau des sog. Rundbogenstils aus dem Jahre 1858, entworfen von dem Salinenwerkmeister Fritschi aus Bad Rappenau. Von der Ausstattung dieser Zeit sind die neuromanische Orgel, der Korpus des Hängekreuzes und einige Leuchter nennenswert, ansonsten dominiert die überzeugende Neuausstattung der siebziger und achtziger Jahre des 20. Jhs. durch O. Sonnleitner aus Würzburg (Bronzeskulpturen), Gisela Bär aus Pforzheim (Kreuzweg) und V. Feuerstein aus Heidelberg (Fenster).

An die bedeutende jüdische Fabrikantenfamilie Grötzinger erinnert ihre 1897 erbaute *Villa Hauptstr. 68.*

Siglingen → Neudenau
Stebbach → Gemmingen
Stein am Kocher → Neuenstadt am Kocher
Stetten am Heuchelberg → Schwaigern
Stockheim → Brackenheim
Sülzbach → Obersulm

TALHEIM

In dem Ort befanden sich früher aufgrund der zersplitterten Besitzrechte fast ein Dutzend Schlösser. Erhalten sind zwei, davon ist ortsbildprägend das *Obere Schloss* – eine Ganerbenburg mit einem Kern aus dem 12./13. Jh., mit schlankem Rundturm, dem Rest der Schildmauer und alemannischem Fachwerkaufsatz. Das Schloss wurde zeitweilig von Juden bewohnt, die hier auch ihre Synagoge einrichteten.

Weniger auffallend ist dagegen das barock erweiterte *Untere Schloss* mit Gutshof an der Sontheimer Straße: mit der reichen Wappenzier stammt es von 1766, erbaut durch Philipp von Gemmingen auf den Umfassungsmauern der alten frauenbergischen Feste des 16. Jhs., renoviert 1857. An die Herren von Gemmingen erinnert auch ihr früheres *Amtshaus,* Hauptstr. 16, ein hoher Fachwerkbau des Spätmittelalters. Gleich gegenüber steht ein anderes Herrschaftsgebäude: das *ehem. würzburgische Zehnthaus* (Hauptstr. 21) mit schönem Renaissance-Türgewände, datiert 1607. Das Haus Hauptstr. 3 ist identisch mit dem früheren Amtshaus des Deutschen Ordens, datiert 1582, im Jahre 1883 als *ev. Pfarrhaus* umgestaltet. Unweit, am Anfang der Bergstraße steht das ehem. Wohnhaus des Baumeisters Franz Ignaz Bader aus dem Jahre 1762.

Neben dem Oberen Schloss bestimmen die beiden auf gegenüberliegenden Talhängen stehenden Pfarrkirchen das Erscheinungsbild Talheims. Die ältere, die *ev. Pfarrkirche St. Kilian*, ist im Kern eine romanische Chorturmkirche mit einer bedeutenden Erweiterungsphase aus dem 14. Jh., von der die gotische Wandmalerei Zeugnis ablegt. Bedeutend sind auch die Grabmale, so z. B. Christophs von Talheim aus dem späten 16. Jh. von Sem Schlör und das Leutrumsche des 18. Jhs. von Nikolaus Ritter.

Die *kath. Wallfahrtskirche Unserer Lieben Frau* an der Untergruppenbacher Straße wurde 1886/87 im neugotischen Stil nach Entwürfen des Stuttgarter

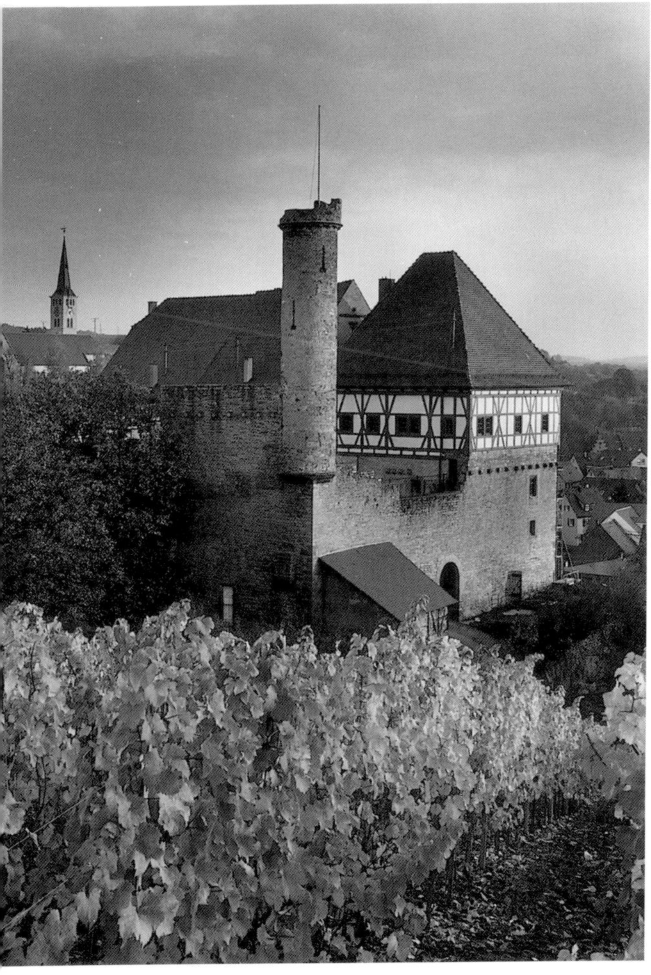

Talheim.
Oberes Schloss, im Hintergrund der Turm der kath. Kirche

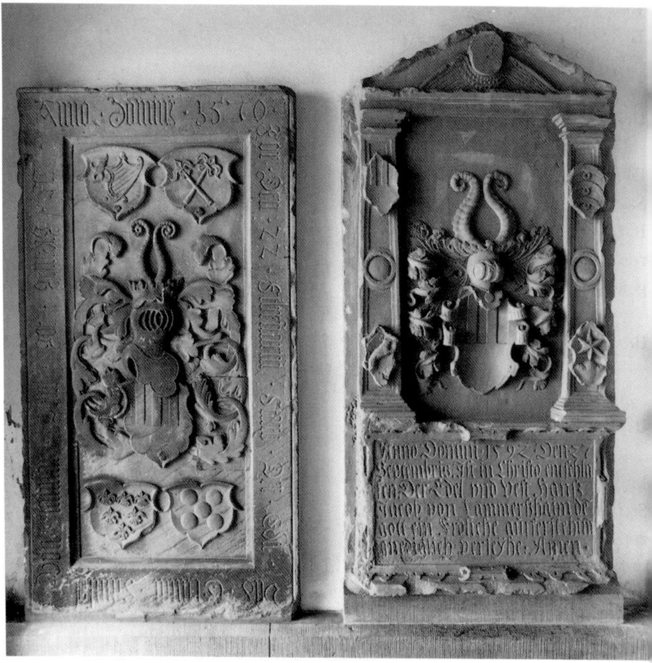

Untereisesheim.
Zwei Epitaphien aus dem 16. Jahrhundert in der ev. Pfarrkirche

Georg von Morlok z. T. auf den Grundmauern des alten Lyherschlösschens erbaut – dieses wurde 1659 und 1731 durch den Deutschen Orden zu einer Kapelle umgestaltet. Hier befindet sich seit 1887 in einem Barockaltar die Madonna des mittleren 14. Jhs. aus der ev. Kirche. Von der Ausstattung der Erbauungszeit sind die neugotischen Chorfenster der Stuttgarter Waldhauser und Ellenbeck nennenswert, außerdem befinden sich hier einige barocke Skulpturen und das barocke Ölgemälde mit dem hl. Nepomuk. Ein Ensemble des 19. Jhs. bildet gemeinsam mit der Kirche das spätklassizistische kath. Pfarrhaus von 1864 und die kath. Schule von 1893.
Der barocke *Hohrainer Hof* stammt im Kern aus dem Jahre 1530, die Kapelle von 1707 ist in die Kelter eingebaut.

Tiefenbach → Gundelsheim
Treschklingen → Bad Rappenau

UNTEREISESHEIM

Die durch Kriege mehrfach zerstörte Gemeinde besitzt in der *ev. Pfarrkirche St. Kunibert* – einem 1496 bezeugten Bau mit Turm von 1561 und Schiff des Baumeisters Johann Jakob Erpf von 1738 – wertvolle Grabdenkmäler der Herren von Lomersheim, der Ortsherrschaft seit 1461 bis 1655. Das *Pfarrhaus* gegenüber, 1772 erbaut, renovierte um 1900 Prof. Böklen aus Stuttgart.

Untergriesheim → Bad Friedrichshall

UNTERGRUPPENBACH

Malerisch über dem Ort erhebt sich *Schloss Stettenfels*, ein Bau, der sich an der Stelle einer mittelalterlichen Burg der Herren von Sturmfeder erhebt – hiervon zeugt der breite Burggraben mit drei alten Wehrtürmen. Von 1551 bis 1747 waren die Grafen Fugger Besitzer der Burg, ihnen ist im Wesentlichen das heutige Erscheinungsbild zu verdanken: 1576 und 1594 bauten sie anstelle des alten Burghauses das Schloss, die Neubauten von 1576 errichtete der Augsburger Wendel Dietrich. 1594 brannte das Schloss aus und wurde von Dietrich wiederhergestellt, von 1576 blieb der Treppenturm mit Grotesken erhalten. Gut erhalten ist auch die äußere Zwingermauer mit ihren runden Batterietürmen, dahinter das dreiflügelige giebelgeschmückte Schloss, z. T. mit Eckerkern.

Im 18. Jh. versuchten die Fugger auf dem Burgberg ein Kapuzinerhospiz mit Grabkapelle anzusiedeln, 1735 wurden jedoch die Bauten durch Württemberg niedergerissen. Aus dieser Zeit ist noch der Gästebau von 1727 an der Nordseite, die Steinbrücke von 1783 und der sehr schlichte Innenausbau der Schlossräume überliefert. Die Kupferdächer der Türme sollen 1747, anlässlich des Übergangs an Württemberg, auf die Solitude in Stuttgart überführt worden sein. Auch im 19. und 20. Jh. ist viel am Schloss erneuert worden, 1939 z. B. wurde versucht, hier eine „Ordensburg“ der NSDAP einzurichten, dazu sind die alte Vogtei von 1576 umgebaut und Nebengebäude bzw. das Eingangstor beseitigt worden. Erste mustergültige Restaurierungsanfänge unternahm man in den 1990er Jahren mit dem Innenhof.

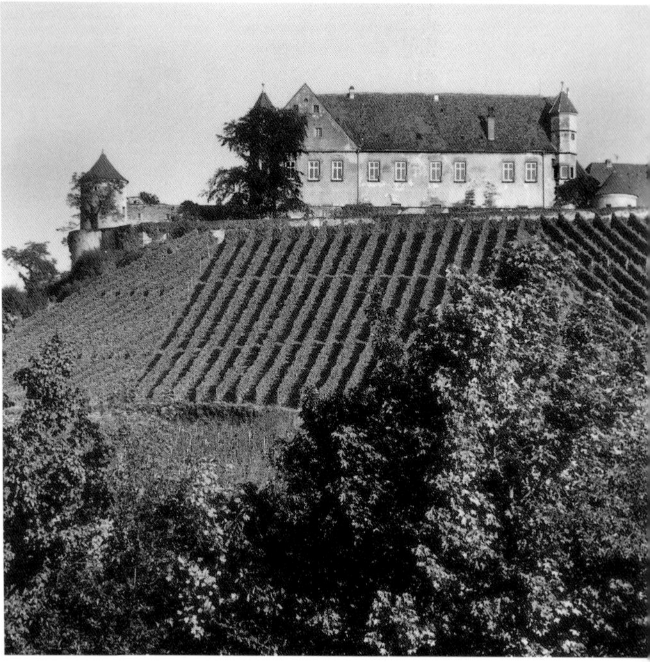

Untergruppenbach.
Burg Stettenfels mit den südlich vorgelagerten Weinbergen

Mit Hilfe der Fugger wurde auch das *ehem. Rathaus* unten im Ort 1740 von dem prominenten Baumeister Franz Häffele erbaut – ein torartiger Bau mit Dachreiter an der Zeppelinstraße. Das jetzige *Rathaus* ist im früheren Pfarrhaus des 18. Jhs. untergebracht, im Innern allerdings stark erneuert. Unmittelbar daneben erhebt sich die *ev. Pfarrkirche,* die vom Altbau des Mittelalters nur noch den Turm aufweist, ansonsten jedoch durch die neuromanische Erneuerung der Jahrhundertwende (1903 dat.) unter der Leitung von Heinrich Dolmetsch bestimmt wird. Vom Fachwerkbestand des Ortes ist das *ehem. Weingärtnerhaus* des Jahres 1793 in der Zollerstraße (Nr. 10) hervorzuheben.

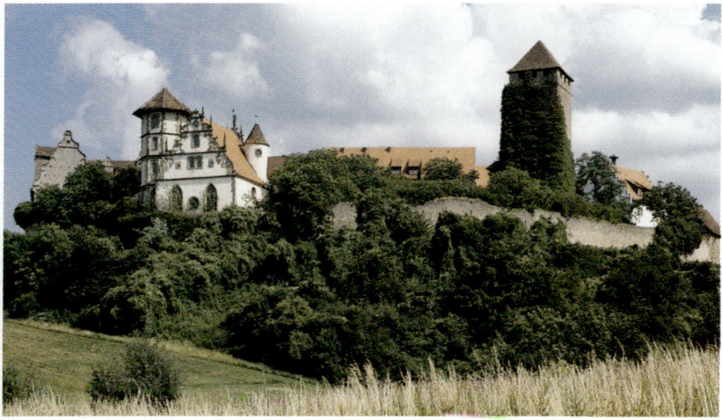

Neckarwestheim.
Schloss Liebenstein, Mitte links die Schlosskapelle

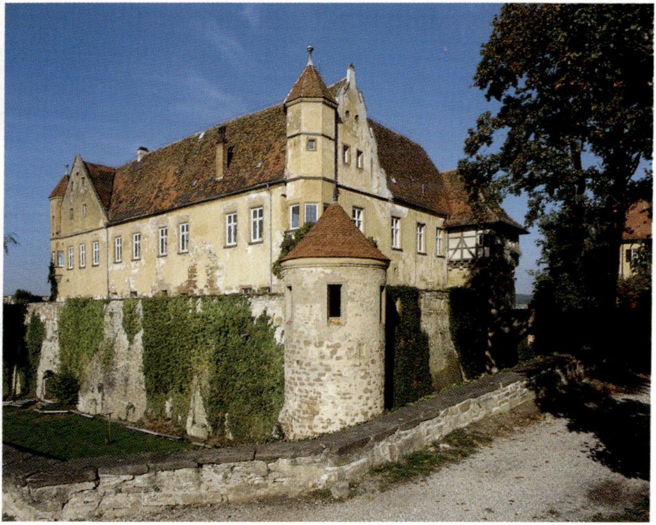

Untergruppenbach.
Die Burg Stettenfels, Ansicht von Südost, im Vordergrund der Burggraben

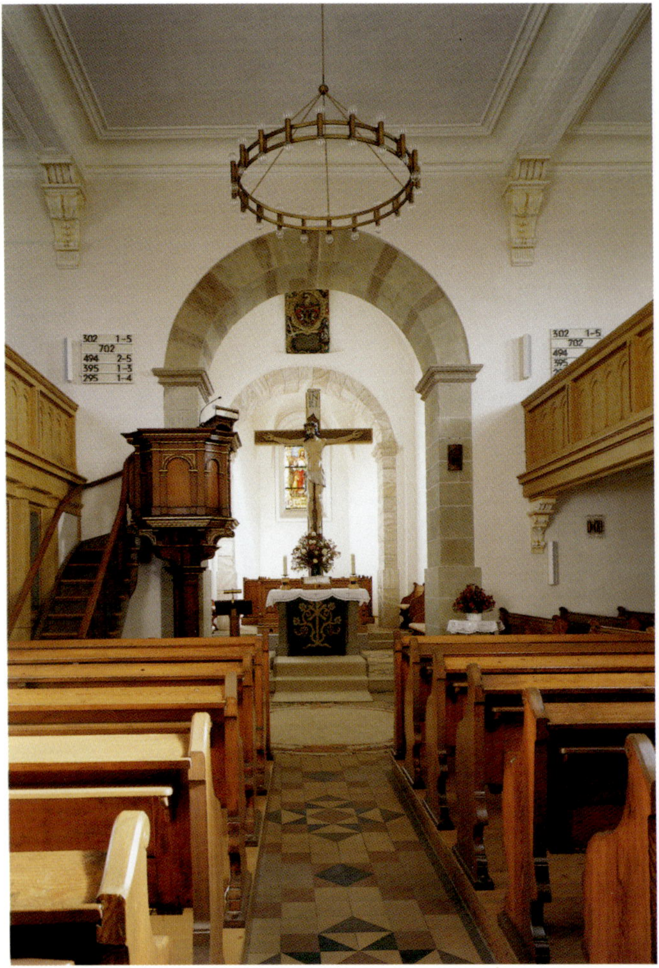

Obersulm-Affaltrach.
Die ev. Pfarrkirche nach der mustergültigen Innenrestaurierung

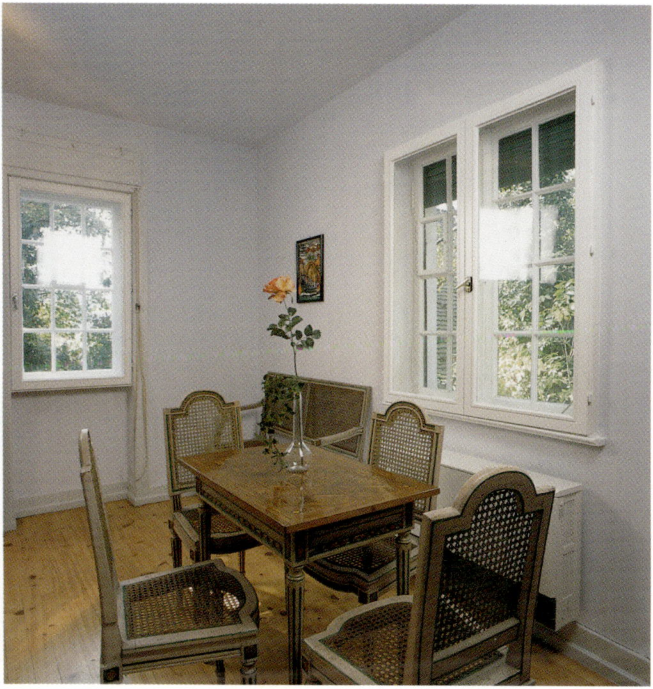

Weinsberg.
Das literaturhistorisch bedeutende Alexanderhäuschen
nach der Instandsetzung

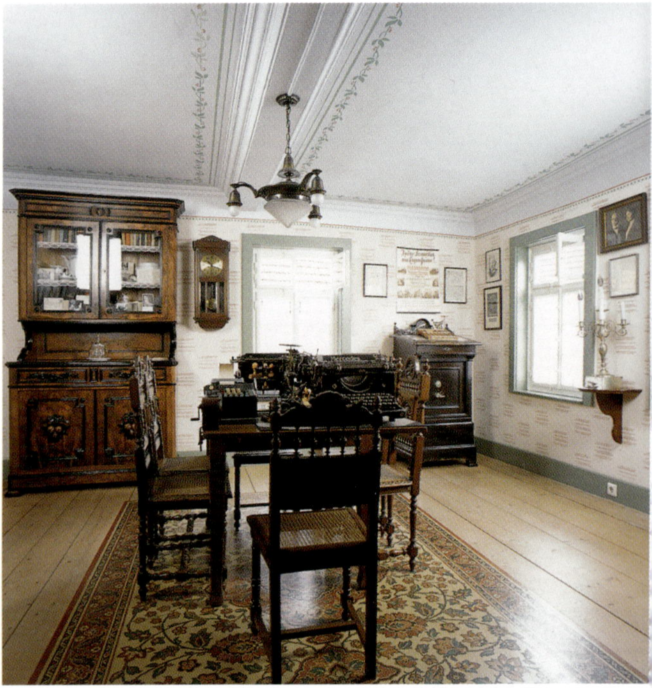

Wüstenrot.
Das Museum der Bausparkasse Wüstenrot im Gründungshaus derselben, beispielhaft restauriert

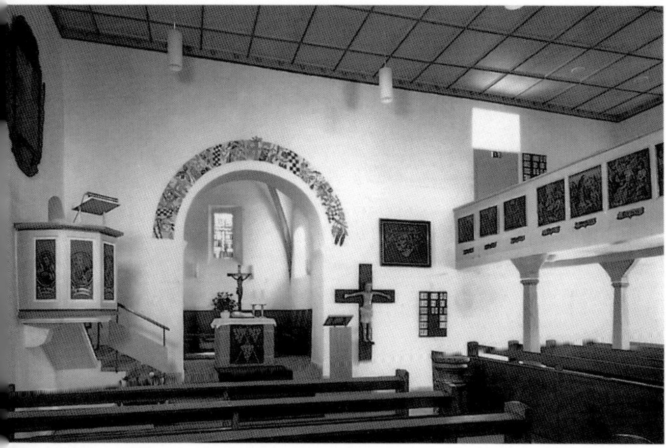

Untergruppenbach-Unterheinriet.
Blick zum Chor der ev. Pfarrkirche, rechts die Empore

UNTERGRUPPENBACH-UNTERHEINRIET

Das historische Ortszentrum wird vom Ensemble Pfarrkirche – Pfarrhaus – Kelter bestimmt. Die erhöht stehende *ev. Pfarrkirche* ist im Kern eine Chorturmanlage der Gotik mit einem Kirchenschiff von 1722. Prägend ist die noch gut erhaltene barocke Ausstattung mit bemalten Emporen (Apostel und Evangelisten), Kanzel, Taufstein von 1759 und einem Gemälde der Taufe Jesu von 1688 (erneuert 1760 und 1872). Das Orgelgehäuse ist ein Werk des 19. Jhs. Die hinter der Kirche anschließenden Profanbauten des *Pfarrhauses* und der *Kelter* sind ebenfalls im Wesentlichen Barockbauten, z. T. mit älterem Kern (Pfarrhaus mit Schießscharten), z. T. seit kurzem stark erneuert (Kelter 1990). Von den Wohnbauten des Dorfes fallen zwei auf: das offenbar in das 16. Jh. datierbare Fachwerk-Handwerker-Haus Wettegasse 4 mit kielbogigem Dachgeschossfenster und gedrechselter Ecksäule sowie das noch barocke ehem. Steinbruchbesitzer-Haus von 1809 mit anspruchsvoller Werksteinfassade in der Spreuerbergstr. 18.

Unterheinriet → Untergruppenbach
Unterkessach → Widdern

Weiler → Obersulm
Weiler a. d. Zaber → Pfaffenhofen

WEINSBERG

Die Stadt war bereits im 1. Jh. n. Chr. eine römische Siedlung, deren Reste, vo allem das Römerbad westlich der Stadt, schon 1906 freigelegt wurden. Die Bur erschien 1020 als Besitz der Grafen von Calw, von denen sie die Welfen erbten Anlässlich ihrer Kriegsführung gegen Leopold von Österreich belagerte de Stauferkönig Konrad III. die Burg, die bekannte Geschichte der „treuen Weibe von Weinsberg" ist mit dieser 1140 erfolgten Eroberung der Burg verbunden. Di Burg wurde danach ausgebaut und die Siedlung darunter um 1200 oder 125(zur Stadt erhoben, sie ist dann bis 1440 Reichsstadt geblieben. Die befestigt Stadt hatte zwei Tore, von den Befestigungstürmen sind nur noch der sog. Geis terturm beim Kernerhaus, der Wolfsturm an der Kirche und der Wartturm i der unteren Stadtmauer erhalten. 1504 eroberte Herzog Ulrich von Württem berg Weinsberg, das von da ab von Stuttgart aus regiert wurde. Die Burg wurd erneut verstärkt (Geschützturm). Im Bauernkrieg von 1525 wurde die Stad wegen ihrer Sympathien zu der Sache der Bauern und der Ermordung der adeli gen Verteidiger einschließlich der Johanneskirche niedergebrannt. Die 1534 vor Herzog von Württemberg wiederaufgebaute Stadt wurde dann 1707 erneu durch einen Brand stark zerstört, 1945 schließlich wurden drei Viertel der Alt stadt vernichtet.

Die im Mittelalter bedeutende *Burg Weibertreu* war seit dem Bauernkrie Ruine, obwohl Herzog Johann Friedrich zwischen 1608 und 1620 Ausbau versuche unternahm. Erst dank der Initiative des Arztes und Dichters Justinu Kerner im 19. Jh. konnte sie erhalten und restauriert werden. Erhalten sin u. a. Reste des einst hohen Bergfrieds, der hintereinanderstehenden Tore un Rundtürme zumeist aus spätmittelalterlicher Zeit, die Ausfallpforte sowie ei großes Wasserbecken. Der mächtige runde Geschützturm aus der Zeit nacl 1504 ist unter Kerner als „Äolsharfenturm" bekannt geworden.
Die *Johanneskirche* nimmt die Nordwestecke der Stadt ein, früher vom Kirch hof umgeben. Der Sakralbau ist im Kern eine spätromanische flach gedeckt Basilika des frühen 13. Jhs. mit Stützenwechsel. Diese wurde anstelle eine älteren Taufkapelle unter Konrad III. begonnen und unter Friedrich Barbaross vollendet. Nach dem Bauernkrieg ließ 1534 Herzog Ulrich die Ruine wieder aufbauen, dabei den Chor unter dem Turm verlängern und mit dem 135(angebauten, 1504 wiederaufgebauten Teil durch eine niedrige Spitzbogentü

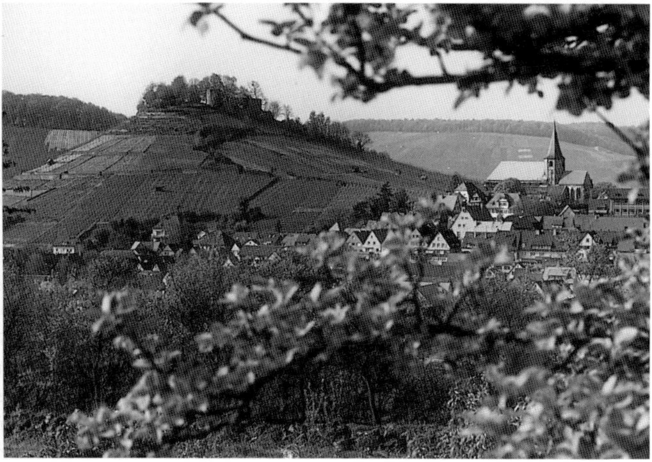

Weinsberg.
Ort mit Burg und Johanneskirche

verbinden. Darüber befindet sich eine romanische Fenstergruppe. Die Kirche betritt man auf der Westseite durch einen gewölbten Torbogen auf reich geschmückten zierlichen Säulen. Im Innern zeigt der Turmchor verwandte Züge zum romanischen Chor der Deutschordenskirche in Heilbronn. Von der alten Ausstattung der Kirche hat sich nur ein romanischer Altarblock, ein Glasbild (Kopie von 1900) und ein Taufstein der Renaissance erhalten. Die Farbfenster Walter Kohlers von 1929 stiftete die Stadt Basel zum Gedenken an Oekolampadius, weitere Fenster schuf Adolf V. Saile 1956, 1974 und 1979.

Das auf gleicher Höhe stehende *Kernerhaus* (1822 nach Entwürfen von J. G. Hildt erbaut und um 1900 erweitert) weist u. a. noch die alte Einrichtung aus der Zeit des Dichters und seines Sohnes auf, darunter auch qualitätvolle Kunstgegenstände aus dem Mittelalter. Davor steht das Kernerdenkmal, 1865 von dem Stuttgarter Pelargus angefertigt, das Reliefportrait von Herdtle. Gegenüber steht im Garten erhöht das Alexanderhäuschen, im Kern um 1600 wohl als Friedhofskapelle erbaut, seit ca. 1844 von J. Kerner als Gasthaus (u.a. Graf Alexander von Württemberg!) genutzt, 1907 umgebaut, in den 1990er Jahren vorbildlich restauriert.

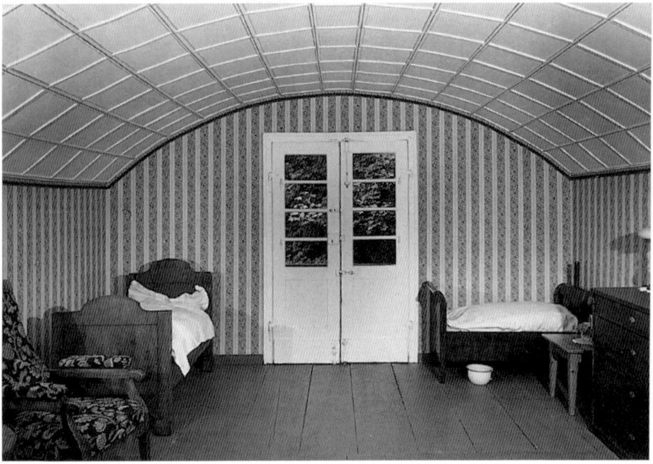

Weinsberg.
Kernerhaus, Schlafzimmer

Die letzte Kriegszerstörung überstanden nur kleine Altstadtbereiche um die Mönchhausgasse mit dem namengebenden Schöntaler Klosterpfleghof von 1562 und südlich der Stadtkirche. Hierzu gehören das ehem. Vogtei- bzw. heutige Dekanatsgebäude des 18. Jhs., das alte Schulhaus und Mesnerei des 17./18. Jhs., das Heiligkreuz-Pfründhaus von 1774, die Lateinschule des 16. Jhs., das Pfarrhaus und ein Gasthaus des Barock. Das Weingärtner-Denkmal von Alfred Lörcher vor dem Dekanat und der klassizistische Brunnen vor dem Rathaus runden die historische Baugruppe ab. Innerhalb der ummauerten Altstadt steht auch die herrschaftliche Baukelter des Barock.
Im Anschluss an die Domäne Weißenhof entstand um die Jahrhundertwende die *Königliche Heilanstalt Weinsberg* nach Entwürfen der Stuttgarter Architekten Gebhard und Gsell mit einer ausgedehnten gärtnerischen Anlage der Stuttgarter Firma Lilienfein und Sohn. Die auf 88 Hektar aus über 30 Bauten bestehende große Anlage mit eigener Kirche (1915 nach Entwürfen von Keeß, Stuttgart), Mühle, Metzgerei und Bäckerei zählte zu den bedeutendsten Repräsentanten dieser Bauaufgabe in Württemberg.

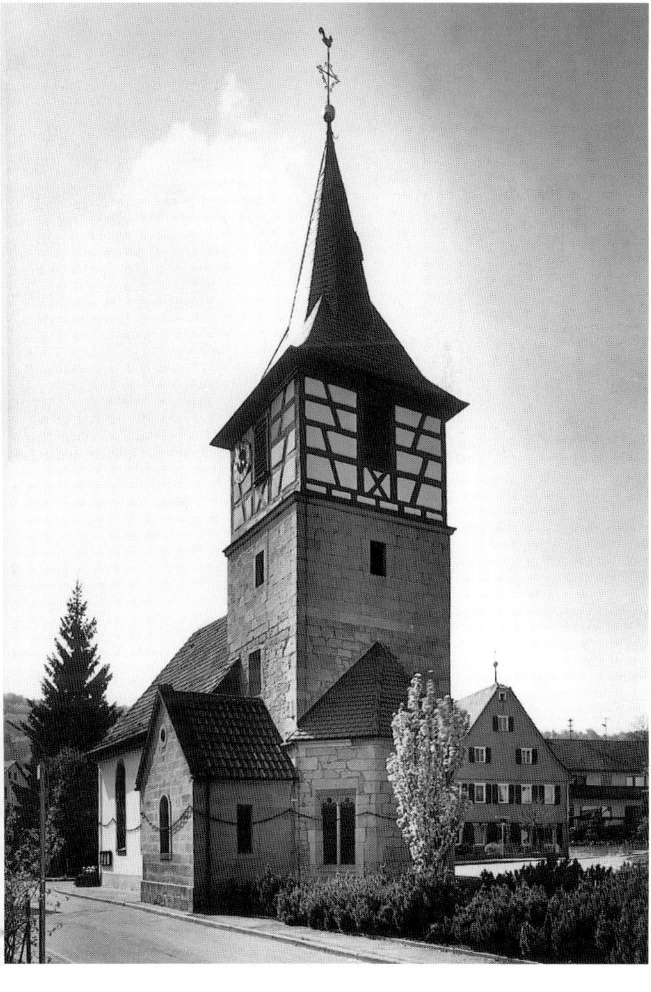

Weinsberg-Gellmersbach.
Leonhardskirche

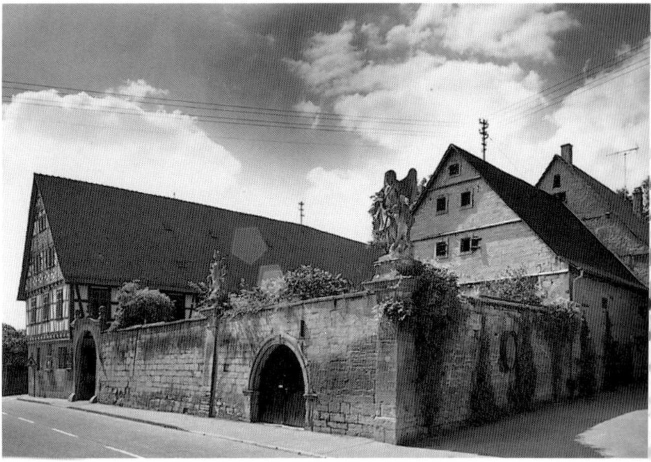

Weinsberg-Wimmental.
Ehem. Schöntaler Pfleghof

WEINSBERG-GELLMERSBACH

Die *Leonhardskirche* wurde 1544 über einem 1525 zerstörten Vorgängerbau des 12./13. Jhs. errichtet, 1667 und 1749 erweitert. Von dem mittelalterlichen Vorgängerbau sind die Sediliennischen im Chor und ein Glasgemälde von 1522 mit der Anbetung der Könige – angeblich aus der Heilbronner Klarakirche – erhalten. Die Statue des hl. Leonhard und das Kruzifix stammen aus dem 15. und 16. Jh. Auffallend ist die eiserne Kette, die das Gotteshaus umgürtet und u. a. 1749 datiert ist – sie wird mit dem Attribut des Kirchenheiligen in Verbindung gebracht. Die ältesten noch erhaltenen *Fachwerkhäuser* stammen aus dem 16. Jh., z. B. Haus Hintere Gasse 5 (1558 dat.), das Gebäude Berggasse 9 (1584) und der mit Reliefbildern verzierte Inschriftstein am Hause Weinsberger Str. 7 (1597). Aus dem 18. Jh. ist das ehem. Haus des Stiftsküfers Engelmann von 1729 nennenswert (Weinsberger Str. 8).
Die *Büttenstände der Weingärtner* rings um die Kelter sind eine regionale Besonderheit, die man auch in Binswangen antrifft. Hier sind sie offenbar in das frühe 19. Jh. zu datieren. Das *Pfarrhaus* in der Weinsberger Straße ist ein Werk der Stuttgarter Architekten Böklen und Feil aus dem Jahre 1905.

WEINSBERG-WIMMENTAL

Seit 1317 war Kloster Schöntal im Ort begütert. Der frühere Schöntaler Pfleghof – 1678 erbaut und 1748 erweitert – ist in Gestalt des *Pfarrhofs* mit ummauertem Hof, schönem Zierfachwerkhaus und barocken Bildwerken (u. a. Schutzengel) überliefert, der sicherlich zu den schönsten barocken Pfarrhöfen des Landkreises zählt. Noch älter ist die gegenüber stehende Schöntaler *Kelter*, 1581 datiert. Auf dem Weg zur Kirche begegnet man einem gut gearbeiteten barocken Bildstock. Die 1846 im neuromanischen Stil gebaute *kath. Kirche* hat noch den Chorturm von 1453. Das daneben stehende *Rat- und Schulhaus* wurde 1839 erbaut.
Im Rauhberg steht das ehem. weinsbergische *Steinhaus*, offenbar ein Bau der Zeit um 1600 – bis 1686 hielten die Katholiken hier ihren Gottesdienst ab. Der katholische Ort ist reich an Zeugnissen der Frömmigkeit, auffallend ist u. a. die hoch auf einem Weinberg stehende *Kapelle* von 1856 mit Kreuzweg.

WIDDERN

Der Ort entwickelte sich aus einem Ganerbensitz des 13. Jhs., wurde zur Stadt erhoben und befestigt, spätestens 1440 um eine Vorstadt jenseits der Kessach erweitert, bereits 1458 jedoch durch Ulrich von Württemberg zerstört.

Von der ursprünglich starken Befestigung sind nur geringe Reste erhalten, auch die Ganerbensitze sind lediglich in Gestalt der Nachfolgebauten auf uns gekommen: das *ehem. Gemmingensche Schloss*, Keltergasse 10, ist seit 1864 Gasthaus, weist aber den Kern aus der Zeit um 1600 mit Zierfachwerk und Wendeltreppenturm auf, ebenso der Schlosspark und Reste der Stadtmauer und Nebengebäude; das *ehem. Zyllhardtsche Schloss* ist 1862 durch ein Gasthaus ersetzt worden und wurde 1875 Rathaus. Gut erhalten ist dagegen das *ehem. Gemmingensche Amtshaus*, Keltergasse 3 (dat. 1584), und das *ehem. würzburgische Amtshaus* der Zeit um 1600 in der Würzburger Gasse 23.
In der Vorstadt jenseits der Kessach befindet sich der Marktplatz mit dem alten Pfarrhaus und der *ev. Stadtkirche St. Laurentius*. In der 1892-95 nach Entwürfen von Baurat Stahl erneuerten, 1258 erstmals bezeugten, im Kern spätgotischen Kirche sind die Grabdenkmäler von 1420 bis ins 18. Jh. sehenswert. Dies gilt ebenso für die malerisch gelegene *Friedhofskapelle* – eine ehem. spätgotische Wallfahrtskapelle mit jüngerem Turmaufsatz, die einige Epitaphien des 16. und 18. Jhs. birgt. 1993 beispielhaft restauriert wurde die Mühle des Barock (Kern 16. Jh., 1835 erneuert) in der Mühlgasse 36.

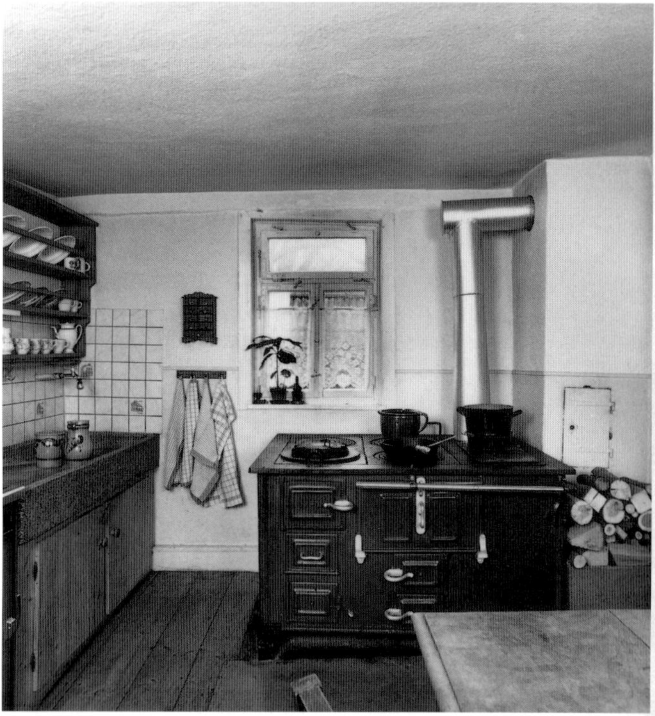

Widdern.
In der Küche der restaurierten Mühle ist die Zeit stehen geblieben

WIDDERN-UNTERKESSACH

Die *ev. Kirche* ist 1738-42 als Nachfolgebau einer 1425 erwähnten Georgskapelle entstanden. Die barocke Saalkirche weist noch den Altar mit Taufstein und Kruzifix von 1767, die Kanzel und zwei künstlerisch anspruchsvolle herrschaftliche Grabdenkmäler von 1699 und 1737 auf.

Willsbach → Obersulm
Wimmental → Weinsberg

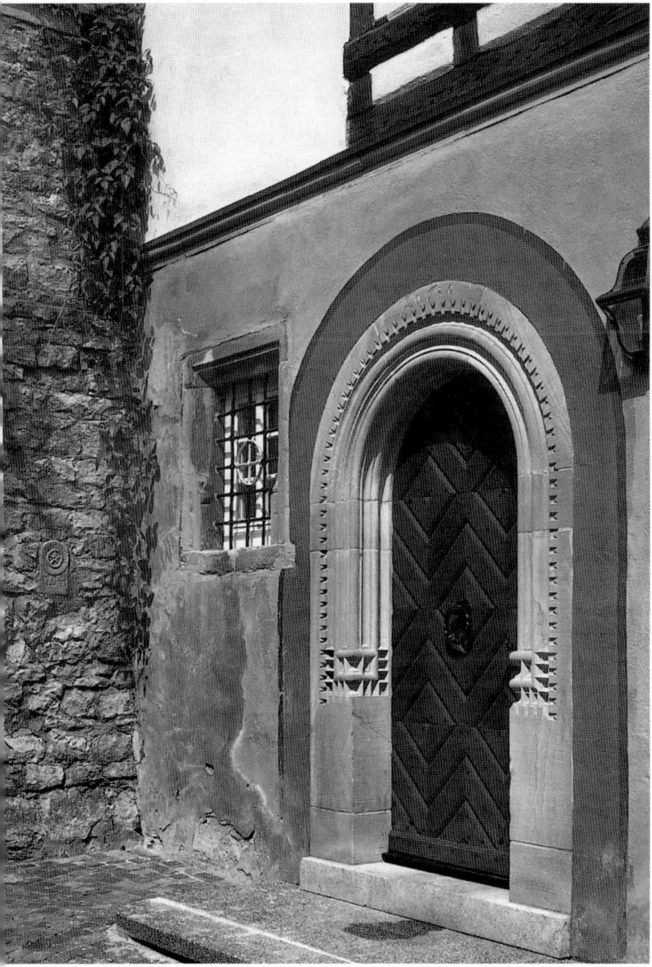

Widdern.
Würzburger Gasse, Renaissance-Portal des ehem. Amtshauses

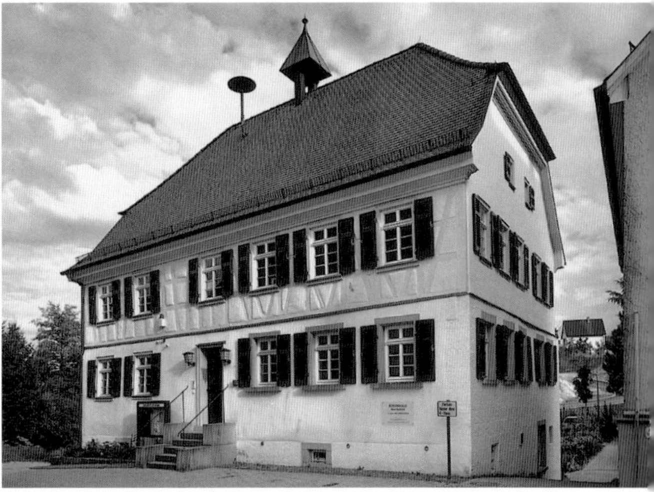

Wüstenrot.
Das Alte Rathaus, vor dem Abbruch gerettet und frisch restauriert

WÜSTENROT

Der Ort ist vor allem als Gründungsort der gleichnamigen Bausparkasse bekannt geworden, das äußerlich schlichte Haus des Gründers Georg Kropp ist in einer Seitenstraße der Hauptstraße noch erhalten, es beherbergt – nach mustergültiger Restaurierung – das *Bausparkassen-Museum*. Die 1926 von Gustav Daucher, Stuttgart, erbaute *Villa Kropps* am nördlichen Ortseingang ist dagegen weitaus repräsentativer – ebenso weitere *Direktorenvillen* in der Kropp- und Wellingtonienstraße.

Die modernisierte *Kilianskirche* – eine 1732 erweiterte ehem. Chorturmkirche – weist noch einige barocke Ausstattungsstücke auf. Daneben steht das *Alte Rathaus*, ebenfalls in den 1990er Jahren beispielhaft instand gesetzt, ein Barockbau, innen mit Stuckdecke, Resten der Arrestzelle und Museum im Dachgeschoss.

In der romantischen *Pfaffenklinge* in Richtung Schmellenhof erinnern Stollen an das 1772 ausgebrochene „Silberfieber“: Zum Abbau der hier vermuteten reichen Silbervorkommen wurden Anteilscheine bis in Heidelberg und Frank-

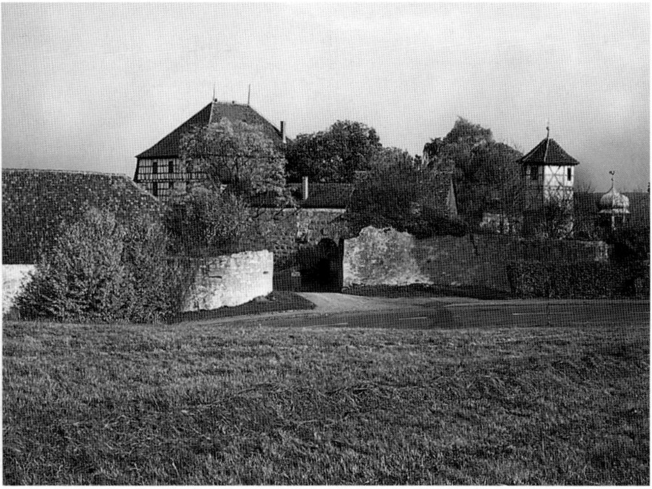

Wüstenrot-Maienfels.
Burg

furt gezeichnet, am Stollenbau waren auch Ludwigsburger Soldaten unter der Leitung des Vaters von Friedrich Schiller beteiligt.

WÜSTENROT-MAIENFELS

Ein Kleinod stellt der um die hoch gelegene Burg gelagerte Ort dar. Die auf einem steilen Bergvorsprung über der Brettach sich erhebende, im späten 13. Jh. durch die Herren von Neudeck erbaute *Burg* wurde 1464 nach der Zerstörung von 1441 (Maienfels war eine sog. Raubritterburg und daher von den Reichsstädten geschleift) neu befestigt. Sie ist auf der Bergseite durch eine Vorburg mit runden Flankentürmen und den tiefen Felsgraben geschützt. Die über eine Brücke des 18. bis späten 19. Jhs. erreichbare Hauptburg ist von einer Ringmauer aus Buckelquadern und einem schmalen Zwinger umgeben. Zwei Rundtürme akzentuieren die Ecken über dem Graben und dem Städtchen, über dem unteren gotischen Tor befindet sich noch die Pechnase. Im z. T. historisch gepflasterten Burghof steht ein Herrschaftshaus mit Epitaphien des

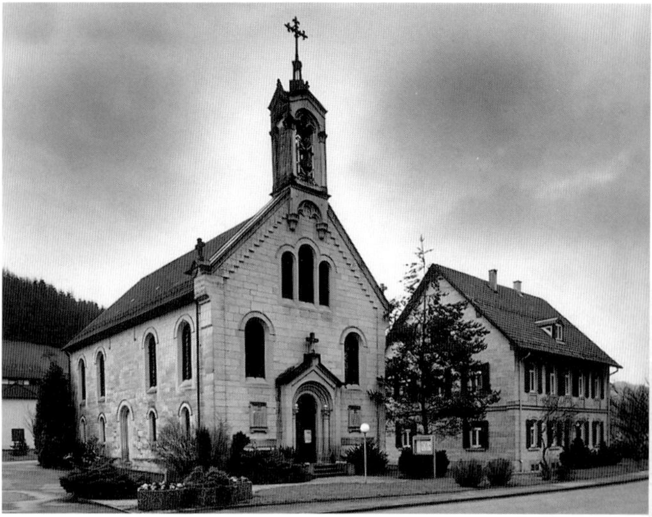

Wüstenrot-Neulautern.
Ev. Kirche und Pfarrhaus

17. Jhs. und das Amtshaus, sichtbar sind auch die Grundmauern des Bergfrieds. Im Städtchen, zu Füßen der Burg steht die kleine *ev. Schlosskirche*, erbaut 1433 bzw. 1613 und mehrfach erneuert. Noch heute prägend ist die Renovierung der Jahre 1914/15 durch die Stuttgarter Böklen und Feil, die u. a. den Neubau der Sakristei, des Kirchenvorplatzes und des Turmes mit sich brachte. Im Innern schufen die Architekten die noch bemerkenswert vollständige Jugendstilausstattung, über dem Altar malte Ernst Gräser das Ölbild mit Jesus und der Samariterin. Der barocke Grabstein eines Pfarrers fand am Sakristeieingang Aufstellung, die Emporen- oder Kanzelsäule der Renaissance im Garten. 1956 folgte eine ebenfalls noch sichtbare Renovierung nach Entwürfen von Hannes Mayer. Eindrucksvoll in Hanglage erhebt sich das schlossartige *Schulhaus* des Stuttgarters August Knoblauch aus dem Jahre 1912.
In den als Glasmachersiedlungen im 16. Jh. entstandenen Ortsteilen *Wüstenrot-Neuhütten* und *Wüstenrot-Neulautern* stehen zwei bemerkenswert gut erhaltene ev. Pfarrkirchen des Historismus, erbaut 1862 bzw. 1865 im neuromanischen Stil nach Entwürfen des Heilbronners Albert Barth, flankiert von

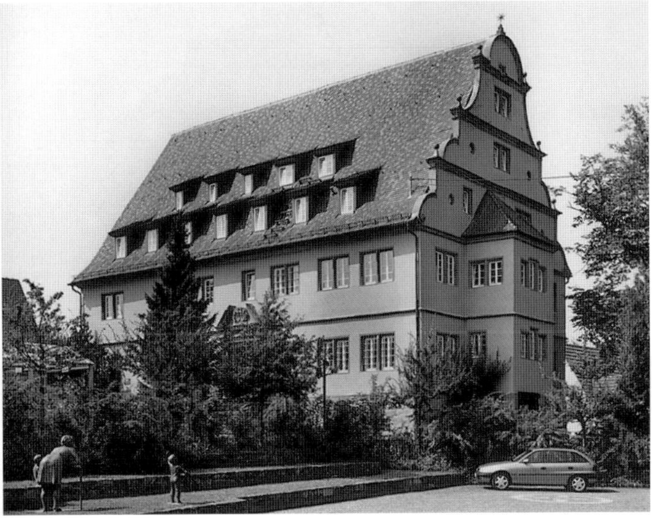

Zaberfeld.
Das ehem. Schloss aus der Renaissance, in restauriertem Zustand

gleichartigen Pfarrhäusern, ebenfalls von Barth. An die Glashütten erinnern in *Neuhütten* das Glasmagazin in der Glashüttenstr. 21, in *Neulautern* das Gasthaus zum Löwen, im Kern ein Hütthaus. Die Anlage einer Baumwoll-Weberei und Zigarrenfabrik (um 1850 bis 1951) trifft man in *Lautertal* an.

ZABERFELD

Die im Kern aus dem 13. Jh. stammende, mehrfach (u. a. 1745) erweiterte *ev. Pfarrkirche St. Mauritius* weist einige bemerkenswerte Arbeiten bedeutender Künstler auf: So hat 1505 Hans Wunderer einen Chor angebaut, der qualitätvolle Detailbehandlung zeigt. Der zierliche Tabernakel wiederum ist eine Arbeit von Hans Spryss – dem späteren badischen Hofbaumeister – aus dem Jahre 1476; ein Grabdenkmal fertigte L. Baumhauer.
Das Pfarrhaus war im früheren *Schloss* untergebracht, einem Bau der Renaissance aus den Jahren 1587-1619, mit geschweiften Giebeln und barockem

Portal von 1712. Innen zeigen einige Räume u. a. mit farbigem Fachwerk die innere Struktur der Renaisance.

ZABERFELD-LEONBRONN

Die *ev. Pfarrkirche* zu den Heiligen Jakobus, Nikolaus, Katharina und zum Hl. Kreuz ist im Kern gotisch, 1750 umgebaut und mehrfach modernisiert. Bemerkenswert ist der wohl mittelalterliche *Zehntgerichtstisch* (seit dem 19. Jh. hinter der Kirche). Westlich der Kirche ist das alte *Pfarrhaus* aus dem Jahre 1596 mit spätgotischem Türgewände und Pfarrgarten sehenswert. Die sog. *Kaserne* in der Kürnbacher Straße und die ehemalige *Kelter* in der Sternenfelser Straße dokumentieren die Fachwerkbaukunst des 16. Jhs. im Ort.

ZABERFELD-MICHELBACH AM HEUCHELBERG

Hier steht das barocke *Sternenfelsische Schlösschen* von 1709, im Kern aus dem Jahre 1596, mit einer reich geschnitzten Tür von 1711 und steinernen Fratzenköpfen an den Gebäudekanten. Auch die *ev. Kirche* von 1787 mit gotischem Chorturm, einer Pieta (um 1450) und dem Wandtabernakel von 1486 ist nennenswert. Neben der Kirche steht das ehem. Speichergebäude des Schlosses mit sternenfelsischem Wappen und der Jahreszahl 1559.

ZABERFELD-OCHSENBURG

Das ehem. ummauerte Burgstädtchen (Reste der Stadtmauer in der Oberen Gasse) weist von seinem abgegangenen Schloss nur noch einige Nebengebäude im Schlosshof wie das *Bandhaus* von 1569 und den *Fruchtkasten* von 1771 mit Staffelgiebel und skulpierte Steine in Sekundärverwendung an Bauernhäusern auf. In der 1728 größtenteils neu erbauten *ev. Pfarrkirche St. Margareta* sind mehrere Epitaphien sehenswert, darunter ein Grabstein von 1494 und mehrere aus dem 16. Jh., sowie ein gut gearbeiteter Taufstein von 1478 und eine bemerkenswert geformte gotische Kanzel auf Renaissance-Säule. Auf dem *Friedhof* steht ein Steinkruzifix von 1564, am schönen Renaissance-Eingangstor auch ein 1478 datierter Steinsockel und eine spätgotische Nische. Das *Pfarrhaus* und spätere Rathaus baute D. Groß im Jahre 1773.

Züttlingen → **Möckmühl**

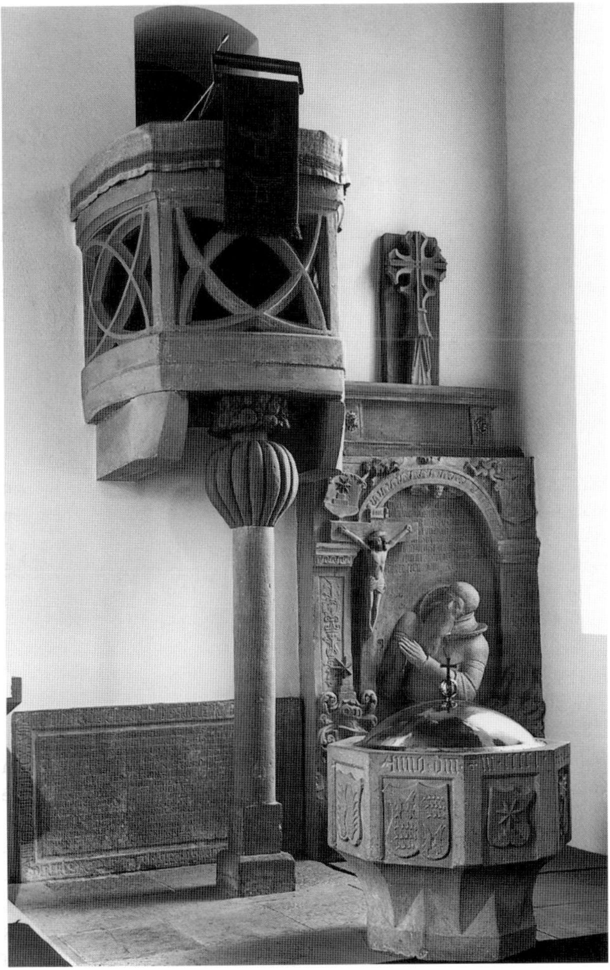

Zaberfeld-Ochsenburg.
Ev. Kirche, Kanzel, Taufstein und Grab

MUSEEN IM STADT- UND LANDKREIS HEILBRONN

ABSTATT

Heimatmuseum
Rathausstr. 30
Tel. 0 7062/67764

Sammlungs- und Ausstellungsschwerpunkt sind Objekte und Dokumente zur Ortsgeschichte von Abstatt und seinen Teilorten sowie zum früheren Alltagsleben.
Öffnungszeiten: Mo 9-12 und 13.30-15.30 Uhr, Mi 9-12 Uhr, ein Sonntag im Monat 10-12 und 14-16 Uhr

BAD FRIEDRICHSHALL

Salzbergwerk Kochendorf
Tel. 0 71 36/271303 und 07136/271220 (Bandinfo)

Schachteinfahrten, 1,5 km langer Rundgang im Salzbergwerk mit ausführlichen Informations- und Bildtafeln. In einem domartigen Kuppelsaal untertags sind auf 25 m Höhe alle Salzschichten sichtbar.
Öffnungszeiten: Mai-Okt. Sa, So und Feiertage 9.30-16 Uhr, Mi 14-16 Uhr

BAD RAPPENAU

Forum Fränkischer Hof
Heinsheimer Str. 16
Tel. 0 72 64/861 29

Kernstück des Museums ist die Darstellung der Salinen- und Bädergeschichte. Einen weiteren Schwerpunkt bilden Zeugnisse zur Vor- und Frühgeschichte im Bereich von Bad Rappenau (Sammlung Dr. Hans-Heinz Hartmann).
Öffnungszeiten: Sa, So 14-17 Uhr

Römischer Gutshof
Das in Teilen erhaltene und restaurierte Hauptgebäude des etwa 1 km nordwestlich des Ortsteils Zimmerhof gelegenen Gutshofes wurde rechteckig um

einen Innenhof angelegt und gilt als klassisches Beispiel für ein Wohnhaus im erst spät besiedelten römischen Grenzland Südwestdeutschlands.

BAD WIMPFEN

Museum im Steinhaus
Burgviertel 15
Tel. 0 70 63/87 79

Romanischer Profanbau der staufischen Kaiserpfalz. Die Bestände des Museums befassen sich schwerpunktmäßig mit der Vor- und Frühgeschichte, der Kaiserpfalz und den Staufern.
Öffnungszeiten: Ostern-Anfang Okt. tägl. außer Mo 10-12 und 14-16.30 Uhr

Kirchengeschichtliches Museum
Kaiserpfalzkapelle St. Nikolaus
Te. 0 70 63/87 79

Sammlung zur Geschichte der Kirchen in Bad Wimpfen mit Leihgaben aus Kirchenschätzen.
Öffnungszeiten: April-Ende Okt. tägl. außer Mo 10-12 und 14-16.30 Uhr

Reichsstädtisches Museum im Alten Spital
Hauptstraße 45
Te. 0 70 63/95 03 13

Ehem. Heilig-Geist-Spital aus dem Mittelalter. Bestände zur reichsstädtischen Geschichte Wimpfens.
Öffnungszeiten: Ostern-Ende Okt. tägl. außer Mo 10-17 Uhr, Ende Okt.-Ostern tägl. außer Mo 10-12 Uhr und 14-17 Uhr

Sammler- und Glücksschweinmuseum
Kronengäßchen 2
Tel. 0 70 63/66 89

In acht Räumen werden ca. 3000 Exemplare von Schweinen in allen Formen und Variationen präsentiert.
Öffnungszeiten: Tägl. 10-17 Uhr

Blauer Turm
Burgviertel 9
Tel. 0 70 63/89 68

Ehem. Bergfried der staufischen Kaiserpfalz. Ausstellung zur Geschichte des Turmes und der Türmer.
Öffnungszeiten: Tägl. außer Mo 10-18 Uhr (außer bei schlechter Witterung), an Feiertagen auch Mo geöffnet

BRACKENHEIM

Theodor-Heuss-Museum
Obertorstr. 27
Tel. 0 71 35/1 05 20

Gedächtnisausstellung mit Werken und Dokumenten aus dem Leben des 1884 in Brackenheim geborenen ersten Präsidenten der Bundesrepublik Deutschland.
Öffnungszeiten: Do 14-17 Uhr, Sa, So und Feiertage 11-17 Uhr sowie nach Vereinbarung

BRACKENHEIM-BOTENHEIM

Heimatmuseum Brackenheim
Gülthausstr. 5
Tel. 0 71 35/1 05 20

Ehem. Schul- und Rathaus. Ein komplett ausgestatteter Haushalt von der Waschküche bis zur „guten Stube" vermittelt in Verbindung mit Exponaten aus den Bereichen Weinbau, Landwirtschaft und Handwerk einen umfassenden Eindruck von den Wohnverhältnissen und der Arbeitswelt der Menschen im Zabergäu.
Öffnungszeiten: Juni-Okt. am 1. Sonntag im Monat 14-18 Uhr

CLEEBRONN

Trillarium
Altweibermühle Tripsdrill
Tel. 0 71 35/99 99

Die Sammlung konzentriert sich auf die Darstellung bäuerlicher Wohnkultur um 1800 sowie verschiedener Werkstätten dörflicher Handwerker. Eine Spezialsammlung umfasst Ofenplatten aus der Zeit von 1699 bis 1835. Daneben ist auch eine umfangreiche Waffensammlung zu sehen.
Öffnungszeiten: Mitte März-Anfang Nov. tägl. 9-18 Uhr

Vinarium
Altweibermühle Tripsdrill
Tel. 0 71 35/99 99

Gezeigt werden schön geschnitzte Kelterbäume aus dem 18. und 19. Jh., Weinpressen aus dem 18. Jh., Spindelpressen seit dem 17. Jh., seltene Steinmühlen sowie Geräte und Vorrichtungen für den Weinbau. Im Dachgeschoss erläutern szenische Darstellungen den Weg des Weines von der Rebe bis zum Glas.
Öffnungszeiten: März-Anfang Nov. tägl. 9-18 Uhr (nur im Zusammenhang mit dem Freizeitpark zugänglich)

EPPINGEN

Archiv für die Geschichte des ländlichen Lebens
Alltagsmuseum der bäuerlichen Kultur
Raußmühle Eppingen
Sulzfelder Weg 40
Tel. 0 72 62/87 08

1334 erstmals erwähntes bäuerlich-technisches Kulturdenkmal. Präsentiert wird eine private volkskundliche Sammlung der ländlichen Sachkultur mit zahlreichen Objekten der Volksmagie und des Volksglaubens. Über die Grenzen der Region hinaus bekannt sind die Sammlungen von Mausefallen, Maltersäcken, Brettstühlen sowie von Schlössern und Schlüsseln.
Öffnungszeiten: Nach telefonischer Vereinbarung

Stadt- und Fachwerkmuseum „Alte Universität“
Altstadtstraße
Tel. 0 72 62/9 20 11 18

Alemannischer Fachwerkbau von 1495. In dem Gebäude fanden zur Zeit der Pest Teile der Heidelberger Universität Zuflucht. Das auf über 800 m^2 eingerichtete Museum gilt als überregional bedeutendes Museum zur Geschichte des Fachwerkbaus. Neben Exponaten zur Vor- und Frühgeschichte und zur Entwicklung der Stadt gelten besondere Schwerpunkte den Bauern und Bastlern, Hopfen und Malz, der Geschichte der Eppinger Feuerwehr sowie dem Künstlerfahnenfestival.
Öffnungszeiten: Mi - So 14-16 Uhr

Museum Jordanbad
Küfergasse 2
Tel. 0 72 62/9 20 11 18

Unter dem Fachwerkhaus „Alte Synagoge“ erinnert das „Jordanbad“, ein ehemaliges jüdisches Ritualbad, an die Eppinger Juden.
Öffnungszeiten: Nach Vereinbarung

EPPINGEN-ELSENZ

Heimatmuseum Elsenz
Sinsheimer Str. 8
Tel. 0 72 60/4 19 und 92 01 80

Schwerpunkt: Geschichte des Tabakanbaus und der Tabakverarbeitung. Weitere Abteilungen befassen sich mit der Elsenzer Vor- und Frühgeschichte, mit Landwirtschaft und Handwerk sowie mit der Kraichgau-Tracht.
Öffnungszeiten: Nach Vereinbarung

EPPINGEN-MÜHLBACH

Steinhauermuseum Mühlbach
Hauptstr. 9
Tel. 0 72 62/9 20 11 18

Erzählt wird die Geschichte von dem Aufstieg, der Blütezeit und dem Niedergang der Steinbrüche. Die Steinhauerhütte und die Abbausituation werden lebendig inszeniert.
Öffnungszeiten: Mai-Okt. So14-16 Uhr

EPPINGEN-RICHEN

Bauernmuseum Richen
Hintere Gasse
Tel. 07262/9 20 11 18

Eine umfangreiche Sammlung landwirtschaftlicher Geräte, die in einem einzigartigen hängenden Dachstuhl präsentiert wird, vermittelt realistische Bilder der bäuerlichen Alltagskultur des Kraichgaus.
Öffnungszeiten: Mai-Okt. So 14-16 Uhr

ERLENBACH-BINSWANGEN

Weinbaumuseum „Alte Kelter"
Bei der Kelter 1
Tel. 0 71 32/933531

Das Museum informiert über Rebenerziehung, Bodenbearbeitung, Traubenlese, Weinpressen, Kellerei- und Abfüllgeräte. Eine komplett eingerichtete Werkstatt demonstriert die Arbeit des Küfers.
Öffnungszeiten: Nach Vereinbarung

GUNDELSHEIM

Siebenbürgisches Museum
Schloss Horneck
Tel. 0 62 69/906 21

Bedeutende Sammlung zur Kulturgeschichte der Siebenbürger Sachsen. Schwerpunkte bilden Volkstrachten der verschiedenen Regionen Siebenbürgens, Stickereien, die hoch entwickelte Keramik sowie Erzeugnisse der Goldschmiede- und Zinngießerkunst. Eine Bauernstube vermittelt einen Einblick

in die ländliche Wohnkultur.
Öffnungszeiten: Tägl. außer Mo 11-17 Uhr, an Feiertagen auch Mo geöffnet

HEILBRONN

Städtische Museen Heilbronn

1. Skulpturen-Museum
Deutschhofstr. 6
Archäologie-Museum
Tel. 0 71 31/56 22 95 u. 56 31 44

Schwerpunkte bilden die Kunstwerke aus der Zeit von 1750 bis heute, insbesondere die international angelegte „Bozzetto“-Sammlung (Entwürfe für Großplastik) und die „Heilbronner Vor- und Frühgeschichte“ mit Funden aus der Altstein-, Bronze-, Kelten-, Römer- und Alamannenzeit.
Öffnungszeiten: Tägl. außer Mo 10-13 und 14-17 Uhr.

2. Naturhistorisches Museum
Kramstr. 1
Tel. 0 71 31/56 23 02 u. 56 31 44

Der traditionsreichste Zweig der Städtischen Museen Heilbronn im einstigen Städtischen Gerichts- und Fleischhaus umfasst die Schwerpunkte „Erd- und Landschaftsgeschichte“ des Heilbronner Raums mit Saurierkabinett, Mineralien, Erzen, Kristallen, Vulkanen, Gesteinen, Heilbronner Salz, insbesondere die bedeutende Triassammlung Dr. Otto Linck.
Öffnungszeiten: Tägl. außer Mo 10-13 und 14-17 Uhr

3. Neckarschifffahrts-Museum
mit Weinbau
Frankfurter Str. 75
Tel. 0 71 31/56 28 86 u. 56 31 44

Diese Museumsabteilung gibt unter dem Ausstellungstitel „50 Jahre Neckar-Großschifffahrtsweg und Kanalhafen, Kettenschleppschifffahrt“ mit anschaulichen Modellen einen umfassenden Einblick in die Geschichte der Neckarschifffahrt von der Römerzeit bis heute und in die historische Entwicklung und gravierende Strukturveränderung des Heilbronner Weinbaus.

Öffnungszeiten: Mi-Fr. 10-12 und 14-17 Uhr, Sa und So 14-17 Uhr

JAGSTHAUSEN

Schlossmuseum Jagsthausen
Tel. 0 79 43/607

Gezeigt werden Ausgrabungsfunde aus dem röm. Kastell in Jagsthausen, eine umfangreiche Waffen- und Gläsersammlung sowie Dokumente und Erinnerungen an den fränkischen Reichsritter Götz von Berlichingen, darunter die von Götz nach 1505 benutzte eiserne Hand.
Öffnungszeiten: April-Okt Di-Sa 13.30-16 Uhr, So und Feiertage 10-11.30 und 13.30-16 Uhr

Freilichtmuseum Römerbad
Friedrich-Krapf-Straße
Tel. 0 79 43/910 10

Ruine einer römischen Badeanlage. Zu sehen sind u. a. Schautafeln und Steinabgüssen.
Öffnungszeiten: Ganzjährig frei zugänglich

KIRCHARDT

Heimatmuseum Kirchardt–Berwangen–Bockschaft
Sinsheimer Str. 7
Tel. 0 72 66/ 2 08 10 (Gemeindeverwaltung)

Schwerpunkte: Tante Emma Laden, Zigarrenherstellung, Leinenweber
Öffnungszeiten: Nach Vereinbarung

ANGENBRETTACH-LANGENBEUTINGEN

Albrecht-Goes-Stube
Im Unteren Kirchle/Lindenstraße
Tel. 0 71 39/87 17 u. 0 79 46/26 88

Erinnert wird an den schwäbischen Dichterpfarrer Albrecht Goes (u. a. Arbeitszimmer, literarische Werke).
Öffnungszeiten: Nach Vereinbarung

LAUFFEN AM NECKAR

Museum der Stadt Lauffen

Klosterhof 6

Schwerpunkte bilden die Erdgeschichte mit wertvollen Funden der „Neckarwestheimer Seelilienbank", die Vor- und Frühgeschichte mit Bodenfunden in Form von Schmuck, Keramik, Werkzeugen aus Stein, Knochen und Metall sowie das Hölderlinzimmer mit Zeugnissen aus dem Leben des 1770 in Lauffen geborenen Dichters Friedrich Hölderlin, über seine Familie und zur Hölderlinverehrung.
Öffnungszeiten: Sa, So 14-17 Uhr, sonst nach Vereinbarung mit dem Hauptamt der Stadt (Tel. 0 71 33/1 06-13) oder Museum (Tel. 0 71 33/58 65)

Erdgeschichtliches Werksmuseum der ZEAG

Oskar-von-Miller-Str.
Tel. 0 71 33/10 20

Geologische Ausstellung von Versteinerungen aus dem Trias und Knochenfunde aus der letzten Eiszeit, die aus den werkseigenen Steinbrüchen in Lauffen und Neckarwestheim stammen.
Öffnungszeiten: Nach Vereinbarung

Römischer Gutshof

Das römische Landgut oberhalb des Neckars an der Straße nach Ilsfeld bestand in seiner letzten Ausbauphase aus vier Gebäuden. Die gut erhaltene Ruine gibt im Zusammenhang mit dem bei der Ausgrabung sichergestellten Fundmaterial interessante Einblicke in die Lebensweise auf einem landwirtschaftlich ausgerichteten Anwesen im mittleren Neckarraum.

LEINGARTEN-SCHLUCHTERN

Heimatmuseum „Altes Rathaus Schluchtern"
Eppinger Str. 150
Tel. 0 71 31/401830 oder 90 01 73

Dauerausstellung zu den Themen Archäologie („Großgartacher Kultur"), örtliches Handwerk, Markungssteine, Ein- und Auswanderung sowie Wasserversorgung.
Öffnungszeiten: Do 17-19 Uhr, So 15-17 Uhr

LÖWENSTEIN

Manfred-Kyber-Museum
Freihaus
Tel. 0 71 30/220

Erinnert wird an den Dichter und Kulturkritiker Manfred Kyber, der von 1923 bis zu seinem Tode 1933 in Löwenstein lebte. Kybers Märchen und Tiergeschichten wurden in viele Sprachen übersetzt. Verwahrt wird hier auch das Kyber-Archiv.
Öffnungszeiten: Do 10-12 Uhr, So 14-17 Uhr

MÖCKMÜHL

Heimatmuseum
Kirchplatz 7
Tel. 0 62 98/76 06 oder 0 62 98/5317

Alte Fotos, bäuerliche Haus- und Arbeitsgeräte sowie Handwerksgeräte aus dem 19. Jh. Beachtenswert ist die Dokumentation „Von der Flachsbreche über das Spinnrad und die Nähmaschine bis zur fertigen Tracht", außerdem Abteilungen über Geologie und Archäologie sowie Hinweise auf Persönlichkeiten wie Louise Franckh, die Schwester Friedrich Schillers.
Öffnungszeiten: Nach Vereinbarung.

NECKARSULM

Deutsches Zweiradmuseum und NSU-Museum Neckarsulm
Urbanstr. 11
Tel. 0 71 32/35-2 71

Die bundesweit vollständigste Sammlung zu der Entwicklung des Fahrrades, des Motorrades und des Renn-Motorrades auf ca. 2000 m² Ausstellungsfläche mit ca. 250 Exponaten. Die Exponate werden im historischen Deutschordensschloss im Geist ihrer Zeit und mit Erklärungen zur Technik und Wirtschaftsgeschichte dargestellt, z. T. auch über Videoanlagen. Der besondere Beitrag der traditionsreichen Firma NSU zur Fahrrad-, Motorrad- und Autogeschichte wird in einer eigenen Abteilung „NSU-Museum" dargestellt.
Öffnungszeiten: Tägl. außer Mo 9-17 Uhr, Do bis 19 Uhr

NEUDENAU

Josefine Weihrauch Heimatmuseum
Billigheimer Str. 3
Tel. 0 62 64/10 14 oder 61 33

Auf einer Fläche von 650 m² wird die umfangreiche volkskundliche Sammlung mit vornehmlich aus dem 19. und 20. Jh. stammenden Objekten präsentiert.
Öffnungszeiten: April-Sept. So 14-17 Uhr

NEUENSTADT

Heimatmuseum im ehem. Schafstall
Cleversulzbacher Str. 10/2
Tel. 0 71 39/39 24 bzw. 97 23

Ständige Ausstellung zu den Beziehungen Eduard Mörikes zu Neuenstadt sowie Wechselausstellungen und Veranstaltungen in der Reihe „Kultur im Schafstall".
Öffnungszeiten: Nach Vereinbarung

NEUENSTADT-CLEVERSULZBACH

Mörike-Museum
Tel. 0 71 39/9723

Exponate zum Leben Eduard Mörikes in Cleversulzbach.
Öffnungszeiten: So und Feiertage 11-16.30 Uhr

OBERSULM-AFFALTRACH

Museum zur Geschichte der Juden in Kreis und Stadt Heilbronn
Untere Gasse 6
Tel. 0 71 30/64 78

Das Museum zeigt mit seinen Exponaten Schicksale jüdischer Gemeinden im Unterland bis zu ihrem Ende unter dem Nationalsozialismus auf. Ein anderer Teil der Ausstellung informiert über Grundlagen und Brauchtum des religiösen Lebens im Judentum.
Öffnungszeiten: Mitte März-Mitte Nov. Mi und So 15-17 Uhr sowie nach Vereinbarung

OBERSULM-WEILER

Schulmuseum
Heilbronner Str. 46
Tel. 0 71 30/280

Entwicklung des Schulwesens vom Mittelalter bis ins 20. Jh., Leben eines Lehrers 1800-1900.
Öffnungszeiten: Nach Vereinbarung.

SCHWAIGERN

Karl-Wagenplast-Museum
Massenbacher Str. (Friedhofkapelle)
Tel. 0 71 38/77 48

Gezeigt werden Bodenfunde aus dem Mittelalter bis zurück zur Steinzeit, die von Heimatforscher Karl Wagenplast ausgegraben oder gesammelt wurden. Gelegentlich Sonderausstellungen.
Öffnungszeiten: Mai-Okt. am 1. So im Monat 15-17 Uhr.

WEINSBERG

Römischer Gutshof mit Badruine
Leiblingstraße

Das schon 1906 vollständig ausgegrabene Badegebäude und das mit ihm verbundene Hauptgebäude, Teile eines römischen Gutshofs, wurden 1977-79 vollständig renoviert.
Öffnungszeiten: Tägl. durchgehend

Justinus-Kerner-Haus
Öhringer Str. 3
Tel. 0 71 34/51 21 04 bzw. 25 53

Zahlreiche Dokumente, Abbildungen, persönliche Gegenstände sowie Schriften zeichnen die Lebensstationen des Arztes und Dichters Justinus Kerner nach. Aus originalen Bestandteilen von Kerners Einrichtung ist im ersten Stock und im Dachgeschoss ein genaues Bild seines häuslichen Milieus entstanden.
Öffnungszeiten: Tägl. 14-17 Uhr, Mo und am 1. So im Monat geschlossen

Weibertreu-Museum
Rathaus Weinsberg
Tel. 0 71 34/51 21 39 oder 0 71 34/51 20

Darstellung der Weibertreubegebenheit durch Gemälde, Grafiken und Texte aus dem 16.-20. Jh. Sammlung zum Thema „Weinsberg, Blutostern 1525 im Bauernkrieg“ und Darstellung historischer Ansichten von Burg und Stadt Weinsberg.
Öffnungszeiten: Di-Do und So 14-17 Uhr

Museum des Zentrums für Psychiatrie
Weißenhof
Tel. 0 71 34/75 40 21

Dokumentation der Geschichte der Königlichen Heilanstalt, der ersten zu diesem Zweck im Jahre 1903 gegründeten Anstalt, anhand von Dokumenten, Fotos und Mobiliar aus der Gründungszeit. Medizinische Instrumente geben einen Überblick über die Psychiatriegeschichte.
Öffnungszeiten: Nur nach Vereinbarung

Heimatstube im Wachturm
Wachturm, Kanalstr.
Tel. 0 71 34/6353

Kubiner Heimatstube, Heimatstube des Bundes der Vertriebenen, Vereinigte Landsmannschaften. Neben den Exponaten der volkskundlichen Sammlung, die den Alltag der Weinsberger Patenstadt im Banat aufzeigen, wird auch das Schicksal der ehem. deutschen Bevölkerung von der Auswanderung auf den „Ulmer Schachteln" bis zur Mitte des 20. Jhs. nachgezeichnet.
Öffnungszeiten: Nach Vereinbarung

WIDDERN-UNTERKESSACH

Heimatmuseum und Alte Schmiede
Talstr. 49
Tel. 0 62 98/4 24 70

Vollständig eingerichtete Schmiede; bäuerliche Haus- und Arbeitsgeräte werden in der Küche, im Wohnzimmer und im Schlafzimmer über der Schmiede gezeigt.
Öffnungszeiten: Nach Vereinbarung

WÜSTENROT

Bauspar-Museum
Haller Str. 3
Tel. 07945/919922

Exponate, Bücher, Schriften, Bilder und Originaldokumente von und über Georg Kropp, den Begründer des deutschen Bausparwesens, die GdF sowie die Geschichte des Bausparens.
Öffnungszeiten: Mai-Sept. So und Feiertage 14-17 Uhr

PERSONENREGISTER